Celso Furtado:
Correspondência intelectual

Celso Furtado: Correspondência intelectual
1949-2004

Seleção, introdução e notas
Rosa Freire d'Aguiar

Posfácio
Luiz Felipe de Alencastro

Copyright © 2021 by Rosa Freire d'Aguiar
Copyright do posfácio © 2021 by Luiz Felipe de Alencastro

Grafia atualizada segundo o Acordo Ortográfico da Língua Portuguesa de 1990, que entrou em vigor no Brasil em 2009.

Agradecemos aos interlocutores, às famílias e aos responsáveis por espólios pela permissão de reproduzir as cartas deste volume. Embora todos os esforços tenham sido feitos para entrar em contato com os detentores de direitos das cartas e das imagens, nem sempre isso foi possível. Teremos prazer em creditar as fontes, caso se manifestem. As cartas de Bertrand Russell também podem ser encontradas nos Bertrand Russell Archives, da Universidade McMaster. Cartas de Ernesto Sábato: © Herdeiros de Ernesto Sábato, c/o Schavelzon Graham Agencia Literaria, http://www.schavelzongraham.com.

CAPA
Mariana Newlands

FOTOS DE CAPA, QUARTA CAPA E MIOLO
Acervo Rosa Freire d'Aguiar

Todos os esforços foram feitos para reconhecer os direitos autorais das imagens. A editora agradece qualquer informação relativa à autoria, titularidade e/ou outros dados, se comprometendo a incluí-los em edições futuras.

PREPARAÇÃO
Márcia Copola

ÍNDICE ONOMÁSTICO
Luciano Marchiori

REVISÃO
Thaís Totino Richter
Clara Diament

Dados Internacionais de Catalogação na Publicação (CIP)
(Câmara Brasileira do Livro, SP, Brasil)

Furtado, Celso, 1920-2004
    Celso Furtado : Correspondência intelectual : 1949-2004 / Celso Furtado ; seleção, introdução e notas Rosa Freire d'Aguiar ; posfácio Luiz Felipe de Alencastro. — 1ª ed. — São Paulo : Companhia das Letras, 2021.

   ISBN 978-65-5921-030-5

   1. Cartas brasileiras 2. Correspondências 3. Economistas – Brasil 4. Furtado, Celso, 1920-2004 – Anotações, rascunhos etc. 5. Furtado, Celso, 1920-2004 – Correspondência 6. Memórias 7. Política econômica I. d'Aguiar, Rosa Freire. II. Alencastro, Luiz Felipe de. III. Título.

21-56223   CDD-330.981

Índice para catálogo sistemático:
1. Economistas brasileiros : Correspondências 330.981

Maria Alice Ferreira – Bibliotecária – CRB–8/7964

[2021]
Todos os direitos desta edição reservados à
EDITORA SCHWARCZ S.A.
Rua Bandeira Paulista, 702, cj. 32
04532-002 — São Paulo — SP
Telefone: (11) 3707-3500
www.companhiadasletras.com.br
www.blogdacompanhia.com.br
facebook.com/companhiadasletras
instagram.com/companhiadasletras
twitter.com/cialetras

Sumário

Introdução — *Rosa Freire d'Aguiar* 7

INTERLOCUTORES — OS BRASILEIROS

1. Adhemar Nóbrega 25
2. Antonio Callado 33
3. Antonio Candido 43
4. Cleantho de Paiva Leite 50
5. A cultura 52
6. Darcy Ribeiro 61
7. Ecos da ditadura 70
8. Fernando Henrique Cardoso 91
9. Florestan Fernandes 116
10. Francisco de Oliveira 122
11. Francisco Iglesias 129
12. Francisco Weffort 140
13. Helio Jaguaribe 148
14. José Leite Lopes 164
15. Os liberais 169
16. Luciano Martins 184
17. Marcio Moreira Alves 202

18. Maria da Conceição Tavares 211
19. Octavio Ianni 216
20. Otto Maria Carpeaux 224
21. Plinio de Arruda Sampaio 231
22. Os políticos 241
23. Thiago de Mello 248

INTERLOCUTORES — OS ESTRANGEIROS

1. Albert O. Hirschman 255
2. Os ativistas 267
3. Conexões políticas 275
4. Os economistas 290
5. Ernesto Sábato 318
6. Explicando-se 324
7. Os latino-americanos e o Clube Bianchi's 336
8. Os mediadores 374
9. Raúl Prebisch 387

Posfácio — *Luiz Felipe de Alencastro* 403
Sobre os autores 411
Índice onomástico 421

Introdução

Rosa Freire d'Aguiar

Celso Furtado partiu para o exílio em meados de maio de 1964. Tinha 43 anos. Embarcou num voo com destino a Santiago, escala em Buenos Aires. Passagem só de ida, a volta ficaria adiada por muito tempo. Ali se encerrava uma etapa decisiva de sua vida, aquela iniciada em 1958, em que idealizara e chefiara, nos governos de Juscelino Kubitschek, Jânio Quadros e João Goulart, a Superintendência do Desenvolvimento do Nordeste, e fora o primeiro ministro do Planejamento do país. Antes, passara quase uma década, entre 1949 e 1958, à frente da Divisão de Desenvolvimento da Comissão Econômica para a América Latina, a Cepal. Naquele dia de maio, a ida para Santiago a um só tempo fechava um ciclo e abria outro, que seria o da longa ausência do Brasil, por quase vinte anos.

Quando houve o golpe militar de 1º de abril de 1964, Celso encontrava-se no Recife. Na véspera, o Edifício JK, sede da Sudene, fora cercado por militares que provocativamente deixaram uma metralhadora apontada para a portaria. No dia 2, deu-se a intervenção decidida pelos novos donos do poder, e o lugar do superintendente foi assumido por um militar de alta patente que trabalhara sob suas ordens até pouco antes. Já não se vivia em estado de direito, conforme se verá nas cartas a seguir que dão conta de detenções e perseguições.

O nome de Celso Furtado constava da primeira lista dos punidos pelo Ato Institucional nº 1, assinado em 9 de abril, que privou de direitos políticos e civis, e de mandato parlamentar, uma centena de brasileiros. O "listão", como ficou conhecido esse ato inaugural do arbítrio que se instalaria no país, era encabeçado por Luís Carlos Prestes, João Goulart e Leonel Brizola; Celso aparecia em 26º lugar. Anos mais tarde seria informado de que, além de cassado, fora demitido de seu órgão de origem, o Departamento Administrativo do Serviço Público, "a bem do serviço público".[1] Fosse como fosse, em 1964 teve de sair do Brasil. Já nesse momento havia recebido telegramas de três conceituadas universidades americanas — Harvard, Columbia e Yale —, convidando-o para nelas lecionar. Escolheu a última, conforme noticiado na edição de 11 de maio de 1964 do *The New York Times*, em reportagem ilustrada com foto de Celso.[2]

A escala em Santiago, onde passou os três meses do inverno austral de 1964, serviu-lhe para repensar as ideias da Cepal que ajudara a elaborar um decênio antes. A convite do economista Raúl Prebisch, cuja correspondência com Celso é uma das mais ricas deste volume, ele dirigiu então um seminário de que participaram os sociólogos Fernando Henrique Cardoso e Francisco Weffort. Um e outro não eram exilados, mas sabiam que não estava na hora de voltar ao Brasil, como se lerá nas cartas posteriormente trocadas entre eles.

Celso permaneceu na Universidade Yale de setembro de 1964 a junho de 1965, como *visiting fellow* do Economic Growth Center. Seu interesse em ir para os Estados Unidos, conforme se verá nas cartas aos amigos Charles Wagley e Albert O. Hirschman, era reavaliar os próprios planos e rumos, depois de tantos atropelos, mas também estudar o país. Logo, porém, soube que o governo brasileiro tomara providências para que a universidade não renovasse o seu contrato: começavam aí os apuros constantes, durante o exílio, para a regularização de seu

1 Decreto de 29 de novembro de 1965.

2 "Purged Brazilian Economist will Teach in U.S. Invited by Three Universities, He Leans Toward Yale", Juan de Onis, *The New York Times*, 11 maio 1964.

3 No comentário feito ao livro *Le Brésil à l'heure de choix*, de Celso Furtado, Hubert

passaporte e concessão de vistos. Os planos de estudar os Estados Unidos como fulcro da história e do destino da América Latina — de que fora exemplo o próprio apoio norte-americano ao golpe militar — seriam postergados.

No dia 25 de agosto de 1965, Celso e família embarcavam no *Queen Elizabeth* rumo à França. Pouco antes, ele fora convidado para ser professor em Oxford, mas a opção por Paris terminou se impondo. Já no ano anterior, Hubert Beuve-Méry, fundador e diretor do influente *Le Monde*, sugerira nas páginas do jornal que a universidade francesa o convidasse para retornar à Sorbonne, onde Celso se doutorara em 1948.[3] A sugestão, tudo indica, foi acatada pela Faculdade de Direito e Ciências Econômicas da Universidade de Paris, que o nomeou professor associado em ato assinado pelo presidente Charles de Gaulle. Iniciava-se assim a carreira acadêmica de quem, paradoxalmente, nunca lecionara numa universidade em seu país.

Cartas trocadas com amigos reconstituem o cotidiano de *Monsieur le professeur*. Vindo de carro de Chevilly-Larue, cidadezinha perto de Orly onde morou muitos anos, Celso dava suas aulas e seminários num belo prédio de fins do século XVIII, na Place du Panthéon. No primeiro ano, lecionou economia do desenvolvimento, na pós-graduação. No seguinte, mais uma disciplina: economia latino-americana. Já então orientava dez doutorandos, e logo foi chamado a substituir, nas aulas do último ano, o economista Raymond Barre, que mais tarde seria primeiro-ministro do presidente Giscard d'Estaing. No final da década de 1960, uma centena de alunos frequentava seus cursos e seminários de pesquisa. Por vários anos Celso foi o único economista estrangeiro professor da Universidade de Paris. E a Faculdade de Economia do Panthéon formava, a essa altura, a grande maioria dos economistas na França. Brasileiros que

Beuve-Méry escrevia: "As mais famosas universidades dos Estados Unidos disputam a colaboração desse temível 'comunista'; por que os franceses não convidariam o sr. Celso Furtado para vir a Paris no próximo outono? Sobre seu país, sobre os aspectos teóricos e práticos do desenvolvimento econômico e social, esse ex-estudante da faculdade de direito em Paris teria muito a nos dizer". *Le Monde*, 5 jun. 1964.

moravam em Paris ou que estavam de passagem pela cidade iam com frequência assistir a uma de suas aulas, ou a uma defesa de tese de cuja banca participasse "o professor cassado", conforme o rotulara longa reportagem de uma revista brasileira.[4] Não surpreende se, em 1969, Celso tivesse de trocar, na Sorbonne, a sala de aula por um auditório, o anfiteatro Turgot, com capacidade para 140 estudantes.

Há em sua correspondência dezenas de cartas, em geral manuscritas — assim rezava o código de boas maneiras epistolares —, de estudantes que solicitavam um *entretien* para discutir um tema de tese, pedir uma bibliografia, quando não o abono de faltas, a revisão de uma nota ou uma carta de recomendação. Quando iniciei a leitura destas cartas, anotei nomes de alguns de seus alunos. Dois chegaram a presidentes da República — Alan García, no Peru, e Abolhassan Bani Sadr, no Irã —, outros tornaram-se ministros, diretores de banco, catedráticos. Se a imensa maioria de seus discípulos eram franceses, também foram muitos os do Magreb, da Turquia e da Grécia e, naturalmente, de toda a América Latina. Com estes, costumava ser pouco condescendente. O grande conhecimento que tinha de seus países era proporcional à severidade com que julgava suas teses e dissertações, para cujas bancas era tão requisitado. Em 1966, escrevia a um amigo:

> Por aqui surgem muitos latino-americanos, economistas, advogados, sociólogos, com pretensões a escrever teses sobre a integração latino-americana. Muitos supõem que refritando[5] o que por aí circula poderão conseguir facilmente um título universitário aqui. Tenho me negado a dirigir essas teses, pois ao cabo de uma conversa rápida vê-se que o candidato refletiu muito pouco sobre o assunto, limitando-se a repetir o que circula na imprensa.[6]

4 Cf. *Realidade*, ago. 1967.

5 Espanholismo do autor, frequente em cartas de Celso Furtado (CF). *Refritar*: requentar.

6 Carta de CF a Norberto González, Paris, 23 dez. 1966.

A fama de exigente não se restringia aos latino-americanos. Numa carta confidencial ao decano de Paris-I, lê-se: "A tese de Madame B. sobre o Koweit é trabalho descritivo que se limita a reunir informações já publicadas. Observamos muitas repetições, e até mesmo informações dadas três ou quatro vezes de forma divergente. Não há contribuição pessoal do autor".[7]

Anos mais tarde, num exercício de estilo para um romance jamais escrito, Celso imaginou um diálogo travado na Rue des Écoles, em pleno Quartier Latin, com um colega que orientava um jovem aluno: "Que se pode pedir a um estudante francês que prepara um estudo sobre o Nordeste do Brasil? Que fez uma viagem de ônibus de Recife a Natal e visitou a feira de Caruaru, conversou com algumas notoriedades, teve uns supostos encontros clandestinos com pessoas inocentes, está convenientemente convencido de que tudo é 'culpa dos americanos' e se conforta pensando que os militares mais cedo ou mais tarde abrirão os olhos para o 'drama da região'?".[8]

Embora longe do Brasil, ele recebia nesses anos dezenas de convites para ser patrono ou paraninfo em cerimônias de colação de grau. Em 1968 foram nada menos que quinze, a maioria de formandos em ciências econômicas, mas também em veterinária, biociências, história, enfermagem. A resposta a um deles resume seu pensamento:

> Há algum tempo tomei a decisão de não mais aceitar convites como o que você me transmite. Estou consciente de que você e seus colegas estão animados de puro idealismo e generosidade, mas sou de opinião de que esse tipo de homenagem deve premiar os professores jovens que, de uma ou outra forma, estão participando das lutas da juventude estudantil, num momento em que essas lutas constituem o único ato de lucidez no quadro confrangedor que apresenta o nosso país.[9]

7 Carta de CF ao decano da Universidade de Paris-I, Paris, 16 out. 1967.

8 Arquivo pessoal, 20 out. 1975.

9 Carta de CF a Jorge Jatobá, Paris, 30 out. 1968.

O Brasil é assunto recorrente desta correspondência. Atos e fatos dos sucessivos governos militares, com seu cortejo de medidas econômicas, novas cassações, liberdades tolhidas, e com censura instaurada, são amplamente comentados pelos missivistas. Há cartas enviadas duas vezes, a primeira por correio e a segunda por portador seguro, para driblar o eventual veto postal. Outras falam de carreiras ceifadas pelo Ato Institucional nº 5, promulgado em 1968, de professores proibidos de ensinar e afastados da cátedra: breve, mais uma leva de exilados brasileiros partiria para o exterior.

Celso sentia-se, então, mais integrado na França, menos transeunte, convencido de que sua permanência no estrangeiro tendia a ser definitiva. A universidade ia implantando a reforma adotada no rastro de Maio de 68 e sofria uma "explosão demográfica" que, para ele, acarretava sobrecarga de trabalho. Mas não se queixava. Numa rara carta em que se referiu à sua vida pessoal em Paris, escreveu um saboroso breviário da cidade:

A vida em Paris é, sob muitos aspectos, dura. Mas é como o amor de Swann: quanto mais se sofre, mais se precisa dele. Com os anos, a gente vai se cansando de viver para o futuro, como um transeunte apressado. Talvez a força de Paris esteja nisso: é uma espécie de tratamento de choque contra o esquecimento do presente. Existem pelo menos três aberrações na forma de viver parisiense que a mim me seduzem. A primeira é *flâner*: andar sem objetivo em lugares que nos lembram alguma coisa que permanece viva em nós. A segunda é a *causerie*: a conversa sem compromissos em nenhum sentido. E a terceira são os longos repastos: comer sem ter ideia de quando se vai terminar. Lembro-me um almoço do lado da floresta de Saint-Germain-en-Laye. Entre uma boa caça, um bom bourgogne e uma *assiette* de queijos consumimos toda a tarde. Havíamos combinado as aberrações segunda e terceira.[10]

O romancista alemão Heinrich Böll dizia que, no exílio, a capacidade de escrever depende de carregar internamente a língua e o país. Celso,

10 Carta de CF a Francisco Giner de los Ríos Morales, Paris, 24 maio 1967.

sem nenhuma dúvida, carregou uma e outro entranhados dentro de si. Os 10 mil quilômetros que o separavam do Brasil, percorridos, em tempos pré-internet, por cartas ansiosamente esperadas, não o afastavam do país, que se mantinha como foco permanente de reflexão. Dos dez livros que escreveu entre 1965 e 1978, houve os de teoria econômica, os sobre a América Latina e, *cela va sans dire*, os sobre o Brasil.[11] A ambivalência do exílio leva o expatriado, conquanto fora da pátria, a sentir em permanência sua presença, de forma clara ou insidiosa, em leituras, cartas, conversas, encontros. Se Celso era marcado pela paixão de entender o Brasil, essa espécie de missão dilatou-se nos tempos do exílio. Nas cartas que se seguem, sente-se o olhar de brasileiro que ele põe sobre o mundo, um olhar que provoca comparações e também indaga como os outros nos olham. Isso explica que, não só os livros, mas as dezenas de artigos que lhe pediam as mais influentes revistas acadêmicas da época, como *Annales*, *L'Esprit*, *Les Temps modernes*, *El Trimestre Económico*, *Revista de Occidente*, tivessem a ligá-los um fio condutor que, embora passando pela América Latina, pela conjuntura internacional em plena mutação, pela cultura e pela teoria, trazia subjacente o tema maior: o Brasil.

Nesses anos multiplicaram-se as traduções de seus livros. Celso as acompanhava, trocando com tradutores cartas em que, atentamente, anotava falhas de compreensão e antecipava equívocos recorrentes. Numa carta de 1967, para uma editora de Buenos Aires, frisava que "renda", em português, devia ser traduzida por *ingreso* quando significasse

---

11 *Subdesenvolvimento e estagnação na América Latina* (Rio de Janeiro: Civilização Brasileira, 1966); *Teoria e política do desenvolvimento econômico* (São Paulo: Companhia Editora Nacional, 1967); *Um projeto para o Brasil* (Rio de Janeiro: Saga, 1968); *Formação econômica da América Latina* (Rio de Janeiro: Lia, Editor, 1969); *Análise do "modelo" brasileiro* (Rio de Janeiro: Civilização Brasileira, 1972); *A hegemonia dos Estados Unidos e a América Latina* (Rio de Janeiro: Civilização Brasileira, 1973); *O mito do desenvolvimento econômico* (Rio de Janeiro: Paz e Terra, 1974); *A economia latino-americana* (São Paulo: Companhia Editora Nacional, 1976); *Prefácio a Nova Economia Política* (Rio de Janeiro: Paz e Terra, 1976); *Criatividade e dependência na civilização industrial* (Rio de Janeiro: Paz e Terra, 1978).

income em inglês, e por *renta* quando significasse *rent*.[12] Em 1972, a partir dos relatórios de seus editores, estimou que 400 mil exemplares de suas obras tinham sido vendidos na América Latina. A safra de 1970 fora boa: seu livro *A economia latino-americana* esgotava a primeira edição no Brasil, era publicado em inglês e estava sendo traduzido em sueco; no Chile chegava à segunda edição, de 4 mil exemplares, no México continuava a vender bem, mas na Espanha ainda não circulava porque, como informava o editor, "tudo deve passar pelo tortuoso caminho da censura".[13] Na França saíram nesse ano três títulos: *Théorie du développement économique*, *L'Amérique latine* e *Les États-Unis et le sous-développement en Amérique latine*, este último, por sua vez, traduzido por uma editora italiana.

Qual era a agenda europeia desse momento? Pela leitura das centenas de convites recebidos por Celso, chama atenção o imenso leque de temas que alimentavam colóquios e debates em universidades, sindicatos, igrejas, associações estudantis, na Europa Ocidental e do Leste. Celso era convidado por ser um "especialista" em Brasil, sem dúvida. Mas também em América Latina, desenvolvimento, Terceiro Mundo, imperialismo, Nordeste, reforma agrária, planejamento. Pelo binóculo de sua correspondência, vê-se um mundo mais internacionalista, porventura mais solidário, mais preocupado com estudos sobre a paz, a fome, as ideologias.

Celso não gostava de se apresentar como exilado. Vez por outra, se autodenominava *un métèque*, recorrendo ao termo que designava os estrangeiros residentes na antiga Atenas e sempre envolto num quê de desdém pelos forasteiros. O exílio, porém, causou-lhe funda ruptura, levando-o a encetar nova atividade profissional e dominar os rigores da língua em que praticaria seu trabalho acadêmico. Com os anos, foi se habituando à ausência prolongada do Brasil, assimilando a pátria adotiva. Nem sempre o mesmo ocorreu com amigos, que, longe do país, enfrentaram problemas familiares, profissionais, financeiros. Certas car-

12 Carta de CF a Beatriz Sarlo, editora do Centro Editor de América Latina, Paris, 22 jun. 1972.

13 Carta de Arnaldo Orfila a CF, México, 30 abr. 1970.

tas de exilados, aqui publicadas, revelam dramas pessoais e denotam o desejo de prepararem a retaguarda para retomar fôlego e a luta. Todos anseiam pela volta ao Brasil.

Os percalços do exílio estão também presentes nas cartas de personalidades que ajudaram Celso a vencer as barreiras inamovíveis impostas pelas autoridades diplomáticas de seu país. Ele jamais quis pedir asilo político, certo de que essa condição imporia limitações às suas atividades. Tinha, porém, um passaporte restritivo. O primeiro dos tempos do exílio era válido apenas para a França, a Inglaterra, os Estados Unidos e a Itália. Qualquer viagem, ainda que de férias à Espanha ou à Grécia, devia ter autorização à mercê do cônsul. Em 1967, queixava-se a um amigo: "Meu passaporte estabelece um gueto internacional dentro do qual estou autorizado a deslocar-me. Para ir à Índia tive de pedir que incluíssem esse país no meu gueto. A Inglaterra havia sido incluída desde o começo, assim como a Itália — países inofensivos, creio".[14]

Além das duas missões de trabalho malogradas por uma negativa do consulado, e mencionadas em algumas destas cartas, Celso foi impedido de aceitar, em julho de 1970, o convite para ir a um congresso, em Viena, da Associação Internacional de Estudos para a Paz; um mês depois, não obteve visto para ir ao Peru, onde se realizavam reuniões preparatórias do Acordo de Cartagena; e, no ano seguinte, não pôde comparecer, em Caracas, a um encontro da Organização dos Estados Americanos sobre administração pública. Esses contratempos deixavam-lhe um travo amargo, que o levou a registrar num diário: "Pelo gosto dessa gente, eu morreria de fome no estrangeiro".[15]

Em 1975, tendo recuperado os direitos políticos cassados por dez anos, ensaiou uma volta para o Brasil. A convite da Universidade Católica de São Paulo, lá esteve por um semestre, responsável por um curso sobre economia do desenvolvimento. Era a primeira — e seria a última

---

14 Carta de CF a Claudio Véliz, Paris, 8 jun. 1967.

15 Cf. *Celso Furtado. Diários intermitentes: 1937-2002* (São Paulo: Companhia das Letras, 2019), p. 228.

— vez que lecionava numa universidade brasileira. Mas o sonho do regresso gorou, pois o clima político no país estava longe de se desanuviar, conforme se lê, em especial, nas cartas de Plinio de Arruda Sampaio, Antonio Callado e Otto Maria Carpeaux. Familiares de Celso lhe escreviam contando que ultimamente ligavam para a casa de suas irmãs, à procura dele, pessoas que ninguém conhecia e que não queriam deixar recado. Ou que se faziam passar por ele e telefonavam como se estivessem na rua.[16]

Com a Lei da Anistia, em 1979, o clima político começou a mudar. Celso imaginava ser possível, então, repor o país nos trilhos, em suas palavras, e avançar no caminho do desenvolvimento. Depois dos anos de proscrição imposta pelo regime autoritário, ele trocou as viagens rápidas e esporádicas ao Brasil por visitas mais longas. Restringiu suas aulas na Sorbonne à pós-graduação e foi nomeado diretor de estudos da École de Hautes Études en Sciences Sociales, onde ministrava anualmente um seminário de três meses sobre a economia brasileira contemporânea.

O ano de 1985, o primeiro do retorno à democracia, pôs um ponto-final na permanência no exterior. Vinte anos tinham se passado desde que Celso fora forçado a deixar o país. Agora, já podia comprar a passagem de volta — depois que cumprisse duas missões como o servidor público que sempre foi: a primeira, como embaixador do Brasil junto à Comunidade Econômica Europeia, em Bruxelas; a segunda, como ministro da Cultura.

Comecei a ler estas cartas, em 2018, pelas do período do exílio. Professores da Sorbonne, nos vinte anos em que Celso lá esteve, não contavam com secretariado. Celso despachava, e arquivava em casa, toda a sua correspondência. A recebida, em pastas de capa rígida, de papelão cinza ou preto, lombadas de dez a quinze centímetros, com todas as cartas perfuradas na margem esquerda e presas por duas argolas. O volumoso correio enchia, em geral, uma pasta por ano. Na lombada, em

---

16 Cf. carta de Antonieta Furtado a CF, Rio de Janeiro, 4 nov. 1976.

maiúsculas, a inscrição "Cartas recebidas" e o ano correspondente: de 1964 a 1984. As enviadas eram guardadas em pastas coloridas e finas de papelão. Ali ele mantinha as cópias feitas com papel-carbono da correspondência profissional que julgava importante para o seu dia a dia, e também aquela enviada a amigos e a uns poucos familiares. Celso era excelente datilógrafo, prática que exerceu por muito tempo numa Olivetti Lettera 32, comprada em viagem à Itália em 1958, e numa Lettera 22, até trocá-las pelo computador. Em média, cada pasta das "Recebidas" continha quatrocentas cartas; das "Enviadas", cem — o que perfazia um total de cerca de 10 mil cartas trocadas durante o exílio, algumas com duas ou três páginas. As condições climáticas favoráveis em Paris, de baixa umidade devido ao aquecimento doméstico, deixaram a correspondência desse período no exterior em ótimo estado, sem as manchas de fungos correntes na do Brasil. As cartas dos anos anteriores e posteriores ao exílio, quando Celso ocupou cargos públicos e contou com eficientes secretárias, formavam outro conjunto, bastante bem organizado, de aproximadamente 5 mil documentos. Li as 15 mil cartas, anotando nomes, assuntos, cotejando datas e assinaturas, não raro decifrando as manuscritas, em várias línguas.

As de amigos costumavam chegar em papel aéreo, pautado ou não. As de instituições como as seculares universidades americanas e europeias vinham em papel vergê ou de linho, timbrado, algumas com monogramas em relevo. Havia também os aerogramas, essas folhas avulsas já franqueadas e dobradas de tal forma que dispensavam o envelope, e os *pneumatiques*, o engenhoso sistema em que as cartas percorriam Paris por uma rede de tubos pressurizados e alcançavam o destinatário uma ou duas horas depois de postadas: em tempos de reduzido parque telefônico na França, eram o meio ideal para confirmar um encontro, comunicar a chegada a Paris, desmarcar um jantar. As cartas de Celso cujas cópias ele guardava eram sempre datilografadas em papel A4, raramente tendo mais de uma folha. Em geral, cópias sem assinatura.

Convites formavam o núcleo central da correspondência. Nos três primeiros anos em Paris, alguns deles, pinçados ao acaso, chamam atenção, como os da American Historical Association, que organizava um congresso sobre "A influência do Sertão na história brasileira de 1900 a 1930"; da *New Left Review* para um debate com *young intellectuals interested in Latin America*; do Woodrow Wilson School propondo-lhe substituir o economista Arthur Lewis, futuro prêmio Nobel; do Tribunal Internacional sobre os crimes de guerra no Vietnã, presidido por Bertrand Russell e Jean-Paul Sartre; de Elisabeth Mann Borgese, filha do escritor Thomas Mann, convidando-o a integrar o Center for the Study of Democratic Institutions; da InterAmerican Foundation of the Arts, para simpósio em que ele debateria com James Baldwin, Gore Vidal e Glauber Rocha; da Unesco, que festejava em 1968 os 150 anos do nascimento de Marx e o convidava para ser um dos conferencistas principais ao lado de Theodor Adorno, Herbert Marcuse e Jurgen Habermas.[17] A imensa maioria dos convites é recusada: *"Réponse négative"*, escreve Celso no rodapé da carta.

Também se contam às dezenas as solicitações de longos artigos acadêmicos que, se aceitas, não lhe deixariam tempo sequer para preparar uma aula. Assim, em 1975 a revista *Mondes en développement* pede, para dali a três meses, 25 páginas sobre as exportações industriais e a dependência, e outras 25 sobre "L'espace congloméral"; a Universidad Nacional de Córdoba solicita, com prazo de mês e meio, "umas 15 páginas que tratem das perspectivas da teoria econômica na América Latina"; um instituto de Dacar pede um texto "breve": dez páginas com "uma descrição crítica da evolução econômica, social e política do conjunto da América Latina de 1945 aos nossos dias". Prazo: o quanto antes. O Institute of Development Studies da Universidade de Sussex lhe solicita "um panfleto fabiano sobre a Europa e a América Latina";[18] o historiador Ruggero

---

17 No colóquio The Role of Karl Marx in the Development of Contemporary Scientific Thought, CF apresentou o artigo "Marx's Model in the Analysis of the Underdeveloped Economic Structures". Cf. *Marx and the Contemporary Scientific Thought* (Haia: Mouton, 1970).

18 A Sociedade Fabiana, criada em 1884 para pensar o movimento socialista na Inglaterra, teve Bernard Shaw como um de seus mais conhecidos membros.

Romano quer um ensaio de quarenta a cinquenta páginas, sobre a formação do mercado interno no Brasil; e Octavio Paz, com quem Celso tecera boa amizade, pede um longo artigo para a revista que dirige, *Plural*, encartada mensalmente no jornal *Excelsior*. Celso o envia, mas o projeto de Paz fracassa. Na carta em que lhe comunica o insucesso, escreve um postscriptum à mão: "Querido Celso, México es México, y América Latina es América Latina... No hay nada que hacer — salvo seguir y *persistir*".[19]

Toda correspondência volumosa incorpora e revela curiosidades. A de Celso traz, entre muitas, a carta de um admirador que pede um autógrafo no cartãozinho anexo; a do engenheiro da Nasa que lhe pede cópia de dois artigos; a do conterrâneo que, desmanchando-se em elogios esparramados por três páginas, pede, "mediante a sua invulgar prestimosidade", três matrículas num dos institutos em que ele lecionava, para o remetente, a namorada e um ex-aluno, "e, obviamente, as bolsas de estudo correspondentes, junto ao governo francês"; a do presidiário que, cumprindo pena longa numa prisão da Bélgica, decide estudar ciências econômicas e lhe solicita um exemplar de *L'Amérique latine* — que o professor enviou;[20] a de um grupo de presos políticos do Ceará, que no cartão com um "Salve 1976" desenharam o mapa do Brasil tendo no centro as grades quebradas de uma cela — entre os dez signatários, o futuro deputado petista José Genoino Neto.

Os vinte anos longe do país representaram um divisor de águas, não só na vida pessoal e profissional de Celso, como em seus hábitos epistolares. Foi, naturalmente, nesse período no exterior que ele mais praticou a arte da correspondência. Ao sabor das cartas que iam e vinham, desfiavam-se as novidades do dia a dia, os comentários sobre a política no Brasil e na França, na América Latina, nos Estados Unidos. Mas o que há de específico neste corpus epistolar aqui publicado é sua índole intelectual, é a evidência de que os missivistas expunham sua visão do mundo,

19 Carta de Octavio Paz a CF, Cidade do México, 1976.

20 Carta de Alain Dufour a CF, Prisão de Nivelles, 1978.

opiniões, dúvidas, com admirável franqueza. Trata-se, assim, de um conjunto singular de cartas que traduzem a efervescência do pensamento de cada um, por vezes até mesmo uma espécie de convocação a amigos com quem trabalharam, dividiram planos, expectativas.

Como toda seleção, a deste volume tem um toque de subjetividade. Alguns critérios, porém, me guiaram. Logo ficou claro que, pelas posições que Celso Furtado ocupou, como economista, gestor público e professor, pela obra vasta que produziu, pela influência que exerceu em tantos quadrantes e em campos tão diversos, sua correspondência apresentava inestimável interesse biográfico. Não só. A correspondência de um intelectual costuma ser um laboratório de sua obra. Muitas das teorias e concepções de Celso e de seus interlocutores estão aqui esboçadas em forma embrionária, experimental. As cartas tornam-se, assim, um local de elaboração a um só tempo complexa e singular, em que se capta aqui e ali uma espécie de reciclagem contínua de opiniões, não raro um desdobramento ou um reexame de afirmações e reflexões. Neste conjunto de cartas trocadas entre Celso e os colegas da Cepal, os economistas de Cambridge, os amigos de juventude, os exilados, percebe-se em filigrana a convergência de ideias e ideais.

A respeito de cada um desses interlocutores ensaiei uma pequena introdução que se reporta a algum aspecto de seu relacionamento com Celso. Deliberadamente adotei o critério de suprimir trechos de certas cartas, sempre assinalados por reticências entre colchetes. Esta é uma seleção, e não uma edição integral da correspondência de Celso Furtado.[21] Os trechos suprimidos, em geral de poucas linhas, davam notícias de cunho estritamente pessoal, ou sobre terceiros. Foram eventualmente referidos no aparato de notas que põem as cartas em perspectiva e reconstituem, quando necessário, o contexto da época. A ambição deste volume é, assim, levar ao leitor uma correspondência inédita que, além

---

21 O acervo de Celso Furtado foi doado por Rosa Freire d'Aguiar, em 2019, ao Instituto de Estudos Brasileiros, da Universidade de São Paulo, onde toda a sua correspondência poderá futuramente ser consultada. (N. E.)

de revelar destinos individuais, acompanha as peregrinações de um punhado de economistas, intelectuais, políticos, ativistas, cientistas sociais que foram atores e observadores da história na segunda metade do século xx.

**Interlocutores
Os brasileiros**

1. Adhemar Nóbrega

Amigos desde os tempos do Liceu Paraibano, Adhemar Nóbrega e Celso Furtado tiveram em João Pessoa aulas de piano e teoria musical com o professor Gazzi de Sá, que lhes ensinou música "de verdade", conforme diziam. Celso não custou a descobrir sua falta de talento para o piano, Adhemar descobriu o seu para o ensino da música. Mudaram-se para o Rio de Janeiro no início da década de 1940, trabalharam juntos na *Revista da Semana*. Depois, fizeram carreira solo, Celso na economia, Adhemar na musicologia. Nos anos 1960-70, retomaram a correspondência, quando o primeiro lecionava na França e o segundo, em Portugal, pesquisava na biblioteca dos duques de Bragança documentos musicais dos jesuítas. As cartas de Adhemar perpassam o tom bem-humorado e trocista que era o seu, revelam o olhar perspicaz que avalia concertos e óperas, solistas e sopranos, e traçam um saboroso painel da cena cultural carioca. Celso, por sua vez, insistia para o amigo escrever uma biografia de Villa-Lobos. O projeto não vingou, mas Adhemar Nóbrega deixou dois livros sobre o maestro.

RIO, 21 DE ABRIL DE 65

Meu caro Celso,

Perdi o seu embarque; cheguei ao de Lucía quando as turbinas do avião estavam sendo ligadas. E o correio? Não. Eu precisava escrever-lhe mais à vontade.

"Essas informações de pura água" que você me pediu em sua carta de 17 de outubro [de 1964] (anoto a data de propósito, como um penitente que aperta os cordões do cilício, para castigar-me vivamente de levar tanto tempo para responder a um amigo como você, e ainda mais a um amigo banido pela Redentora, o saboroso apelido que *Última Hora* deu ao Primeiro de Abril de 31 de março). Pois há, na verdade, este problema de historiografia a ser resolvido. Nem mesmo os depoimentos dos heróis, no aniversário da dita cuja, conseguiram eliminar a dúvida.

Aliás, esses depoimentos foram engraçados, quero dizer cômicos no que diz respeito à rememoração dos lances estratégicos militares (a travessia do rio Paraibuna, meu caro! E o acampamento simbólico na Cinelândia!) com que se procurou dar um tom belicista ao ato de balançar um galho que estava fraco e que não fez muita questão de cair. Aliás, a sacudidela no galho (o *Correio* deu outro dia esta interpretação, que está sendo aceita) foi unicamente devida a um problema de natureza profissional. Arranharam a disciplina dos militares. Então eles se rebelaram; fizeram a revolução. Fizeram a revolução e puseram o dr. [Roberto] Campos no Ministério do Planejamento... [...]

Mas já é tempo de liquidar com este assunto. Impossível dar-lhe uma cobertura completa. Antes de concluir um panorama, por ligeiro e superficial que fosse eu me envenenaria de tristeza. Apenas a gente deseja que a coisa não piore. Se pode piorar? E por que não? Lembre-se da sátira de Saltikov: *História de uma cidade segundo os documentos*. A situação de calamidade pública havia atingido os limites do que se acreditava impossível. Então, um observador (e vítima também) mostra-se estranhamente satisfeito. Por quê? Porque dali por diante, tudo o que acontecesse deveria ser bom ou, pelo menos, não poderia igualar-se ao que já acontecera. Estava enganado. Logo depois, instalou-se uma ditadura militar.

Com um grande abraço, para você, Lucía, André e Mario,

Adhemar

RIO DE JANEIRO, 1º DE SETEMBRO DE 1965

Meu caro Celso,

Minha tradição em matéria epistolar anda realmente muito afetada pela irregularidade com que lhe escrevo. Não adianta desculpar-me, o que importa agora é corrigir-me. Começarei a fazê-lo da próxima vez, se você não se cansar de falar a um sujeito aparentemente surdo e que, no entanto, tem não apenas o prazer de responder-lhe como também o de falar-lhe, ainda que sem pretexto e até mesmo sem motivo. Sem motivo circunstancial, diria melhor, pois realmente o grande motivo existe sempre — o da amizade pessoal. [...]

Você me diz em sua última carta que agora só se interessa por música e bananas. Das bananas não posso lhe falar muito, pois elas andam escassas como todas as amenidades para o estômago. Música é que tem havido com abundância, festejando o IV Centenário do Rio. Nos dois últimos meses, tivemos os já citados elencos da Ópera de Viena e da Ópera de Paris. Do primeiro, *pas grand chose*, salvou-se o *Rosenkavalier* de Strauss, já que o Mozart foi fraco. Quanto ao conjunto da Ópera de Paris, se bem não tenha vindo com grandes cartazes, apresentou bem a *Carmen* e o *Diálogo das carmelitas*, que não é ópera de substância musical muito rica. Os requintes dos franceses geralmente não dão para encher uma ópera. Trata-se de um gênero ingrato que, ou se sustenta na genialidade de um Mozart, de um Mussorgsky, Wagner ou Debussy (citei de propósito quatro autores histórica e estilisticamente muito diferenciados) ou tem que levar de enchimento o tutano generoso das árias verdianas ou o extravasado *lascia ch'io me rompo* do verismo de Puccini e Mascagni. O equilíbrio, o comedimento, a finura nunca foram virtudes essenciais da ópera. Não é à toa que ela nasceu de um equívoco da Camerata de Bardi. [...]

O que há de interessante aqui, afora os atrativos da vida musical, é o Festival Internacional de Filmes, que de uma semana para outra transformou o Rio na Meca do cinema mundial. O Festival realiza-se no Rian e os frequentadores das areias de Copacabana podem deparar, por enquanto, entre um mergulho e outro, com as celebridades da tela antes de assistir, à noite, aos filmes programados, entre os quais figuram alguns hors-concours como *Vaga estrela da Ursa Maior*, que inaugurou a mostra. Claudia Cardinale foi a primeira dos grandes a chegar. Ainda são esperados Jean-Luc Godard, Antonioni, Visconti etc., que se vêm juntar a Fritz Lang e outros diretores recém-chegados. A partir de amanhã, graças a uma promoção de caráter político, de [Carlos] Lacerda, os filmes concorrentes vão ser exibidos a preços mais razoáveis em outros cinemas. Ainda como fruto de uma atitude semelhante do mesmo CL, o cinema brasileiro, que havia ficado excluído praticamente do Festival (tendo organizado, em revanche, o Fufa — Festival Universal de Filmes na Areia, com exibições ao ar livre em frente ao Rian), foi aquinhoado pelo governador com uma delegação de 132 membros, o que é, não resta dúvida, um pequeno exagero.

Um abraço para você e os seus,

Adhemar

PARIS, 17 DE JULHO DE 1966

Prezado Adhemar,

Que bom saber que as coisas aí do seu lado vão se arranjando. Sua carta de abril-maio* deu-me a impressão de que você chegava a uma clareira, depois de atravessar uma mata fechada. De minha experiência convenci-me que em circunstâncias parecidas, em face de uma conjuração de forças negativas a melhor tática é tratar de cada problema separadamente. De sua carta deduzo que as atividades musicais se ampliaram muito nesses lados. Um economista trataria de vincular esse fenômeno à sobrevalorização externa do cruzeiro, decorrência de uma política que talvez tenha o objetivo de facilitar a transferência de recursos para fora do país, e assim dar uma compensação às pobres companhias estrangeiras tanto tempo penalizadas. Parece-me, entretanto, que existe uma razão sociológica mais profunda. A música, por ser tão abstrata, é a arte que mais floresce nos regimes ditatoriais. Recordo-me da ditadura de Getúlio, quando a música passou a representar tanto na vida cultural brasileira. Deste ponto de vista, a música é uma arte privilegiada, como a matemática é uma ciência privilegiada. Que eu saiba, a única ditadura que persegue matemáticos é a de Salazar. [...]

Não creio que você esteja falando sério quando diz que nossos problemas se curam com um purgante. Que diferença existe entre matar em um campo de concentração e matar de fome de forma tão sistemática que aos trinta anos a pessoa morre de "velho"? Sempre se pode dizer que se os escravos leram Aristóteles e creem que a escravidão é um fenômeno de ordem natural, já não têm por que sofrer. Sempre existe um relativismo capaz de tudo justificar. Concordo em que um artista pode criar muito limitando-se a ver no mundo exterior aquilo que lhe agrada. Creio que foi esse o caso de Villa-Lobos. Mas não será por falta de fornos cremató-

---

* Na carta de 21 abr. 1965, Adhemar Nóbrega contava o acidente vascular cerebral que sofrera.

rios que os nossos artistas estarão privados de ver miséria, sofrimento e a mais abjecta injustiça que possa o homem praticar.

Escreva com mais frequência, pois suas notícias me dão muita satisfação.

[Celso]*

PARIS, 13.1.1967

Prezado Adhemar,

Aqui já estamos longe do outono, que é seguramente a mais linda estação neste Paris. Estamos hoje com menos dez graus e esse tempo cinzento, cuja única virtude é nos dar coragem para responder as cartas dos amigos que vão se acumulando. [...]

Com os anos e a experiência do mundo vou me convencendo de que a nossa sociedade, particularmente a nossa nordestina, tem muito de desumana e cruel. Os estrangeiros, que facilmente se seduzem com o que existe de mágico em nosso mundo, dificilmente percebem esse traço de crueldade. Você fez referência à época em que nos ríamos a perder com a *viagem maravilhosa* do nosso poeta. Hoje eu penso com certa perplexidade, mas também com certa tristeza, o pouco de verdadeira comunicação que havia entre nós. Que precisássemos, particularmente eu, de apelar tanto para o ridículo põe bem a claro a necessidade de ocultar-se ou de envolver o eu com mil faixas isolantes, exatamente como os egípcios envolviam as suas múmias. É claro que aquele que muito se protege reduz a possibilidade de comunicar-se com os demais, nega-se aos demais. Cria-se uma segunda imagem de si mesmo, que por mais bem armada que seja será sempre pobre do ponto de vista humano, pois nada muito

* As cópias das cartas enviadas por Celso Furtado que não se encontram assinadas trazem, aqui, sua assinatura entre colchetes.

significativo podem os demais receber de uma imagem. Nos momentos cruciais da vida sempre estaremos sós, e com essa imagem que nos pesará como uma máscara de chumbo. Minha experiência com os nordestinos, particularmente de vê-los atuar em outras sociedades, tem sido constatar que são pessoas contraídas, sem sentido de humor, que vivem a vida algo mecanicamente e que muitas vezes tendem a um comportamento predatório em particular com as mulheres ou os mais débeis. São evidentemente vítimas de uma fôrma social ainda muito próxima de formas degradantes de exploração do homem pelo homem. Perdoe-me essas elucubrações de baixa sociologia, mas a verdade é que você está tão longe do estereótipo nordestino que é um real prazer poder constatá-lo. Quanto a mim, tenho a impressão de que a vida tem resultado ser um permanente esforço de desenfaixamento.

[Celso]

VILA VIÇOSA, 24.8.67

Meu caro Celso,

Algumas vezes você tem admitido que eu levo uma vida de funcionário público em matéria de trabalho. Mas a verdade é que vez por outra meto-me em coisas que me dão muito o que fazer. Agora é esta pesquisa, subordinada a uma premissa na qual creio com muita fé. Algures em Portugal devem restar documentos musicais esclarecedores das obras que os jesuítas empregaram na catequese dos índios. É só apanhá-los e comparar o texto com as constâncias modais do folclore musical nordestino — e estará provada a premissa. Mas *onde* encontrá-los é que me tem custado. Os jesuítas, habitualmente minuciosos nas reclamações ao governador Tomé de Souza contra as safadezas do bispo d. Pedro Fernandes Sardinha (o tal que foi comido pelos caetés); nas suas denúncias dos portugueses que semeavam filhos em cada aldeia indígena; no assessoramento político (p. Manuel da Nóbrega) do governo civil; no relato de suas andanças e de sua obra missionária e na discussão de questões filosóficas, são cronistas omissos da obra de divulgação musical que entretanto levaram a efeito largamente. Há nas suas centenas de cartas inúmeras referências aos atos em que se fazia música, mas *quais* eles não cuidaram de dizer. Decididamente, não tinham a bossa da crônica nem da crítica. É a busca dessa chave que tem me ocupado muito e me levado de um lado a outro, prejudicando inclusive minha correspondência.

Agora, vim dar com os costados no Alentejo, em Vila Viçosa, pequeno e amável burgo medieval nascido à volta do mais belo castelo mourisco destas redondezas. Apesar das modificações que sofreu em função da evolução da arte da guerra (pois que foi utilizado como bastião durante séculos depois de tomado aos mouros), ainda conserva sob muitos aspectos as linhas originais. Mas eu não estou aqui por causa do castelo e da sua história e sim pelo Palácio Ducal, berço da dinastia dos Bragança, a última de Portugal (não contando com a atual, das Forças Armadas) e principalmente pela importância de sua biblioteca. Você sabe que os Bragança foram, além de músicos, reis. D. Pedro IV deixou um livro em *Defensa de la música moderna* e outro em que defende — imagine quem! — Palestrina. Vivesse hoje e estaria defendendo Pierre Boulez e Karlheinz Stockhausen... Foi um maravilhoso quixote. [...]

Mostrei a reportagem da *Realidade** a várias pessoas, fazendo uma promoção minha. E com relação a Beatriz, uma ítalo-brasileira, também bolsista da Gulbenkian (artes plásticas), o resultado foi maior do que eu esperava. Ela não faz menos do que aguardar a sua candidatura à Presidência da República. Pediu-me um relatório verbal a seu respeito. Dei-o. Você ganhou mais um cabo eleitoral, por sinal *una bella ragazza*.

Bem, faz muito calor. Vou me aspergir na torneira para ver se durmo. Lembranças a Lucía, Mario e André, do

Adhemar

* Ver nota mais acima.

2. Antonio Callado

Em 1940, recém-chegado ao Rio para ingressar na Faculdade Nacional de Direito, Celso Furtado candidatou-se a uma vaga de suplente de revisor no *Correio da Manhã*. Devia se submeter a uma prova de português e conhecimentos gerais: aplicou-a Antonio Callado, já então experiente jornalista do matutino carioca. Vinte anos mais tarde, retomaram o convívio quando Callado esteve no Nordeste para escrever sobre o Engenho Galileia, onde começavam a se formar as Ligas Camponesas, e sobre os dias finais do governo de Miguel Arraes.* Em meados dos anos 1970 reencontraram-se em Cambridge, onde Celso lecionava no King's College e Callado, no Centre of Latin American Studies, pesquisava sobre a censura e os escritores latino-americanos. Em conversas posteriores no Rio de Janeiro ou em Paris, relembravam, saudosos e divertidos, o banquete oferecido a ambos por um inglês caçador de raposas, que certa noite os convidou a degustar um desses bichinhos ensopado, acompanhado de mirabolantes histórias de caçada. Em janeiro de 1997, quando Antonio Callado morreu, Celso foi sondado para se candidatar à sua vaga na Academia Brasileira de Letras. Declinou do convite, tendo, afi-

---

* Cf., de Antonio Callado, *Os industriais da seca e os "Galileus" de Pernambuco: Aspectos da luta pela reforma agrária no Brasil* (Rio de Janeiro: Civilização Brasileira, 1960) e *Tempo de Arraes* (Rio de Janeiro: José Álvaro Editor, 1964).

nal, ingressado na ABL para ocupar a vaga de outro grande amigo comum, Darcy Ribeiro.

[RIO DE JANEIRO], 27 DE SETEMBRO DE 1965

Meu caro Celso,

Espero que apesar das tristezas e amolações do exílio você esteja contente. Aqui não há grandes razões para contentamentos principalmente porque o país ainda está tão desossado que mesmo quem gostaria de agir não encontra os pontos de apoio. Veja a nossa iminente eleição na Guanabara dia 3. Apesar da vital importância que ela tem para o futuro político do Lacerda e portanto de nós todos, o espetáculo em que se constituiu a oposição é lamentável. Com sua inteligência e sua teatralidade, Lacerda praticamente conseguiu apresentar não Flexa [Ribeiro], seu continuador, mas Negrão de Lima como o candidato de Castelo Branco e da "Revolução" de 1º de abril... O pior, Celso, é que se, apesar de tudo isto ganhar Negrão, que razões maiores de alegria pode ter a gente? Homem acomodado, cético, pombo-correio de Getúlio em 1937, vagamente bom prefeito do Rio...[...] A espécie de nova fé que se deposita no marechal Lott como estadista e salvador (pensa-se nele para candidato em 66) me faz realmente pensar que estamos governados, agora de cara limpa e franca, pelo único Partido Político organizado do país, o glorioso Exército Nacional. [...]

Eu às vezes me pergunto se essa ideia de que devemos, no nosso setor, fazer alguma coisa para que um país como o Brasil deixe de andar de quatro e ande feito gente não é uma espécie de autotapeação, ou projeção de uma certa vaidade pessoal. Queremos talvez ter um *respectable passport*. Mas mesmo descontando tudo isto acho que tem um lado certo isto da gente não poder aceitar a ideia do enorme sofrimento da imensa maioria dos brasileiros devido apenas à nossa incompetência e preguiça de *get things done*. Dilemas como o do Brasil no momento (eternizarmos no poder Castelo Branco ou preposto seu, mediante eleição indireta, ou termos, mediante eleição direta, Lacerda), só ocorrem num país de ambiciosos e preguiçosos: os primeiros fazendo política pessoal e os outros escrevendo romance em casa.

Um grande abraço do

Callado

PARIS, 14 DE JANEIRO DE 1967

Prezado Callado,

Tenho tido notícias suas por intermédio de vários amigos: de sua luta e de seu entusiasmo. Vai aqui um abraço de ano-novo, com votos de que essa luta comece a dar frutos em 67.

O objetivo desta é o seguinte. A direção de *Les Temps modernes* incumbiu-me de organizar um número especial dessa revista dedicado ao Brasil.*

Venho pedir a sua cooperação através de um artigo sobre o movimento das Ligas Camponesas. Atribuo grande importância a essa experiência como exemplo de mobilização de massas camponesas nas condições que prevaleciam no Brasil antes do golpe de 64. Esse artigo poderia ser feito com o material de seu livro publicado em 60, se não me equivoco. As técnicas de comunicação que foram utilizadas no processo político, mobilizando valores e símbolos acessíveis a uma população iletrada, a emergência de líderes autenticamente populares, aquela história fabulo-

---

* *Les Temps modernes*, Paris, n. 257, out. 1967. Os coautores da edição especial "Le Brésil" são Celso Furtado (organizador), Helio Jaguaribe, Francisco Weffort, Fernando Henrique Cardoso, Florestan Fernandes, Otto Maria Carpeaux, Jean-Claude Bernardet, Antonio Callado. O número foi publicado no Brasil: *Brasil: Tempos modernos* (Rio de Janeiro: Paz e Terra, 1968), no México: *Brasil Hoy* (Cidade do México: Siglo XXI, 1968) e na Alemanha: *Brasilien Heute* (Frankfurt: Athenäum Verlag, 1967).

sa da sociedade mortuária, enfim tudo o que você captou e depois circulou sob tantas assinaturas, parece-me estão aí componentes essenciais da realidade do Brasil presente. Cada dia mais me convenço de que os ângulos de que dispomos para *olhar* a realidade brasileira são extremamente limitados. Quiçá isso se deva a que eu tenho lido muito pouco da literatura brasileira escrita nos últimos dez anos e o pouco que leio é de escritores que têm uma experiência vivida há mais de trinta anos. [...]

Soube que você terminou o novo romance. Tenho-o já inscrito em minha lista de leituras. Estará por aqui antes do verão deste hemisfério?

[Celso]

GUANABARA, 9 FEVEREIRO 1967

Meu caro Celso, sua carta de 14 de janeiro só me chegou às mãos a 3 de fevereiro, véspera do Carnaval, quando eu estava de malas prontas para fugir para Teresópolis. Mas me valeu uma excelente visita do Lucio Costa. O Lucio chegou aqui em casa entre nove e meia e dez horas da noite e começamos a conversar. Às dez horas entramos no meu período de racionamento de luz devido aos estragos das chuvas e continuamos a conversar sobre a China Vermelha e a corrida espacial à luz de velas. Depois acompanhei o Lucio, com uma lanterninha elétrica escada abaixo (quatro andares) e fiquei esperando na portaria os alguns minutos que faltavam para que se encerrasse o período do corte. Tive vontade de andar até a beira do mar, que fica a um minuto a pé do edifício. Mas com a falta de luz e força a elevatória funciona pior ainda e a maresia vem envolta num cheiro daquilo que os franceses chamam de *merde*. Resolvi subir as escadas a pé mesmo como se a conversa com o Lucio tivesse sido com algum ser extraterreno, com suas notícias da Europa, e eu estivesse voltando à realidade pátria.

Quanto à sua carta é claro que faço o artigo. Se você tiver alguma especificação mais exigente quanto ao número de palavras mande dizer.

Eu faço, caso contrário, um mínimo de 3 mil palavras (umas dez páginas à máquina, espaço 2) e um máximo de 5 mil.

Meu livro de que você ouviu falar chama-se *Quarup* (festa indígena xinguana) e não consegui escrevê-lo em menos de seiscentas páginas datilografadas. Deve estar na rua entre fim de maio e início de junho e faço questão que você o leia logo que sair. Verei quem são os portadores na época. Meu herói vai de um barroquismo interior a um historicismo aceito num necessário processo de deseducação.

Terminado o livro que me custou quase dois anos de trabalho (sem trabalho remunerativo de jornais) agora estou me capitalizando um pouco. Voltei aos editoriais do *Jornal do Brasil* e à crítica de teatro em *Visão*. Mande sempre que puder notícias suas que me dão muito prazer.

Grande abraço do

Callado

RIO DE JANEIRO, 13.3.67

Meu caro Celso, aí vai o artigo pedido. Corrija alguma coisa que lhe pareça fora de foco no relato daquele ano de ouro em Pernambuco. Estou dando tratos à bola para ver como faço chegar com segurança às tuas mãos esta correspondência. Vou ver se me organizo no *Jornal do Brasil*, que deve ter contato com a Varig.

E mande notícias por favor. Logo que receber o artigo me faça saber, para me tranquilizar. Se for necessário mando-lhe cópia. Aguardo uma palavrinha sua nos próximos quinze dias.

Grande abraço do seu amigo

Callado

P.S. Diga se tem algum retardatário a esporear aqui para que mande o artigo.

PARIS, 24 DE MARÇO DE 1967

Prezado Callado,

Recebi hoje o seu trabalho, que alguém pôs no correio aqui em Paris. Gostei muito do estilo direto e pessoal que você adotou. A nossa tendência, de gente universitária profissional, é escrever em estilo impessoal, *neutro*. O seu artigo e o de Carpeaux contribuirão para facilitar a comunicação com os leitores. [...]

Aqui, com o tempo, a vida vai tomando um sentido de normalidade. Nessas civilizações altamente burocratizadas, o essencial é habituar-se com as regras do jogo. Na medida que as áreas de fricção se vão reduzindo o tempo vai começando a esticar-se. Já se pode ir ao teatro, ler um pouco mais e mesmo desfrutar de alguma *flânerie*. O sentido de urgência quase bíblico que nos marca a vida no Brasil, pelo menos tem sido assim em nossa geração, está impregnado em nós e quase nos inabilita para as formas atuais de vida europeia. Contudo, com algum esforço chega-se a um compromisso. Às vezes me pergunto se em nosso esforço para escapar à máquina infernal de alienação que é o contexto cultural brasileiro, não nos alienamos por outra via perdendo a consciência de que pessoalmente também somos um projeto, cuja realização plena exige que nos olhemos a nós mesmos como um fim. [...]

Um grande abraço e até a próxima.

[Celso]

[GUANABARA], 11 FEVEREIRO 68

Meu caro Celso, como bom brasileiro estou há muito para lhe escrever. Aproveito a viagem do Marcito para lhe mandar um abraço e para lhe dizer que nossa edição de *Temps modernes** está quase pronta, pelo

---

* Cf. nota anterior sobre *Les Temps modernes*.

que me dizem na Civilização Brasileira. Os exemplares que trouxe comigo não deram para chegar aos paulistas, mas foram entregues, pessoalmente por mim, ao Leite Lopes, ao Jaguaribe, Jorge. Estou certo de que o livro vai ter um impacto, ao sair em português. O governo pode não se incomodar muito com o jeito que tomam as coisas aqui, mas se preocupa com a famosa "imagem" no estrangeiro. Como você há de se lembrar, o próprio Lacerda foi utilizado pelo governo Castelo para defender a imagem da revolução, o que fez com tão insólito brilho em Orly. Este governo, cuja imagem tem sido desgastada pelo mesmo senhor, tem preocupações iguais quanto ao estrangeiro. Nossos artigos de *Temps modernes* vão desgostar a linha dura, que outro dia conseguiu pôr de prontidão as Forças Armadas, por motivos ainda bastante obscuros. Claro foi o show de força. Meu livro já chegou ao fim da sua segunda edição e já assinei contrato de tradução com Knopf de Nova York e com a *Revista de Occidente*, de Madri. Ainda não resolvi a parada em Paris mas estou aguardando resposta da Alemanha e da Suécia. Tenho a impressão de que a simples publicação nos Estados Unidos vá simplificar a aceitação em outras praças. Se você já teve tempo de ler, mande me dizer o que achou. O Glauber [Rocha] está projetando um filme do *Quarup*.

Lembranças à sua mulher e um grande abraço para você, do

Callado

PARIS, 1º DE ABRIL DE 1968

Prezado Callado,

Recebi a sua carta de 11 de fevereiro com a boa notícia de que o *Quarup* continua ganhando velocidade. Li-o com grande interesse. É sempre difícil falar de um livro ao autor, como também não é fácil ler um livro de uma pessoa que se conhece. O que posso dizer do *Quarup* é que ele me interessou desde o começo e que a partir da metade o interesse aumentou consideravelmente. O livro é de leitura fácil, pois os personagens ganham individualidade em pouco tempo e passam a existir como gente de carne e osso. Ao mesmo tempo é difícil, ao abarcar um processo social tão complexo. Abarcar o processo brasileiro na dimensão protozoária de Macunaíma é uma coisa. Outra é abrir um *spectrum* de Francisca a Manuel Tropeiro. Pelo prazer que tive em ler o livro imagino o que você não terá tido em escrevê-lo. E porque você o escreveu com prazer, e não com raiva, não ficou nenhuma dessas marcas que caracterizam o livro de tese. [...]

O nosso número de *Les Temps modernes* circulou magnificamente. A tradução para o castelhano está pronta e a edição deverá sair em breve, no México. Já existem consultas para publicação em italiano e em alemão. Vi o *Terra em transe* do Glauber. Independentemente das qualidades de cineasta, que todos lhe reconhecem, esse rapaz tem faculdades excepcionais para captar os processos históricos.

Lembranças ao Carpeaux e um abraço para você do

[Celso]

PARIS, 6 DE JUNHO DE 1995

Prezado Callado,

Deparei-me com o texto de uma entrevista sua a José Castello, nas páginas do *Estadão*. Deliciou-me a sua filosofia horaciana da brevidade da vida, que cabe valorizar minuto a minuto. Você observa que a velhice é um "grande presente". Devo entender isso no sentido de "regalo, *cadeau*", aquilo que agradecemos quando somos o beneficiário? Não será que o maior presente é a convivência com os amigos? A verdadeira velhice é feita de solidão. É a ausência dos amigos que se foram. Se nos apegamos tanto aos livros, é porque sabemos que deles não seremos privados em vida. Você se satisfaz relendo livros queridos. Para certas pessoas, a releitura de autores como Platão, Dante, Rousseau e Proust é alimento para toda a vida. Mais de uma vez me interroguei que período destes três quartos de século que já vivi foi o mais interessante. Sempre me parece que é o presente. Acredito numa lei psicológica segundo a qual o tempo vital se acelera permanentemente. O presente é mais consistente, menos fugaz que o passado. Essa a razão pela qual valorizamos mais o presente, o dia de hoje, do que fazemos com o passado. Assim, sua entrevista me levou a filosofar.

Um mês mais e Rosa e eu estaremos de volta ao Rio. E retomaremos a nossa conversa. Recomende-me a Ana* e aceite o abraço fraternal do

Celso

RIO, 10 DE JUNHO 95

Celso querido,

V. não avalia o prazer que tive lendo sua carta. Acredite que ainda ontem, conversando com Ana, falei na falta que sentia — sentíamos — de Rosa e você. Não é que a gente se veja com tanta frequência aqui no Rio, mas é bom saber que vocês estão perto, *available*. Quando vocês ficam muito tempo fora passo a achar que estão ambos abusando dessa boa sorte de ter um apartamento em Paris. Reli, depois de lida sua carta, a entrevista que Castello fez comigo e saiu no *Estadão*. Ele tinha conversado longuíssimo tempo comigo e confesso que fiquei meio decepcionado quando saiu o resumo. A verdade, porém, é que a entrevista me rendeu dois textos excelentes: uma crônica do André Lara Resende (ele está escrevendo semanalmente na *Folha*), sua carta de agora. Confesso que tenho minhas dúvidas quanto ao *cadeau* que seria a velhice. Confesso a v. que tenho saudades enormes da energia que tinha quando, em sua companhia, corremos de uma vaca braba na Paraíba, a caminho de uma en-

---

* Ana Arruda Callado, jornalista e escritora, esposa de Antonio Callado.

trevista que fiz com a Elizabeth Teixeira.* Mas há um ou outro insuspeitado prazer nesta calmaria a que nos obriga a vizinhança dos oitenta anos. Quando o motor do barco começa a ratear, voltamos a usar velas para navegar. E, se levamos muito mais tempo para chegar a qualquer lugar, em compensação vemos muito melhor águas e peixes ao redor, e lua no céu, quando não faz frio e o reumatismo nos permite ficar no convés. [...]

[Antonio Callado]

---

* Elizabeth Teixeira, viúva do líder camponês João Pedro Teixeira, morto em 1962 a mando de produtores rurais da Paraíba.

3. Antonio Candido

Antonio Candido e Celso Furtado mantiveram um diálogo epistolar estreito em meados dos anos 1960. Em 1965 encontraram-se em Paris algumas vezes. Há nos arquivos de Celso um cartãozinho de Antonio Candido, dessa época, encaminhando-lhe um livro e convidando-o "para almoçar um destes dias na cidade". Em outra ocasião, Celso o levou a um bistrô perto da faculdade de economia onde lecionava, na Place du Panthéon. O restaurante era Le Vieux Paris, remanescente dos tempos em que os arredores daquele cantinho do Quartier Latin era frequentado por estudantes que moravam no alto da colina de Sainte-Geneviève. Um de seus fregueses habituais fora o poeta Paul Verlaine, que ia a pé da vizinha Rue Mouffetard e, com seu semblante melancólico, deixava-se fotografar nas banquetas do restaurante. Seus retratos, ali pendurados, estavam entre as atrações que Celso mostrava aos amigos brasileiros. Desde que retornou ao Brasil, no final do exílio, raramente encontrou-se com Antonio Candido, mas trocaram bilhetes e assinaram petições em favor de causas democráticas e de candidatos a cargos eletivos. Conversaram pela última vez em São Paulo, em 1991, na inauguração da filial da editora mexicana Fondo de Cultura Económica.

[SÃO PAULO], 28 DE ABRIL DE 1966

Caro Celso:

Cheguei ao Brasil no dia 8, depois de uma semana nos Estados Unidos e logo a seguir falei com o Florestan sobre a possibilidade de você vir a editar eventualmente os seus livros na coleção que ele dirige junto à Companhia Editora Nacional. Tendo acolhido a sugestão com entusiasmo, falou com os editores, que reagiram do mesmo modo. Estão, portanto, ao seu dispor, desde que seja de sua conveniência. [...]

Nos Estados Unidos falaram-me muito de você: em Yale, com saudades; em Cornell, com pena de você não ter podido aceitar um convite para chegar até lá.

Por aqui, achei as coisas com certo ar de marasmo, sendo o único interesse geral, aliás fraco, a questão da escolha já prefixada do sucessor do atual presidente. O custo de vida está realmente surpreendente, e ainda não me acostumei a calcular o que é preciso ter no bolso para as despesas de toda hora, pois uma nota de 5000 cruzeiros mal paga um almoço modesto. Como eu vivi a infância no interior de Minas, num tempo em que 200 contos eram uma fortuna e as pessoas pediam aos *capitalistas* (não havia bancos) 500 mil-réis emprestado a prazo renovável de doze meses e juro de 12%, os meus reflexos ainda se confundem por vezes...

Caro Celso, disponha inteiramente de mim para o que precisar aqui; é oferecimento sincero de amigo, e não fórmula social de cortesia. E creia na estima com que me subscrevo, muito cordialmente,

Antonio Candido

PARIS, 6 DE JUNHO DE 1966

Prezado Antonio Candido,

Sua carta de 28 de abril está aqui em cima da mesa para ser respondida há bastante tempo. Mas o tempo aqui neste Paris voa. Esse mau hábito nosso brasileiro de não dizer não, de não fazer diferença entre pois sim e pois não, vai nos amarrando de todos os lados e um dia a gente acorda imobilizado. Por outro lado, num mundo universitário como este não podemos deixar de dar-nos conta de tudo aquilo que foi malfeito no nosso passado de estudos. No nosso mundo subdesenvolvido usamos demasiadamente os atalhos e deixamos muita ponta solta pelo caminho, abusamos da brocha larga. Dirá você: feliz daquele que chega a ter consciência de tudo isso.

Outro problema que preocupa aqui é o nível tão baixo do pessoal que nos vem do Brasil. Alguma coisa pode ser feita aí para melhorar a seleção. Estou em articulação com o Monbeig* para criar um pequeno centro de orientação aqui. Creio que a maioria (no meu setor, pelo menos) necessita melhorar a própria base, antes de enfrentar as águas altas dos cursos de pós-graduação e doutorados.

Boas as notícias que você me dá sobre o editor daí. Meu propósito é contratar com eles a publicação dos dois livros que se vendem a estudantes: *Formação econômica do Brasil* e *Desenvolvimento e subdesenvolvimento*. Decidi utilizar o segundo como base do livro de texto sobre o qual lhe falei.** [...]

Já estamos em período de exames. Algum tempo já vai aparecendo para diversificar as leituras. Pretendo reler Zé Lins, seguindo o seu con-

---

* Pierre Monbeig (1908-87), geógrafo francês, integrou a missão francesa de professores que em 1935 lecionaram na recém-criada Universidade de São Paulo. Nos anos 1960, dirigia o Institut des Hautes Études sur l'Amérique Latine, em Paris. É autor de, entre outros, *Pioneiros e fazendeiros de São Paulo* (São Paulo: Hucitec, 1984). (Ed. francesa: 1952.)

** *Teoria e política do desenvolvimento econômico* (São Paulo: Companhia Editora Nacional, 1967).

selho. E dar uma olhada nos seus dois livros. Se consigo organizar as coisas como espero, a partir do próximo ano reservarei um terço do meu tempo para leituras fora do meu campo específico, principalmente boa literatura. [...]

Disponha dos préstimos do seu amigo

[Celso]

PARIS, 2 DE JANEIRO DE 1967

Prezado Antonio Candido,

Muitas felicidades nesse 67 que acaba de nos bater na porta.

Escrevo-lhe para pedir a sua cooperação em um projeto que considero de efetiva utilidade para nosso país e o prestígio de nossa cultura aqui na Europa. A direção da revista *Les Temps modernes* pretende publicar um número especial sobre o Brasil e vem de consultar-me se eu estaria disposto a aceitar a incumbência de estruturar esse número.

Considero que será da maior importância que esse número da revista contenha um artigo seu sobre o novo cinema brasileiro. Recordo-me que em nosso último encontro aqui em Paris você me observava que o cinema é hoje o principal veículo de expressão estética, particularmente no que respeita às motivações da nova geração, em nosso país. [...]

Na expectativa de uma palavra sua, deixo aqui um abraço apertado,

[Celso]

SÃO PAULO, 9 DE JANEIRO DE 1967

Meu caro Celso:

Muito obrigado pelos seus votos. Desejo igualmente a você e a todos os seus um ano tranquilo e próspero.

Acho excelente a ideia de confiar a um homem como você o número de *Les Temps modernes* sobre o Brasil, dentro do espírito que você define na carta. Folgo muito em que seja incluído um artigo sobre o novo cinema, que é de fato uma das melhores coisas que há por aqui. Infelizmente não o poderei fazer, embora tivesse muita vontade. Sou ignorante na matéria, embora reconheça nela a importância a que aludi em nossas conversas. É preciso ser feito por alguém com visão, capaz de encarar o panorama do ângulo social e estético, e não vejo ninguém mais qualificado do que Paulo Emílio Sales Gomes, professor de teoria e história do cinema na faculdade, autor de um importante livro em francês sobre Jean Vigo (Éditions du Seuil), com o qual tirou há anos o prêmio internacional de crítica cinematográfica. Agora, está empenhado em pesquisas sobre a história do nosso cinema, com bons resultados. Como o tempo urge e você teve confiança em mim, tomei a liberdade de escrever a ele, sugerindo que se encarregue do tal artigo. Pode ficar tranquilo que é homem da melhor qualidade. Morou em Paris mais de dez anos e é muito ligado aos meios cinematográficos daí, tendo, pois, a vantagem de ser nome que diz algo ao leitor francês interessado no assunto. Pedi a ele que lhe escreva (está na fazenda em férias). [...]

Disponha sempre e aceite o abraço cordial do

Antonio Candido

PARIS, 20 DE JANEIRO DE 1967

Prezado Antonio Candido,

Recebi a sua carta do dia 9 e venho agradecer sinceramente a prontidão de sua resposta e sua cooperação valiosa.

Aprovo totalmente sua decisão de confiar ao Paulo Emílio a tarefa de escrever o artigo sobre cinema. Conheci-o aqui em Paris há quase vinte anos e sei de sua competência nessa matéria.

Quando pensei em você para escrever esse artigo sabia que não me dirigia a um expert em cinema. Dirigia-me a crítico de arte afeito a observar comparativamente as diversas formas de expressão artística, com condições para apreciar *de fora* o fenômeno do cinema. Foi, portanto, algo mais do que uma *gaffe*...

Aproveito para extorquir-lhe outro favor. Escrevi ao Florestan pedindo a ele que preparasse para esse mesmo número um artigo sobre relações de raça no Brasil: mito e realidade, na linha do que ele escreveu recentemente com base em longas reflexões. Como não recebi resposta dele, temo que a carta se haja extraviado. Poderia você informar-se do assunto?

Por aqui andamos em pleno ano acadêmico, com a habitual sobrecarga de trabalho.

[Celso]

SÃO PAULO, 3 DE FEVEREIRO DE 1967

Meu caro Celso:

Chegando do interior, onde estou passando teoricamente as férias, mas de onde venho todas as semanas, encontrei a sua carta de 20 de janeiro. Nem por um momento me passou pela mente que houvesse qualquer *gaffe* de sua parte: entendi que se dirigia a um intelectual interessado em cinema para ter a sua opinião dentro de uma perspectiva ampla. Mas pensei que seria melhor, para um público estrangeiro, a informação qualificada e específica do homem de métier.

Localizei o Paulo na fazenda e falei do artigo; ele, infelizmente, está com um livro em elaboração e não pode fazer. Mas sugeriu, como "o homem", o jovem crítico Jean-Claude Bernardet, que acaba de dar ao editor um livro sobre o novo cinema brasileiro e que, sendo de origem francesa, pode dar a você o original pronto em prazo curto. [...]

Ontem não localizei o Florestan na faculdade, e nem eu nem ele temos telefone em casa. [...]

Disponha sempre e com a maior liberdade. E aceite o abraço cordial do

Antonio Candido

4. Cleantho de Paiva Leite

Um dos poucos amigos de infância de Celso Furtado, Cleantho de Paiva Leite era, no Liceu Paraibano, o mais adiantado da turma, causando admiração no colega, que estava longe de ter o mesmo desempenho escolar. Cleantho era quem, nas rodinhas dos adolescentes reunidos na praça de João Pessoa, chegava com as novidades literárias. Um dia, apresentou-lhes a recente tradução de um livro russo, *O Volga deșemboca no mar Cáspio*, de Boris Pilniak, um dos grandes nomes da literatura da União Soviética, que seria fuzilado em 1938 como contrarrevolucionário.* Cleantho sentenciou: "Quem não ler este livro jamais entenderá a União Soviética". Dito e feito, Celso o leu atentamente e conservou o exemplar até o fim da vida, hoje um dos mais antigos de sua biblioteca. Vida afora, Cleantho e Celso se frequentaram e se auxiliaram em momentos decisivos na trajetória de cada um. Foi assim, em 1951, quando o primeiro integrava a Assessoria Econômica do governo de Getúlio Vargas e obteve, com a presteza necessária, o apoio do presidente da República à Cepal, então ameaçada de ser extinta.

---

* *O Volga desemboca no mar Cáspio*, de Boris Pilniak (São Paulo: Ed. Cultura Brasileira, s.d.).

[WASHINGTON], 18 DE MAIO DE 1964

Meu caro Celso,

Envio em anexo recortes do *New York Times* e do *Diario las Américas*, a seu respeito.

Ewaldo* nos trouxe notícias suas e estamos esperando a sua vinda para os Estados Unidos. Você pode imaginar a repercussão que teve aqui em Washington, sobretudo aqui no Banco [Interamericano de Desenvolvimento], a medida de cassação dos seus direitos políticos.

Felipe Herrera foi extremamente correto e imediatamente decidiu oferecer a você uma posição no Banco, que poderia ser exercida tanto aqui em Washington como em Buenos Aires ou praticamente onde você quisesse. [...]

As notícias que chegam do Brasil deixam a impressão de que o quadro político continua incerto. Vinganças pessoais, desordem administrativa, falta de autoridade do poder central. Creio que os próximos dois meses serão decisivos para os atuais dirigentes.

Um abraço do velho amigo

Cleantho

---

* Ewaldo Correia Lima (1915-92) foi diretor-executivo do BNDE, dirigiu o Departamento de Ciências Econômicas do Instituto Superior de Estudos Brasileiros (Iseb).

5. A cultura

Desde os anos 1970, Celso Furtado se voltara, em seus livros, para temas como a dimensão cultural do desenvolvimento e o processo histórico da criatividade. Quando assumiu o Ministério da Cultura, em 1986, num momento em que o Brasil se reencontrava com a democracia, tornou a escrever sobre a formação da cultura brasileira, preocupado que estava em entender o país sob esse prisma e em ampliar o acesso da sociedade à criação e aos bens culturais. Seus últimos trabalhos concluíam que a cultura é o fundamento de um autêntico projeto de nação. Muitas cartas deste livro trazem subjacente esse aspecto de sua obra e de sua atuação pública na esfera cultural. As que se seguem são representativas da abrangência e dos entrelaçamentos dos tópicos de uma política cultural, aqui refletidos nas ponderações sobre tombamentos, artesanato, arquitetura.

LINA BO BARDI

SÃO PAULO, 18 DE JANEIRO DE 1967

Gentile dr. Celso Furtado,

Anos passaram dos tempos da Bahia e de Recife e duma conversa com o senhor, sobre artesanato na Sudene. O trabalho por mim desenvolvido no Nordeste foi interrompido pelo golpe militar de abril '64. Uma grande documentação está comigo, e está sendo ordenada e classificada, não como folklore* ou arte popular, mas como atividade creadora e vontade de sobrevivência para o povo nordestino.

Num país aviltado, cuja juventude assiste em silêncio ao desmantelamento de seus ideais e de suas crenças, é necessário que esta luta de "vivos" contra a morte do abandono e da indiferença, seja apresentada, como uma esperança que pode ser assumida, sem medo, no quadro duma cultura pobre. Esta raivosa vontade de sobrevivência de homens condenados a não-homens, que lutam pelo direito à condição humana, tendo o lixo como matéria-prima, não é de todos os países subdesenvolvidos, onde a miséria cria em geral desânimo e passividade. Estou pensando de apresentar a produção nordestina, que não é um artesanato, mas um pré-artesanato extremamente pobre, como uma sequência de "fatos", na estrutura dum país camponês que se apresenta na história com um pé ainda na pré-história, com toda a carga de "negatividades" e de patético humano, dentro de uma estrutura econômica subdesenvolvida. O livro será editado pela Civilização Brasileira, o material ilustrativo é belíssimo e inédito. Nenhuma concessão será feita a interpretações sentimentais, saudoso-artísticas ou "poéticas". Acho imprescindível antepor ao corpo da documentação um panorama técnico da situação do Nordeste e do Brasil, e a única pessoa que pode fazer isto é o senhor.

* Respeita-se a grafia da missivista.

Não é um prefácio que peço, mas um trabalho técnico, mesmo breve, sem o qual a apresentação da produção nordestina não terá validez nem razão de ser. Acho o senhor insubstituível, pela autoridade técnica e sobretudo pelo marco profundo deixado nos jovens do Brasil pelo seu trabalho. Ninguém poderia explicar melhor a necessidade de ser, hoje, "nacional", de ter, hoje, a coragem de assumir os valores duma cultura "pobre". Ninguém poderia explicar melhor a diferença entre ser "nacional" e ser "nacionalista".

Nenhum interesse de brilho ou sucesso tenho neste trabalho, como não o tive nos cinco anos passados no Nordeste. Nascida numa terra subdesenvolvida: a Itália do Centro-Sul, o perdido desânimo secular dos homens do Mediterrâneo permite-me julgar a carga humana e a possível violência de homens do meu novo país. Lembro algumas objeções suas de meses e meses atrás. Mas não é em termos de "Cultura-Pura" que o livro será apresentado. Lembra as palavras de Lênin escutando a *Apaixonada* de Beethoven, referidas por Górki? "... não posso escutar frequentemente a música... tenho vontade de dizer estupidezes maravilhosas, e de acariciar a cabeça de quem, vivendo num sórdido inferno, pode criar tamanhas belezas...". E lembra Gramsci? "... Quem cortou então a veia d'água? Quem então condenou a Sardegna ao atraso e à pobreza?"

Os soldados que ocuparam o Museu de Arte Popular da Bahia e os canhões postados na frente deram-me a certeza da validez de meu trabalho.

O exílio é o preço do marco que o senhor imprimiu ao país. A melancolia não conta.

Espero muito que responda positivamente, em linha de máxima.* Acho-o necessário. Creia na minha lembrança, na minha estima,

Lina Bo

---

* Do italiano *in linea di massima*: em linhas gerais.

PARIS, 25 DE MAIO DE 1967

Prezada senhora,

Rogo-lhe que me desculpe o atraso com que acuso recebimento de sua carta de 18 de janeiro. E peço que me perdoe por não atender ao seu pedido. A minha presença constitui um elemento adicional de controvérsia que deve ser evitado em todo trabalho que pode afirmar-se pelo seu próprio valor.

Admirei muito o seu trabalho, em particular a sua revolta contra a visão romântica da miséria do Nordeste, que tanto se acomoda com o espírito da gente de classe média. Confesso, entretanto, que não tenho aptidão para interessar-me pelas formas como as sociedades humanas se acomodam à miséria e esgotam o seu engenho no simples esforço de sobrevivência. Por temperamento ou deformação profissional, me inclino a pensar que tudo que contribui para compatibilizar a vida do homem com a miséria deve ser destruído, ainda que por esse meio estejamos tornando inviável a sobrevivência da comunidade. O que é inviável não é imóvel, e o pior nas sociedades humanas é o imobilismo. Reconheço que identificar as artes de uma comunidade pode ser a forma mais segura e menos custosa de dar início ao desenvolvimento da base material dessa comunidade. Não existe, portanto, contradição entre o que a senhora realiza e minha forma de ver as coisas. Refiro-me apenas ao risco de que nos detenhamos na fase de identificação e terminemos como a literatura nordestina, que termina dando volta em torno dos "castelos" e servindo de tranquilizante para os que não têm sono na hora da sesta.

Serei um dos primeiros a adquirir o seu livro, creia-me.

De seu amigo admirador,

Celso Furtado

LUCIO COSTA

[RIO DE JANEIRO], 1.X.86

Prezado ministro dr. Celso Furtado,

Permita-me, agora que este edifício concebido em 1936 (precisamente há meio século, portanto) para sede do então Ministério da Educação e Saúde, conjugação de propósitos que muito tocou Le Corbusier, quando aqui esteve, a meu chamado, na dupla condição de "inseminador e parteiro" para ajudar a criança a nascer — permita, repito, pedir-lhe que este *palácio* continue sob a vigilante "guarda" e efectiva* manutenção de Augusto Guimarães,** assessorado por Sergio Porto, incumbidos que foram de recuperal-o e preserval-o.

Isto porque a continuidade dessa actuação será a garantia deste já agora *monumento tombado* ser, de facto, mantido tal como deve, ou seja, não apenas como marco de uma "época", mas de um *excepcional "movimento"* de *idealismo e lucidez*, no confuso quadro dessa época.

Esta minha total confiança na competência, na honradez e no discernimento do engenheiro Augusto Guimarães, filho, bem como no desempenho do architecto Sergio Porto, já vem de longe, desde a construção do conjunto residencial Parque Guinle e da implantação urbanística de Brasília.

Nesta fase crítica de mudança de uso, só mesmo a prestigiada e actuante presença deles, que conhecem a fundo a gênese do prédio, poderá frear e conter os ímpetos inovadores dos novos usuários.

A título de exemplo:

O auditório destina-se a palestras, conferências, debates, recitais e música de câmera — não shows e badalações sumárias que exigem ampliação do palco em detrimento da plateia, como se pretende;

---

* Respeita-se a grafia do autor.

** Augusto Guimarães coordenava o Projeto de Restauração e Preservação do Palácio Capanema.

A iluminação original tem que ser mantida, há densa trama de tomadas no piso para reforço dela onde e quando se desejar;

As divisões de sucupira formando *casiers* podem ser deslocadas com facilidade de acordo com as necessidades de uso do espaço, não há por que mudá-las;

A ventilação natural foi devidamente estudada, antecipando-se, pois, ao actual movimento internacional no sentido da retomada do conceito de "architectura bioclimática" em boa hora assumido aqui por Joaquim Francisco de Carvalho:* de facto, graças à caixilharia movediça em todos os vãos do prédio, quando a viração for leve pode-se deixar o caixilho menor descer externamente no peitoril, quando ventar, basta deixar apenas uma nesga aberta de cerca de seis centímetros, junto ao teto, isto para impedir o tilintar das lâminas soltas das venezianas; é quanto basta para estabelecer corrente de ar com os vãos livremente abertos da fachada norte protegida pelos "quebra-sol" que, conquanto velhos de meio século, não devem ser substituídos como se pretende, pois ainda funcionam normalmente e podem ser recuperados; apenas nos gabinetes extremos, onde a presença dos elevadores bloqueia essa ventilação cruzada, cabe instalar — como aliás em alguns casos já ocorre — ar condicionado.

O palácio nasceu assim — é o *"je suis comme je suis"* da canção — e assim deve permanecer: *está tombado*. Os novos ocupantes que se conformem e adaptem, internamente, à intencional sobriedade dele, no seu digno e severo despojamento.

Respeitosamente,

Lucio Costa

---

* Joaquim Francisco de Carvalho, engenheiro, especialista em energia nuclear, defendia a arquitetura bioclimática como tendência da arquitetura contemporânea.

MOACYR FÉLIX

RIO DE JANEIRO, 10 DE MAIO DE 1985

Celso Furtado,

Escrevo-lhe, como diria o conselheiro Acácio, ao correr da pena. É que dentro de mim ressoa a breve conversa que ontem tivemos pelo telefone. E em nome de princípios, ou dos imperativos do ser em que me escolhi como destino, retorno a você, agora por escrito, para dizer-lhe:

De há muito aprendi a admirá-lo, através dos meus cotidianos como escritor que sempre se quis engajado nas lutas sociais e políticas deste nosso tempo, e a estimá-lo por tudo o que você tem sido e é na história do nosso país, a ponto de já haver se tornado um capítulo importante da mesma.

Considero-o, portanto, como um daqueles homens que sobejamente possuem as qualidades necessárias para o exercício dignificante e eficiente não só de qualquer ministério como também de qualquer posto máximo de governança em área estadual ou federal. [...]

Assim, considero um erro que poucos intelectuais, por mais brilhantes que sejam, arvorem-se, sem para isso terem sido eleitos em amplas assembleias, em representantes da "intelectualidade do Rio de Janeiro". Acho isso um erro ainda consequência do hábito de mesclar autoritarismos com interesses apenas individuais, às vezes até de boa-fé subjetivamente sentidos como se fossem os de toda a coletividade em apreço. Peço que recorde os tempos do CTI,* em 1962 e 63, cuja direção e conselhos resultaram de disputas e eleições num Iseb completamente lotado. E assim quando falávamos, em nome da sua direção, falávamos em no-

---

* Comando de Trabalhadores Intelectuais, que no Rio de Janeiro reuniu centenas de artistas e cientistas.

me de quase quinhentos intelectuais dos mais diversos setores e todos formalmente inscritos.

Quando lhe telefonei, estava impulsionado por duas motivações: a primeira, por estar profundamente contrário ao texto enviado, sem consulta a vários setores, com uma lista tríplice em que o nome do Houaiss — amigo que muito prezo e admiro — vinha arrolado com outros de bem menores passado, vivência e qualificação para o cargo de ministro.* Por isso lhe telefonei, e sempre com aquele carinho que me liga a tudo o que você vem fazendo. E fiquei triste, confesso, ao sentir em você (desculpa, se estou errado) uma justa mágoa pelo fato de não ter sido incluído, como lhe era devido, na afobada e errada e desajeitada lista tríplice enviada por alguns.

Você disse, então, que não pensava mais em sua possível indicação, e que dela se afastara como de um fato superado. Como você, também passei a desligar-me do assunto, tendo em vista os pitorescos e certamente desbaratados encaminhamentos que me chegaram aos ouvidos, após a notícia da recusa dessa figura notável de mulher e atriz que é a Fernanda.

Escrevo-lhe esta por querer-me coerente com o três por quatro em que há 35 anos procuro manter-me como o que entendo ser poeta, colecionador de derrotas em que me ganho sempre perdendo alguma coisa. Coerente, também, com a dedicatória a você, em 1963, de meu mais importante e significativo poema publicado na série Violão de Rua, por mim dirigida para os *Cadernos do Povo*.

E também para lastimar que tantos desencontros, despreparos, ambições menores e inconsciência política tenham levado à inacreditável situação de perder-se talvez a oportunidade de a nossa Cultura ter em

---

* Quando o presidente José Sarney tomou posse, em 15 de março de 1985, foi acertado que o PMDB do Rio de Janeiro enviaria uma lista de moradores do estado para assumir o Ministério da Cultura. Três nomes sucessivamente indicados foram os de Fernanda Montenegro, Antonio Houaiss e Celso Furtado, sendo este acompanhado de um abaixo--assinado com 176 assinaturas de artistas e intelectuais, depois da desistência da atriz.

seu leme um brasileiro com as suas dimensões morais, intelectuais, profissionais e políticas, já reconhecidas aqui e internacionalmente.

Carinhosamente lhe reafirmo

Meu antigo apreço de coração e de afinidades intelectuais,

Moacyr Félix*

---

* Grampeada à carta, há uma folha manuscrita pelo autor, datada de 12 de maio de 1985, em que se lê: "Alegra-me ter sabido que você reconsiderou sua posição e aceitou que o seu nome fosse levado, também daqui do Rio, à atenção do presidente".

6. Darcy Ribeiro

Foi no final dos anos 1950 que Celso Furtado e Darcy Ribeiro se conheceram. O primeiro tocava a Superintendência do Desenvolvimento do Nordeste, o segundo, a pedido do presidente Juscelino Kubitschek, dava os primeiros passos para a criação da Universidade de Brasília. Celso lhe preparou, então, um estudo para a futura escola de economia da universidade. Em 1962, quando elaborou o Plano Trienal de Desenvolvimento, pediu a Darcy, ministro da Educação, propostas para a sua área: todas, Celso contaria mais tarde, tão geniais como inexequíveis. Depois do golpe militar de 1964, Darcy Ribeiro foi para o Uruguai, e de lá saiu como andarilho pela América Latina, vivendo seus vários exílios no Peru, na Venezuela, no Chile. Apesar dos percalços enfrentados, não decaía seu entusiasmo de, como dizia, "remendão de universidades". Em fins de 1974, aconselhado por seus amigos em Paris, Darcy retornou ao Brasil para a retirada de um tumor no pulmão. Em agosto de 1997, Celso Furtado o substituiu na cadeira nº 11 da Academia Brasileira de Letras. No discurso de posse, saudou-o como um brasileiro que encarnou "o destino do profeta".

CARACAS, 12 DE NOVEMBRO DE 1969

Meu caro Celso,

Escrevo para pedir sua ajuda. Nossa situação aqui na Venezuela está ficando difícil em virtude do conflito cada vez mais desabrido entre o governo e a universidade. Apesar desta lhe haver contratado por um ano para dirigir um Seminário Interdisciplinar de Ciências Humanas destinado a professores e a pós-graduados e para coordenar um Grupo de Trabalho para o estudo da renovação universitária, o governo só nos deu *visa de transeúnte* por dois meses, sendo que o de Berta vence na primeira quinzena de dezembro. Caso não seja renovado — o que é provável uma vez que a universidade está ocupada militarmente e não existe qualquer diálogo entre a reitoria e as autoridades governamentais — teremos de sair do país.

Para onde ir? Quando vim para cá tinha como alternativa um convite de Wagley* para trabalhar na Universidade de Columbia. Agora não tenho nada em mãos. Gostaria, porém, de ficar na América Latina e por isso imaginei que talvez pudesse conseguir, por seu intermédio, um contrato no Instituto de Estudos Internacionais da Universidade do Chile com o qual, segundo me disseram, você tem boas relações.

O que desejo pedir-lhe é o obséquio de sondar a possibilidade de conseguir aquele contrato ou algum outro em condições convenientes e com a urgência necessária para que contemos com uma alternativa caso tenhamos de sair da Venezuela.

Mando junto um breve curriculum vitae.

Aceite e transmita aos seus, bem como ao nosso querido amigo Waldir,** os abraços de Berta e de

Darcy

* Charles Wagley. Ver sua carta na página 326.

** Waldir Pires (1926-2018), consultor-geral da República no governo João Goulart, estava então exilado em Paris, lecionando direito constitucional nas universidades de Dijon e de Paris.

PARIS, 17 DE DEZEMBRO DE 1969

Prezado Darcy,

A propósito do assunto de sua carta de 12 escrevi ao [Claudio] Véliz e obtive ontem uma resposta preliminar dele nos seguintes termos: *"Esta sí que es buena noticia e empezaré a moverme como hormiga para que resulte"*. [...]

Tenho tido notícias frequentes suas por intermédio de Waldir. Ele prepara-se para regressar, o que considero perfeitamente sensato mas me dá muita pena porque a companhia dele é insubstituível. Aqui nossa atividade tem sido intensa, pois a universidade exige um esforço considerável. Evidentemente trata-se de um desafio, pois é para fazer conhecida uma imagem verdadeira da América Latina e também difundir o pensamento da nova geração latino-americana. Temos aqui um grupo de estudantes latino-americanos, que se renova todos os anos, o que nos permite um contato estimulante e extremamente útil. O interesse que tomei na difusão de nosso pensamento por estes lados e a certeza de que meus livros circulam mais livremente no Brasil estando eu ausente, levaram-me a pensar em permanecer no exterior enquanto aquilo exista por lá. E como o melhor é estar preparado para o pior, instalei-me por aqui com certo sentido de permanência, o que me permite ter do presente mais que uma visão de transeunte.

Espero que a partir deste momento nos mantenhamos em contato. Comecei a ler o seu *Processo civilizatório*, que exige muita reflexão, tanto para acompanhar o seu pensamento como para ocasionalmente defender-se dele. Escreverei oportunamente sobre o assunto a você.

Um abraço, aquele abraço do

Celso

CARACAS, 28 DE FEVEREIRO DE 1970

Celso, amigo:

Estou de volta de uma longa viagem pela costa do Pacífico: Santiago, Buenos Aires, Montevidéu e Lima. Claro que preferiria ver o Atlântico... mas ainda assim foi uma bela viagem.

Em Montevidéu revi os velhos companheiros do meu primeiro exílio, os colegas da universidade e amigos uruguaios. Encontrei entre estes últimos um ambiente novo. Quando saí, há menos de dois anos, o sentimento generalizado era de depressão. A esquerda com complexo de castração de uma revolução vetada pelo Brasil e pela Argentina; todos os demais com a frustração de que o Uruguai era um país inviável. Agora tudo mudou graças às artes dos Tupa.* A revolução lhes parece factível (!) e alguns até creem que possa ser iminente (?). E a todos o Uruguai parece ter adquirido potencialidades insuspeitadas.

Nossos velhos companheiros é que continuam mergulhados no círculo vicioso da paranoia do exílio, alimentando-se, uns, com ilusões sobre uma possível anistia; e outros, sobre uma revolução, cujas únicas viabilidades se assentam em sua necessidade psicológica de vislumbrar uma saída. Ainda assim, consegui algumas notícias. Primeiro, sobre tentativas indiretas do novo governante de uma aproximação com as chamadas lideranças populistas às quais nada promete senão sua boa vontade para com os proscritos de 64. Fala-se também da inquietação que provocou nos meios governamentais a manifestação do Vaticano contra as torturas. Segundo, o retrocesso das esquerdas insurrecionais, em consequência da onda de repressão que se seguiu ao rapto do embaixador. Dizem que muitos dos grupos perderam todos os seus quadros. Terceiro, a existência de uma tendência "peruana" ainda incipiente, em certos setores da oficialidade mais jovem. Ao contrário do que se dizia do papel provável do grupo Alb[uquerque] Lima,** é de se supor que esta

---

* Tupamaros, movimento revolucionário uruguaio, muito atuante nos anos 1960-70.

** Afonso Albuquerque Lima (1908-81), militar, foi ministro do Interior no governo

tendência possa vir a ser explorada por algum general reacionário, numa reversão direita-esquerda, como a de Ovando.* [...]

Buenos Aires — que eu pressentia de longe durante quase cinco anos sem poder visitar — me deu menos do que esperava. Claro que é uma cidade grande e bela, a maior etc. Mas como é chata! Como é gringa! Talvez tenha achado isso porque o europeu me caia mal por puro preconceito. A única novidade política é a conversa de Lanusse** com representantes de grupos peronistas e com políticos patriciais da velha guarda para comunicar que o Exército decidiu — em face do Cordobazo e do fracasso econômico — dividir outra vez o poder com políticos civis. Voltariam à Constituição de 1856 emendada com um novo estatuto eleitoral que fixaria, indiretamente, a composição do Congresso.

Santiago me encantou, apesar do tom gris da cidade e da vetustez das edificações que já me haviam impressionado na primeira visita. O que me agradou mesmo foi a cordialidade dos chilenos, as facilidades de informação bibliográfica, a quantidade de gente de toda especialidade interessada em toda a sorte de coisas. E, sobretudo, Claudio Véliz e seu Instituto. Combinei com Claudio voltar em maio por três semanas para uma consulta pedida pelo reitor a respeito da reforma da Universidade do Chile e instalar-me em Santiago, a partir de outubro próximo com um contrato de um ano. Fico muito agradecido a você, Celso, por me haver conseguido isso.

No Peru falei com tanta gente, desde Haya*** até ex-guerrilheiros, desde militares modernizadores até revolucionários iracundos que ain-

---

Costa e Silva, a quem tentou suceder, sendo derrotado pelo general Garrastazu Médici. Era considerado da linha dura do regime.

* Alfredo Ovando Candia (1918-82), comandante das forças militares que capturaram Che Guevara em 1967, foi presidente da Bolívia em 1965-66 e em 1969-70.

** Alejandro Lanusse (1918-96), general argentino, presidiu o país de 1971 a 1973. Reprimiu duramente os movimentos revolucionários depois do levante popular conhecido como Cordobazo, de 1969.

*** Víctor Haya de la Torre (1895-1979), político peruano, fundador da Aliança Popular Revolucionária Americana, a Apra, de tendência socialista. Foi duas vezes candidato à Presidência da República.

da não pude fazer uma síntese. Há, sem dúvida, algo de novo no grupo militar que assumiu o poder, se comparado com as ditaduras regressivas do Brasil e da Argentina, com os governos político-patriciais ou mesmo com os reformistas. Mas quais são suas perspectivas? Irão além de Nasser* ou ao menos até onde ele foi, sem o acicate de uma guerra? Poderão fazer tanto quanto Cárdenas,** fora da conjuntura de crise mundial em que ele atuou? Cairão nos descaminhos bolivianos? A meu ver, seu horizonte de realizações estará próximo desses "nacionalismos modernizadores" que não levaram ninguém, até agora, ao desenvolvimento pleno. Mas quais são as alternativas se não há viabilidade alguma para uma revolução socialista a partir das esquerdas atuais da América Latina? É bem provável que eles possam dar mais passos que qualquer outro dos modelos viáveis, dentro da conjuntura presente. Muito mais que os reformistas parlamentares que conhecemos tão bem. Mas não cairão, eles também, no plano inclinado em que caímos quando provocamos a contrarrevolução sem ter feito a revolução?

Este longo relato lhe dará a impressão de que só vejo perspectivas revolucionárias para o Uruguai. Não é assim. Apenas quero dizer que ali se luta e se estrutura uma esquerda mais responsável que, apesar das condições do país, promete mais que as outras. Além disto, exprimo nestas apreciações minha perplexidade diante das potencialidades das autocracias nacional-modernizadoras que nos desgostam, por seu caráter militar e discricionário, mas que representarão, provavelmente, o papel mais importante na vida política da América Latina nesta década de 70. São, de fato, as bandeiras do reformismo que elas levantam, mas tendo na outra mão um fuzil. Não podendo ser acusadas de comunistas e não estando atreladas a uma máquina clientelística, farão sem dúvida muito mais do que nós e talvez amadureçam algumas nações para a revolução necessária...

* Gamal Abdel Nasser (1918-70), presidente do Egito de 1956 até sua morte, defensor do pan-arabismo.

** Lázaro Cárdenas (1897-1970), presidente do México de 1934 a 1940, fez a reforma agrária e nacionalizou as empresas de petróleo.

Mas voltemos à Venezuela. Estou concluindo uma proposição de diretrizes gerais para a renovação estrutural da UCV [Universidad Central de Venezuela]. É um passo adiante do experimento de Brasília e do projeto que elaborei para Montevidéu. Preparei-o um pouco contrafeito porque, afinal, bem sabemos o que sucedeu com aqueles esforços: o primeiro, desnaturado; o segundo postergado indefinidamente pela crise. No meu discurso doutoral de Montevidéu se refletiu muito este meu sentimento de frustração. Na verdade, neste novo ofício de remendão de universidades me sinto, às vezes, como competidor numa corrida com os pés atados em que valorizo como façanhas os saltinhos mais medíocres. O fato é que nada nos impede, no plano das tecnicalidades, de formar todos os cientistas e técnicos de todas as modalidades que nos sejam requeridas. Mas para isto a sociedade mesma tem que experimentar transformações revolucionárias prévias que tornem aqueles cientistas e tecnólogos efetivamente necessários e utilizáveis. Isto fez a China e está fazendo Cuba. Enquanto isso não ocorre, o único que se pode fazer é emprestar alguma eficácia ao sistema de ensino com a esperança de ajudar, menos à inevitável modernização reflexa do que a intencionalizar a universidade para que ela sirva, de algum modo, àquela transformação. [...]

Abraços saudosos,

Quando nos vemos?

Darcy

PARIS, 3 DE ABRIL DE 1970

Prezado Darcy,

Recebi a sua carta de 28.2. Por carta de Berta antes havia tido notícia de sua viagem. O seu testemunho do ambiente em Montevidéu é extremamente interessante. Nada como ganhar distância no espaço e no tempo para melhor ver as coisas. Você deve recordar-se de nosso encontro em 1964, em Santiago, de minha visão "pessimista" com respeito à evolução a médio prazo no Brasil. Hoje, olhando as coisas com mais distância, o que me surpreende é que tenhamos tido vinte anos de relativa liberdade, o que permitiu a pessoas como nós criar e influenciar de alguma forma o curso dos acontecimentos em nosso país. Como conciliar um processo aberto à confrontação ideológica, à invenção intelectual na ação política com o profundo anacronismo das estruturas sociais brasileiras? Uma tal situação era concebível quando o acesso ao processo político podia ser limitado a uma pequena minoria de patrícios. A "democracia" de imitação com que se paramentou o país transformou-se, em última instância, em obstáculo ao acesso a formas mitigadas de organização democrática. Daí que a autocracia haja surgido não para introduzir um mínimo de transformações estruturais, como historicamente tem sido a regra, e sim para defender o status quo falsamente ameaçado. Em outras palavras, o nosso processo entrou por um caminho errado, com consequências que ainda não podemos apreciar.

Para entender a situação em que nos encontramos é necessário ter em conta que a burocracia militar brasileira vinha se degradando como corporação desde os anos 20. O acesso às carreiras militares se limitara a gente de terceira ordem ou a pessoas originárias das regiões mais atrasadas. Dentre estas últimas, as mais bem-dotadas deixavam a carreira militar antes dos quarenta anos. Creio que esse é fenômeno comum nos países que passam por uma fase de rápido desenvolvimento econômico. Em face disso, como esperar uma *evolução* interna dentro da autocracia senão ao cabo de três a cinco quinquênios, que é o período necessário para renovar os quadros militares superiores? No que respeita à contestação externa, devemos nos lembrar de que ela está formada por elementos de classe média, que consciente ou inconscientemente estão lutando pelos ideais liberais, isto é, contra a "ditadura". Como é evidente para um número crescente de pessoas de classe média que a opção a essa ditadura é outra ditadura, e como a classe média entre nós acumulou muitos privilégios, a tendência é para apoiar os que estão no poder. O sacrifício de alguns jovens serve para tranquilizar a consciência de uns e salvar a face de muitos. Em síntese, não vejo nenhum caminho curto que permita ao nosso país ganhar tempo na história. Somos um país grande que se define um perfil numa época difícil. Nas condições atuais de explosão tecnológica pode um país em formação preservar o senso de identidade? Podemos iludir-nos com um milagre voluntarista. Mas não é isso um simples escapismo?

Faço essas reflexões como alguém que pensa em voz alta. Estou longe de haver assentado ideias sobre esses assuntos. Você sabe perfeitamente que eu sou muito mais um intelectual que um homem político. Talvez por isso o exílio me afete muito menos que à maioria de nossos companheiros. [...]

Recomendações a Berta e para você um cordial abraço do

[Celso]

RIO DE JANEIRO, 2 DE ABRIL DE 1979

Querido Celso,

Vou ser dr. H. C. pela Sorbonne, via Paris V, por artes não sei de quem, a 3 de maio próximo. Creio que em vestes talares que me darão ares de um velho papagaio amazônico, você não pode perder o espetáculo.

Abraços,

Darcy

7. Ecos da ditadura

Celso Furtado fez parte da primeira leva de exilados que deixou o Brasil logo após o golpe de 1964. Cada um daqueles líderes políticos e intelectuais, acoimados de esquerdismo pelo novo regime, saiu do país como pôde, ora se asilando em embaixadas, ora pegando rotas para cruzar fronteiras, ora embarcando em avionetas que decolavam de pistas insuspeitas. As consequências na vida de cada um, porém, foram igualmente dolorosas. As cartas a seguir expõem as dificuldades profissionais, a precariedade material, os transtornos de famílias separadas. Os ecos do regime militar ainda chegariam por muitos anos. Em 1968, o Ato Institucional nº 5 provocou uma segunda leva de expatriados. E cinco anos depois seria a vez dos que já haviam enfrentado um primeiro exílio no Chile e precisavam fugir da ditadura implantada pelo general Pinochet. São essas vozes de cassados, exilados, censurados que reverberam nestas cartas — algumas, como um grito de socorro.

ALVARO VIEIRA PINTO

BELGRADO, 14 DE OUTUBRO DE 1964

Meu caro Celso,

Chegou o momento em que me parece necessário escrever-lhe não só para estabelecer um vínculo de correspondência entre nós, há muito desejado, fundando-me na antiga amizade e constante admiração que lhe dedico, como para dizer-lhe da minha situação e solicitar seus bons ofícios a fim de encontrar uma solução para o meu caso. Conforme talvez você já saiba, fui levado a asilar-me na embaixada da Iugoslávia, e depois a vir para este grande e hospitaleiro país, por causa da perseguição que sofri da parte da ditadura, tendo minha casa invadida três vezes pela polícia e pelo Exército. Perdi a cátedra de História da Filosofia da Faculdade de Filosofia da Universidade do Brasil, conquistada em concurso de títulos e provas, e que ocupava há 26 anos. Desde o dia do golpe não recebi mais vencimentos. Tive meus direitos políticos cassados. O Iseb foi fechado e meus livros impedidos de circular. Perdi a esperança de poder escrever qualquer coisa que um editor conseguisse publicar. Sou de temperamento um homem sensível e entrei num estado de funda angústia e abatimento físico, ao saber que deveria responder a vários inquéritos e que minha prisão preventiva estava para ser decretada. Foi então que reuni um grupo de amigos fiéis, consultei-os e todos acharam que era conveniente asilar-me. Assim fiz, em companhia de Maria, a antiga secretária-geral do Iseb, com quem me casei e que agora aqui também se encontra. Maria foi demitida do cargo de oficial administrativo do gabinete do ministro da Educação, cargo que ocupava há 34 anos, indo aposentar-se aí no final deste ano. Encontramos toda a simpatia da embaixada da Iugoslávia e depois de longas esperas e comprida viagem chegamos a Belgrado há 23 dias.

Aqui já havia um grupo de asilados, que me precederam. Estou hospedado em um hotel muito bom, sem despesas de minha parte, mas as perspectivas de trabalho ainda não se acham definidas, e começo a crer que são incertas. Sinto que dificilmente poderei ter aqui um rendimento útil, porque não vejo, dentro das minhas habilitações, que desempenho possa ter, à vista da barreira do idioma que é de fato um obstáculo muito sério. Teria de dedicar ao menos um ano a aprender a língua da terra, e ainda assim não chegaria a dominá-la a ponto de ficar capacitado a dar aulas ou fazer conferências. Tendo em mente as incógnitas da situação brasileira e sem saber quando haverá possibilidade ao menos para a volta, mesmo não retomando o meu cargo, decidi escrever-lhe esta carta para solicitar--lhe que examinasse a possibilidade de minha transferência para o Chile, indo trabalhar na Cepal, em alguma universidade ou instituto cultural. Não preciso descrever o meu modesto curriculum vitae, nem as minhas habilitações. O essencial você conhece e sei que decidirá por si mesmo em relação a uma oportunidade definida. Falo, leio e escrevo francês, inglês, espanhol, italiano, alemão, russo, e leio o latim e o grego clássicos. Poderia desempenhar atividades docentes e de pesquisa em qualquer das ciências filosóficas e em sociologia. Meus conhecimentos de economia não são os de um especialista, mas creio que poderia colaborar em determinado trabalho dessas ciências, especialmente na parte teórica. [...] Minha situação financeira não me permite sustentar-me no estrangeiro. Tive de vender boa parte dos meus bens para sustentar minha casa no Rio, onde ficou minha mãe e minha irmã e a casa da mãe de Maria. Desse modo precisaria encontrar um emprego que me permitisse viver com Maria muito modestamente, mas com conforto moral, enquanto aguardamos o dia de regressarmos ao nosso país e à nossa luta. Aqui fica, pois, meu caro Celso, este apelo que só lhe faço porque sei do seu nunca recusado desvelo pelos amigos e companheiros. Estou certo de que com o seu prestígio não lhe será talvez difícil encontrar uma solução satisfatória para as dificuldades em que me encontro. Não é necessário dizer que mesmo para o trabalho político a minha presença na América do Sul abre-me oportunidades que neste país tão distante não existem.

Aqui fico, aguardando sua resposta e desejando-lhe todas as felicidades. Um grande abraço do amigo e admirador,

Alvaro Vieira Pinto

[NEW HAVEN], OCTOBER 30, 1964

Prezado Alvaro:

Somente ontem chegou-me às mãos a sua carta de 14 do corrente. Estou por aqui há dois meses, como professor visitante na Universidade de Yale. Estive durante três meses em Santiago, mas considerei conveniente vir para um lugar mais tranquilo, com o propósito de dedicar-me a repensar uma série de coisas à luz da experiência que tivemos todos no Brasil. Hoje já é perfeitamente claro, parece-me, que nossa geração deve ser considerada como fracassada. Contudo, ainda não foram jogadas todas as cartas. Coisas importantes ainda poderão ocorrer dentro do campo de influência do nosso comportamento ativo ou passivo. O que mais me preocupa hoje é que em momentos decisivos que poderão vir nós nos encontraremos certamente tão despreparados para orientar qualquer movimento como o estivemos no passado. E agora já não nos restam muitas oportunidades para errar e aprender errando. Tenho a impressão de que nos próximos anos, quero dizer até 1980, serão tomadas as decisões fundamentais que darão o molde dentro do qual se formará o Brasil do século XXI. Seremos um "Estado associado": um Porto Rico grande ou um Canadá pobre? Haverá alguma possibilidade de que o capitalismo, como o conhecemos hoje, seja o instrumento histórico de modernização da sociedade brasileira? Quero dizer, poderemos repetir uma experiência similar à do Japão? Teremos um prolongado período de impasse histórico, como ocorreu com a Espanha no contexto europeu, e mergulharemos definitivamente, quero dizer, durante o próximo século, na lúmpen-humanidade ao lado da Índia, Paquistão etc.? Encontraremos fórmulas políticas que nos permitam canalizar as forças potenciais do país (humanas e materiais) no sentido de uma rápida modernização de nossa sociedade? Existirá alguma incompatibilidade fundamental entre a solução do problema brasileiro e a preservação dos interesses "ocidentais"? Enfim, há uma série de perguntas que estão na cabeça de cada um de nós e é esta, provavelmente, nossa última oportunidade para ordenar as ideias sobre tudo isso e preparar um projeto em função do qual seja possível dar eficácia à ação. Aqui neste país as universidades são um lugar privilegiado, onde as obrigações não são grandes e as oportunidades de estudo, de reflexão e de confronto de ideias com outras pessoas são extraordinárias.

Com respeito a suas atividades futuras, creio que tudo seria mais fácil se você tivesse saído do Brasil diretamente para um país latino-americano. Talvez o melhor fora você ir para a França, onde existem muitas organizações com interesse em problemas de subdesenvolvimento. Tenho a impressão de que os órgãos das Nações Unidas estão sob pressão do governo brasileiro para não abrigar pessoas com direitos políticos cassados. Por outro lado, o seu curriculum de filósofo o distancia dos programas desses órgãos, limitados ao terra a terra econômico e estatístico. Vou escrever a uma pessoa influente na Universidade do Chile e a outra no Colegio de México. Creio que este último seria a melhor solução para você, mas tudo que diz respeito ao México é ambíguo e incerto. Assim que obtenha informações voltarei a escrever-lhe.*

Lembranças aos amigos que estão aí e um abraço para você do

[Celso]

CAIO PRADO JR.

[SÃO PAULO], 12 DE JUNHO DE 1971

Meu caro Celso Furtado,

A Danda falou-me de seus bons ofícios relativos à publicação de meu trabalho sobre o Althusser, e trago-lhe meus agradecimentos. Como você vê, estou derivando para outros domínios menos escabrosos e mais

---

* Por cartas de amigos comuns, sabe-se que o filósofo seguiu pouco depois para o Chile, indo trabalhar num instituto da universidade.

de acordo com o "milagre brasileiro". Milagre que já por si dispensa mais milagreiros. Navegamos sem mais tropeços no mar azul das duzentas milhas. Vamos tratar de filosofia. Graças à Salvadora, já ultrapassamos a fase do *Primo vivere*, e entramos serenos para o *deinde filosofare*.*

Acompanhemos a lancha.

Abraça-o cordialmente,

Caio Prado**

FRANCISCO JULIÃO

CIDADE DO MÉXICO, 24/6/74

Meu caro Celso:

Para que as pessoas se vejam não necessitam que se encontrem. Lendo o que escrevem e escutando o que dizem, vemo-las melhor do que indo a sua casa. Eu prefiro Balzac ou Eça através de seus livros a vê-los, se me fosse dado, em carne e osso.

Você está sempre presente por este mundo de cá com os seus livros. Como um velho e cabeçudo advogado de camponês, agora jogado fora, me sinto o mesmo agitador nordestino que você julgou com imparcialidade em sua *Dialética*.***

Por essas e outras razões, lhe guardo afeto, admiração e respeito, sem nunca lhe haver, sequer, tratado, quando vivíamos e lutávamos [?] no Brasil.

* A expressão latina referida é *"primo vivere, deinde philosophari"*, que significa "primeiro viver, depois filosofar".

** A carta é acompanhada de um bilhete de Danda Prado, datado de 18 de junho de 1971: "Acabo de receber isso de meu pai. O Supremo entrou em férias e reabrirá em... agosto! Ironia! A pena se liquida em setembro. Abraço, Danda".

*** *Dialética do desenvolvimento*, Celso Furtado (Rio de Janeiro: Fundo de Cultura, 1964).

Assim é que sabendo da ida de Carlos Alba, a quem sinceramente estimo, com uma bolsa de estudos a Paris, quis que ele se aproximasse de você, na segurança de que tomará um de seus cursos.

Carlos terá como um de seus mestres a Touraine, que, uma vez, em 66, me recebeu muito afetuosamente em sua casa de Paris.

Carlos lhe falará de um largo e interessante trabalho que estou realizando para o Fondo de Cultura Económica. Espero concluí-lo dentro de mais um ano e meio.

Recebi há uns meses atrás um trabalho de Arraes que me pareceu de muito boa qualidade no político e no mais.

E o nosso Brasil, Celso, com o milagre pifando, o Delfim e o Andreazza em maus lençóis, o Banco Halles quebrado, os energicos [energúmenos?] consumindo as reservas, a inflação, o câmbio negro, e o futebol enterrando as glórias do passado? Que me conta você?

Bem, Celso, quando passe por aqui já sabe que tem um mocambo em Cuernavaca, à Av. Emiliano Zapata, 317, fone 33482. Meu apartado postal é 925.

Estimo sinceramente que você tenha boa saúde e siga bem em seus planos de estudos e com as cátedras que sustenta.

Com um abraço do

Julião

P.S. Ousaria pedir-lhe algum trabalho seu mais recente. Não sou expert em nada mas leio tudo o que me cai nas mãos. Até a teoria da relatividade, mesmo sem entender. J.

FREI TITO

PARIS, 13 DE OUTUBRO [1971]

Prof. Celso Furtado,

Soube, através de um amigo, que o sr. encontrava-se na França. Gostaria muitíssimo de tomar um pouco de seu precioso tempo. Sou frade dominicano e saí juntamente com os setenta brasileiros em troca da vida do embaixador da Suíça, Eugenio Eurico Bucher.*

Caso minha solicitação seja aceita, deixo meu endereço e telefone em Paris.

Frei Tito de Alencar, 10, Rue des Tanneries, Paris XIII. Fone: 707.4169

Antecipadamente agradeço,

F. Tito de Alencar

GLÁUCIO VEIGA

RECIFE, 4 DE JANEIRO DE 1966

Meu caro Celso,

Foi para mim grande prazer e maior surpresa o seu cartão de boas--festas. [...]

Em maio de 64, um mês após a Revolução, fui preso e recolhido por vários dias à Casa de Detenção. Afinal resolveram me soltar depois de depredarem a minha biblioteca de onde levaram as obras completas de

* Trata-se do embaixador Giovanni Enrico Bücher.

Marx, Lênin, Engels, Lukács etc. e também as de Proust e uma coleção de reprodução de obras dos pintores clássicos.

Você sabe que sou bibliófilo e por felicidade não levaram as minhas raríssimas edições do findar do século XVI e de todo o século XVII.

Esses livros foram atirados ao chão, espezinhados e alguns rasgados. Até hoje não consegui organizar a minha biblioteca. A polícia pernambucana fez imensa pira com os livros e ao jeito do nazismo queimou-os publicamente.

No dia em que foi outorgado o Ato Institucional nº 2, no ano passado, outra onda de violências nos açoitou. Fui preso com outros professores alta madrugada e atirados nus nos porões da Secretaria de Segurança e, depois, transferidos para a Casa de Detenção. Então apanhei quase uma pneumonia sendo enfim libertado pelo general do IV Exército, homem de bom senso e de cultura que não compactuou com a violência da polícia de Pernambuco. [...]

A Universidade de Brasília praticamente fechou porque os professores foram demitidos em massa.

Não sei se esta carta vai atravessar a barreira da censura. Mas, se você não responder até o dia 25 do corrente, tentarei remeter outra através de amigos, por São Paulo ou Rio.

Em síntese, assim vamos vivendo por aqui.

Aqui fica o meu abraço,

Gláucio

P.S. Junto um recorte de jornal com fotografia de um caminhão carregado de livros para incineração.

JESUS SOARES PEREIRA

SANTIAGO, 27.VI.1965

Celso amigo:

Era eu um dos convidados pelo Américo para jantarmos em casa dele, com o Accioly e o Cury, no dia de sua saída do Brasil; soubemos então da parada em Porto Alegre e do prosseguimento de sua viagem. Não lamentei mais haver perdido a oportunidade de me despedir de você porque o sabia a coberto de vexames adicionais, provocados profundamente pelos "restauradores da democracia" em nossa pátria.

Decidi permanecer no país durante algum tempo, para investigar melhor os motivos da discriminação que era feita contra nós, na primeira hora; mas comecei de logo a me interessar por um contrato no exterior. [...]

Resolvi elaborar um "depoimento" pessoal, a ser impresso, já que não fora ouvido em qualquer dos numerosos inquéritos abertos. Deixei-o no Rio, para ser prefaciado pelo dr. Barbosa Lima Sobrinho; e espero esteja à venda dentro de dois meses, se algum contratempo não surgir até então.

Não pretendo regressar para o Brasil nos anos próximos; não me conviria retornar mesmo na hipótese de uma mudança política substancial, no sentido progressista — coisa que não creio venha a acontecer em vários anos, ainda. É que já me sinto envelhecido e não me preocupei em constituir patrimônio material, nos meus 38 anos de serviço público civil. Dou por encerrada a minha contribuição pessoal, direta, para a construção econômica de nosso país. O futuro é dos jovens — entre os quais incluo homens como v., cuja capacidade dá alento a quantos se preocupam com a perspectiva nacional. Realisticamente, não antevejo uma possibilidade de mudança, porém, senão em futuro algo remoto em termos de vida humana; só por hipótese a formulo como podendo verificar-se no decorrer do que me resta de vida ativa. Em verdade, tenho a situação criada no Brasil como coisa que perdurará, no essencial. Só uma profunda alteração no quadro mundial de forças permitirá que a autenticidade nacional prevaleça na condução dos negócios brasileiros, internos e exteriores. Até então teremos o Brasil mistificado de agora, eliminando-se da vida pública grande número de homens capazes e esmagando-se as esperanças da nossa mocidade — o que é mais doloroso, por certo.

Nunca tivemos oportunidade de grande aproximação, entre nós dois; talvez por despreparação minha, opus restrições a algumas das diretrizes por v. preconizadas; mas nenhuma dúvida deve ter v. acerca do apreço em que o tenho e da admiração com que acompanhei o seu trabalho, por toda parte. Impôs-se v. pela seriedade, pela firmeza e pela lisura, até mesmo as vozes discordantes da sua obra não deixaram de proclamar que v. era "um cavaleiro da razão".

Por esses motivos é que provoco este contato epistolar. Dou-lhe as minhas notícias, apenas, sem qualquer outro objetivo.

Recomende-me aos seus e receba um grande abraço do velho

J. Soares Pereira

NEW HAVEN, 20 DE AGOSTO DE 1965

Prezado Jesus:

A sua carta de 27 de junho chegou-me com muito atraso, pelo fato de que todo o mês de julho passei-o viajando pelo interior deste imenso país. Andei mais de 14 mil quilômetros por esse interior afora, dirigindo um automóvel. Fui ver um pouco de paisagem, pois considero essa uma forma de compreender melhor os homens de um país. E este não é um povo fácil de ser compreendido, asseguro-lhe. Em realidade, o próprio conceito de povo talvez não se aplique a isto aqui. Há vários povos juntos e também há uma imensa quantidade de gente que aqui está mais ou menos acampada.

Por sua carta vejo que você vai se aclimatando aí. É esse aí um país admirável, onde rapidamente um de nós pode integrar-se.

Creio que é dever de cada um de nós escrever sobre o que vimos e como vimos as coisas. Tudo isso terá valor para aqueles que venham a retomar a luta pelo desenvolvimento em nosso país. Suas reflexões a meu respeito são generosas, mas não posso esquecer que estou com 25 anos de luta nas costas. Também comecei cedo e por temperamento empenho-me muito nas coisas que faço. Hoje em dia já sinto que os anos de luta pesam sobre os meus ombros. E o pior é que a gente se habitua a esse clima e quando não está vivendo em estado de tensão sente em si um enorme vazio. Não saberia dizer se isso é um hábito adquirido ou algo ligado à própria estrutura da personalidade. Qualquer que seja a causa, o fato é que viver vai se tornando uma tarefa cada vez mais complicada.

Concordo com você em que nada importante pode ocorrer no nosso país num futuro próximo. Entre uma ditadura populista, como quer Lacerda, uma ditadura obscurantista, como desejam os militares, ou uma legitimidade à la Dutra, como deseja o PSD e boa parte do PTB, a diferença será insignificante, de um ponto de vista histórico. E ainda mais insignificante do nosso ponto de vista pessoal. É perfeitamente possível que o terceiro terço deste século seja tão insignificante para o país como o foi o primeiro. Novas forças terão de gestar-se a fim de que novamente se rompam as barreiras e tenha início uma nova fase em que o curso da história possa ser modificado pela ação de indivíduos dotados de imaginação e coragem para isso. [...]

Lembranças aos amigos daí e um abraço para você do

[Celso]

SANTIAGO, 20.XI.1965

Meu caro Celso:

Recebi suas duas cartas.

Entendo igualmente que a briga nacional se prolongará; nela estamos engajados, todos, cada qual à sua maneira, segundo as suas possibilidades e ânimo para lutar de que seja dotado. Por aqui, julgaram os amigos de início que a realização das eleições de 3 de outubro seria o prenúncio do retorno às franquias democráticas no Brasil. Em fase de análises teóricas, feitas por gente capaz, quase cheguei a rever as minhas perspectivas acerca da marca dos acontecimentos, mas instintivamente recusei aceitar que admirem agora os ocupantes do poder e a paulatina retomada dos postos eletivos pelos velhos partidos, principalmente o PSD, que vinha manobrando magistralmente, dentro das circunstâncias. Sentia eu que não decorrera o tempo indispensável à desmoralização do gorilismo, nas próprias Forças Armadas brasileiras, e que ele lutaria para manter as posições conquistadas. O AI-2 não me surpreendeu, portanto, inclusive no que concerne à sua brutalidade, prenunciadora de tudo que ainda vem por aí, no sentido de institucionar a nova ditadura semifascista. [...]

Pouco posso dar para essa luta em processo, além de minha solidariedade integral à resistência. O depoimento que deixei no Brasil há oito meses, parece, sofreu grandes vicissitudes, mas ainda há a perspectiva de que seja impresso. Espero represálias, nessa hipótese. [...]

Recomendações aos seus e um grande abraço do velho

J. Soares Pereira

P.S. Soube de brasileiro aqui residente que o meu livro foi apreendido pelo Dops da Guanabara, ainda na oficina! A democracia udenista não suporta sequer água com açúcar... Havia eu pedido a um amigo que me mandasse uma prova de escova, já que temia a apreensão. Aguardo-a, bem como as represálias.

SANTIAGO, 17.VII.66

Celso amigo,

Não cabe apurar a quem se deve atribuir a "culpa" da interrupção do contato, já que os encargos absorvem mais do que desejamos. [...]

O Chile tende a ser um ponto de refúgio cada vez mais procurado, inclusive pelos que se encaminharam para o Uruguai e o México. Praticamente já se saturou o pequeno mercado de trabalho acessível à nossa gente, e ultimamente surgiram as primeiras reações chilenas contra a concorrência dos emigrados brasileiros. Até agora, uma caixa de ajuda tem enfrentado os casos mais agudos, mas o número dos ajudados cresce em ritmo mais acelerado do que a receita viável. Há uma crise em perspectiva. Além disso, uns tantos patrícios vão "pifando" psicologicamente e, o que é mais grave, até mesmo entre aqueles que conseguiram emprego. Nem todos têm estrutura psíquica para suportar mais de dois anos de exílio. Nesse caso, as despesas são ainda maiores, mesmo quando é possível o regresso ao Brasil. Há ainda casos de patrícios que não se dispõem a regressar, conquanto não consigam emprego, e não haja motivo conhecido para permanecerem no Chile. Enfim, os problemas se complicam por aqui. [...]

Agora, algumas notícias dos conterrâneos que aqui se encontram, conforme a sua solicitação. Mantemo-nos em harmonia, por aqui, apesar das divergências doutrinárias. Ao que se sabe, noutros pontos de concentração de refugiados o mesmo não ocorre.

O prof. Vieira Pinto está aqui, trabalhando, desde fins do ano passado. Não se conforma com o exílio. Sonha com o regresso ainda este ano. Não o conhecia no Brasil; e com franqueza, decepcionei-me com a sua falta de preparação psíquica para suportar o tranco que a nós todos atingiu. Outra é a atitude mental de Almino Afonso, como do Paulo Freire, que também conseguiram trabalho; guardam ambos visão muito realista dos acontecimentos e de sua posição própria, neles.

Aqui estão também, ainda, Jader e Strauss,* trabalhando no Instituto, onde trabalham, também, o Baltar, o Fernando Henrique Cardoso, o Lessa, o Weffort. Não sei se conhece a todos. Gente boa, que se impôs pelo trabalho e pela seriedade. Tenho em alta conta a capacidade intelectual e a madureza de espírito do Strauss, e do Cardoso e do Baltar, bem como o brilho intenso do Lessa e a tenacidade do Jader e do Weffort. Além do batente, todos estudam e muito, principalmente Lessa e Weffort.

Conheci aqui Paulo de Tarso e Plinio de Arruda Sampaio, cristãos progressistas, e Paulo Alberto Monteiro de Barros, ex-deputado do PTB pela Guanabara. Pessoas de alto gabarito, intelectual e moral.

Há acima de cinquenta refugiados e emigrados políticos por aqui. Grande parte deles não era de minhas relações no Brasil. Aproximei-me de alguns, apenas, em virtude de meus encargos pessoais que não me deixam tempo disponível. Grande parte conseguiu mandar vir a família (há muitos com quatro, cinco, seis e até sete filhos!) de tal maneira que a "colônia política" soma umas 150 pessoas... Endinheirado, que eu saiba, não há nenhum. [...]

Recomendações à sra. e um grande abraço do velho

J. Soares

---

* Jader de Andrade (1924-98) e Estevam Strauss (1917-2000) eram ex-funcionários da Sudene, onde o primeiro dirigia a política agrária, e o segundo, o Departamento de Recursos Naturais. Antonio Baltar (1915-2003), político pernambucano, urbanista, foi cassado pelo AI-1, e trabalhou na Cepal, em Santiago. Carlos Lessa (1936-2020), economista carioca, lecionava no Ilpes (Instituto Latino-Americano de Planejamento Econômico e Social).

JOSÉ SERRA

[SANTIAGO], 24 DE SETEMBRO DE 1973[*]

Prezado dr. Celso,

O Touraine poderá transmitir-lhe o panorama visto daqui. Dada a urgência e as circunstâncias, prefiro limitar-me a tratar meus problemas.

Não tenho condições nem desejos de permanecer aqui. Devo sair logo, se é que será possível. Posto que ainda não posso voltar ao Brasil, que é o que eu mais gostaria, penso ir à França. Eu preferiria Inglaterra ou Estados Unidos, mas não falo inglês. Se surgisse uma boa alternativa para um desses países, eu teria de fazer um curso bastante intensivo do idioma.

Em termos ideais, eu gostaria primeiro de trabalhar num estudo sobre a economia chilena durante a UP [Unidade Popular]. Depois, retomaria o trabalho que interrompi no ano passado sobre a política econômica no Brasil pós-64. Simultaneamente quero estudar teoria, para melhorar nos pontos mais fracos.

Mas é óbvio que tudo está condicionado ao financiamento. Tenho pouco dinheiro e a família soma quatro. Antes, eu podia dispor, se quisesse, de uma bolsa de US$ 600 da Flacso (Ford). Hoje, essa bolsa é tão somente uma possibilidade, do mesmo modo que o destino da Flacso. E, ainda assim, segundo os entendidos, não seria suficiente para viver com a família em nenhum dos três países citados; seria necessária uma bolsa ou um trabalho complementares. Peço-lhe ajudar-me, seja através de sugestões sobre o que fazer ou tentar, seja através de algum encaminhamento ou apresentação a pessoas ou instituições.

---

[*] A carta chegou a CF por intermédio do sociólogo Alain Touraine, que num bilhete diz que, "logo antes de minha partida do Chile, o Exército entrou na Flacso para prender Serra. Felizmente ele não foi pego e pôde imediatamente entrar na embaixada da Itália com sua família". (Alain Touraine a Celso Furtado, Paris, 27 set. 1973.)

Pode escrever-me para cá mesmo, mas envie por favor uma cópia da carta chez M. Ackerman, 158 Bd. de la Gare, Paris XIII, pois a qualquer momento viajo a Paris. *Por si acaso* tratarei de inscrever-me na École Pratique, para ter um estatuto legal que me permita contar com assistência médica etc.

Um cordial abraço do

S.

P.S. Um dado importante: tenho também a nacionalidade italiana, com passaporte e tudo. Penso apresentar-me, legalmente, como italiano.

LÉO VITOR

RIO, 24 DE JANEIRO DE 1969

Celso Furtado,

Pensei escrever-lhe a respeito da edição do seu livro há duas semanas. Tive um grave problema de ordem pessoal. [...] Parcialmente refeito volto — ou inicio, a carta que pretendi enviar-lhe há quinze dias.

Seria muito difícil resumir o que vem acontecendo aqui, e creio mesmo desnecessário, pois v. deve estar informado. A respeito de livros não aconteceu nada de maior gravidade ainda. As editoras apenas foram aconselhadas a não editar determinados textos, e as livrarias a recolher livros do "Che" e Mao. *Um projeto para o Brasil* e outros livros seus estão sendo vendidos sem nenhum problema.

Até quando? É o que me pergunto. E tenho certeza de que todo mundo por aqui se faz a mesma indagação. Este golpe* apresenta as-

---

* Referência ao Ato Institucional nº 5, decretado em 13 de dezembro de 1968.

pectos inéditos e sem as referências de costume. Daí não se ter a menor possibilidade de revisão. Inicialmente, não foi planejado na embaixada de sempre. Não fez prisões em massa. Não houve caça às feiticeiras. Não torturou os presos. Prendeu as pessoas que por liderança política ou influência em outros meios poderiam trazer dificuldades. Fez censura à imprensa de fato e colocou os meios de comunicação a seu serviço. Agiu de tal modo rápido, limpo e eficiente que não houve sequer corrida bancária ou o velho estoque de gêneros. A situação ficou sob controle total desde a primeira hora e é mantida até hoje ou até eu enviar esta carta, não sei, ninguém sabe. A verdade é que dentro do golpe há uma cisão — e também esta cisão é muito confusa. Dois grupos disputam o poder. O velho grupo da Sorbonne da Praia Vermelha* com sua ideologia conhecida parece ter sido vencido por outro mais "grosso", mais nacionalista — as palavras perderam o seu sentido acadêmico —, mais tropicalista enfim. Na verdade, o grupo da Sorbonne quer manter-se no poder, embora o chefe do governo tenha tido origem no outro. Este grupo, representado pela oficialidade jovem da Vila Militar — o pessoal da Vila, como se diz — quer reformas estruturais e "terminar com a quadrilha que assalta o país". De saída exigem que tudo relativo ao interesse nacional deve ser nacionalizado: bombas de gasolina, energia elétrica, transportes etc. Além disso querem revisão da remessa de lucros, reforma agrária e reforma universitária. E, como pequeno-burgueses, estão irritadíssimos com o enriquecimento ilícito, tráfico de influência ou abuso do poder econômico, e até contra os banqueiros do jogo do bicho. [...]

Nesse clima kafkiano com um calor latino pirandelliano, tudo pode acontecer, inclusive nada. Seu livro** pode ser apreendido, ou até subvencionado e distribuído nas universidades. A coisa está deste modo nesta madrugada de 24 de janeiro e, acredite, não estou exagerando.

* A Escola Superior de Guerra, no Rio de Janeiro, chamada de Sorbonne.
** *Formação econômica da América Latina*, Celso Furtado (Rio de Janeiro: Lia, Editor, 1969).

Gostaria de saber em que pé estão as edições em outras línguas. Se já foram lançados, e nesse caso se poderíamos obter alguns exemplares e colocá-los à venda na nossa livraria. Se isso fosse possível, eu promoveria essas edições abrindo caminho tranquilo para a nossa, ou ao menos, com elas, eu sondaria o "feroz humor" das chamadas Autoridades.

Pense a respeito e escreva-me o mais breve possível. Se v. estiver disposto a correr todos os riscos, eu também estou. [...]

Um abraço do

Léo Vitor

PEDRO CALIL PADIS

SÃO PAULO, 9 DE MAIO DE 1969

Meu caro professor,

Da outra vez que lhe escrevi, muito diferentes eram as coisas que tinha a lhe dizer. Era diretor de uma escola de economia, bastante entusiasmado com uma série de reformas que pretendia introduzir, perspectivas amplas de tentar realizar várias ideias que desde os tempos de estudante vinha assimilando e amadurecendo a respeito do que deveria ser um curso de economia.

Hoje, porém, tudo mudou. A reforma da Faculdade de Economia de Campinas foi violentamente bombardeada pelo Conselho Universitário, não tendo logrado aprovação na quase totalidade das inovações. O novo regimento da faculdade ficou tão ruim quanto o antigo. Isto provocou viva reação de minha parte na própria reunião do Conselho Universitário. A minha atitude teve desdobramentos que culminaram com a minha demissão compulsória por "tentativa de subversão da ordem na universidade". Mais grave que isso, porém, foi o fato de o reitor demitir sumariamente os dezesseis professores da faculdade que se manifestaram contra o ato que me demitiu. Isso acarretou a contratação de professores incapazes, o que, em outras palavras, significa um prejuízo grave, pelo menos a médio prazo, para os atuais alunos.

Não contente com o que já havia feito, o reitor formulou denúncia contra mim junto ao ministro da Justiça, por subversão, o que culminou com a minha aposentadoria compulsória, por decreto presidencial, de 29/4/69.

O que resta acontecer — e correm rumores neste sentido — é que os professores aposentados sejam proibidos de exercer o magistério em todos os níveis. Isto acarretará a minha imediata demissão do cargo de professor na Universidade Católica de São Paulo e na Fundação Getulio Vargas. [...]

Envio-lhe cópia do meu curriculum vitae. O portador desta será o prof. Bento de Almeida Prado. Não lhe escrevi antes porque tive algum receio de censura na correspondência. [...]

Esperando sua resposta, com os meus agradecimentos, envio-lhe o abraço amigo.

Pedro

SÃO PAULO, 17 DE DEZEMBRO DE 1969

Meu caro professor,

Dever-lhe-ia ter escrito há mais tempo. No entanto, o advento do Ato Complementar 75, que resultou para mim na proibição do exercício do magistério em todo o país, levou-me por mais de um mês a transtornos relativos a uma nova adaptação. [...]

No momento estou trabalhando no Cebrap — Centro Brasileiro de Análise e Planejamento, junto com Octavio Ianni, Fernando Henrique Cardoso, Paul Singer etc.

O Octavio manda-lhe um abraço.

Desejo-lhe e à sua família um ano de 1970 portador da alegria e da felicidade que merecem.

Um grande abraço do

Calil

8. Fernando Henrique Cardoso

Foi em 1960 que Fernando Henrique Cardoso esteve no Recife para uma pesquisa de campo num engenho da região. Celso Furtado, superintendente da Sudene, pôs à sua disposição um carro, de cujo motorista o sociólogo desconfiou, conjecturando que poderia ser um informante de algum órgão de segurança interessado em suas andanças por terras nordestinas. Foi ele mesmo que relembrou essa história, numa tarde de 2014, no salão da Academia Brasileira de Letras, onde era lançada a *Obra autobiográfica** de Celso Furtado. Recordou também que no inverno de 1964 hospedou o amigo nos três meses que ele passou em Santiago. Desde então, foram incontáveis os encontros e conversas, em Paris, onde em 1968 Fernando Henrique lecionou na Faculdade de Nanterre, em Santiago, em São Paulo, em Dacar. Durante os anos da redemocratização, quando eram filiados ao PMDB (Partido do Movimento Democrático Brasileiro), e, mais tarde, quando Celso era ministro da Cultura e Fernando Henrique, senador, tornaram a ver-se com muita frequência em Brasília. A correspondência entre eles, uma das mais volumosas dos arquivos de Celso, data em especial do período em que Fernando Henrique morou no Chile. São cartas — as dele, em geral manuscritas — em que trocam novidades e comentários sobre o Brasil,

---

* *Obra autobiográfica de Celso Furtado* (São Paulo: Companhia das Letras, 2014).

a América Latina, os Panteras Negras, as pesquisas acadêmicas e os planos para o futuro.

[NEW HAVEN], NOVEMBER 3, 1964

Prezado Fernando Henrique,

Recebi notícias suas por intermédio do Benjamin,* que parece muito otimista com respeito ao avanço das coisas por aí. Creio que já agora você tem suficiente experiência para perceber os aspectos positivos e negativos das condições de trabalho que prevalecem aí. Também me falou ele da ida de José Medina** para o México por um ano. Espero que a maior responsabilidade que você vai assumir não limite a sua disponibilidade para o trabalho substantivo.

Recebi carta do Luciano Martins e ele continua pegado com a análise do processo histórico de formação da classe industrial. Convém que você mantenha contato com ele. Continuo aqui trabalhando na "tipologia" e já avancei bastante com respeito às posições a que havia chegado aí. Quero primeiramente esgotar o trabalho com base nos instrumentos da análise econômica. Se se consegue demonstrar com bastante rigor, como pretendo fazê-lo, que nas condições que atualmente prevalecem o desenvolvimento traz necessariamente concentração de renda, poderemos derivar os elementos de uma teoria da estagnação econômica. [...]

Aqui em New Haven as condições de trabalho são realmente excepcionais. Participo de um que outro seminário, sobre assunto que de alguma forma me interessa. Há um grupo grande de pessoas com as quais

---

* Benjamin Hopenhayn (1924-2011), economista argentino, funcionário da Cepal, foi secretário da Aliança para o Progresso e titular da Secretaria de Planejamento do presidente Juan Perón, nos anos 1970.

** José Medina Echavarría (1903-77), sociólogo espanhol, exilado no México desde a Guerra Civil Espanhola, ingressou na Cepal em 1952.

se pode discutir qualquer problema, pessoas de várias origens, principalmente europeus. Estou revendo muita coisa da bibliografia básica sobre desenvolvimento, e com a tranquilidade que aqui existe o aproveitamento da leitura é bastante bom. Esta é uma sociedade muito mais estável e conservadora do que a europeia, inclusive a inglesa. Talvez nos países escandinavos se encontre algo igual a isto, mas eu não os conheço. Existe uma aversão generalizada a tudo que possa pôr em risco o status quo, e a atitude com respeito ao sistema institucional é acrítica, como é a nossa atitude com respeito à ordem natural. Recorda-me o mundo em que me criei: as pessoas nasciam altas e baixas, boas e ruins, ricas e pobres. Quem nascia com defeito (aleijão ou pobreza) tratava de encontrar um disfarce para ser menos desagradável aos demais. A campanha eleitoral presente é extraordinária. Nenhum problema controvertido é suscitado. Talvez por tudo isso o estrangeiro encontra aqui condições ideais para viver.

Mande notícias de todo o pessoal. Um grande abraço do

[Celso]

SANTIAGO, 23 DE NOVEMBRO DE 1964

Meu caro Celso:

Grato por ter enviado a comunicação que você vai apresentar em Londres e por sua carta.* Distribuí o paper aos amigos e fez sucesso. Só agora soubemos de suas atividades aí em Yale, que parecem coincidir com seus planos: tempo para estudar e tranquilidade para pensar sobre as consequências do desenvolvimento, com concentração de renda. Estou certo de que esta investigação terá importância decisiva para avaliar

---

* "Obstáculos políticos ao desenvolvimento na América Latina", Celso Furtado, em *Obstacles to Change in Latin America* (Londres: Oxford University Press, 1965).

as alternativas existentes para os países em desenvolvimento (isto é, em estagnação...) da América Latina. E, num sentido mais amplo, seus estudos darão o marco fundamental para as análises futuras de nosso grupo sobre a sociologia do desenvolvimento. [...]

Estabelecemos nossa estratégia de colaboração, sem grandes esperanças, com a programação geral do Instituto [Ilpes], que segue sem rumo definido pelos motivos que você conhece e avalia melhor do que eu, e taticamente nos concentramos, Weffort, Faletto* e eu, nas investigações sobre o Estado, os novos grupos industriais e a participação dos movimentos operários e sindicais na formação da sociedade industrial na América Latina.

Resolvemos concentrar nossa atenção inicialmente na Argentina, prevendo a hipótese do Instituto levar avante o projeto dos estudos nacionais, para depois estudarmos o México e, subsidiariamente, Chile e Colômbia. Deixamos o Brasil para depois porque, bem ou mal, já há alguns estudos feitos e é o país que mais conhecemos. [...]

Quanto ao mais, Santiago está cada vez mais povoada de brasileiros. O Jader [de Andrade] está conosco e tem perspectivas, incertas, de trabalhar na sede do Instituto e quase seguras para trabalhar num grupo assessor da América Central. Ontem chegou o Paulo Freire junto com um grupo que estava em La Paz. E assim, de vez em quando chega um brasileiro. Vêm quase sempre, como é natural, desorientados: sem perspectivas imediatas de trabalho e com muitas ilusões quanto ao Brasil. Com o tempo, quando não são alucinados e têm alguma habilitação para o trabalho (a rotina do exílio e o peso da realidade relativizam tudo), acabam por ajeitar-se e para muitos a experiência é positiva.

Esperando novas notícias, um forte abraço do

Fernando Henrique

---

* Enzo Faletto (1935-2003), sociólogo chileno, coautor, com Fernando Henrique Cardoso, de *Dependencia y desarrollo en América Latina* (Santiago: Ilpes, 1967).

SANTIAGO, 29 DE ABRIL DE 1965

Meu caro Celso:

Não sei de quem é a culpa da desorganização de nossa correspondência. Mas não é por falta de vontade de conversar com você que não lhe tenho escrito. É que manejo tão mal as cartas como instrumento de comunicação que fico sempre peado entre o montão de coisas que tenho para dizer e perguntar e a inibição que a ideia de escrever cartas provoca em mim. Mas vamos aos fatos: tive notícias de você e da reunião de Londres pelo Sunkel; acho ótima a ideia do clube e da revista.* [...]

Quanto ao trabalho aqui, a verdade é que, mesmo sem otimismo exagerado, eu acho que as coisas marcham bem. A equipe da Divisão Social está lançada com entusiasmo e seriedade na análise do programa que, nas grandes linhas, você traçou nos nossos seminários. Sentimos falta da participação dos economistas mas para evitar perda de tempo começamos a trabalhar por nossa conta. Resultado: estou com uma investigação, semelhante à que fiz sobre os empresários brasileiros, na Argentina (já em fase de coleta de material); Weffort, Faletto, Gurrieri (um argentino que recrutamos) e eu estamos fazendo uma interpretação conjunta do desenvolvimento político e social da Argentina (esperamos ter um primeiro rascunho pronto em julho) e terminei a redação de um programa geral de investigações, com as principais hipóteses e fatores que interferem nas condições sociais e políticas da estagnação e do desenvolvimento na América Latina. [...]

Fora do Instituto tem funcionado um seminário "sobre o Brasil". Reúnem-se neste seminário alguns políticos (Almino, Paulo de Tarso, Plinio, Paulo Alberto), alguns economistas, como o Jesus Soares Pereira e o Jader, mais o Paulo Freire, o Weffort e eu. Apesar de que do ponto de vista propriamente teórico as análises não tenham sido muito significativas, do ponto de vista de troca de informações tem sido útil e, para os

---

* Cf. Clube Bianchi's, p. 336.

políticos, deve estar sendo produtivo o esforço de autocrítica. Talvez resultem das discussões alguns artigos (para a revista do Ênio*) onde se possa colocar de forma menos passadista e mais imaginosa a problemática da oposição brasileira. Vamos ver.

Com lembranças a d. Luzia,** um forte abraço do

Fernando Henrique

NEW HAVEN, 10 DE MAIO DE 1965

Prezado Fernando Henrique:

Estou enviando anexa cópia da última carta do Clube Bianchi's, pois já o consideramos integrado. Você verá que o problema que nos preocupa agora é sair imediatamente com a revista. Se a revista não for *também* acadêmica não conseguirá reter a nossa efetiva cooperação. Estamos todos trabalhando em alguma pesquisa e o que vamos escrever estará dentro dessa linha de pesquisa. Por outro lado, considero que nada é mais urgente do que atuar no mundo acadêmico latino-americano, que está sendo submetido a crescente influência de linhas de pensamento orientadas de fora da região. Somos um pequeno grupo mas poderemos ter uma influência grande se publicarmos os nossos trabalhos numa mesma revista. Constituímos hoje o embrião de uma escola de pensamento. [...]

Recebi a sua carta de 29 de abril com informações sobre o que vai por aí. Os acontecimentos nos obrigam, indubitavelmente, a uma série de redefinições. Cada vez mais me preocupa o "problema" americano. Estou pondo algum tempo em estudá-lo com miras a escrever um livro sobre os Estados Unidos para ser lido na América Latina. Por mais que me esforce para ver os acontecimentos dentro de uma perspectiva histó-

---

* *Revista Civilização Brasileira*, editada por Ênio Silveira.

** Lucía Tosi, primeira esposa de CF.

rica, não posso deixar de *sentir* os acontecimentos como homem de uma determinada geração. Vejo que o horizonte se fecha diante de nós e que as possibilidades de atuar como intelectual se reduzem de maneira angustiante. Que mais podia fazer um ateniense do primeiro século da ocupação romana além de tentar envenenar um pró-cônsul? E a um do segundo século, como deveriam parecer ingênuos aqueles gestos. Que lhes restava fora do epicurismo e do estoicismo? Em épocas como esta, a vida do intelectual torna-se algo extremamente difícil. Sabemos que é pouco o que podemos fazer, mas que esse pouco poderá ser o fundamental. Escreva com frequência para manter o diálogo, pois a importância deste é muito grande nestes tempos de confinamento.

Lembranças a Francisco, Cantoni e outros amigos e um abraço para você, do

Celso

SANTIAGO, 3 DE OUTUBRO DE 1965

Meu caro Celso,

Desculpe-me por não escrever à máquina. É que estou aproveitando a tarde de domingo para responder sua carta e não me lembrei de trazer a máquina do Instituto. [...]

Eu fui efetivamente ao Brasil em agosto para assistir aos funerais de meu pai. Fiquei lá cinco dias ajudando minha mãe a resolver alguns problemas até que pudesse, como fiz, trazê-la para Santiago. Apesar da apreensão da família e de alguns amigos que temiam por minha liberdade, circulei por toda parte sem problemas. Alguns dias depois de minha volta, decretaram a prisão preventiva, tanto minha como de Florestan, de [Mario] Schenberg e de Cruz Costa. Não sei se minha presença no Brasil serviu para acelerar o processo. O fato é que, segundo meu irmão, que acompanha o IPM da universidade para informar-me, houve ordem para reabrir rapidamente o processo na auditoria de São Paulo, com base em uma decisão do Superior Tribunal Militar. Este entendeu que o promotor de São Paulo tinha razão em apresentar denúncia contra nós e que o juiz auditor que a havia recusado deveria aceitá-la. Daí à prisão preventiva foi um passo: acusam-nos de subversão a serviço de potências estrangeiras (pena de dez a trinta anos de prisão)! Se não fosse o disparate de toda a situação "revolucionária" do Brasil, seria ridículo. Mas como as coisas andam, é melhor deixar as barbas de molho.

Quanto ao Luciano,* não sei de prisão alguma. Estive com ele aqui em Santiago, pois estou tentando, sem grande êxito, convencer o [Cristobal] Lara da necessidade de complementar os estudos sobre a burguesia brasileira. Tornei a vê-lo no Rio no fim de agosto e recebi durante o mês passado uma carta dele. Acho difícil que não me tivessem informado da prisão de Luciano. Enfim, não há muita previsão possível quanto à liberdade dos intelectuais no Brasil e não estranharia, em tese, que tenham feito alguma violência.

Nos poucos dias que estive no Brasil procurei conversar com muita gente para sentir "de dentro" o ambiente. A impressão que tive foi a de que se a situação econômica não chega a ser dramática, pois o Campos cede aqui e ali para evitar o resultado letal da contenção à FMI, a situação política é muito instável. Conversei com militares, com gente ligada à finança, à indústria e com intelectuais. A confusão que manifestam e a incerteza sobre o futuro lembram os dias loucos do Jango. Parece que o "grupo do Castelo" não dispõe de maioria tranquila no Exército para impor a linha continuísta. Há um grupo mais radical (sem profundidade militar mas com bom apoio civil-financeiro) e há o grupo dos comandantes de tropa (Kruel, Justino, Costa e Silva). Terão de decidir através de uma composição que englobará forçosamente grupos civis. A questão decisiva será a da eleição indireta. Marcha-se, sem dúvida, para isso. Mas o caminho é áspero. Do choque entre as várias tendências pode re-

---

* Semanas antes correra em Paris o rumor de que havia sido decretada a prisão preventiva de Luciano Martins.

sultar um recrudescimento da tendência de superação mais radical "do passado", quer dizer, o centro será ainda mais cerceado. O próprio encaminhamento das eleições de hoje, 3 de outubro, mostra isso: nem o Sebastião foi aceito, para não falar no Helio e no Lott, que Deus nos livre, também. Em suma, não vejo que se possa tomar as eleições para governador como sinal efetivo de início da redemocratização. [...]

Antes de terminar esta carta que já vai longa (com a piora natural nos meus garranchos), quero dizer uma palavra sobre seu último trabalho. Fizemos alguns seminários sobre ele. Faremos outro, junto com Osvaldo. Sem dar-lhe minha impressão final, pois há questões sobre as quais tenho dúvidas e outras que me são difíceis de entender: a explicação do crescimento econômico e das formas de capitalização do setor exportador e a análise do papel e das relações entre os vários setores em que você divide o sistema econômico estão excelentes. Há alguns raciocínios simples e convincentes que são geniais. Pena que eu não possa entender a versão matemática que você enviou ao Osvaldo.

Com lembranças a d. Lucía, o abraço amigo do

Fernando Henrique

PARIS, 4 DE NOVEMBRO DE 1965

Prezado Fernando Henrique:

Recebi a sua carta de 3 de outubro já há algum tempo.

As coisas no Brasil, infelizmente, se vão realizando conforme nossas expectativas. É perfeitamente natural que todo mundo se agarre a uma ilusão. Isso é tanto mais natural quanto a atual geração de líderes que temos nas "esquerdas" surgiu na fase de facilidades que caracterizou o período de rápida industrialização e urbanização. Entretanto, só um ingênuo poderia imaginar que, depois de haver passado os sustos que passou, a oligarquia instalada no poder, com apoio externo e havendo comprometido a fundo os militares que são a um só tempo biombo e escudo, abandone a presente posição para ser simpática aos intelectuais do Rio e São Paulo, que constituem atualmente a única "oposição". A meu ver, se eles pagaram o preço desse segundo golpe, prejudicando assim o decoro da fachada, foi em razão das brigas internas. Para livrar-se dos Lacerdas e Magalhães Pinto, que se dizem líderes "revolucionários" e com apoio popular, armaram o circo das eleições para que eles fossem derrotados. Evidentemente isso custou caro, pois graças à atitude que tomou o Lott quando candidato presuntivo, o povo teve a oportunidade de votar contra a "revolução", pelo menos no Rio. Eles teriam desejado um show eleitoral à Faria Lima, com a "revolução" pairando acima do bem e do mal e com Lacerda sendo derrotado. Pelo menos, o período das ambiguidades terminou. O trabalho é para longo prazo. Nova consciência se formará no país. Novas lideranças surgirão com o amadurecimento da situação. Nós, os intelectuais, temos que contribuir para que se forme essa consciência e temos que preparar as armas que serão utilizadas pelos novos líderes. As coisas podem andar mais rápido do que seria de imaginar, com base no que nos ensina a História. Mas também pode ser que não. E devemos estar preparados para as duas hipóteses. [...]

Também tenho a impressão de que a situação chilena, que é extremamente interessante, leva os chilenos a afastar a vista do que está ocorrendo no conjunto da América Latina. No Chile se está jogando a sorte do reformismo latino-americano e isso é de vital importância. Continuo convencido de que o reformismo é uma alternativa válida e que na América Latina são os fatores externos que o liquidam atualmente. [...]

Mande-me notícias dos amigos que estão aí.

[Celso]

PARIS, 21 DE DEZEMBRO DE 1966

Prezado Fernando Henrique,

Estamos há muito tempo sem contato e apenas irregularmente tenho tido notícias suas por intermédio de uma ou outra pessoa que passa por aqui. Você terá ido descobrindo que a vida do funcionário internacional é muito mais absorvente do que se imagina de fora. Você também dirá que a vida de professor universitário é bem mais mortificante do que se conta nas novelas.

Teve você oportunidade de voltar ao Brasil? Em agosto encontrei o Ianni, na conferência de San Juan sobre planificação social. Deu-me ele a impressão de que se está configurando uma situação nova no terreno das ciências sociais, em face da atuação cada vez mais agressiva de novos elementos de boa formação acadêmica e orientação *apolítica*. Acabo de ler o artigo de Carlos Estevam, "Construção de teoria na ciência social brasileira", que confirma essa indicação. O artigo está publicado na revista *Dados*, do Candido [Mendes], a qual será mais um instrumento na mão desse grupo. Na mesma revista encontra-se um artigo de Candinho, "Sistema político e modelos de poder no Brasil". Fala-se aí do "rigor lógico e envergadura da doutrina de segurança nacional do general Golbery". O fato de que já haja surgido no plano universitário um grupo tecnicamente aparelhado a serviço de uma ciência social *non engagée*, grupo que receberá todas as facilidades e favores do aparelho oficial e oficioso, deve ser considerado com seriedade. Não deixa de ser significativo que esse grupo, ao invés de pôr-se a trabalhar para produzir algo de positivo, atribua-se o objetivo de desacreditar aqueles que tiveram influência sobre a geração atual. E desacreditar não pelas ideias que possuem mas pela incompetência para realizar um trabalho de valor científico.

Que espécie de gente estará saindo de nossas universidades dentro de três a cinco anos? Não sei se você terá visto que vão imprimir 15 milhões de livros didáticos para atender a toda a clientela, do primário ao superior, com a ajuda da USAID. Não tenho informações sobre como se faz a escolha desses livros, mas não será difícil imaginar-se, em particular no que concerne ao ensino superior. Pergunto-me se não nos cabe dedicar parte de nosso tempo a preparar livros que possam servir de texto nas nossas universidades. Não terão subsídio para publicação mas nem por isso deixarão de penetrar. [...]

Gostaria que você e Francisco [Weffort] refletissem sobre isso.

[Celso]

PARIS, 2 DE JANEIRO DE 1967

Prezado Fernando Henrique,

O objetivo desta carta é o seguinte. Comprometi-me com a direção da revista *Temps modernes* a preparar um número especial sobre o Brasil. Aceitei essa incumbência não porque sobre tempo. Mas porque considero importante que contribuamos para modificar a imagem de nosso país que ainda prevalece aqui na Europa. A velha geração de brasileiristas ([Roger] Bastide, [Maurice] Byé, [Pierre] Monbeig e outros que conheceram o Brasil de antes de 1945) tende a passar para um segundo plano. No ambiente acadêmico existe um certo ceticismo com respeito ao valor de qualquer estudo que se faça sobre o nosso país, em face dos enormes recursos que os americanos estão pondo nessa tarefa. Isso é de preocupar, pois estou convencido de que a França aumentará nos próximos anos sua importância como centro de pesquisa e reflexão no campo das ciências sociais, a julgar pela quantidade crescente de recursos que a esse fim se estão dedicando. [...]

Seria fundamental que você escrevesse um artigo sobre os empresários industriais no Brasil, ou a burguesia industrial brasileira, ou ainda outro título que você prefira. Trata-se, no fundo, de resumir em quinze páginas o que há de essencial no seu livro, incluindo alguns elementos quantitativos. A tradução ao francês será feita aqui sob minha supervisão. Não se trata de artigo de vulgarização. Trata-se de artigo escrito por um professor de sociologia e dirigido a um público de nível universitário. Sou de opinião que não devemos nos deixar ofuscar excessivamente pelos acontecimentos de curto prazo, isto é, de 64 para cá. [...]

67 está na rua. Espero que você o haja cumprimentado com otimismo.

[Celso]

SANTIAGO, 26 DE JANEIRO DE 1967

Meu caro Celso

Não respondi imediatamente suas cartas porque estava no Brasil desde o dia 20 de dezembro, em férias. Voltei às pressas, para uma reunião, e penso retornar dentro de três dias, por duas semanas mais. [...]

Concordo totalmente com suas observações da carta de dezembro. Mormente agora que fui ao Brasil com mais vagar. Senti-me um pouco estrangeiro e verifiquei com preocupação que muitos, dentre os melhores, têm a mesma sensação. Cada manhã, lendo-se os jornais, as notícias são graves. Porém, quase nem se comenta. E a vida segue como se as decisões políticas não afetassem o cotidiano. Entretanto, elas obviamente seguem também seu curso e vão condicionando ou forçando as pessoas e as instituições a dançarem conforme a música direitista. Os mais oportunistas, pouco a pouco, terminam por transformar-se em ideólogos do "desenvolvimento com segurança nacional". Os decentes correm o risco de um hiperintelectualismo cético ou do cinismo semidesesperado. E só aqui e ali um ou outro mais vigoroso continua íntegro intelectualmente.

Por todas essas razões o perigo de que as gerações mais novas se orientem por caminhos mais acomodatícios é grande. Pude notar, é certo, um grande radicalismo ao nível universitário. Porém, como este radicalismo não chega a conformar uma política nem a criar orientações senão nos limites de um quadro geral defensivo, é provável que os jovens mais am-

biciosos intelectualmente sintam desejos de soluções "técnicas", "neu-
tras", "eficazes". Daí que gente como o Carlos Estevam, que é bom menino, ou o grupito de Minas terminem por correr para o outro lado e, o que
é pior, por terem auditório.

Temos, portanto, de atuar intensamente. Acho que a ideia de compe-
tir um pouco no terreno da divulgação é boa. Assumi em princípio o
compromisso com a Editora Nacional de preparar uma espécie de ma-
nual de sociologia do desenvolvimento. E penso publicar no próximo
ano o ensaio que escrevi aqui sobre *Dependencia y desarrollo*, a partir das
ideias iniciais que você conhece. Entretanto, sem uma ação direta e coor-
denada sobre os centros de formação da juventude o progresso a ser alcançado é relativo. [...]

Com um grande abraço,

Fernando Henrique

PARIS, 3 DE FEVEREIRO DE 1967

Prezado Fernando Henrique,

Uma palavra para concordar com o prazo que você sugeriu. Esse tipo
de projeto toma sempre mais tempo do que se deseja inicialmente. [...]

Soube há poucos dias do Touraine que há interesse em apresentar o
seu nome para *professeur associé* em Nanterre. Meu ponto de vista pessoal, e nisso vai um pouco de egoísmo, é que você deve aceitar. Vivi muitos anos em Santiago trabalhando em organizações internacionais e sou
de opinião que a experiência que se obtém lá é única. Essa fronteira entre
o prático e o teórico, em que se atua, e essa possibilidade de estudar comparativamente, em nível macrossocial, experiências a um tempo distintas e similares, de tudo isso resulta a melhor escola que se possa desejar
para um estudioso de problemas sociais ainda em fase de aprender. Mas
não devemos esquecer que o verdadeiro intelectual não tem futuro a lon-

go prazo em organizações internacionais. O exercício da capacidade inventiva do intelectual exige ter *"pie y cabeza en el aire del mundo"*, como dizia Juan Ramón Jiménez. E isso não é compatível com carreiras que têm uma marcada dimensão burocrática ou tecnocrática. Após três anos de Santiago você terá tirado o melhor de lá. Na fase subsequente tenderá a dar cada vez mais e a receber cada vez menos. Aqui em Paris a vida é certamente muito mais dura que em Santiago. Tanto no que respeita à base material como no que concerne aos contatos humanos. Entretanto, existem autênticas compensações. E seria uma grande vitória se conseguíssemos criar neste lado do mundo um núcleo germinativo de pensamento em torno da América Latina. [...]

[Celso]

SANTIAGO, 5 DE MAIO DE 1967

Meu caro Celso,

A demora para terminar a preparação deste artigo mostra bem que você tinha razão, na última carta, quando insistia em que os organismos internacionais, depois de certo número de anos, mais extraem dos funcionários seu escasso saber do que permitem expandi-lo. Não sei se ainda há tempo de publicar o artigo. Tratei, como você pediu, de incluir alguns dados que ajudam o leitor a entender os problemas discutidos.

Estamos todos esperando você aqui em julho. De qualquer modo, nos veremos ainda este ano, pois eu aceitei o convite de Nanterre. Em novembro devo estar já instalado em Paris com toda a família.

Com um grande abraço, outra vez desculpo-me pela demora,

Fernando Henrique

PARIS, 13 DE MAIO DE 1967

Prezado Fernando Henrique,

Recebi a sua carta de 5 do corrente e alguns dias depois o seu ensaio para *Les Temps modernes*.

O seu trabalho é extremamente sugestivo. Sendo essencialmente crítico, deixa a impressão de que você está preparando algo mais amplo. Talvez haja chegado o momento de rever todos os lugares-comuns ditos sobre esses países de capitalismo reflexo. Já seria esse um bom projeto para trabalharmos conjuntamente aqui. Ainda mais se vem o Luciano, o que espero se concretize.

Aqui, o problema mais importante a enfrentar é o das escolas para os seus filhos, pois são poucas as escolas que ensinam em inglês. Não é difícil conseguir um apartamento mobiliado, mas o aluguel não ficará por menos de mil francos. O Leite Lopes pagava 1200 por um bastante bom, situado no XVIè. O seu traslado para aqui será pago por você, pelo menos era assim quando eu vim. Os automóveis não são caros. Com 1500 dólares você compra um bom. Poderá encomendá-lo daí, para recebê-lo aqui assim que chegue. Isso representa não pagar um imposto de uns duzentos dólares, pagamento que fica transferido para um ano depois com boa redução. Se você vai trazer coisas, tenha em conta que televisão americana aqui não serve e que a voltagem em geral é 220. O salário de um *professeur associé* é de, aproximadamente, 4200 francos, mais ajuda familiar. Esse salário é considerado aqui muito alto. Entretanto, ele dará apenas para você atravessar. Cabe reconhecer que o nível de vida aqui já é bastante alto e que atravessar significa viver razoavelmente bem. As condições de trabalho são precárias (para a pesquisa) mas as obrigações de um professor não são muitas. Damos três horas de aula por semana, o que deixa bastante tempo para ler. O perigo são as atividades culturais paralelas, que tendem a submergir a pessoa. Enfim, existe esse salário invisível que é respirar o ar de Paris.

[Celso]

[STANFORD], 9.3.1972

Celso,

Faz um tempo que estou para escrever a você. Passei o *winter quarter* em Stanford. Volto depois de amanhã para o Brasil. Quero ver se agora pararei de dois a três meses, cada dezoito meses, fora do Brasil. Preciso disto para ter tempo de ler e ganhar distância para avaliar as coisas de lá.

Aqui estive metido até ao pescoço tratando de ver e compreender os movimentos internos de protesto. Como escrevi alguma coisa sobre negros no Brasil e tinha alguns contatos por aqui, meti-me com Young Lords, Black Panthers e outros grupos minoritários (chicanos) para sentir e analisar a sociedade americana pelo "outro lado". A experiência foi humana e intelectualmente muito rica. Desde os dias de maio, em Paris, que tenho um interesse existencial pelas novas formas de consciência de protesto. É difícil para mim, dado que no fundo sou um *Western minded man*, aceitar o tipo de ação e propósito das minorias oprimidas daqui. Mas acho que é preciso fazer um esforço de revisão de muito o que penso e, principalmente, de meu modo de sentir e ser. Por certo, vou escrever imediatamente sobre os problemas daqui e sobre estas preocupações. Mas talvez na reunião de Dacar, em setembro, aproveite para fazer algumas reflexões com base no que vi e li por aqui. [...]

No começo de maio passarei por Paris. Espero vê-lo. Lembranças a Luzia e um abraço amigo do

Fernando Henrique

SÃO PAULO, 4 DE JUNHO DE 1973

Meu caro Celso:

Faz um tempão que estou para escrever a você, mas o corre-corre daqui não me tem dado a tranquilidade para uma longa carta. Esta também não vai ser longa, mas não quero deixar de fazer-lhe uma consulta logo.

Soube por diversas pessoas, e perguntei ao Luciano se era certo, que você tem a intenção de, no futuro, passar uma parte de seu tempo aqui no Brasil. Acho isso ótimo. Sua presença aqui pode dinamizar intelectualmente muita coisa e nós estamos precisando de gente como você para evitar que o marasmo e o mau-caratismo dominem a praça. Mas, além disso, tenho interesse muito pessoal e também institucional na sua vinda: todos nós aqui no Cebrap ficaríamos contentíssimos se você quisesse definir uma forma de colaboração conosco. Não tenho nada específico em mente porque não sei quais são realmente seus planos. Se você viesse para São Paulo gostaríamos, naturalmente, que se juntasse a nós. Se resolver ficar no Rio, poderíamos também estabelecer alguma forma de projeto cooperativo que permitisse a nós usufruir ao máximo sua presença no Brasil. Enfim, o que gostaria de saber de você é se é verdade mesmo que você virá para o Brasil, quando, por quanto tempo e com que projeto intelectual. [...]

Com minhas lembranças a Luzia e a amizade de sempre do

Fernando Henrique

PARIS, 13 DE JUNHO DE 1973

Prezado Fernando Henrique:

Recebi a sua carta do dia 4. Apresso-me a respondê-la, não tanto para tratar de meu assunto pessoal mas para ter a satisfação de informar você que o Luciano defendeu ontem brilhantemente a sua tese na Sorbonne. A banca compreendia [François] Bourricaud, Touraine e [Frédéric] Mauro e era presidida pelo Monbeig.* Foi uma bela sessão de trabalho. A tese representava um desafio para os examinadores e entre eles havia evidentemente alguma rivalidade. Foram quatro horas de debate de elevado nível intelectual, como poucas vezes terei presenciado dentro destas velhas paredes. A tese de Luciano é um trabalho realmente monumental, para retomar uma expressão de Bourricaud. Isso pela extensão (cerca de setecentas páginas) e pela massa considerável de material original que contém e pelo enorme esforço intelectual que realizou Luciano para levar *jusqu'au bout* a demonstração de suas teses fundamentais. Trata-se seguramente de um trabalho *importante*, primeiramente como contribuição à história política do Brasil no século atual. Em segundo lugar, e não menos importante, como esforço para entender a natureza do Estado brasileiro. O problema entre relações sociais, a dependência externa e o Estado, no contexto da história brasileira de 30 a 64, foi submetido a forte *éclairage*. Doravante ninguém poderá tratar desse assunto sem referir-se ao que ele diz. [...]

Minha ideia de voltar ao Brasil está ligada ao desejo de abandonar o ensino tal qual o tenho praticado nos últimos oito anos, a fim de dispor de mais tempo para mim mesmo. Gostaria de poder concentrar-me em alguns temas, não ser obrigado a interromper a reflexão e as leituras de forma tão seguida. Meu desejo é poder passar parte do ano no Brasil, que constitui meu campo de observação privilegiado, e outra aqui, onde manterei meus livros e arquivos e onde tenho condições ideais de tranquilidade para escrever. Em todo caso, não tomarei qualquer decisão sem antes conversar detidamente com você.

[Celso]

* François Bourricaud, sociólogo; Alain Touraine, sociólogo; Frédéric Mauro, historiador; Pierre Monbeig, geógrafo.

PRINCETON, 2 DE ABRIL DE 1976

Meu caro Celso,

Estou gozando da paz desta academia platônica que é o Institute for Advanced Studies. Apesar disto, como sou obsessivo, faço uma contabilidade subjetiva entre as excelentes condições de trabalho e os projetos que tenho na cabeça e me atormento enormemente. Resultado: tenho trabalhado a ponto de sentir-me exausto. [...]

No início de maio, dias 5-6-7, Guillermo O'Donnell e eu estamos organizando um pequeno seminário em minha casa de campo, em Ibiúna, sobre a análise do Estado na América Latina. A ideia é juntar um grupo realmente pequeno e conversar a fundo e sem formalismo. O grupo está constituído pelos organizadores mais Aníbal Pinto, Enzo Faletto, Oscar Oszlak, Cavarozzi (estes dois, jovens argentinos), Weffort, Luciano Martins e Bolívar Lamounier. Se você estivesse no Brasil nesta época, seria muito bom para nós que participasse da reunião. Pode responder-me se isto é factível?

Grato, com um abraço amigo,

Fernando Henrique

PARIS, 7 DE ABRIL DE 1976

Prezado Fernando Henrique,

Recebi a sua carta do dia 2 com a boa notícia de que está gozando as delícias desse jardim de Epicuro que é o Institute for Advanced Studies de Princeton. [...]

Passarei pelo menos dois meses no Brasil e o mais provável é que chegue por lá a começos de junho. De Caracas escreverei dando a data aproximada de minha chegada. Conforme já lhe disse, não voltarei este ano à

Universidade Católica.* A ideia de permanecer no Cebrap esses dois meses me seduz. Estou terminando o trabalho de que lhe falei, que recebeu o título de *Prefácio a uma Nova Economia Política*. Na verdade trata-se de um Prefácio e Tábua de Matéria. Retomei a tradição da economia, anterior a Ricardo, de uma ciência social global, o que requer partir de um quadro conceitual mais amplo do que esse a que nos habituamos na *análise econômica*. Uma tentativa desse tipo implica em abrir um diálogo em muitas direções. Alguns anos atrás esse diálogo seria principalmente com os neoclássicos em economia, ou com os funcionalistas em sociologia, hoje o interlocutor mais vigoroso são os marxistas. Como estes vivem fechados em um monólogo, simplesmente trazê-los para um diálogo seria uma não pequena vitória.

Por aqui andou o [Fernando] Gasparian,** que pela primeira vez me pareceu um pouco acabrunhado. A área da censura se vai ampliando: daqui a pouco proibirão tocar em problemas econômicos. Voltaremos àquela época em que toda pessoa que dava ênfase ao aspecto econômico de um problema social era tachada de materialista...

[Celso]

PARIS, 4 DE MAIO DE 1978

Prezado Fernando Henrique,

Estou lhe enviando com esta um trabalho meu recente no qual tentei uma visão de conjunto do tema *desenvolvimento*. Essa espécie de *mise au point* que a gente escreve quando tem vontade de já não pensar mais no assunto.*** Como se trata de uma tentativa de síntese, pode ser de utili-

---

* Em 1975, CF passara um semestre como professor na PUC-SP.

** Fernando Gasparian (1930-2006), empresário e editor, dono do jornal *Opinião*.

*** Cf. "Development", de Celso Furtado, *International Social Sciences Journal*, Paris, v. 26, n. 4, 1977.

dade para quem ensina ou estuda a matéria. Deixo com você a decisão sobre a melhor forma de publicá-lo aí.

Quando aqui esteve Ruth, há pouco mais de um mês, conversamos sobre esse *feuilleton* para perplexos de nossa pátria casual. Quem tem o benefício da proximidade, da visão dos detalhes pode entender alguma coisa. De longe, tudo dá a impressão de uma peça à Ionesco. É bem verdade que neste país cartesiano as coisas já não têm aquela *clarté* a que nos havíamos habituado nos tempos do nosso General. [...]

O semestre que passei em Nova York confirmou-me na convicção que formei aqui nos anos recentes de que atravessamos uma fase de grande pobreza de pensamento nas ciências sociais, particularmente no que respeita aos problemas que mais interessam aos países do Terceiro Mundo. Na universidade francesa a reflexão sobre a América Latina é quase toda de segunda mão e já não atrai inteligências de primeiro plano na nova geração. Não me surpreenderia que no próximo decênio o pensamento sobre o Terceiro Mundo brote essencialmente na periferia e em primeiro lugar por essa América Latina. A migração de gente universitária da Argentina e do Chile para a Venezuela, Colômbia e América Central terá efeitos positivos e a massa crítica que está emergindo no Brasil não tem por que abortar. Gostaria de conversar com você sobre a possibilidade de um esforço intelectual conjugado a partir de nosso pedaço de periferia. [...]

Que planos tem você?

[Celso]

PARIS, 15 DE NOVEMBRO DE 1980

Prezado Fernando Henrique,

Estivemos à sua espera por estes lados para mais uma vez acertarmos os relógios. Luciano me havia informado que você vinha à Itália por esta época, mas os seus planos aparentemente mudaram. [...]

Passei três semanas na China onde pude ver muita coisa. É uma outra humanidade. O nosso quadro conceitual aplica-se lá de forma apenas aproximativa. A persistência de uma identidade histórica através dos séculos, a ignorância do mundo exterior, a transmissão do pensamento por meio de uma língua escrita de base visual, a limitação da vida religiosa ao quadro familiar, tudo aponta em direções distintas de nosso universo cultural. Assunto para muita conversa.

Não sei em que ponto está a publicação de minhas conferências.* Gostaria que você recomendasse a revisão a alguém capaz de respeitar escrupulosamente o texto. Certas palavras de uso menos comum são "corregidas". É corrente que mudem *constrição* por *construção*...

Na esperança de que sua vinda por estes lados seja prolongada no próximo ano, mando um abraço para Ruth e você.

[Celso]

SÃO PAULO, 5 DE JANEIRO DE 1981

Meu caro Celso,

Obrigado por suas duas cartas. Suas observações sobre o artigo foram entregues ao Chico e à Danielle.

Passei o material relativo ao "último dos exilados"** ao dr. José Gregori, presidente da Comissão de Justiça e Paz. Seria útil uma comunicação direta do interessado com a Comissão. [...]

---

* Publicadas sob o título "Uma política de desenvolvimento para o Nordeste", *Novos Estudos Cebrap*, São Paulo, v. 1, n. 1, 1981.

** Cf. "Perguntas pra responder: Meu exílio", escrito em 1980 por Herbert-Daniel de Carvalho, o último exilado brasileiro a ser anistiado. Ele indaga: "Por que ainda estou no exílio? Deveria explicar por que ainda não fui anistiado? É importante que seja EU o exilado ou que haja UM exilado brasileiro? Se eu fui 'escolhido' foi por minhas qualidades ou porque era preciso limites à anistia? Como uma vez quiseram dizer que os exilados eram 'diferentes' do resto dos brasileiros (categoria 'maus')?". Arquivo pessoal.

Na política, sob o marasmo de fim de ano, grande perplexidade. Com a inflação nas alturas e a obsessão de cada grupo para tirar vantagem (tanto os palacianos quanto os que montaram seus partidos) não se vê por onde formar um eixo que dê horizonte (e disciplina) às forças sociais. A partir de março (pois até o Carnaval só o governo trabalha...) o jogo recomeça. Se não houver muita cabeça, encalhamos a abertura e ressuscitamos fantasmas, que vão do Jânio a algum general inconformado. Não obstante, com essa enorme classe média do Centro-Sul e os trabalhadores mais conscientizados, com um pouco de audácia e fineza, dá para "empurrar com a barriga" as nuvens sombrias. Se a economia deixar. E nesta matéria ninguém propõe coisa com coisa.

Eu irei com Ruth para Paris no dia 7 de março. Ficaremos aí cerca de 45 dias. Então conversaremos com calma, como de hábito.

Abraços aos amigos (e às amigas) e até breve,

Fernando Henrique

RIO DE JANEIRO, 16 DE NOVEMBRO DE 2000

Prezado amigo,

Li com viva emoção os seus comentários generosos formulados no *Jornal do Brasil* por ocasião da passagem de meu octogésimo aniversário.

Não sei que planos você tem para o futuro. Mas caso retome a atividade acadêmica, permito-me sugerir que desenvolva a teoria da dominação internacional que está esboçada em seu livro clássico sobre "dependência". As estruturas de poder se tornaram cada vez mais abrangentes e transnacionais, e são cada vez mais inadequados os instrumentos teóricos de que dispomos para abordar esse problema de grande transcendência. Sua experiência singular — sem paralelo no mundo periférico — o capacita para fazê-lo.

Com votos de felicidade pessoal, extensivos a Ruth, receba o abraço cordial de

Celso Furtado

9. Florestan Fernandes

As cartas de Florestan Fernandes datam, quase todas, de meados dos anos 1960, quando, de Paris, Celso Furtado o convidou a escrever um ensaio para o número especial da revista *Les Temps modernes*, que ele organizava a pedido de Jean-Paul Sartre. Haviam se encontrado nos Estados Unidos, pouco antes, quando Celso estava na Universidade Yale. Na Europa, cruzaram-se em reuniões acadêmicas. Uma delas foi a cerimônia de outorga do título de doutor honoris causa a Gilberto Freyre, em 1968, na Universidade de Münster. Os ilustres convidados brasileiros, como Florestan, Celso e o sociólogo Vamireh Chacon, envergaram as togas condizentes com a pompa universitária. Anos depois, em Brasília, quando Florestan exercia seu mandato de deputado constituinte e Celso era ministro da Cultura, retomaram as conversas do passado.

PARIS, 2 DE JANEIRO DE 1967

Prezado Florestan,

Espero que você tenha saudado esse 67 que está aí na rua com o seu otimismo mais corajoso.

Escrevo-lhe para pedir sua cooperação a uma tarefa que considero de efetiva utilidade: preparar um número especial de *Les Temps modernes* dedicado ao Brasil. A direção da revista pretende publicar esse número e é de grande importância que o Brasil que daí surja não seja nem o Brasil folclórico dos sociólogos de salão que você tão bem conhece nem o Brasil "objetivamente estudado e explicado" dos experts que estão sendo agora fabricados em série pelas universidades americanas. Será a primeira vez que uma revista dessa categoria publica um número especialmente dedicado a nosso país, aqui na Europa. E isso sem influências ocultas de embaixadas.

Minha ideia é que pessoas como você, que tem uma obra publicada, que pesquisaram, refletiram sobre o Brasil, contribuam partindo da obra já realizada. Pensei que você poderia preparar-nos um artigo sobre relações de raças no Brasil: mito e realidade, tema que você conseguiu ver de ângulos novos. Não se trata de artigo de vulgarização, e sim de ensaio escrito por autoridade na matéria e dirigido a um público de nível universitário. Dado o prestígio da revista, tenho certeza de que a penetração no ambiente cultural europeu será muito grande. Contudo, como o público nem sempre está familiarizado com a realidade brasileira, convém que em notas de pé de página você acrescente os elementos que considere necessários à inteligência do texto. Não se prive de incluir os dados quantitativos de que disponha, nem de fazer as referências bibliográficas que julgue oportunas. [...]

Na expectativa de uma palavra sua, envio-lhe um abraço muito cordial,

[Celso]

SÃO PAULO, 17 DE JANEIRO DE 1967

Meu caro Celso:

Foi uma agradável surpresa a sua carta. Achei-a de volta da Praia Grande, na qual passei catorze dias de férias reais, mas insuficientes. O meu otimismo é humano e vulnerável e você não pode calcular a dificuldade que existe para manter-se o equilíbrio em condições de defesa do *ego*, nas circunstâncias que tenho de enfrentar. No entanto, não me queixo e pratico a fórmula conhecida — "por fora bela viola, por dentro pão bolorento". Espero que o bolor não me afete e não se converta em mal daninho, do qual não me livrarei mais tarde...

Tenho grande interesse na sua proposta. Parece-me boa ideia publicar um número de *Les Temps modernes* sobre o Brasil e eu gostaria de colaborar nele. O tema também me interessa. A dificuldade é que não tenho condições, de momento, para redigir um artigo especial. Todavia, possuo um trabalho que está em vias de publicação em inglês, que trata do assunto e que, em meu entender, poderia ser publicado. [...] A "Persistência do passado" causou um sério impacto quando foi apresentada* e põe ênfase nos principais aspectos da nossa situação racial, a partir de uma cidade intensamente urbanizada e industrializada. Parece-me algo interessante, por colocar em evidência o caráter lacunoso, inconsistente e contraditório da modernização em nossa sociedade. [...]

Até hoje não me recompus do choque que me causou a estúpida punição que lhe foi imposta e, como todo intelectual brasileiro que conhece o alcance de sua obra, lamento e choro o mal que ela causa ao nosso país. Com um abraço muito enternecido,

Florestan Fernandes

PARIS, 11 DE FEVEREIRO DE 1967

Prezado Florestan,

Recebi sua carta de primeiro do corrente e anteriormente havia recebido o trabalho e a carta que o acompanhou. Li-o e o considero de grande

---

* O trabalho de Florestan Fernandes foi apresentado em encontro na Dinamarca, mencionado por ele na carta seguinte, de 22 de fevereiro de 1967.

valor. É impressionante como os problemas que são realmente importantes escapam à percepção daqueles que se creem com lucidez dentro de uma sociedade. Nesse assunto, é bem verdade, os processos mistificatórios foram refinados a extremos.

Vou me permitir fazer um pequeno trabalho de *editing* no seu texto, o que será muito pouco, pois ele é de extraordinária clareza. Temos, evidentemente, que procurar um título em francês que faça referência expressa aos problemas de relações de raça.* Espero, também, que você não faça objeção ao fato de eliminarmos a nota de pé de página relativa à origem do trabalho, ligando-o a um colóquio que teve lugar há dois anos. Em todo caso, seria esta uma decisão tomada aqui por mim, sem consultá-lo, cabendo-me toda a responsabilidade perante terceiros. [...]

Um abraço cordial do

[Celso]

SÃO PAULO, 22 DE FEVEREIRO DE 1967

Prezado Celso:

Recebi sua carta de 11 de fevereiro. Já havia recebido antes um recado alarmante do Antonio Candido. Você reclamava o texto. Eu temia tanto que o trabalho não chegasse às suas mãos que pedira a Roger Bastide para tratar do assunto. Ele escreveu-me, dizendo que não sabia do seu endereço. Comunicar-se-ia com você assim que eu lhe comunicasse onde encontrá-lo. Essa é boa! E eu pensando que vocês convivessem aí em Paris!... [...]

Sou amigo do [Stephen] Graubard e ele convidou-me, pela revista *Daedalus*, para duas reuniões. A que se celebrou na Dinamarca e a que ia ser realizada no começo deste ano e que foi adiada para setembro (sobre

---

* Cf. "Rapports de race au Brésil: mythes et réalité", *Les Temps modernes*, out. 1967.

a América Latina). Não sabia que o Congress for Cultural Freedom* estivesse por trás do financiamento da reunião da Dinamarca; foi uma desagradável surpresa para mim, a qual aumenta, agora, ao saber que a CIA provavelmente tem dado dinheiro para essa organização. Agora, li nos jornais referência a isso. Espero que a reunião de setembro não conte com o mesmo patrocínio. (Base de presunção: a notícia de que a Fundação Ford está, agora, financiando a revista *Daedalus*.) Caso contrário, no futuro terei de desgostar Graubard e, a pessoa a quem estimo deveras, Maybury-Lewis e que é seu colega em Harvard. Não gosto de ser etiquetado; nem de perder a liberdade por causa de pressões indiretas tolas. Contudo, desde que a CIA entre em um assunto, nós devemos estar fora... Não queria ofender alguém, mas se surgir algum problema com a atual publicação não quererei que você assuma nenhuma responsabilidade. Basta o trabalho que está tendo. [...]

Andei um pouco desorientado por causa da iminência de uma reforma universitária, que o governo pretende pôr em prática ao velho estilo: de baixo para cima, através de normas federais. Como a situação não é para muita confiança, não sabia o que fazer. Sempre lutei pelas reformas e, agora, via-me tolhido, temendo que ela servisse a propósitos que não poderíamos controlar. Companheiros da esquerda assumiram posição contra, por essa razão. A mim me doía ver-me negar as minhas ideias e as minhas aspirações. O tom sombrio da última carta prende-se ao estado de espírito em que fiquei (e ao aviso que um amigo mandou, por um parente, de que estou sendo vigiado pela polícia secreta de certa instituição). Ponderando as coisas, cheguei à conclusão de que devia entrar no jogo da reforma para valer, nos limites em que isso me for possível. Antes, havia colocado umas pedrinhas no caminho da *Comissão de Reestruturação da USP*, constituída pelo reitor: consegui comprometê-la, de

---

* O Congress for Cultural Freedom (CCF) foi fundado em Berlim Ocidental em 1950, apoiado por intelectuais da Europa Ocidental e dos Estados Unidos. Chegou a ter escritórios em 35 países, entre eles o Brasil. Em 1966 foi revelado que o CCF era financiado pela CIA.

público, com a ideia da divulgação de seu projeto final (e de sua discussão aberta); e levantei a congregação da Faculdade de Filosofia, levando-a a constituir uma comissão própria e a desenvolver uma política de participação da aludida reforma sob condições de não vir a ser um bode expiatório. Agora, refletindo melhor, vejo que vale a pena arriscar. Se os conservadores, por motivos reacionários ou policiais, querem uma reforma universitária, é bom aproveitar sua disposição. No Brasil, desde a Independência, as reformas liberais sempre precisaram da chancela dos conservadores. O país aceita melhor as reformas necessárias, desde que elas percam caráter ideológico (e raramente o possuem, pois costumamos andar atrasados: quando aceitamos uma ideia nova, ela já não é mais ideologia, mas tradição envelhecida e em processo de substituição nos países de origem) e possam ser implantadas com a segurança de que não alterarão muito a rotina preestabelecida. [...]

Envio-lhe um abraço muito cordial, estimando que o número da revista que está preparando constitua um êxito e ajude a compreender melhor a situação brasileira,

Florestan

10. Francisco de Oliveira

Francisco de Oliveira não tinha 25 anos quando foi trabalhar na Sudene, a convite de Celso Furtado. Várias vezes o substituiu, respondendo pela Superintendência nos meses em que Celso foi ministro do Planejamento. Na noite de 31 de março de 1964, quando chegaram ao Recife as notícias sobre o levante militar no Sul do país, Francisco tomou a iniciativa de localizar os aviadores que serviam ao órgão e conseguiu mobilizar um bimotor e um monomotor que eventualmente poderiam decolar. Não foi preciso. No dia seguinte, a Sudene era ocupada por um militar. Mais uns dias, Celso saía do Recife, e Francisco de Oliveira era preso. Depois de quase dois meses detido, como conta numa destas cartas, rumou para o Rio de Janeiro e, de lá, para Santiago, e depois para a Guatemala e o México. Celso Furtado manteve nas cartas e nos encontros uma relação de afeto com Francisco de Oliveira, embora cerimoniosa: este a chamá-lo de dr. Celso, que por sua vez o chamava de Francisco, e não de Chico, como todos os seus amigos.

RIO, 29.6.64

Prezado dr. Celso,

Escrevo-lhe do Rio, onde cheguei há dois dias. Estou tentando conseguir um passaporte, para sair do país. Recebi carta do Aragão,* quando ainda em Recife, e do Strauss em que me falavam da possibilidade, que o senhor estava tentando, de arranjar-me alguma coisa com a OIT. Hoje estive com Aníbal Pinto, que me confirmou essa possibilidade. O senhor sabe como lhe fico imensamente grato e seria supérfluo enfatizar esse sentimento.

Estive detido 58 dias, ao fim dos quais fui interrogado — um interrogatório bobo — tendo, então, me apresentado à Sudene. Fui lotado no Departamento de Administração Geral, sem função alguma, propósito aliás que suponho tenha sido uma determinação da Comissão de Inquérito, até que as coisas se aclarassem para o meu lado. Minhas sondagens junto aos companheiros inquiridos levaram-me à conclusão, entretanto, que ao contrário de aclararem-se as coisas estavam se complicando, o que me obrigou a vir para o Rio tentar sair do país. Particularmente sobre mim, Nailton [Santos] e Jader, ao que parece a Comissão estava tentando coligir acusações; não tenho dúvidas de que nós três e outros companheiros serão sacrificados para justificar o escândalo que fizeram em torno da "subversão" na Sudene, e de que não encontraram nada, como não poderiam encontrar. [...]

Foi designado já o superintendente definitivo: o inefável João Gonçalves de Souza, que estava na OEA. Por aí se tira a medida da coisa. Provavelmente vai haver desinteligência séria em torno da Sudene, que estará subordinada ao ministro extraordinário Cordeiro de Farias, mas cujo superintendente é da linha de Roberto Campos, ou pelo menos foi indicado por este. A situação no Brasil dá sintomas de complicar-se proxi-

* José Maria Aragão (1933-), advogado e economista, integrou a equipe fundadora da Sudene. Trabalhou no BID e foi presidente do Banco Nacional de Habitação (BNH).

mamente; os grupos radicais já conspiram abertamente contra o Castelo Branco: Denys, Heck, e setores da UDN, Justino e, diz-se, o próprio ministro da Guerra, não estão satisfeitos com o Marechal que escolheram, que estaria demasiado aberto à esquerda. Tenho a impressão que nos próximos trinta dias a situação se definirá, havendo, entretanto, sinais de que o presidente está avançando no controle da situação. [...]

Esperando revê-lo em breve, aceite meus melhores agradecimentos pelo que o senhor tem feito e meus votos de felicidade,

Um grande abraço,

Francisco

GUATEMALA, 16 DE JANEIRO DE 1966

Doutor Celso,

Com muita satisfação recebi sua carta de dezembro último. [...]

Aqui estou desde agosto, depois de algumas idas e vindas entre a decisão da Cepal de mandar-me para o México ou para aqui; terminaram decidindo por minha localização aqui. Quero, assim, agradecer-lhe sua intervenção junto a Carlos Castillo, segundo Aragão me relatou no Rio.

Apesar de minhas anteriores vacilações em sair do Brasil, não tive outra alternativa. Não é que a situação, do ponto de vista pessoal, estivesse pior; é que, infelizmente, nada se podia fazer, e alguns dos que ficaram, ou por não poderem sair ou por não quererem, não conseguiram aportar nada à nova perspectiva de luta que os grupos da esquerda deveriam ter. Assim, a conclusão é que muito tempo vai passar, e faz-se necessário todo um trabalho de recriação da teoria política da esquerda, para empreender a luta. E o pior é que no dia que alguém se meter a essa empreitada, pode contar desde logo com o combate furioso da esquerda "oficial". A propósito, estivemos conversando sobre esse tema com Fernando Henrique Cardoso, que aqui passou na última semana, e que me deu outras notícias suas.

O trabalho aqui é bom, principalmente para mim, que estou numa etapa de retomada de contato direto com metodologias de trabalho já um tanto esquecidas. Assim, estou procurando ganhar um pouco mais de conhecimento especializado, suprindo as falhas de minha formação profissional. Quanto à experiência, não creio que esta se possa transmitir: isto é, nem eu tenho muito que dar aqui, nem podemos tirar muitas conclusões a respeito de experiências que são muito específicas aos centro-americanos. Assim é que, por exemplo, nós no Brasil, e particularmente no Nordeste, estávamos muito mais avançados enquanto à compreensão das limitações institucionais de planejamento, enquanto à factibilidade dos programas, muito mais cerca da realidade quando não nos preocupávamos muito pela perfectibilidade dos modelos, pela precisão das cifras, enfim por uma série de questões formais do planejamento, e muito mais conscientes e mais pragmáticos enquanto às questões de fundo. Aqui, por outro lado, como o planejamento é uma entidade quase totalmente à parte das decisões políticas, a coisa é muito mais formal. E quanto às experiências centro-americanas de integração, eu me arriscaria a dizer que ela tem como subconsciente ou como substrato político a federação que eles já foram. Tenho cá minhas muitas dúvidas sobre essa famosa integração da América Latina, entre as quais uma que julgo fundamental: a de que nossas diferenças de estruturas sociais e a presença de um sócio maior — os EEUU — somente podem dar lugar à pior forma de integração, que é aquela que anula os movimentos sociais de vanguarda. A respeito, creio que nossa experiência no Nordeste, apesar de todas as ressalvas, ilustra um pouco esse caso de integração frustrada, pois creio — já trabalhando um pouco com o absurdo — que se o Nordeste fosse um país independente a dinâmica das estruturas sociais representada pelos próprios movimentos Cid [Sampaio], Arraes e Sudene, nos teria levado a um caminho muito próximo do socialismo. [...]

Eu trataria agora de um caso delicado. Como o senhor se recorda, entre outras tantas coisas devo-lhe uma importância de US$ 134,10, desde Santiago, há já um ano e meio. Inicialmente, não pude lhe pagar; mas depois, mesmo no Rio, quando as coisas melhoraram, tentei pagar a Jorge [Furtado], e ele sempre recusou, alegando que ficaria para quando eu estivesse em melhor situação. Sei, apesar da discrição da família Furtado, que essas eram instruções suas; mas agora, eu gostaria de reparar isso. O "trottoir" já me deu suficiente margem para pagar essa dívida; deixe que eu fique devedor de aquelas coisas que não posso pagar. Assim, eu lhe solicitaria o número de sua conta e o banco dos EEUU em que o senhor tem depósito, a fim de mandar lhe creditar. [...]*

Apesar da largueza da carta e das intromissões importunas, receba o senhor, d. Lucía e os rapazes um grande abraço do seu amigo,

Francisco

MÉXICO, 7 DE OUTUBRO DE 1966

Dr. Celso,

Estou no México há mais de um mês. Paro agora no CEMLA, onde exerço atividades no Programa de Enseñanza para Instituciones de Fomento; devo dar aulas no próximo ano e participo de investigações do Centro, relacionadas com Desenvolvimento Econômico, matéria que sob o título Teoria e Prática do Desenvolvimento estará a meu cargo. Assim, como um emprego que, na verdade, é uma bolsa remunerada, realizo um antigo sonho ao mesmo tempo que sistematizo e estudo assuntos que anteriormente não pude abordar nem dominar.

Deixei a missão das Nações Unidas na Guatemala e não pretendo trabalhar outra vez como assessor. Creio que os esquemas estereotipados que são transmitidos pelas assessorias de há muito não são válidos — veja-se

* Na carta seguinte, de 7 de outubro de 1966, Francisco de Oliveira comunica o depósito feito.

por exemplo que qualquer discurso de qualquer homem público de hoje na América Latina contém os mesmos temas e soluções, o que é um indício da impotência para encontrar-se um caminho — e por isso não quero ter nenhuma responsabilidade em continuar sendo ator dessa farsa. [...]

Pretendo, na cadeira sob minha responsabilidade, apresentar o "subdesenvolvimento" como uma formação histórico-social singular, cuja compreensão exige uma formulação teórico-conceitual própria; se não me atreverei a fazer a tal formulação, quero deixar bem claro que a atual conceituação do "subdesenvolvimento" como um estado de "atraso" não serve, e mais que isso, é enganosa e tem como resultado o atual impasse da planificação na A. Latina. Creio também que se faz necessário uma espécie de "sociologia do conhecimento" da planificação, isto é, quais são as bases sociais da planificação e não apenas suas bases técnicas; falou-se muito em planificação na América Latina, dando-se a esta um caráter bonapartista, como se a mesma pudesse existir por cima dos conflitos sociais e do caráter classista de nossas sociedades. Acredito que os profissionais da planificação na A. Latina necessitam essa visão mais complexa do fenômeno, inclusive para evitar as frustrações que se resumem na frase constante "fizemos um bom plano, mas o governo não o executou". E lhe solicito suas críticas e seus últimos trabalhos, para utilização nessa tarefa. [...]

Aos amigos comuns que o senhor encontre em Paris, peço-lhe que os saúde; minhas recomendações à dra. Lucía e aos rapazes.

Receba um afetuoso abraço do

Francisco

PARIS, 6 DE JANEIRO DE 2000

Prezado amigo,

Acabo de ler o ensaio que você escreveu sobre meu livro *Formação econômica do Brasil*. Pareceu-me a mais completa análise desse livro que foi tão lido mas pouco estudado. Permito-lhe sugerir que amplie as suas reflexões sobre a teoria do subdesenvolvimento, tema que é praticamente ignorado entre nós como objeto de estudo teórico e que está a merecer urgente atenção. Eu mesmo tenho tratado do assunto de maneira dispersa, a partir da publicação desse livro. Você, com sua experiência latino-americana, está em condições de perceber as peculiaridades desse tema, que é geralmente pouco compreendido no quadro dos estudos correntes de desenvolvimento.

Quero agradecer-lhe o tempo que você dedicou ao estudo de minha obra, e lhe dizer que continuo a considerá-lo o mais agudo analista de minhas incursões no campo da teoria do subdesenvolvimento.

Com o abraço fraterno de

Celso

RIO DE JANEIRO, 10 DE JUNHO DE 2003

Prezado Francisco,

Quero cumprimentá-lo por ocasião da bela homenagem que lhe prestam os seus colegas de universidade.

Todos reconhecemos em você qualidades que raramente se manifestam em uma mesma pessoa, como a extrema modéstia, uma excepcional coragem e imaginação fulgurante. Essa mistura fez de você alguém que por vezes inspirou temor, mas sempre admiração. Suas qualidades humanas não impedem que você seja alguém sereno, que não disputa espaço nessa selva que é o mundo universitário.

Considero como um prêmio que me concedeu o destino tê-lo conhecido.

Com o abraço amigo de

Celso Furtado

11. Francisco Iglesias

Em 1963, a recém-criada Universidade de Brasília lançou a Biblioteca Básica Brasileira, coleção de obras clássicas com prefácios de cientistas políticos e historiadores. *Formação econômica do Brasil*, de Celso Furtado, teve assim uma nova edição, prefaciada por Francisco Iglesias. Num texto rigoroso de mais de vinte páginas, o historiador mineiro destacava a importância do livro na historiografia brasileira, bem como seu método inovador. Brasil, política, história, foram assuntos que alimentaram, por muitos anos, as cartas trocadas entre os dois. Celso dava aulas em Paris quando recebeu o livro de Iglesias *História e ideologia*, que trazia um capítulo dedicado a ele. Junto, uma lista de perguntas do autor interessado em seus livros e em colher material para um futuro artigo. Quando foi ministro da Cultura, teve a companhia de Iglesias em viagens pelo interior mineiro, a Ouro Preto, Diamantina, Conceição do Mato Dentro. Dez anos depois, quando se candidatou à Academia Brasileira de Letras e amigos mostraram-se dubitativos sobre o acerto da decisão, Iglesias proferiu a frase definitiva: "A ABL não vai acrescentar nada à sua carreira e à sua obra... mas tampouco vai tirar". Semanas depois Celso era eleito, Iglesias comparecia à sua posse.

PARIS, 1º DE JULHO DE 1971

Prezado Iglesias,

Recebi o seu *História e ideologia* que li com grande interesse. O ensaio sobre Jackson de Figueiredo abre o véu sobre esse *outro* Brasil intelectual que para muitos de nós é praticamente desconhecido. Quando olho para trás e identifico os intelectuais que mais influenciaram as classes dirigentes brasileiras na primeira metade do século atual (Alberto Torres, Oliveira Vianna), pergunto-me se esse outro não é o verdadeiro Brasil. Assim, o nosso Jackson era um discípulo retardado de Joseph de Maistre, debatendo-se com uma problemática de fins do século XVIII!

O interesse que você põe nos meus trabalhos e o tempo que dedica a lê-los deixam-me confuso. Isso porque três quartas partes dos meus escritos são de *economia*, ciência que se situa na periferia de seus interesses intelectuais. Confesso a você que minha grande paixão, primeira autêntica paixão intelectual, foi a História. Ocorre que no mundo em que vivia o métier de historiador não existia. No meu espírito a economia foi sempre um instrumento que permite ver mais claro nos processos sociais mais complexos, que são os que interessam ao historiador. Deve ter saído (ou está para sair) a quarta edição de *Teoria e política do desenvolvimento econômico*, a qual contém um apêndice metodológico no qual trato de explicar que toda análise macroeconômica pressupõe uma totalização que nos é dada pela história. Preparei-a depois de haver trabalhado em uma versão francesa do livro. Aí reúno minhas reflexões de tipo teórico dos últimos vinte anos. Em síntese, às duas ou três ideias básicas de *Desenvolvimento e subdesenvolvimento* acrescentei outras duas ou três, o que me permitiu montar uma construção sistemática que ajuda a compreender tanto o desenvolvimento do capitalismo industrial como esse seu subproduto que é o subdesenvolvimento. [...]

Se por acaso você passa por esses lados, terei prazer em abraçá-lo.

[CF]

BELO HORIZONTE, 7 DE JULHO DE 1971

Caro Celso:

Recebi hoje sua carta. Temi que v. não tivesse recebido meu livro. É obra modesta, mas resolvi publicar por solicitação do editor, que é meu amigo. Quis incluir um ensaio sobre sua produção, por motivos que ficam bastante explícitos no próprio texto. Ainda que débil, como análise crítica (que não tenho formação de economista), pode ter o mérito de chamar a atenção para a obra e a ação no seu conjunto. [...]

Folgo em saber da nova edição de seu livro sobre o desenvolvimento econômico, com ampliações.

É só, por hoje. Esperando seu pronunciamento, por aqui fico.

O abraço amigo do

Francisco Iglesias

BELO HORIZONTE, 30 DE MAIO DE 1973

Caro Celso:

Há muito não tenho notícias suas. O que lamento.

Bem que gostaria de ter uma conversa com v. Acabo de ver a nova edição de *A hegemonia dos Estados Unidos...* Saiba que é um sucesso de venda. O Jornal do Livro, do *Jornal do Brasil*, e o Suplemento Literário do *Estado de S. Paulo* publicam (aquele mensal, este semanal) a relação de livros mais vendidos no Brasil, nas principais capitais. V. está sempre entre os cinco primeiros, agora com este, antes com outros títulos. Ótimo para v. e para o país. Atestado de melhor nível dos leitores.

Sei que v. não gosta de escrever. Pediria, no entanto, que me informasse quais são suas intenções para o próximo ano. Correm várias notícias a seu respeito: que vem para São Paulo, para Brasília, e outras mais.

Que há de positivo em tudo? Ou v. continua em Paris ou prefere outro local? Desejava saber também se não é projeto seu vir ao Brasil em visita. Caso o faça, peço-lhe que me avise, que irei ao Rio vê-lo. Gostaria muito de conversar sobre o passado, coisas históricas no intuito de fazer certas reconstituições.

Esperando não estar sendo muito importuno, por aqui fico.

O abraço amigo do

Francisco Iglesias

PARIS, 13 DE JUNHO DE 1973

Prezado Francisco,

Recebi a sua carta do dia 30 de maio. Não sou tão inimigo de escrever como dizem por aí... Faço correr essa notícia para justificar o atraso com que respondo a muitas cartas que me fazem e que não têm interesse para mim. Não dispondo de qualquer infraestrutura, tenho que administrar artesanalmente minha própria vida, o que foi se tornando tarefa cada vez mais pesada. Basta mencionar as duas dezenas de editores que fui acumulando pelo mundo afora. O dinheiro que isso rende é pouco, mas as cartas são muitas... [...]

Meu propósito é abandonar a vida de professor. Os oito anos que aqui passei foram interessantes de muitos pontos de vista, mas esse interesse é evidentemente decrescente. O ensinar se vai transformando numa rotina e o tempo que devo dedicar a ler provas, *mémoires*, *thèses* e a supervisar o trabalho de estudantes que só excepcionalmente merecem atenção é crescente. Quiçá o que seja crescente é a consciência de que o tempo de que dispomos é cada vez mais escasso. Meu desejo seria poder passar uma parte do ano no Brasil, tempo que dedicaria em grande parte a estudar problemas brasileiros e afins, e a outra parte aqui em Paris, onde conservarei minha biblioteca e poderei manter-me alerta sobre o que vai pelo mundo. [...]

Se eu for ao Brasil escreverei a você dando detalhes. Um abraço do

[Celso]

BELO HORIZONTE, 16 MARÇO 1985

Caro Celso:

Não nos vemos há alguns meses e nem sempre sei de seus passos. Imagino-o em contínuas viagens pelo país e por outras terras. Como é do seu estilo.

Fiquei muito satisfeito com o prêmio que o CNPq lhe deu, reconhecimento público e oficial de sua valiosa obra e constante atuação. Esperava, como todo o país, vê-lo ministro — o que seria ótimo sobretudo para o país. A escolha das autoridades da área econômica, feita pelo nosso querido presidente, não foi feliz. Será mantida a linha anterior. Até quando? A posição para v. de delegado em organismo internacional pode ser cômoda mas inconveniente para a nação, pois o deixa longe dos órgãos que decidem. O artigo de ontem na *Folha*, de Francisco de Oliveira, é excelente, exato.

Enfim, o Brasil é difícil. Há muito me parece inviável, embora v. tenha apostado o contrário, em conversa de algum tempo.

A doença de Tancredo me abateu. Pascal bem que tinha razão a propósito do acaso na História... Revela no começo da situação o que será sempre lembrado (como foi antes) — a doença em homem idoso. Admiro-o e quero-lhe bem pessoal. Lamento a herança que recebe, de falência econômica, financeira, política, ética. Desejo que se restabeleça logo, para o bem de todos. Nunca um país precisou tanto da saúde de um homem.

Esperando vê-lo em futuro não distante, por aqui fico. Tudo de bom. O abraço do

Francisco Iglesias

BELO HORIZONTE, 19 FEVEREIRO 1986

Caro Celso Furtado:

Quero dizer, antes de mais nada, que fiquei muito alegre com sua volta ao Brasil. Como seu amigo, devo dizer que me surpreendeu a sua aceitação da pasta.* V. deixa a única mordomia que já teve — embaixada em Bruxelas — para pegar um estrondoso abacaxi: estou convencido da desnecessidade de tal ministério. Tudo podia ser feito com uma Secretaria de Cultura na pasta da Educação, como antes. Feito, em grande parte por ação do Aparecido** junto ao Tancredo (que não tinha nenhum entusiasmo pela ideia), veio a novela da nomeação do ministro: v. mesmo foi convidado e não aceitou. Aparecido preferiu ir para o governo de Brasília: terá ficado convencido da inviabilidade da pasta? Ninguém queria ser, o quinto ou sexto nome aceitou. E o ministério foi mal estruturado, teve má implantação. V. já deve ter visto as nomeações e as divisões que tem, os serviços sem razão de ser, as assessorias mais estranhas, ocupadas por assessores às vezes ainda mais estranhos. Aluisio, de corte populista, prometeu tudo que lhe foi pedido. E todos esses convênios e promessas vão ser cobrados a v. Demais, o governo no seu todo é extremamente malvisto, já desgastado. A Nova República não houve.

Desculpe-me se lhe falo assim. Leve tudo à conta do apreço que lhe tenho. Sei que v. tem a cabeça no lugar e sabe de quanto lhe falo e até de muito mais. Se aceitou, tem programa para enfrentar o que vem por aí. É claro que lhe desejo todo êxito, uma gestão fecunda e *réussie*. No que depende de lucidez e desejo de acertar a coisa irá bem. Agora é agir, inovar, criar. Inteligência e criatividade não lhe faltam. Felicidades, caro Celso. [...]

* Então embaixador do Brasil junto à Comunidade Econômica Europeia, CF assumiu a pasta da Cultura em 14 de fevereiro de 1986. Demitiu-se em 27 de julho de 1988.

** José Aparecido de Oliveira (1929-2007) foi o primeiro titular do Ministério da Cultura. Pouco depois foi nomeado governador do Distrito Federal, passando a pasta a Aluisio Pimenta.

Sua presença no Brasil é importante para v. e para o país. Sua presença no ministério é suficiente para garantir ao governo Sarney uma situação melhor.

Desculpe-me alguma eventual impertinência, crendo sempre na minha fidelidade, na admiração e na amizade. Bom trabalho, caro amigo.

O abraço fraterno do

Francisco Iglesias

BELO HORIZONTE, 9 DE AGOSTO DE 88

Caro Celso Furtado:

Deve ter sido boa para v. a passagem pelo Ministério da Cultura. Mais uma experiência, e esta de novo tipo. Se o obrigou a lidar com gente difícil — os artistas são todos mais ou menos Maria Callas —, proporcionou viagens por todo o país, dando-lhe a visão de uma realidade muito complexa, diversificada e rica (é certo que rica sobretudo em aspectos pobres). V. deve ter conhecido muito aborrecimento, com os interesses contrariados de gente sem o pé na terra ou apenas vítima de incurável egocentrismo. Incompreensões, por falta de entendimento e também por má-fé. Enfim, v. é cabeça firme e não se deixa abater por miudezas. Demais, deve ser desgastante integrar um ministério tão medíocre como o do atual presidente — este, o presidente, o medíocre-mor, um pachecão, um acaciano enfunado, tolo, despreparado, destituído do mínimo de crítica. Vexame aqui e nos Estados Unidos, na China e até na Bolívia. Um provinciano para o qual ser vereador do menor município do Maranhão já era demais e chega, por acaso, à chefia do Estado. Além de medíocre — desculpe-me se falo assim —, incorreto, pouco sério (não foi por acaso que apoiou Maluf e serviu, como lacaio, aos militares de 64 ao fim de 84). São águas passadas. V. vai começar outra vida. Não sei se no Brasil ou fora. Espero sua volta aos livros

(v. aliás não se afastou de todo): quem sabe um livro sobre o Brasil, não nas linhas severas de *Formação*, mas como um quadro captado ao vivo e em todos os aspectos? Seria ótimo.

Acho que v. foi muito vítima de pequeninas perfídias da imprensa, notadamente do *Jornal do Brasil*. Só essas eram possíveis, uma vez que v. não era (nunca foi) tolo, ingênuo, incompetente ou pouco correto, como são possivelmente todos os seus companheiros nesse governo inimaginável por qualquer ficcionista. Mais uma vez confirma-se o dito de Oscar Wilde: a realidade tem mais imaginação ou fantasia que a arte.

É difícil para os políticos nativos, para a maior parte dos jornalistas ou dos membros de todos os Conselhos da República aceitar um ministro que não faz média, não dá tapinhas nas costas dizendo muito bem, v. está certo; não procura agradar para ter o elogio fácil, não tem fisiologismo ou cartorialismo. Também nesse particular, v. é uma figura única no país. Daí a estranheza que causou...

Não sei quais seus propósitos agora. Acho, mais que nunca, que o Brasil é inviável. Já achava há muito; agora, depois do descalabro de vinte anos militares e dessa malfadada e indigente Nova República — legítima continuadora — só pode ser pior. Uma vez, há alguns anos, falei com v. que o Brasil era inviável: v. contestou, dizendo que inviável era a Argentina ou o México (não estou certo). Pode ser que o país encontre ainda o seu caminho, mas será no século XXI — afinal, o século tem cem anos (até o Sarney sabe). Lá para 2050, quem sabe? Quanto a nós, vamos morrer sob o clima da mediocridade, da mais apagada e vil tristeza, já cantada pelo poeta.

Desculpe-me pelo desabafo. Tudo de bom para vv., Rosa e Celso. Felicidades. O abraço do

Francisco Iglesias

RIO, 8 DE NOVEMBRO DE 1988

Prezado Francisco Iglesias,

Sua carta de 9 de agosto, que agradeço pelas palavras generosas, ficou em minha mesa no meio de um mundo de correspondência que se foi acumulando enquanto eu perambulava em Moscou e depois em Paris. De volta, serviu de ducha fria, no que continha de desabafo, para trazer-me de volta à realidade. A experiência do ministério, como você percebeu, foi interessante para mim. As incompreensões não passaram da cota crítica para quem havia guerreado contra os industriais das secas. Descobri aspectos do Brasil que antes me escapavam. Como economista eu tinha deste país a visão de algo mais integrado, mais articulado, mais acabado. Somente agora percebo que o nosso é um país ainda na nebulosa, de perfil futuro difícil de captar. O que hoje me parece claro é que o "nosso" Brasil, cujas raízes já estavam constituídas no século XVIII, está soçobrando. Um outro país de estruturas formadas a partir do século passado está saindo do ovo e tende a aplastar o que resta da velha matriz. Minha impressão é que o país emergente tende a configurar-se como nova versão (piorada pelas taras do subdesenvolvimento) dos Estados Unidos, onde o cosmopolitismo convive com o tribalismo e a consciência de *res publica* quase não existe.

Sarney parece tão esdrúxulo exatamente porque saiu da quintessência do Brasil fóssil (patrimonialismo, nepotismo, bom-mocismo, retórica) tendo sido catapultado na crista desse novo universo de animais carniceiros. O anacronismo do papel que ele imagina desempenhar fez-se claro para mim na viagem oficial a Portugal. Para gáudio dos portugueses ele fez por lá uma série de discursos plenos de referências a um Brasil imaginário, espécie de grande Maranhão. Vivemos uma transição para uma época do vale-tudo, em que o papai-governo da tradição portuguesa desaparece. Com seu bom-mocismo Sarney está contribuindo para acelerar essa transição. Os interesses econômicos organizados (inclusive o crime organizado) vão pesar cada vez mais. Aos pequenos restará abrigar-se no poder corporativo. Algo similar ocorreu nos Estados Unidos quando o establishment da Nova Inglaterra foi sendo substituído pelas gangs do Meio-Oeste e da costa leste.

De imediato vou trabalhar sobre minha experiência nordestina. Concordo com você que nossa geração nada deve esperar de bom, particularmente os sobreviventes do Brasil arcaico, como nós. Basta ler as últimas linhas de *Formação econômica do Brasil* para ver que há muito penso assim. Contudo, a segurança recuperada dos que mandam afasta a hipótese de novo gorilato. O que já é alguma coisa.

Agora estamos instalados no Rio de forma regular e contamos com uma visita sua para breve. Em Paris tive boas conversas com o José Vargas. Um abraço amigo do

[Celso]

BELO HORIZONTE, 11 DE MARÇO DE 1990

Rosa e Celso:

Passei uma semana no Rio. Telefonei para a Conrado Niemeyer, ninguém atendia. No primeiro momento pensei em alguma viagem. Para desfazer a dúvida, resolvi telefonar para o Jorge, irmão de Celso. Falei com d. Dilma e ela me falou que o Celso estava hospitalizado. Felizmente, a crise já estava vencida. [...]

Segue junto um artigo que fiz sobre os trinta anos de *Formação*. Otavio Velho, diretor de *Ciência Hoje*, pedira-me o artigo, sem falar de tamanho, se era simples resenha. Eu então escrevi um artigo longo. De lá recebi telefonema pedindo que fosse bem reduzido. Reduzi à metade. Mesmo essa parte foi alterada, com a liberdade que jornais e revistas tomam com os autores menores (às vezes até com maiores: Nelson Rodrigues gostava de dizer que a copidescagem no Brasil não poupava ninguém — seria capaz de reescrever a *Madame Bovary*...). O que me irritou foi a primeira frase, na qual eu saio um bocó, pondo os trinta anos de *Formação* no mesmo nível de importância do bicentenário da Revolução Francesa e da Inconfidência Mineira ou do centenário da República. Detestei a publicação. [...]

Estamos em semana de grandes mudanças. Às vezes penso que nada de importante vai acontecer. Sou cético a respeito do novo presidente, que me parece pouco mais que apenas arrogante, com traços de autoritário, um modelo ideal para um chefe de corte fascista. Como os tempos não comportam mais o gênero, não sei o que vai dar. Das muitas promessas feitas, uma das poucas a serem cumpridas será a extinção do Ministério da Cultura. O SNI e os ministérios militares, que ele anunciou eliminar ou reduzir, vão continuar, com certeza.

Até outro dia, caros amigos Rosa e Celso. Quando for ao Rio, telefono. Caso não haja inconveniente, irei visitá-los, para a necessária conversa. Quero saber como é visto aí na Conrado Niemeyer o novo Brasil...

Tudo de bom, Rosa e Celso.

O abraço fraterno do

Francisco Iglesias

12. Francisco Weffort

Francisco Weffort foi um dos oito convidados por Celso Furtado para participar do número da revista *Les Temps modernes* dedicado ao Brasil em outubro de 1967. Quase toda a correspondência entre eles data dessa época. Três anos antes, tinham convivido em Santiago, quando Celso, hospedado na casa que Weffort dividia com Fernando Henrique Cardoso, dirigiu um seminário de releitura crítica de textos clássicos da Cepal. Ali, pela primeira vez um grupo de economistas e sociólogos se reuniam para debater a problemática do desenvolvimento e do subdesenvolvimento a partir de teorias elaboradas na própria América Latina. Nos anos 1980, Weffort integrava a cúpula do recém-criado Partido dos Trabalhadores e, numa viagem a Paris, apresentou a Celso o então líder sindical Luiz Inácio Lula da Silva. Foi a primeira das poucas, mas longas, conversas que ele teria com o futuro presidente da República.

PARIS, 2 DE JANEIRO DE 1967

Prezado Francisco,

Votos de felicidade em 1967, é o que lhe desejo num cordial abraço.
O objetivo desta carta é convidá-lo para participar de uma tarefa que

considero válida: preparar um número da revista *Les Temps modernes* dedicado ao Brasil. [...]

Desejo que você contribua com as reflexões e as pesquisas que já estão incorporadas em suas publicações. No fundo, trata-se de apresentar o Brasil como nossa geração o vê. Imaginei que você poderia nos escrever um artigo sobre o populismo como sistema de manipulação do poder no Brasil. O título poderá ser esse ou outro mais preciso que você escolha. O assunto você o conhece: uma síntese das formas de manipulação do poder a partir de 1930. Não se trata de artigo de vulgarização, e sim de artigo escrito por um cientista político dirigido a leitores de nível universitário. [...]

Na expectativa de uma palavra sua, mando-lhe um cordial abraço,

[Celso]

SANTIAGO, 6 DE JANEIRO DE 1967

Prezado dr. Celso,

Foi com a maior satisfação que recebi sua carta. Apenas recebida me apresso em dar-lhe notícia de meu interesse em colaborar. [...]

Seu livro *Subdesarrollo y estancamiento en América Latina* apareceu em nosso grupo e está sendo utilizado. Sei de dois companheiros, um guatemalteco e um mexicano, que estão buscando nele sugestões para os estudos que fazem sobre seus respectivos países. Eu estou interessado em suas hipóteses sobre a divisão do poder tradicional e em sua análise sobre as condições de formação de capital.

As notícias daqui não são muitas. Fernando [Henrique Cardoso] terminou a redação de suas hipóteses sobre o desenvolvimento social na América Latina. Eu estou trabalhando sobre a história do Brasil, pós-30, e sobre dados estatísticos que permitem descrever melhor as formas do comportamento social e político popular. [...]

Termino por aqui agradecendo-lhe a oportunidade desta colaboração neste número sobre o Brasil e desejando-lhe um feliz ano novo.

Um abraço do

Francisco

SANTIAGO, 13 DE ABRIL DE 1967

Dr. Celso,

Estou chegando do Brasil. As impressões são muitas e algumas delas contraditórias. No conjunto, porém, deveria dizer-lhe que esta é a primeira vez que, depois de uma viagem ao Brasil (foi a terceira), volto com a impressão de que há algo a fazer por lá. [...] Segundo me parece, a "normalidade" atualmente existente é aquela normalidade típica dos tempos de guerra. As leis fundamentais do regime — as leis escritas e as leis implícitas — têm raiz na capacidade de arbítrio típica de um regime de força e dão ampla margem de expressão ao exercício *legal* do arbítrio. Basta examinar a nova Constituição, a Lei de Segurança e a Lei de Imprensa para percebermos que estamos diante de um esquema de poder essencialmente apoiado na capacidade da violência, relativamente despreocupado de qualquer forma de legitimidade política. Não está excluída a possibilidade de mudanças que ampliem (ou restrinjam ainda mais) os marcos de participação política. Aí estão o MDB e a Frente Ampla a pressionar por alguma ampliação. De todos modos, me parece que nenhuma ampliação irá até o ponto de alterar o famoso espírito de "31 de março". [...]

A posse de Costa e Silva chegou a provocar algumas esperanças em alguns setores. Intensificou-se o debate sobre a Lei de Imprensa, sobre a Lei de Segurança; cresceram as esperanças de uma redefinição da política econômica no sentido do desenvolvimento; apareceram inclusive alguns nacionalistas (conservadores, evidentemente) no governo: Passarinho, Andreazza, Albuquerque Lima; Magalhães Pinto (a melhor figura do ministério!) começou a política externa de "alinhamento do Brasil consigo próprio"; Passarinho eliminou o atestado de ideologia nos sindicatos e começou a falar em democratização da vida sindical; Gama e Silva chegou a falar em revisar a legislação de Castelo etc. etc. Toda essa "onda de esperança" durou pouco mais de duas semanas e já começou a esvaziar-se. Gama e Silva já declarou que pensou apenas em ordenar a "legislação revolucionária"; o comandante da Vila Militar já advertiu Passarinho sobre possíveis excessos; a respeito da anistia e da revisão das cassações, Costa e Silva declarou que "os culpados serão punidos" e os que não têm culpa podem voltar. [...]

Se há alguma diferença entre os dois [presidentes], ela estaria, a meu ver, em que parece haver terminado com Castelo a "etapa heroica" de estabelecimento das novas regras do jogo. E também terminam, naturalmente, os "excessos" típicos dessa etapa. O país entra então em um tempo de "normalidade", já definidas suas leis básicas e suas orientações fundamentais: hipercentralização do poder executivo (que é também legislativo), exclusão de qualquer participação popular autônoma e rígida limitação dos canais tradicionais de expressão popular (voto direto, sindicatos etc.), política econômica talvez um pouco mais branda que a de Campos mas dentro do mesmo espírito etc. No plano político, há duas novidades: a política externa (que de resto não chega a ter a agressividade da Operação Pan-Americana de JK) e uma preocupação, típica do nacionalismo militar, de promover a ocupação do território nacional. [...]

As regras do jogo estão estabelecidas e as pessoas começam a acostumar-se a elas, seja para obedecer ou para acomodar-se, seja para infringi-las. Todos sabem que nos termos das regras vigentes certas coisas não são possíveis sem infração (e sem sanção) e entre estas coisas estão muitos dos temas e valores que tiveram vigência nacional até 1964. Entre os intelectuais com quem estive, esta questão parece-me clara: há quem procure esquecer-se dos seus compromissos teóricos e práticos anteriores e há outros que, num esforço de coerência, buscam redefini-los seja para ajustá-los às expectativas atualmente dominantes (coisa que me parece difícil), seja para encontrar um caminho novo. Nesta minha viagem tive a impressão clara de que nós tivemos uma imagem do Brasil até 1964 e esta imagem entrou em crise com o golpe de Estado. Há quem procure esquecer-se dela, há quem procure racionalizar a imagem oficial, mas há também quem busque um novo projeto para o país sem perder a continuidade com todo o esforço histórico anterior. [...]

Se o senhor necessitar de alguma coisa em Santiago não deixe de escrever.

Um abraço do

Francisco

PARIS, 8 DE JUNHO DE 1967

Prezado Francisco,

Agradeço muito sua carta de 13 de abril informando-me sobre o curso dos acontecimentos no Brasil, em particular da evolução pós-castelista dos meios intelectuais. Até certo ponto admira-me que a acomodação, no plano intelectual, não seja ainda maior do que tem sido. Não devemos esquecer que o papel dos intelectuais em nosso país foi sempre secundário e caudatário. O imobilismo social secular, de um lado, e a pobreza de nossa vida universitária, de outro, fizeram com que os intelectuais entre nós tivessem como principal papel explicar, "entender", racionalizar o pouco que ia ocorrendo no país, usando para isso quadros conceituais importados sempre com atraso de um quarto de século. O melhor que pode ocorrer na fase presente é que se intensifiquem os estudos de base empírica sobre distintos aspectos da realidade nacional. A distribuição da renda, a estrutura do poder econômico, as formas da economia rural, a participação dos grupos estrangeiros, em todos esses campos necessitamos ver com mais clareza. Em todo caso, parece haver pouca dúvida de que os dados fundamentais do problema brasileiro continuam inalteráveis: insuficiência do crescimento, desequilíbrio crescente urbano-rural, asfixia da economia agrária pela rigidez estrutural etc. O "reformismo" de Campos correspondia à mesma concepção que tiveram os franceses que pensaram em resolver o problema da Argélia com o Plano Constantine.* Enfim, aperfeiçoar os fornos crematórios também era uma forma de avançar no plano da racionalidade. Agora a coisa voltou ao velho estilo crioulo: pretende-se solucionar os problemas do país com a "operação desemperramento". Contudo, pareceria que ainda existe muita margem de acomodação. [...]

Se não surgem obstáculos, estarei por aí em agosto, para uma série de conferências no instituto do Véliz. Um abraço do

[Celso]

PARIS, 9 DE ABRIL DE 1981

Prezado Weffort,

Li os dois trabalhos que você me deixou: "O PT e a economia", e a "Necessidade de uma política energética para o Partido dos Trabalhadores". Ambos estão escritos num tom elevado, com grande clareza e são muito convincentes. A linguagem é feliz porque não trai nenhum laivo intelectualista nem a prioris dogmáticos.

O trabalho sobre a energia está muito bem concebido como diagnóstico e exposição didática do problema. Pode-se discordar de um ponto ou outro. Por exemplo: não considero que seja erro vitimar a classe média com a elevação do preço da gasolina. O maior problema que temos a enfrentar no futuro é certamente o de trazer a classe média para a reali-

---

* O Plano de Desenvolvimento Econômico e Social da Argélia, lançado pelo governo francês em 1958, na cidade de Constantine, foi abandonado em 1961, e no ano seguinte a Argélia proclamou sua independência.

dade da pobreza do país. Sei que isso é politicamente difícil ou custoso, dado o peso da classe média na manipulação dos meios que formam a opinião pública. O único aspecto positivo da inflação atual é que ela está contribuindo para modificar o perfil da demanda contra a classe média. Se fosse possível fazê-lo por outros meios, seria certamente mais racional. Mas é melhor ser irracional nos meios que nos fins. O mais importante, entretanto, é a parte conclusiva e programática, que está apenas esboçada. Eu assinalaria dois pontos a serem aprofundados nessa parte. O primeiro é o da tecnologia: do uso doméstico da lenha, para aumentar a eficiência, até a captação da energia solar, tudo está por ser feito. E tudo poderá ser diferente se se amplia o espectro das opções tecnológicas. O segundo seria o das relações entre a produção de alimentos e o consumo de energia. Por esta porta entram as relações entre a estrutura agrária e o consumo de energia, a organização do espaço rural e o consumo de energia, o custo em energia da exportação de produtos agrícolas, as técnicas agrícolas e o consumo de energia, a produção industrial de alimentos e o consumo de energia, e por aí adiante. O importante é que se evite de pensar em energia como uma variável independente, como um problema autônomo, o que é uma forma de ocultar os problemas substantivos. Se se mantém esse enfoque, a solução do "problema energético" engendrará necessariamente maiores injustiças sociais.

No que respeita a "O PT e a economia", um comentário sintético torna-se mais difícil. [...] Fala-se do "falso dilema entre recessão com recrudescimento do autoritarismo e continuidade do crescimento com vitalização democrática". Não creio que esse possa ser o verdadeiro dilema, pois se os que dão prioridade ao crescimento acham que o meio para alcançá-lo é a democracia, as coisas seriam relativamente simples: haveria base objetiva para uma ampla união de interesses dos trabalhadores e do capital. Do outro lado estariam apenas os irracionais que desejam autoritarismo e recessão. O conflito entre os empresários e o Estado Moloch, na forma como está apresentado, leva a crer que ele é de natureza estrutural. Na verdade, a classe empresarial não é homogênea; alguns de seus grupos sob pressão conjuntural se obsessionam com os problemas de curto prazo; outros guardam uma perspectiva temporal mais profunda. O Estado, na forma como atua no Brasil, vai aos empurrões de uns e outros, tentando uma síntese, às vezes pretendendo ficar algo *au-dessus de la mêlée*. [...]

Fiquei afrontado com o julgamento do Lula: misto de estupidez e má--fé, como diria o Eça. Lembranças a ele e um abraço para você do

Celso

13. Helio Jaguaribe

Em 1953, quando Celso Furtado foi presidir no Rio de Janeiro o Grupo Misto Cepal-BNDE, a capital da República vivia o auge da campanha popular "O petróleo é nosso", liderada pelo Partido Comunista. Os debates ideológicos passavam, também, pelas propostas de um projeto nacional, pelo desenvolvimentismo e pela modernização do país. Um dos expoentes dessas discussões era o sociólogo e cientista político Helio Jaguaribe. Ele e outros intelectuais, como Anisio Teixeira, José Lins do Rego, Paulo Rónai, reuniam-se em encontros promovidos pela revista *Cultura*. Pouco depois Jaguaribe fundou um instituto sediado em Itatiaia, cidade a meio caminho do Rio de Janeiro e de São Paulo, como que a indicar a conveniência de unir paulistas e cariocas nos debates sobre o país. Essa iniciativa deu origem ao Instituto Superior de Estudos Brasileiros, o Iseb, que tanta influência exerceu nos anos 1960. Celso e Helio entretiveram uma duradoura e sólida amizade. Alimentada, também, em torno da boa mesa e da boa conversa que marcavam os jantares nas casas de Jaguaribe, à rua Joaquim Nabuco, em Ipanema, depois no Jardim Botânico, ou em Petrópolis. Cinco dias antes de morrer, Celso jantou em companhia de Helio. Semanas depois, o amigo era eleito para a sua vaga na ABL.

CAMBRIDGE, 30 DE OUTUBRO DE 1965

Caro Celso:

Sua carta me deu o maior prazer, matando um pouco a saudade de nossos papos e me dando boas notícias sobre seu estabelecimento em Paris. Tenho realmente muita pena que as circunstâncias nos tenham levado a ficar em países diferentes, reduzindo nossa comunicação ao contato epistolar. Nosso antigo projeto de um estudo conjunto sobre a realidade brasileira e latino-americana, nas condições que se configuraram a partir do fim dos anos 50, parece-me sempre o que há de mais essencial a fazer e lucraria muito, sem dúvida, em podermos trabalhar lado a lado.

Suponho que você tenha recebido meu telegrama de 28 transacto.* Sob o impacto do novo golpe militar — que era uma de nossas previsões, mas que poderia ter sido evitado se Castelo fosse um homem de maior lucidez intelectual e mais energia — pareceu-me que o mais urgente era evitar a consolidação do novo poder. A ditadura militar ainda é muito frágil, como sistema de governo. A provisoriedade de que ela ostensivamente se revestiu decorre, além de natural tática para minimizar oposição, da impossibilidade de se constituir, súbita e prontamente, um fascismo de tipo franquista no Brasil. É indispensável, por isso, contribuir de todas as formas, dentro e fora do país, para que se organize e torne ostensiva uma crescente oposição à ditadura. [...]

Julgo necessário adotar uma posição de denegação de qualquer legitimidade ao novo sistema implantado pelo segundo ato institucional. Todos os órgãos do poder público federal, no Brasil, se tornaram agora ilegítimos, por estarem sob formal e completo controle de uma facção

---

* O telegrama dizia: "Solicitei NewYorkTimes desconhecendo receptividade publicação mensagem brasileiros denunciando novo golpe concitando brasileiros no exterior formação comitês resistência democrática visando auxiliar movimento multipartidário derrubar ditadura Pt Julgo imprescindível semelhante artigo seu Le monde Pt. Abraços Helio".

militar. No caso de pessoas, como você, que tiveram os direitos políticos cassados pelo primeiro golpe e que, em certa medida, se consideravam no dever ou na conveniência de guardar uma atitude de reserva ostensiva, em assuntos de caráter político, julgo que o segundo golpe deve levar a uma posição distinta. Nenhum ato político do governo militar é válido e, mais que nunca, permanecem em pleno vigor os direitos políticos dos cassados. A única restrição que podem admitir é de ordem *de facto*, não *de jure*, dado o policialismo vigorante no Brasil. [...]

Cordial e saudoso abraço do

Helio

STANFORD, 7 DE JANEIRO, 1967

Caro Celso:

Notícias e carta suas são sempre bem-vindas, mesmo quando trazem convocações difíceis de atender. [...]*

Desejaria explorar primeiro com você se lhe parece possível utilizar para esse número um trabalho que tenho preparado sobre a crise estrutural do Brasil. [...] Esse trabalho sintético, a meu ver, estaria perfeitamente ajustado ao seu plano. Toda a questão, entretanto, radica no fato de que já dei meu acordo a Gino Germani para publicá-lo, em tradução espanhola, na revista *Aportes*. [...]

Agora, um comentário sobre a Califórnia. Minha primeira impressão foi pouco favorável. Para quem chega a Palo Alto, o aspecto mais visível da região são os motéis e anúncios do Camino Real, típicos daquela detestável civilização do gás neon a que Los Angeles está tão associada (injustamente, aliás) na imaginação da gente. Aos poucos, você vai encon-

---

* Resposta ao convite feito por CF, em 2 de janeiro de 1967, para participar do número especial de *Les Temps modernes*.

trando as regiões residenciais, em belos e protegidos jardins e descobre meios de circular evitando os lugares mais agressivamente feios. O clima, como todos celebram, é excelente, embora a mim, velho carioca com frustração infantil de não ter neve, esta me parece ser indispensável, uma vez que me encontre em outro país. Quanto a Stanford, não podia estar mais satisfeito. Ótimo nível de alunos, gente aberta, mais *easy going* do que na outra costa, muita conversa estimulante, condições perfeitas de trabalho. Pena e irreparável é a separação de alguns amigos. Será que a gente não consegue se encontrar para um bom papo, nestes meses a seguir? Aguardando notícias,

Cordial abraço do

Helio

PARIS, 14 DE JANEIRO DE 1967

Prezado Helio,

Por sua carta do dia 7 vejo que você vai por aí atravessando a fase mais dura do ano universitário. Hoje inclino-me a pensar que nós, que não somos professores universitários profissionais, tendemos a transformar esse métier em verdadeiro ordálio. Damos uma aula como quem escreve um ensaio, isto é, criando algo "definitivo". No que me respeita, tenho atualmente um curso *magistral* (mirabile dictu!), para usar o jargão local, e três seminários e uma "direção de estudos". Tudo se cumpre entre segunda e quarta. Quando volto para casa na quarta-feira sinto-me como sobrevivente de uma batalha corporal.

O seu artigo "The Brazilian Structural Crisis" eu já o havia lido. Reli-o agora e confirmei minha opinião de que é extraordinariamente lúcido e muito bem logrado como síntese. Não poderíamos publicá-lo tal como está, se vai sair em *Aportes*. Esta revista circula amplamente aqui, pois é editada e publicada em Paris. Inclui ela algum material interessante, mas não tem qualquer prestígio no ambiente cultural em razão das vinculações e da forma como se financia.*

Minha ideia inicial era que você abordasse o problema do nacionalismo brasileiro, componente essencial de nosso quadro ideológico pouco analisado e conhecido em seus aspectos próprios. Seria necessário integrar na análise uma apreciação do novo marco institucional que está sendo criado este mês. Você disporá, certamente, aí do texto da nova Constituição e das leis de Segurança e de Imprensa. A essência do artigo passa a ser a natureza e a viabilidade do regime autoritário que se instala no Brasil, já agora visto em sua roupagem institucional. O interesse de incluir a parte sobre Vargas está em que nela você indica que, tendo sido revelada a inviabilidade do fascismo nessa fase, ele soube buscar um caminho alternativo.

Fico aguardando uma palavra sua.

[Celso]

[STANFORD], 1º DE ABRIL, 1967

Caro Celso:

Há já algum tempo sem notícias suas quero, com esta reativar nosso "papo" epistolar. [...]

Não tenho ainda projetos muito detalhados para o que vou fazer, quando retornar ao Rio, e, sobretudo, para a forma de fazer o que desejo. Basicamente estou procurando coordenar condições para permitir que funcione, em bases mínimas de eficiência, uma instituição que deixei fundada no papel: o Instituto Brasileiro de Estudos do Desenvolvimento. Penso em tentar obter, de parte de grupos representativos da "bur-

* A revista *Aportes*, criada em 1966, assim como *Daedalus*, foi uma das publicações acadêmicas que receberam apoio financeiro da CIA.

guesia nacional", suficiente apoio financeiro para manter esse instituto. Dadas as circunstâncias, considero que essa tentativa, se for encaminhada de forma adequada, será, ela própria, altamente indicativa da medida em que subsista no país uma verdadeira burguesia nacional e da medida em que essa gente esteja disposta a jogar um papel próprio e não, simplesmente, o papel de agentes internos e sócios menores do imperialismo. As formas, tanto teóricas como práticas, de ação para o desenvolvimento nacional do Brasil me parecem depender muito do esclarecimento dessa questão. Não pode haver nacional-capitalismo sem burguesia nacional, nem burguesia nacional sem consciência (mínima) de classe e capacidade de levar a cabo certos projetos práticos requeridos para a implantação e consolidação do modelo. [...]

Vamos marchar para um novo Império Romano, pelo menos na área não sujeita ao controle soviético (e a própria URSS se estará tornando em um novo Império Bizantino?) ou vamos para um mundo basicamente aberto, em que as nações do Terceiro Mundo disponham de condições para se constituírem como formas razoáveis para a organização da vida humana de seus membros? Se há condições, em geral, para o Terceiro Mundo, a América Latina dele fará ou irá fazer parte ou ficará como região rural-provinciana de uma área sob controle dos EEUU? Esse tipo de questões, e a própria possibilidade de se lhe darem respostas dotadas de sentido, me parecem devem ser o objeto de uma séria investigação. Acrescente-se que todas as grandes formulações teóricas, além de serem instrumentos de compreensão dos processos histórico-sociais são condicionantes dos mesmos. O esforço encaminhado para enfrentar tais questões e contribuir para implementar resultados exige, entretanto, certos requisitos de coordenação e organização que constituem essa necessidade de ordem prática a que acima me referia. Lênin, confrontado, para os seus problemas e nas suas circunstâncias, com semelhante questão, deu-lhe a conhecida resposta, de que o *Que fazer?* foi a teorização e a revolução, o resultado prático. Qual a nossa resposta?

Estas, e outras ideias de que você terá sem dúvida a iniciativa, são algo sobre o que desejaria ter uma troca de vistas com você, antes de meu regresso em junho próximo. Com meu cordial abraço,

Helio

PARIS, 14 DE MAIO DE 1967

Prezado Helio,

Sua carta de 1º de abril apanhou-me nessa fase de tumulto de fim de ano letivo.

O número brasileiro de *Les Temps modernes* deverá circular em junho. A tarefa resultou mais dura do que imaginara. O conjunto dos artigos será muito sugestivo. Creio mesmo que será uma contribuição importante para a bibliografia em língua francesa sobre o Brasil atual. Existe uma grande convergência nas distintas análises, sem que isso resulte de similitude de métodos ou de hipóteses de trabalho. O seu artigo, o do Fernando Henrique e o do Weffort formam um todo, havendo, entretanto, bastante polêmica implícita entre eles. O artigo de Carpeaux sobre a literatura brasileira e o do Bernardet (um crítico de São Paulo) sobre o Cinema Novo são notáveis.

Acho que você está certo em desejar voltar para o Brasil. Uma vez institucionalizada a nova situação e aceita por quase todo o mundo a nova "legitimidade", cabe reconhecer que a permanência fora do país perde significação como um *protesto*. Cada um terá que decidir por conta própria o que fazer, em função do projeto pessoal. Aqueles que se podem abrigar no novo marco legal, terão muito o que fazer atuando de dentro do país. Creio que no plano intelectual esse trabalho pode ser levado bastante longe, pois é grande a receptividade da nova geração. O rastaquerismo de muitos colegas de nossa geração, que estão por lá tudo explicando, tudo compreendendo, e o escapismo de outros que pretendem transformar os meios das ciências sociais em fins, estão abrindo um hiato cada vez maior entre nós e os mais jovens tomados pela nova onda de romantismo revolucionário. A operação volta, portanto, também é delicada. Quanto a mim, aceitei renovação de meu contrato. Se conseguir resolver as dificuldades de passaporte, passarei o mês de setembro no Chile, com o Claudio. Quanto ao mais, sem novidades no front. Escreva informando até quando poderei alcançá-lo em Stanford.

[Celso]

RIO, 14 DE NOVEMBRO DE 1967

Caro Celso:

Estava cogitando, de meu lado, de reatar nosso papo epistolar, interrompido por nossas viagens, quando tive o prazer de receber sua carta de 31 do transacto. Dias antes, por coincidência, estivera com Callado, que me deu notícias suas e um exemplar do número de *Temps modernes* que você organizou.

Gostei muito da parte de *Temps modernes* que já li: seu artigo e o do Fernando Henrique. Estou completando a leitura do número. Foi muito bom Sartre ter feito agora um número sobre o Brasil, nesta fase em que o governo Costa e Silva atingiu um adiantado grau de contradição entre diversas tendências e parece condenado à parálise. [...]

Parece-me, assim mesmo, que se está caminhando no Brasil para um relativo equilíbrio, dotado de razoável capacidade de perduração, fundado numa ordem político-social que apresenta diversas semelhanças com a do Estado Novo. O controle militar-policial da classe obreira continua tão estrito como no tempo de Castelo Branco. A burguesia industrial parece satisfeita com a "fórmula paulista": pequeno desafogo dos negócios, por via de maiores facilidades financeiras, sem alteração do marco institucional e do statu quo socioeconômico. A classe média, profunda e extensamente alienada (moralismo, civilização cristã etc.) foi devolvida ao dia a dia. O dispositivo militar continua com total controle do processo político e nada disposto a permitir mudanças de maior alcance. Assim, como temos comentado reiteradamente, qualquer tipo de solução do impasse fica transferido para o prazo longo. O único problema, a meu ver, é que a longo prazo a solução não é aberta. Quero dizer, com isto, que nada fazer significa, de fato, uma crescente e dentro em breve irreversível vinculação de nossa sociedade com o imperialismo. Não serão mais possíveis então soluções que não envolvam características catastróficas. E as revoluções, a longo prazo, poderão (embora não necessariamente) se tornar impossíveis. O Império Romano controlou suas províncias com um conjunto de meios, relativamente e à época, que me parece incomparavelmente inferior ao sistema de coerções e prêmios, de imposições e manipulações a serviço da hegemonia americana. [...]

Com um cordial abraço,

Helio

PARIS, 27 DE DEZEMBRO DE 1968

Prezado Helio,

Somente agora nas férias pude ler o seu trabalho, o qual me causou a melhor das impressões.* Você logrou uma síntese admirável e iluminou o tema central simultaneamente de tantos ângulos que a força de convencimento do todo é extraordinária. Lendo o seu trabalho e outros que apareceram recentemente no Brasil (de Fernando Henrique Cardoso, Luciano Martins e outros) chega-se ao convencimento de que existe um pensamento articulado em nosso país sobre o que está passando e as perspectivas do futuro imediato, como talvez nunca tenha havido no

---

* Cf. "Dependência e autonomia da América Latina", de Helio Jaguaribe, apresentado ao Conselho Latino-Americano de Ciências Sociais (Clacso), out. 1968.

passado. A análise e reconstrução globais a que você se refere devem e terão de ser feitas. Contudo, os dados fundamentais já foram na sua maior parte explicitados. Diria mesmo que o que está acontecendo agora (refiro-me à evolução política recente) já é em parte uma consequência da tomada de consciência desses fatos, o que somente foi possível em razão dessa explicitação. Mesmo que ainda não nos seja possível apreciar o que está ocorrendo por lá, a mudança de linguagem é de significação inequívoca. Que os militares hajam sido postos no poder para servir à ideologia das fronteiras ideológicas e da preservação do statu quo social e que quatro anos depois estejam falando uma linguagem tão diversa, deve-se evidentemente ao contato com a própria realidade do poder. Contudo, essa evolução não teria sido tão rápida se a intelligentsia nacional não houvesse feito ela mesma um progresso tão considerável na percepção da realidade do país. Há quatro anos essa gente estava toda mobilizada contra o *comunismo* e piamente convencida de que todos os problemas seriam resolvidos se se criava um clima propício ao *capital estrangeiro*. Essas categorias se transformaram em enteléquias... Há muita incerteza com respeito ao rumo do barco, mas já ninguém tem dúvida de que ele navega em direção muito diversa dos rumos de 64. [...]

Quando aparece por aqui? Os melhores votos de felicidades para a sua senhora, as meninas e você no novo ano da parte de Lucía e do companheiro e amigo

[Celso]

[CAMBRIDGE], 16 DE MAIO DE 1969

Caro Celso:

Como deverá ser de seu conhecimento a ditadura militar, no Brasil, investiu recentemente contra tudo o que restava de estrutura universitária, no Rio e em São Paulo, promovendo a expulsão maciça de professores. Entre os atingidos figuram diversos comuns amigos nossos como Fernando Henrique Cardoso, Octavio Ianni, Leite Lopes etc. Tenho notícias de que os expurgos vão ser levados a outras universidades, em Belo Horizonte, Porto Alegre etc.

A última vaga repressiva se revestiu de características particularmente mesquinhas, visando a atingir pessoalmente as vítimas. Assim, em muitos casos, além da aposentadoria compulsória, foram impostas penalidades de tipo medieval, como proibir de ensinar, pesquisar ou escrever, em qualquer instituição do Brasil. Essa escandalosa violência contra universitários que não estavam em militância política provocou grande indignação nos meios acadêmicos americanos. Entre outras medidas, ajustou-se expedir um telegrama de protesto a Costa e Silva cujo texto está circulando pelas universidades para coleta de assinaturas. Já há mais de cem. O telegrama deverá ser expedido no fim do mês e notícias sobre o mesmo serão publicadas pelos jornais.

Sou, evidentemente, como todos os que assinarão esse telegrama, cético quanto à possibilidade de fazer as coisas voltarem atrás apenas através desse tipo de protesto. Mas pior seria a inexistência de qualquer protesto, que daria aos militares ainda maior amplitude de arbítrio. Sugiro assim, a você, que consulte seus colegas em França sobre a possibilidade de um movimento semelhante, de parte dos professores franceses. A ideia é a de que o telegrama não seja assinado por brasileiros, para evitar represálias policiais. Transcrevo, abaixo, o texto que está recebendo assinaturas de apoio aqui nos Estados Unidos.

> The undersigned, in our names and expressing the feelings of the broadest sector of American universities, including particularly those dedicated to Latin American studies and the sincere friends of Brazil, are profoundly concerned with the massive expulsion of Brazilian professors and researchers from their universities, including many men of international distinction, such as physichists Leite Lopes, Mario Schenberg and Jaime Tiomno and social scientists Florestan Fernandes, Caio Prado Jr. and Fernando Henrique Cardoso. In defense of academic freedom, democratic procedures and

the integrity of the sciences and humanities, we indignantly protest the totalitarian measures taken by your government, the abuse of respectable scholars and the irresponsible destruction of Brazil's most valuable asset, its human and intellectual resources.*

Apesar desse quadro deprimente, ou talvez, melhor, por causa dele, estou pensando em regressar ao Brasil em princípios de julho. Impele-me a convicção de que algo de irremediável se está armando em nosso país e de que seria preciso tentar, ainda que com insignificante probabilidade de êxito, um esforço de persuasão dos militares no sentido de preservarem, pelo menos, as bases nacionais do país.

Com lembranças a Maria Lucia, um cordial abraço do

Helio

PARIS, 3.2.71

Prezado Helio,

Estou sem notícias suas há algum tempo. Mando esta carta para o Rio, pois tenho a impressão de que você me disse que não iria lecionar nos Estados Unidos este ano. Da última vez que você andou por aqui ficou-me

---

* Os abaixo-assinados, em nossos nomes e expressando os sentimentos do mais amplo setor das universidades americanas, incluindo particularmente os dedicados aos estudos latino-americanos e os amigos sinceros do Brasil, estão profundamente preocupados com a expulsão maciça de professores e pesquisadores brasileiros de suas universidades, incluindo muitos homens de distinção internacional, como os físicos Leite Lopes, Mario Schenberg e Jaime Tiomno e os cientistas sociais Florestan Fernandes, Caio Prado Jr. e Fernando Henrique Cardoso. Em defesa da liberdade acadêmica, dos procedimentos democráticos e da integridade das ciências e humanidades, protestamos com indignação contra as medidas totalitárias tomadas pelo seu governo, a violência contra intelectuais respeitáveis e a destruição irresponsável do patrimônio mais valioso do Brasil, seus recursos humanos e intelectuais.

a impressão de que você ia abandonar um pouco a atividade intelectual, ou melhor, ia reduzir o tempo que dedica à pesquisa e ao trabalho criador intelectual, e isso deixou-me algo preocupado. [...]

Não posso nem imaginar que perspectiva se tem daí para ver o mundo. Mas para um observador que está deste lado a impressão de que houve uma aceleração do tempo histórico é nítida. O menos que posso dizer é que boa parte do equipamento que me habituara a utilizar para entender o mundo em torno de mim, me parece hoje obsoleto. A verdade é que toda nossa concepção da história está profundamente ligada à dinâmica das sociedades em processo de industrialização. Ora, parece cada vez mais evidente que em certas regiões do mundo tocamos os limites da revolução industrial. Assim, os problemas do mundo pós-industrial começam a impor-se quando em 80% do planeta o processo de acumulação industrial está apenas começando. Somente hoje percebo a importância de dispor de algumas hipóteses explicativas do sentido da história. E também compreendo a angústia dos existencialistas que conheci há vinte anos incapazes de perceber um sentido na história, vendo o mundo como simples absurdo. Não quero dizer que tenha chegado lá mas já compreendo a posição dos outros. A verdade é que somente agora liquidamos com o século XIX. [...]

Lembre-me aos seus e aceite um fraternal abraço do

[Celso]

PARIS, 25.4.71

Prezado Helio,

A sugestão que você faz na carta de 12 de março para que nos mantenhamos em contato responde exatamente ao propósito que me havia movido quando escrevi a carta anterior. O grupo de pessoas de nossa geração que continua a interessar-se pelo processo histórico brasileiro é extremamente reduzido, quiçá não chegue a uma dúzia. Ora, a quase inexistência de comunicação entre essas pessoas reduz ainda mais a significação da contribuição de cada um. Estamos isolados no espaço, não temos uma revista, não nos escrevemos sequer. Confesso a você que passo meses sem ler uma página escrita por um brasileiro e que três quartos do que leio sobre o Brasil (refiro-me a trabalho de tipo universitário) é escrito por não brasileiro. A minha maneira de adaptar-me a essa situação tem sido dedicar-me cada vez mais, ainda que de modo meio desordenado, a problemas de teoria. Isso deixa um certo sabor de esterilidade e frustração. A verdade é que a partir de certa idade a teoria pura já não é uma dieta satisfatória.

Vou enviar a você um estudo que escrevi sobre teoria econômica e dependência externa. É um ensaio que escrevi a partir das reflexões que fizemos em comum no seminário de Vernant.* Estou hoje convencido de que necessitamos de um novo esforço para compreender o capitalismo como uma revolução no modo de produção em escala planetária; daí sairá uma teoria das relações assimétricas internacionais, ou seja, da dominação-dependência; e daí uma teoria do subdesenvolvimento. Até hoje temos feito o inverso: identificamos certas características do subdesenvolvimento e do detalhe partimos para uma totalização impossível.

Acabo de voltar da Itália onde passei uns dez dias flanando pela Toscana. Foi essa a primeira terra não brasileira que conheci, e conheci bastante bem, ainda que em circunstâncias especiais. Cada vez que volto a Florença tenho a sensação de que reencontro alguma coisa que me pertence. Isso é verdade mesmo que pareça pedante. Vi muitas terras depois, mas nenhuma me terá deixado uma impressão mais permanente que essas ruas de Florença restituídas à sua forma original pelo black-out onde tantas vezes divaguei e onde pela primeira vez tive a ilusão de que tudo de belo que havia criado o homem nos pertence a todos. Você

---

* Jacques Vernant (1912-85), filósofo e sociólogo, fundou e dirigia o Centre d'Études de Politique Étrangère.

dirá que nesses reencontros nos encontramos a nós mesmos. Pois nada me é mais grato que reencontrar-me em Florença.

Recomende-me a Maria Lucia e aceite um grande abraço do seu amigo

[Celso]

RIO DE JANEIRO, 14 DE JUNHO DE 1971

Caro Celso:

Retardei-me um pouco em lhe escrever, depois de sua carta de abril passado, com a ideia de lhe encaminhar, junto a esta, uma cópia da Introdução de meu livro. Estou, naturalmente, muito interessado em receber sua reação a esse texto. [...]

Entrementes, segue nosso país uma linha de desenvolvimento restrito aos estratos urbanos mais altos com grande êxito conjuntural. A burguesia e a alta classe média aceitam, de bom grado, o implícito pacto de poder vigente; os militares controlam o governo e a administração e os empresários fazem bons negócios. Continua a repressão, mas muito seletiva, contra os insubmissos da ação ou do pensamento. Aqueles foram praticamente liquidados, com o desmantelamento de quase todos os núcleos de guerrilha urbana. E os intelectuais estão sendo, agora, objeto de nova investida, através do processo do Iseb. Foi apresentada agora uma denúncia formal, pelo promotor da 2ª Auditoria da Aeronáutica, em que, além dos ex-presidentes Quadros e Goulart e de políticos como Brizola e Arraes, estão incluídos Darcy Ribeiro e eu, entre muitos outros acusados. A denúncia é por crimes de subversão, inclusive tentativa de mudar a ordem política brasileira com a ajuda de potência estrangeira (aparentemente teria sido Cuba).

Não sei, ainda, o que significa esse processo. Até o momento, o próprio auditor ainda não se pronunciou sobre a denúncia. É difícil saber se a iniciativa partiu (como a mim me parece mais provável) de grupos ativistas de extrema direita, interessados em manter constantemente em marcha o aparelho repressivo e, ademais, animados de ódio ideológico contra certas personalidades, como parece ser meu caso, ou se por trás dessa jogada há um interesse de escalões mais altos de purgar o que permaneceu da intelligentsia nacionalista.

Minha inclusão nesse processo, que é todo ele, evidentemente, um amontoado de asneiras e loucuras, apresenta características de uma farsa bufa. A tese central do promotor é a de que o Iseb, criado para ser um órgão sério de estudos, como o foi durante sua primeira fase, veio, subsequentemente, a ser convertido numa agência de promoção subversiva. A divisão entre as duas fases é dada pela minha saída do Iseb, depois da famosa controvérsia em torno de meu livro *O nacionalismo na atualidade brasileira*. Isto não obstante, eu sou denunciado como o engenhoso articulador intelectual de toda a trama subversiva e responsabilizado por atos que ocorreram vários anos depois de eu não estar mais no Iseb, de que me demiti em princípios de 1959. [...]

Com lembranças a Lucía, receba meu velho abraço de sempre,

Helio

14. José Leite Lopes

Em 1969, o físico José Leite Lopes era professor titular do Centro Brasileiro de Pesquisas Físicas, que fundara no Rio de Janeiro vinte anos antes, quando o atingiu inesperadamente a punição decretada pelo Ato Institucional nº 5. Assim como vários professores em todo o Brasil, ele foi aposentado compulsoriamente da universidade e afastado do CBPF. Viu-se obrigado a sair do país. Foi, inicialmente, para os Estados Unidos, a convite da Universidade Carnegie Mellon, e em seguida instalou-se em Estrasburgo, onde foi professor na Universidade Louis Pasteur, e diretor do Centro de Pesquisas Nucleares. No exílio, Leite Lopes teve marcada atuação política, tendo articulado, junto a cientistas de renome, diversas iniciativas de protesto contra o regime militar brasileiro. Nas horas vagas, dedicava-se à pintura a óleo de desenhos abstratos, cujas fotos enviava aos amigos em cartões de Natal.

[RIO DE JANEIRO], 19 DE JUNHO, 1967

Caro Celso,

Logo à chegada tem-se, como v. sabe, o impacto do ambiente físico (sobretudo quando fazia aquele calorzinho de março e de quase todo abril e grande parte de maio), o barulho, o número enorme de pessoas na rua, sobretudo de jovens, dando a impressão de que não estão trabalhando nem estudando, as aglomerações em torno dos cafés, o hábito de se conversar sobre assuntos importantes e de se quererem decisões, num encontro inesperado de corredor, entre uma sala e outra; e, sobretudo, o fato de se falar muito e se dizer pouco. A gente, entretanto, supera a impressão dizendo que nós é que mudamos, ficamos sofisticados, pois a gente é a nossa, é a nossa imagem, a terra é nossa e dela nascemos; o que fizemos foi, longe da terra, construir um modelo, rebocando os defeitos, tapando-os, esquecendo-os, e dando uma mão de tinta com os coloridos da cidade civilizada em que a gente está; desta sorte não há saudade que resista a um tal modelo.

A coisa, entretanto, se torna penosa quando se passa ao campo das coisas sérias, no caso, o trabalho científico, a universidade, e as condições de trabalho. No Rio, pelo menos, houve uma deterioração dessas condições para o trabalho científico; e muita gente, no campo científico, os que sobraram aqui, sobretudo os jovens, foram ou estão indo para São Paulo. [...]

Fiquei preocupado com o fato de meu filho Sergio não se ter saído bem nas provas aí; pensei que a culpa foi minha por haver deixado Paris em época tão próxima dessas provas, alterando o regime de vida e o equilíbrio em que estava habituado. Mas creio que ele deve superar essa prova e aprender, desde cedo, a ver que as coisas nem sempre se passam como a gente quer ou planeja. [...]

Um grande abraço para você, Lucía e André, de todos nós, extensivo a Mario na Inglaterra,

Leite

PARIS, 19 DE AGOSTO DE 1967

Prezado Leite,

Estive rapidamente com Sergio depois dos exames. Ele é um temperamento muito sensível. Tratei de minimizar a significação do revés. Em uma universidade como esta, em que tudo se faz em massa, as reprovações são mais ou menos arbitrárias. As provas são corrigidas por assistente, que reprovam um em dois ou dois em três candidatos, sem prestar muita atenção. [...]

O número de *Les Temps modernes* que preparamos deverá circular em outubro. Decidi adiar a circulação para evitar a sombra criada na cabeça de todo mundo aqui pelos acontecimentos palestinianos. Só se falava nesse assunto, durante algum tempo, e nós cairíamos no vazio se saíssemos com algo sobre algum país obscuro do fundo do quintal da grande democracia.

Um grande abraço para você, do

[Celso]

[PITTSBURGH], NOVEMBRO 27, 1969

Caros Lucía e Celso,

Aqui estamos há cerca de dois meses, quando, após recebermos um demorado passaporte — os punidos pelo AI-5 dependem de autorização do ministro da Justiça para terem o visto de saída — resolvi aceitar o convite daqui para *visiting professor*. E aqui ficaremos neste ano acadêmico mas pretendemos ir para a França a partir do próximo ano.

O Ato Complementar nº 77* impede os professores aposentados de

---

* Provável lapso do autor. O Ato Complementar nº 75, de 20 de outubro de 1969, é que dispunha sobre a proibição de lecionar em estabelecimentos de ensino do governo ou exercerem quaisquer atividades em institutos de ensino e pesquisa. Em consequência, há poucas semanas, o Centro Brasileiro de Pesquisas Físicas — com os seus coronéis e almirantes e oportunistas pseudofísicos, discípulos de Pétain, Darlan, Laval e Cia. — dispensaram ao Tiomno, Elisa Frota-Pessoa e a mim dos cargos que ocupávamos no CBPF desde sua fundação (eu vim com licença por um ano do CBPF).

E assim realiza-se a ambição do Danon — agente duplo — de ter o CBPF em seu poder e aos seus pés. Terá ele ainda acesso, em suas frequentes viagens ao exterior, às casas dos exilados na Europa, EEUU e América Latina que ele fazia questão de frequentar, graças a passagens e estadias pagas por obscuras fontes? No dia da publicação do Ato 77 o *JB* publicou entrevista do Danon em que dizia que o apoio do governo ao CBPF estava dando lugar à atração de cientistas estrangeiros para o Brasil, numa verdadeira operação sincronizada para obscurecer as repercussões do Ato. [...]

Um grande abraço nosso para vocês e os rapazes,

Leite

PARIS, 20 DE DEZEMBRO DE 1969

Prezado Leite,

Recebemos a sua carta de 27 de novembro. Depois dos meses de tumulto que você e Maria Laura viveram no Brasil imagino que isso aí tem pelo menos as virtudes de uma estação de repouso. Você vai encontrar isto por aqui bastante mudado. Os famosos *évènements de Mai*, o afastamento de De Gaulle da cena política, o debilitamento do franco e, por outro lado, o desgaste profundo que sofreram os Estados Unidos com a

subvencionados pelo governo os que "incorreram ou venham a incorrer em faltas que resultaram ou venham a resultar em sanções com fundamento em Atos Institucionais".

Guerra do Vietnã e o não menor da União Soviética com os acontecimentos da Tchecoslováquia — enfim, tem-se a impressão de que o mundo é outro, como antes e depois de uma das grandes guerras. Na universidade o número de alunos em aumento e os recursos sofrendo cortes. Aquela euforia que você conheceu em 65-66 vai sendo substituída por uma sensação de que as dificuldades tendem a aumentar. [...]

O que você diz lá do Centro e do Danon é realmente melancólico. O que passa no Brasil é mais grave do que se pensa. Tudo indica que uma espécie de gangrena, do tipo da que deu em Portugal, penetrou no organismo social. É preciso não esquecer que o Brasil é um país em que grande parte da população vive na Idade Média. O nível mental de um oficial do Exército, particularmente dos que vêm da região nordestina e das fronteiras do Sul, é muito mais baixo do que supõem as pessoas que passaram pelas universidades. Ainda hoje eu lia num jornal de lá que o marechal superintendente da Sudene havia suprimido no relatório escrito para comemorar os dez anos da instituição a palavra "povo" pela palavra "nação". Assim, não se pode falar do povo do Nordeste, isso é subversivo...

Feliz Noel e votos para que o novo decênio o mantenha com o mesmo ânimo e a mesma fé no futuro. Um grande abraço,

[Celso]

15. Os liberais

Depois de se formar em direito, Celso Furtado foi estudar economia na Universidade de Paris, onde fez sua tese de doutorado sobre a economia colonial brasileira nos séculos XVI e XVII. De volta ao Rio de Janeiro, em 1948, colaborou com a recém-criada revista *Conjuntura Econômica*, da Fundação Getulio Vargas. Foi aí que travou contato com os medalhões da economia na época. Criava-se, então, a Comissão Econômica para a América Latina, em Santiago do Chile, para onde ele foi em 1949. Nesse momento, o professor Eugenio Gudin chegou a convidá-lo para integrar o Serviço de Pesquisas Econômicas da FGV, mas Celso preferiu dedicar--se ao trabalho teórico junto aos estruturalistas da Cepal, que iriam se afirmar com propostas um tanto distintas das propugnadas pelos liberais. Quando presidiu no Rio de Janeiro o Grupo Misto Cepal-BNDE, de 1953 a 1955, ele e Roberto Campos viam-se com regularidade e coincidiam a respeito da conveniência de se implantar no país um projeto nacional calcado no desenvolvimentismo. O convívio entre eles prolongou-se, tanto por cartas, quando Celso passou um ano sabático em Cambridge, como em longas discussões no Palácio Laranjeiras, quando eram convocados pelo presidente Juscelino Kubitschek para discutir a política econômica do governo. Já então as ideias dos dois economistas se distanciavam, como se percebe nas entrelinhas destas cartas.

EUGENIO GUDIN

RIO, 7 DE AGOSTO DE 1952

Meu caro Furtado:

Bem inspirado andei em pedindo-lhe que refizesse e ampliasse o seu estudo.* Você mandou agora um trabalho muito mais "pensado", a meu ver o melhor que você já fez e que o consagra, definitivamente, como economista-sênior, categoria na qual espero vê-lo integrado na nossa organização de pesquisas e estudos na Fundação Vargas, quando você quiser voltar a trabalhar no Brasil. E isso você só deve ao seu esforço e inteligência. Para mim, já velho e perto da porta de saída da carreira, nada é mais grato do que ver um jovem elemento se afirmar como você o fez.

Isso não quer dizer que eu esteja de acordo com tudo que você diz. Mas isso não impede absolutamente de reconhecer o valor e o plano elevado do excelente trabalho que você mandou.

Saudades ao Prebisch e um abraço do amigo e colega

Eugenio Gudin

RIO, 10.3.59

Meu caro Celso,

Muito obrigado pela oferta de seu livro *Formação da economia brasileira* que já comecei a ler.

Mas este é sobretudo para dar-lhe meus sinceros votos de sucesso na nova missão que lhe foi confiada — você passa do plano intelectual, onde

---

* Cf. "Formação de capital e desenvolvimento econômico", de Celso Furtado. *Revista Brasileira de Economia*, Rio de Janeiro, v. 6, n. 3, 1952.

tem aliás brilhado, para o Executivo e Administrativo. Em vez de lidar com as ideias você vai lidar com os homens e também com a política.

De coração, lhe desejo *Good Luck*.

Um afetuoso abraço,

Gudin

ROBERTO CAMPOS

SANTIAGO, 12 DE JULHO 1952

Muito prezado Roberto Campos:

Por intermédio do Andrade recebi o seu gentil convite para trabalhar no novo Banco de Desenvolvimento Econômico recém-fundado. Antes mesmo de agradecer-lhe o convite, quero felicitá-lo por essa magnífica iniciativa. Estive conversando com [Raúl] Prebisch sobre a forma como está concebido esse Banco, e ele me afirmou que se hoje tivesse a responsabilidade de organizar um Banco Central, daria a este acima de tudo as funções de um Banco de Desenvolvimento. Pessoalmente estou convencido de que nos atuais países subdesenvolvidos o Banco de Desenvolvimento tende a ser o instrumento básico da ação dos governos no campo econômico. A era dos Bancos Centrais ficou no passado. Mais de que a simples disciplina do crédito se necessita hoje de ação direta no setor das inversões. É essa a fórmula precisa para conjugar a política fiscal com a política de desenvolvimento. Tenho comigo que o progresso mais extraordinário realizado no campo da política econômica em nosso país, nos últimos anos, está na forma de financiamento dos novos planos de desenvolvimento. Se se tivesse compreendido há dez anos, entre nós, que a inflação não tem nenhum poder mágico em si mesma, e que os seus frutos bons são perfeitamente alcançáveis por outros meios, estaríamos hoje bem mais longe. Considero que o Banco de Desenvolvimento poderá possibilitar a consolidação dessa nova era de desenvolvimento não inflacionário, e provavelmente de desenvolvimento mais intenso, no Brasil. [...]

Tenho pessoalmente grande empenho em colaborar com vocês. Se não fosse o grande interesse que desperta em mim o trabalho da Cepal, certamente já estaria aí. Tenho, entretanto, esperança de conseguir uma fórmula que possibilite minha colaboração. Sou atualmente chefe da Divisão de Desenvolvimento aqui na Cepal e tenho comigo um grupo magnífico de economistas. Estou seguro de que Prebisch não vacilaria em colocar-me, a mim e possivelmente a alguns outros especialistas de minha Divisão, como funcionários da Cepal à disposição do Banco durante um período razoavelmente longo, digamos um ano. Meu desejo principal, asseguro-lhe é, formar gente nova que tenha fé no que está fazendo. Se pudéssemos estabelecer uma forma de cooperação desse tipo, tornar-se-ia mais fácil coordenar os trabalhos de pesquisa que a Cepal pretende realizar no Brasil.

Recomendações à senhora e um abraço para você, do

Celso Furtado

RIO, 5 DE AGOSTO DE 1952

Meu caro Celso:

Sua carta foi uma lufada de ar fresco neste mormaço de expectativas. Não sei por que cargas-d'água, apesar de datada de 12 de julho, sua carta só me veio ter às mãos agora, no princípio de agosto, após longa e atribulada peregrinação por vários setores do Ministério da Fazenda, inclusive o Dasp. Enfim, as boas notícias compensaram a desvantagem do extravio e do atraso.

Folgo em saber que o Prebisch e você encaram otimisticamente a criação do Banco do Desenvolvimento. Concordo em que, se bem lançado, contribuirá enormemente para pôr termo à era de financiamento inflacionário do desenvolvimento econômico.

Muito mais me alegra ainda o saber que poderemos contar com você e com um grupo de rapazes que o assistem, para auxiliar-nos na tarefa de lançamento do Banco. A rigor, o que nos interessaria seria tê-lo desde já solidamente ancorado no staff permanente do Banco. Se entretanto os seus compromissos com o Prebisch o impedem de cortar definitivamente as amarras com a Cepal, seria perfeitamente aceitável para nós a cessão temporária de seus serviços por um ano ou mais. [...] Gostaríamos de contar consigo sobretudo para a tarefa de coordenação de investimentos e estudos sobre *capital-output ratio*. A tarefa da Comissão Mista* teve que se confinar, por força das circunstâncias, a projetamentos mais ou menos isolados, faltando-nos lazer para um esforço de integração e coordenação da política de investimentos.

Felizmente, o Maciel Filho** deu-me carta branca para seleção do pessoal para o Departamento Econômico. A legislação a que está sujeito o Banco exige, para o preenchimento de cargos efetivos, concurso de provas, ou provas e títulos. Essa exigência, prudente e cabível no que toca a economistas "júnior", é inteiramente insossa no que toca a economistas "sênior"; estes últimos são aves tão raras que o que há a fazer é adulá-los e seduzi-los para o Banco, a peso de ouro, ao invés de examiná--los. Contornaremos a rigidez da lei prevendo apenas a apresentação de títulos e trabalhos feitos, suplementando-a com um exame oral que se limitará a uma agradável tertúlia econômica. [...]

Isto posto, passemos à questão tempo. É importante que você assista o Banco ainda no estágio formativo quando a cepa está jovem e o pepino capaz de ser torcido. [...]

Abracíssimo. Recomende-me ao Prebisch. E disponha do

Roberto Campos

---

* A Comissão Mista Brasil-Estados Unidos foi criada em 1951, como parte do plano norte-americano de assistência técnica à América Latina. Os Estados Unidos investiriam, em especial, em setores de infraestrutura, e em troca o Brasil prosseguiria a exportação de minerais estratégicos.

** José Soares Maciel Filho (1904-75), diretor superintendente do Banco Nacional de Desenvolvimento Econômico (BNDE).

SANTIAGO, 13 AGOSTO 1952

Prezado Roberto Campos:

Sua carta de 5 de agosto, cheia de boas notícias, chegou por aqui ontem. Estive conversando com Prebisch e se não fosse pela reunião que deverá realizar-se ainda este mês na América Central, ele iria por aí agora. Alegro-me muito de saber que está por aí o Rosenstein-Rodan, que conheci no seminário do Banco Internacional, em Washington, e é um dos economistas que mais claro veem nos problemas de desenvolvimento econômico. [...]

Vejamos agora meu caso pessoal. Sua sugestão de dar-me oportunidade de incorporar-me desde o início ao staff do Banco é um gesto muito simpático de sua parte que agradeço e *aceito*. É essa uma forma de ligar-me um pouco mais ao Brasil, pois não obstante tenha sido sempre meu propósito voltar o mais cedo possível para aí, minha carreira relativamente fácil nas Nações Unidas — já sou primeiro oficial — vai me levando a postergar esse retorno.

A ideia de Prebisch é a seguinte: eu irei com um ou dois outros elementos de minha divisão por um ano, pagos pela Cepal. Durante esse tempo, em conjunção com outros elementos daí do Banco, realizaremos uma série de trabalhos com vista à elaboração de planos de desenvolvimento para o Brasil. O plano de trabalho discutiremos aí e terá que ser de real interesse para o Banco. Mas desse trabalho terá que surgir algo que a Cepal possa apresentar como um estudo elaborado conjuntamente com o Banco. A ideia é poder utilizar essa experiência para outros países, onde ainda não é possível ir tão longe como certamente se irá no Brasil, em matéria de realizações concretas. Existe também o propósito, como é natural, de que eu permaneça ligado à Cepal.*

---

* Embora mencione o desejo de voltar ao Brasil, CF permanecerá como funcionário da Cepal até outubro de 1958.

Aceite você mais uma vez meus agradecimentos e esteja seguro de minha sincera cooperação.

Celso Furtado

[SANTIAGO], 19 DE JUNIO DE 1956

Prezado Campos:

Quero chamar sua atenção para a presença do prof. Nicholas Kaldor, neste momento, em Santiago do Chile. Ele foi convidado para dar uma série de conferências na Cepal e discutir problemas fiscais em relação com o desenvolvimento.

Em conversa comigo Kaldor demonstrou interesse em, de regresso à Europa a fins de setembro ou começo de outubro próximo, visitar o Brasil e participar de algum seminário aí. Não sei se você o conhece. A mim me parece que vale a pena aproveitar a oportunidade, se possível dentro do esquema de convites da Fundação Getulio Vargas. Sou de opinião que poucos economistas estarão, hoje em dia, tão avançados no sentido da formulação de uma teoria geral do desenvolvimento e souberam aproveitar tão habilmente as contribuições permanentes dos economistas clássicos, neoclássicos e keynesianos. [...]

Estou escrevendo sobre o mesmo assunto a Bulhões,* pois não estou seguro de que esta carta o encontre no Rio. Um grande abraço do amigo atento,

Celso Furtado

* Otavio Gouveia de Bulhões (1906-90), economista, futuro ministro da Fazenda do governo Castelo Branco, presidente do Instituto Brasileiro de Economia da FGV.

RIO DE JANEIRO, 21 DE FEVEREIRO DE 1958

Meu caro Celso:

Envio-lhe cópia da carta que escrevi ao Prebisch, mais ou menos nas linhas por v. sugeridas, que espero surta efeito.* [...]

Quanto à possibilidade da vinda do Kaldor, constitui ela notícia excelente. Já falei com o Ewaldo e discutirei brevemente o assunto com o Lucas,** mas não acredito haver dificuldade em formalizarmos o convite. Pessoalmente, para mim, seria preferível agosto a julho, pelo simples fato de que fui convidado para um grupo de peritos do GATT em Genebra, junto com o [Gottfried] Haberler e o [Jan] Tinbergen, e lá estarei provavelmente todo o mês de julho.

Gostaria que v. sondasse o Kaldor sobre as condições da viagem. Se não houver outra entidade financiadora (Nações Unidas, por exemplo, ou British Council etc.), o Banco poderia financiar a passagem e providenciar aqui diárias suficientes para a subsistência normal do nosso amigo Nicky, inclusive os prazeres vespertinos a que ele costuma dedicar-se. [...]

Espero que v. aprenda muito em Cambridge e depois me transmita suas lições, pois a atividade executiva me vem emburrecendo com alarmante velocidade.

Um abraço do

Roberto de Oliveira Campos

* Em 21 de fevereiro de 1958, Roberto Campos consulta Raúl Prebisch sobre CF assumir a diretoria do escritório da Cepal no Rio de Janeiro, ao retornar de Cambridge. A administração da Cepal não aceitou, sendo contrária à designação de nativos em postos de direção no próprio país.

** Ewaldo Correia Lima, então diretor do BNDE; Lucas Lopes, então ministro da Fazenda.

RIO, MAIO 23, 1958

Meu caro Celso,

Retardei a escrever-lhe para ter certeza de que já havia voltado do concerto (ou "desconcerto") econômico conduzido às margens do Bósforo. Como lhe havia dito, escrevi a Prebisch sobre sua vinda para o escritório aqui do Rio.* Enviei-lhe subsequentemente vários recados orais, no mesmo sentido. A resposta que recebi proveio do Swenson,** por achar-se Prebisch aparentemente de férias. Como v. poderá ver, pelo anexo, a argumentação em que se funda a Cepal para querer atrair v. para Santiago, ao invés de remetê-lo para estas plagas atribuladas, onde Alkmim e Tosta se empenham numa luta braçal contra as exportações, é substancialmente a seguinte:

1) Tradição contrária à designação de nativos.

2) Êxodo de economistas de Santiago, o que torna necessário reforçar o staff central.

Como acredito no velho brocardo de que "água mole em pedra dura, tanto bate até que fura", continuarei insistindo. Estou certo de que sua presença no Brasil seria utilíssima, não apenas pelos motivos óbvios — competência profissional, fácil adaptação ao ambiente etc. — como por motivos menos óbvios, id est, capacidade de contribuir para a desintoxicação da ala moça de formação cepaliana (Iseb etc.) que vem lamentavelmente misturando sociologia com economia, interpretando o mundo não mais em termos de alocação de recursos mas em termos de categorias ideológicas, e sobretudo possuída de uma frenética hostilidade à exportação e de um fervor passional pela inflação... Cansei-me de pregar o evangelho da produtividade, mas não acredito que tenha feito a menor mossa, até porque resolvi investir de frente contra a nossa moda "Saco",

---

* O escritório da Cepal no Rio de Janeiro foi aberto em 1956, e seu primeiro diretor foi o economista venezuelano José Antonio Mayobre.

** Louis Swenson, subdiretor da Cepal.

o falso nacionalismo, tentando arrombar com o instrumento da razão a cidadela do instinto.

Escrever-lhe-ei sobre qualquer nova reação que tenha ex-parte-prebischiana. Lamento que Kaldor já esteja engajado este ano. Estaria ele livre para despender aqui, com suficiente abastecimento de carne tropical, o verão de 1959? Se for esse o caso, poderia eu agenciar um convite oficial por parte do Banco e do Conselho de Desenvolvimento, ao qual provavelmente se associariam outras entidades. [...]

O nosso momento econômico-financeiro é, como v. sabe, angustioso, empenhados que estamos num decidido combate ao bom senso. As nossas velhas predições sobre o estrangulamento do processo pela inadequada capacidade de importar *are coming back on us with a vengeance...* O que tornaria a sua doutrinação, com a bagagem de respeitabilidade que aqui tem a Cepal, mesmo para os nossos tupiniquins, extremamente oportuna.

Não se esqueça de que, se por uma razão ou outra não puder v. compor-se cepalinamente, há aqui um ou vários lugares no BNDE à sua espera.

Abrace o nosso Kaldoríssimo mancebo, induza-o a se reservar para uma experiência tropicana em 1959, e receba um quebra-costelas do

Roberto Campos

CAMBRIDGE, 9 DE JUNHO DE 1958

Prezado Roberto:

Sua carta de 23 de maio veio confirmar informações que recebi diretamente de Santiago, inclusive de Swenson. Este vai passar por aqui no próximo dia 20 e espero convencê-lo de uma vez por todas de que meu plano de regressar ao Brasil é definitivo. Seduz-me muito pouco a ideia de voltar a trabalhar em contato íntimo com Prebisch. Ele tem demasiadas qualidades excepcionais para que seja possível tolerá-lo por muito tempo. Quando o vi pela última vez em Lima declarei-lhe que o projeto do mercado comum me seduzia muito e que poderia justificar minha permanência nas Nações Unidas por outros dez anos, sempre que me fosse possível fixar residência no Brasil. Agora já mudei de opinião: se Prebisch faz do mercado comum o seu assunto dileto, creio que aí já não há lugar para mim. Meu desejo de permanecer na Cepal reflete dois propósitos: canalizar parte dos recursos dessa organização para o Brasil, e usar o prestígio e a independência que a caracterizam como uma força construtiva nesse mar revolto que nos ameaça tragar a todos. Por outro lado, estou convencido de que há problemas mais prementes para nós que o do mercado comum. Entre eles atribuo alta prioridade ao dos desequilíbrios regionais que tendem a agravar-se na etapa atual de desenvolvimento. Pretendo dedicar meus próximos anos a esse problema, seja nos quadros da Cepal ou fora deles.

Lamento não dispor de um automóvel para levá-lo a passear durante o fim de semana que você pretende passar por aqui. O único veículo de que disponho é uma velha bicicleta que me custou três libras. Levo aqui uma típica vida de estudante universitário. De bicicleta e *gown*, muitos me tomam por *undergraduated*...

Estive com Haberler na Turquia e tenho estado aqui com [James Edward] Meade. Creio que você vai ter que lutar para convencer essa gente de que algo deve ser feito, da parte dos países que comandam o comércio internacional, para evitar que os países subdesenvolvidos se convençam mais e mais de que a única saída é o desenvolvimento autárquico.

Conversarei com Kaldor sobre o plano para o próximo ano. Talvez seja o caso de convidá-lo por uns dois meses e fazê-lo estudar o sistema fiscal brasileiro. Estou convencido de que o Brasil não pode manter a pretensiosa política de desenvolvimento dos últimos anos sem operar uma profunda reforma do sistema fiscal. A fisionomia de verdadeira desordem da nossa economia resulta desse conflito entre uma ambiciosa política de desenvolvimento — que indubitavelmente reflete os verdadeiros anseios do país — e o anacrônico aparelho fiscal atrás do qual se ocultam todos os grupos que falam alto de desenvolvimento mas não querem contribuir com sua parcela de esforço, senão de sacrifício.

Na espera de vê-lo por aqui para batermos um bom papo, aceite um abraço do amigo

[Celso]

[S.D.]*

Meu caro Celso:

Espero que v. tenha recebido a tempo meu telegrama cancelando a visita a Londres. É que a nomeação do Lucas Lopes para a pasta da Fazenda perturbou-me inteiramente os planos. Tive que adiar a viagem e somente a custo consegui evitar que o Lucas me entornasse o caldo, exigindo minha permanência na atribulada Cariocalândia. Mas agora... às notícias mais interessantes. V. quase foi nomeado, à revelia, *corpore absente*, diretor-executivo da Superintendência da Moeda e Crédito. Persuadi o Lucas de que isso seria a solução correta, trazendo para o posto um economista autêntico e interrompendo a tradição de banqueiros decrépitos. O presidente concordou e autorizou ao Lucas que fizesse a nomeação desde que fosse imediatamente, pois se o posto ficasse vago mais de 24 horas teria ele receio de ter que ceder à pressão paulista em favor de algum paulistano rico e analfabeto. Infelizmente foi totalmente impossível localizar v. telefonicamente em Cambridge. Já era sexta à tarde e segundo informaram v. tinha partido para o weekend sem deixar endereço. Estava eu também partindo do Rio, e deixei o negócio ainda na base de ser v., se fosse localizado prontamente e assentisse, e, em caso

---

* Pelo conteúdo, a carta de Roberto Campos foi enviada entre as de CF de 9 de junho e 14 de julho de 1958.

contrário, o Garrido Torres, cedendo-se aos paulistas apenas in extremis. Não sei até agora qual terá sido o resultado. [...]

Abracíssimo,

Roberto

CAMBRIDGE, 14 DE JULHO DE 1958

Prezado Roberto:

Seguem com estas os quadros a que você faz referência em sua carta. Estou convencido de que a única forma de evitar que o nacionalismo intransigente se alastre e recrudesça no mundo subdesenvolvido é modificar fundamentalmente as tendências atuais do comércio internacional. Na forma em que vão as coisas, os países subdesenvolvidos terão que apoiar-se em seus próprios mercados internos para crescer, o que exigirá uma política de desenvolvimento escudada em forte ideologia nacionalista. Deixando de lado os problemas de balança de pagamentos em sentido estrito (isto é, os problemas de curto prazo como esse que terá de enfrentar nosso amigo Lucas Lopes), a questão fundamental está em criar um amplo fluxo de capitais a longo prazo. Esse fluxo, entretanto, exige uma perspectiva real de aumento das exportações dos países que receberão os capitais. (Os americanos ganhariam muito mais simpatia nos países subdesenvolvidos se anunciassem um plano para retirar-se do mercado mundial do algodão em cinco anos, do que distribuindo dinheiro por aqui e por ali. Tenha em conta que os custos deles são reconhecidamente mais altos do que os da maioria dos demais exportadores.)

Estou definitivamente convencido de que meu anjo da guarda deve ser muito forte. Livrar-me por um desencontro desse abacaxi inqualificável que é a Sumoc... Desconfiava que você cultivava o sadismo. Agora tive a prova. Estou decidido a voltar ao Brasil, mas pretendo dedicar-me a problemas de longo prazo. Acabo de escrever um livro praticamente novo sobre o desenvolvimento da economia brasileira; do anterior aproveitei uns 15% do texto.* Desta vez esforcei-me para apresentar uma visão de conjunto de todo o processo de formação econômica do país. Ao terminar estava convencido de que o problema fundamental a ser enfrentado nos próximos decênios é o dos desequilíbrios regionais. Meu desejo é poder dedicar-me a esse problema nos próximos anos. Penso em termos de um verdadeiro plano a longo prazo objetivando incorporar o Nordeste à economia brasileira. Esse plano tem de ser concebido em termos nacionais, e não com a visão localista com que até hoje se tem pretendido "defender" os interesses do Nordeste. [...]

Faço votos para que você continue a cooperar de perto com o Lucas Lopes. Há duas tarefas que me parecem de prioridade no Brasil. Primo, uma política a longo prazo para o café. Secundo, uma autêntica reforma fiscal. A política a longo prazo para o café deveria visar o desestímulo aos produtores de baixos rendimentos (ou de custos monetários mais altos), o que se poderia alcançar obrigando o próprio setor cafeeiro a financiar a acumulação de estoques que deverá continuar nos próximos anos. Sem uma política interna a longo prazo é impossível reconquistar a iniciativa no campo internacional. No que respeita à reforma fiscal creio que se poderia partir de um ponto firme: a carga fiscal no Brasil pode ser mal distribuída, mas excessivamente grande não é. O objetivo poderia ser tríplice: a) reorientar a carga fiscal com o objetivo de cortar mais no consumo conspícuo; b) eliminar as inversões financiadas com emissões inflacionárias; c) financiar uma parcela crescente das inversões públicas com recursos recolhidos no mercado de capitais. Um plano desse tipo exigiria grande decisão do governo e absoluta continuidade em um período de dois ou três anos. Ao final do período a superstição do "desenvolvimento inflacionário" teria morrido de morte natural. Não há nenhuma razão para que diminua o volume das inversões; apenas a forma

---

* *Formação econômica do Brasil* (São Paulo: Companhia das Letras, 2007. 1ª ed.: 1959). O livro anterior é *A economia brasileira* (Rio de Janeiro: Ed. Valverde, 1954).

de financiá-las teria de mudar. É preciso partir do princípio de que tudo isso exige tempo; não é operação para se executar em três meses, como pretendeu nosso querido Gudin. [...]

Para você um grande abraço do

[Celso]

16. Luciano Martins

O sociólogo Luciano Martins foi certamente quem escreveu as cartas mais longas que se encontram na correspondência de Celso Furtado. Muitas ocupam duas ou três páginas datilografadas em máquina de tipo miúdo, como era corrente nos anos 1960. Quando se mudou para Paris, a correspondência diminuiu, restringindo-se às cartas trocadas quando um ou outro passavam temporadas no exterior. Em 1973, a censura no Brasil se abateu sobre um artigo de Celso Furtado, escrito para o jornal *Opinião*. Inconformado com essa mutilação de que logo se deu conta, ao comparar o original com o que dele restou depois do expurgo, Luciano Martins escreveu, em 26 de junho de 1973, uma carta ao general Ernesto Geisel, recém-ungido pelas Forças Armadas para ocupar a Presidência da República. Em tom de firme oposição a um general com quem tivera algum contato anterior, pediu explicações sobre a censura imposta ao artigo "por mim solicitado a Celso Furtado e por mim enviado ao jornal". Nele, Celso demonstrava que a concentração de renda no Brasil provocara a marginalização crescente da população negra. Este fora o ponto considerado "subversivo" pelo censor. Luciano Martins não teve resposta do futuro general-presidente. Suas cartas, discorrendo ora sobre os despropósitos do regime militar ora sobre as tensões da vida acadêmica, têm sempre a marca do humor afiado, atrevidamente lúcido, que era o seu.

RIO, 21/VII/64

Meu caro Celso:

A intenção era escrever no mês passado (imaginei, enfim, que v. gostaria de ter notícias) mas as resistências acabavam sempre vencendo a intenção. É que a burrice é tanta que desanima ter que falar sobre ela. Não é que isso seja propriamente um fato novo da República, mas é que trata-se de uma burrice irremediavelmente acadêmica e antiga. Tão acadêmica e antiga que a impressão que se tem é que ninguém mais morrerá de infarto no Brasil: morreremos todos de gota e artritismo. Para v. ter a medida exata da coisa devo dizer que cada dia que passa começo a achar o general Dutra mais inteligente. [...]

Quanto à oposição ao novo regime, o que se pode dizer é que não há o que fazer com o que restou dos quadros políticos que apoiavam Goulart. A não ser, é claro, tampar o nariz e puxar a descarga. A desagregação do *populismo* revela-se claramente em toda a sua extensão e parece-me, aliás, um dos aspectos mais importantes da crise. Da mesma forma que ninguém se dispôs a morrer pelo Jango (e quem haveria?) não há quem se habilite a viver o vazio da liderança por ele deixado. Não basta dizer que ainda é muito cedo para isso etc. etc. A coisa é mais profunda porque esse gap, a meu ver, custará ainda bastante a ser preenchido. Ele está na lógica do desenvolvimento brasileiro: na sua rapidez e na natureza paternalista e bonapartista (oriunda do próprio fato de tratar-se de uma mudança provocada) do Estado. [...]

O moralismo militar como filosofia de governo, sobretudo quando aplicado ao desenvolvimento, à burocracia e à contenção de salários, sob as brilhantes luzes do dr. Bulhões, pode dar um caráter novo ao Estado brasileiro. E isso porque fará com que ele perca aquela sua tradicional função de diluir tensões sociais (pela incorporação clientelística de certas camadas à burocracia, pela outorga de vantagens ao proletariado e a corrupção de seus líderes etc.), de ser uma espécie de Estado de todas as classes. [...]

Em breve, quando começarem as reivindicações salariais, teremos uma primeira prova disso. Entendo, portanto, que o atual regime só terá uma contestação válida quando um novo tipo de oposição for por ele próprio gerada. Na melhor das hipóteses isso só se fará a médio prazo. É bom dizer isso aos asilados mais afoitos e dados a produzir manifestos guerreiros. Embora a atual elite do poder esteja preparando a corda em que se vai enforcar (afinal, trata-se de uma elite acadêmica totalmente despreparada para as tarefas do desenvolvimento), os resultados disso só teremos em anos. (Descontados naturalmente os dias de sol, quando todos estarão na praia.)

No tocante às divergências entre as forças no poder, a coisa, como disse, está confusa. Inclusive porque existem várias correntes atuando centrifugamente. Sobre uma coisa todos parecem estar de acordo: na total submissão aos Estados Unidos e na tentativa (meu Deus, essa gente não lê jornais desde 1945) de tornar o Brasil uma espécie de último recruta da OTAN. Mas há certas divergências que começaram a se manifestar mais nitidamente a partir do momento em que o nosso Castelo, com aquele seu inequívoco ar e psicologia de Mona Lisa embrutecida nos trópicos, pariu suas pálidas reforminhas. Jornais e políticos — que haviam perdido totalmente o controle da situação para os militares — readquiriram a voz. O governo foi rudemente acusado de "reeditar a demagogia subversiva do governo deposto". Para mistificar o problema das reformas descobriu-se "o abastecimento" como sendo "o problema fundamental da Revolução". O slogan é formidável: levar o pânico aos campos (pela reforma agrária) é matar de fome as cidades. Essa divisão de águas foi obscurecida agora pelo debate sobre a prorrogação do mandato presidencial. O nosso amado governador pulou.* E ficou, em relação ao Castelo, na mesma posição que o Brizola em relação ao Jango. Donde se conclui que todo presidente tem um cunhado que é uma fera.

---

* Carlos Lacerda, governador da Guanabara.

Confesso que resistência às reformas agora me surpreende. Julgava que, com o Poder integralmente na mão, liquidados os sindicatos, podendo, portanto, controlar o ritmo e o sentido das reformas, de modo a poder fazê-las parar nos limites da sua segurança, as classes dominantes brasileiras se disporiam a realizá-las. Talvez seja ainda cedo para qualquer conclusão a esse respeito, mas é inegável que as resistências continuam tão arraigadas quanto antes. Terão os militares do poder condições para realizar as reformas, por cima dos interesses em jogo, de uma maneira mais ou menos arbitral? É difícil responder. Inclusive porque eles próprios não têm consciência clara dos problemas, como pude verificar pessoalmente na conversa que mantive há dias com um dos mais influentes deles.

Não me parece afastada, de qualquer maneira, a vitória, num primeiro tempo, de uma corrente totalmente antidesenvolvimentista, estribada num apoio de classe média, radicalizada cada vez mais para a direita, de maneira fascista mesmo. Não me surpreenderei se muito em breve, afastado o bode expiatório do CGT, a palavra "industrial" passar a ser sinônimo de "tubarão" e concentrar o furor acumulado de uma oficialidade jovem e radicalizada, expressão mesma de uma classe média ressentida.

Não sei como reagirá a isso a burguesia. A retração dos negócios é visível e se ainda não começou a assustá-la é porque ela ainda está em lua de mel com a felicidade de ter "escapado do comunismo". Tive disso a impressão nítida ao entrevistar em São Paulo, há dias, um grupo de industriais. Já estão claramente decepcionados com o governo, mas ainda não recuperaram a voz perdida no susto anterior.

O abraço saudoso do

Luciano

SANTIAGO, 20 DE JULHO DE 1964*

Prezado Luciano,

Recebi a tua carta de 21 de julho cheia de informações sobre o que vai ocorrendo por aí. Concordo contigo em que a situação continua fluida, sendo difícil identificar tendências definidas. Creio que um dado importante a ter em conta é a descoberta pelas classes dirigentes tradicionais da insignificância dos chamados movimentos de esquerda. Estes eram, em última instância, uma estupenda promoção dos líderes populistas. Julião dizia que a situação camponesa no Nordeste era "explosiva" e a direita estremecia. Jango dizia que "sem reformas de base" o país não podia ser administrado, e a direita entrava em pânico. Exorcizados esses fantasmas, a direita percebe que havia subestimado as suas forças e já não quer comer essa papa de "reformas". O grupo da Sorbonne** está se tornando antiquado, pois sua mitologia foi concebida na fase anterior. Lacerda percebeu isto e teve razão em deslocar muito para a direita a sua posição. Magalhães Pinto, sempre um pouco atrasado, também já fez o mesmo: na reunião de Viçosa os seus homens dirigiram a luta contra a "reforma agrária" e derrotaram totalmente o projeto sorboniano.

Outro dado importante a ter em conta é a deterioração da situação econômica. Tive oportunidade de dizer a Jango, na época do Trienal, que dentro de um ano o Brasil seria ingovernável. Ele saltou do bonde em tempo e com astúcia havia posto gente como Ney Galvão e Hugo de Farias para botar terra em todas as engrenagens. Consertar isso com medicina liberal é já a lacuna total. Até o presente, pouco se sabe sobre crises econômicas em países subdesenvolvidos. Tudo indica que os processos de recuperação são extremamente difíceis. Os casos argentino e chileno são conhecidos a esse respeito. [...]

Pretendo ficar nos Estados Unidos os dois primeiros anos e o último

---

* Lapso de CF, tendo em vista a data da carta anterior, de Luciano Martins.

** A Escola Superior de Guerra, no Rio de Janeiro.

na França. A ideia é repensar todo o problema do subdesenvolvimento com um critério mais amplo que o econômico, o que exigirá a cooperação de sociólogos e cientistas políticos. O Fernando Henrique Cardoso e o Francisco Weffort, que estão aqui no Ilapes,* vão trabalhar dentro do mesmo esquema. Nos Estados Unidos vou ver se articulo outros elementos.

Um abraço do amigo

Celso Furtado

RIO, 8/10/64

Prezado Celso:

Recebi hoje o seu paper sobre "Obstáculos políticos" e aproveito para hoje mesmo escrever, pois já estava lhe devendo uma resposta. A leitura do seu ensaio — e não vai nisso nenhum laivo de humor negro — confirma a minha impressão de que o único real benefício prestado pelo atual governo à cultura foi a sua cassação: dotou v. de condições materiais para o desenvolvimento de um esplêndido esforço intelectual de compreensão dos problemas do desenvolvimento. Concordo com as grandes linhas do ensaio e particularmente agradam-me as interrogações finais. Elas mostram que v. está bastante lúcido para as várias (e contrárias) possíveis alternativas que hoje se colocam diante de nós — o que certamente significa que v. vai debruçar-se sobre elas em novo esforço teórico. De fato — e nesse ponto é que eu discordava do seu livro *A pré-revolução*** — a ideia de que o desenvolvimento é irreversível parece-me um pouco *taked for granted*. É necessário revê-la e a possibilidade de uma acomodação a um certo nível de desenvolvimento deve, a meu ver, ser

---

* Trata-se do Ilpes (Instituto Latino-Americano de Planejamento Econômico e Social), ligado à Cepal.

** *A pré-revolução brasileira*, Celso Furtado (Rio de Janeiro: Fundo de Cultura, 1962).

incorporada a qualquer modelo verdadeiramente operativo de desenvolvimento que se pretenda estabelecer.

Acrescentaria a seu ensaio apenas duas observações. A primeira delas é que as implicações políticas do desenvolvimento não podem ser consideradas apenas a partir da dinâmica interna das forças sociais em jogo, mas essa dinâmica interna (nacional) só pode ser entendida se situada no contexto mundial do conflito ideológico e internacional de nosso tempo. Os dados que estou reunindo em minha pesquisa sobre a Formação e Comportamento das Elites Industriais Brasileiras me possibilitarão em breve, creio, documentar bastante bem esse ponto. Mostrando, inclusive, que a consciência política dos setores industriais (voltada para a ideia da criação de um Poder Nacional) passa a atenuar-se, e a confundir-se, com o advento da Guerra Fria — não obstante o fato de seu lastro objetivo (traduzido no próprio incremento do processo de industrialização) ter experimentado uma curva ascendente desde então. [...]

O abraço do

Luciano Martins

[NEW HAVEN], NOVEMBER 3, 1964

Prezado Luciano:

Sua carta do dia 8 restabelecendo o diálogo sobre nossas preocupações comuns está cheia de coisas interessantes. Considero da mais alta importância o trabalho que você está fazendo com respeito à classe industrial. Em realidade, toda a nossa ideologia desenvolvimentista se baseou nessa suposição de que havia uma classe industrial no país, cujos interesses se confundiam mais e mais com os do desenvolvimento econômico, ou seja, com a modernização de nossa sociedade. Hoje em dia tenho sérias dúvidas se essa classe, na medida em que é um grupo de gente com efetiva consciência de seus interesses e disposta a lutar pelo poder, chegou realmente a formar-se no país. Considere você o caso da Alemanha, tão bem analisado por Max Weber, em que o enorme desenvolvimento industrial se fez sem modificar fundamentalmente o sistema de poder. A velha estrutura apoiada na propriedade da terra, na burocracia e no exército e bem amarrada em estamentos de toda ordem se manteve íntegra, abrindo espaço à burguesia industrial apenas naquilo que não conflitava com seus interesses básicos. A verdade é que a experiência brasileira se parece mais com essa do que com o caso supostamente geral de tomada do poder pela burguesia. Faltam-nos, entretanto, mais elementos empíricos para penetrar na análise desse processo histórico.

Estou presentemente concentrado na elaboração de uma tipologia econômica que nos permita, através de uma análise sequencial, determinar as efetivas possibilidades de desenvolvimento de nossa economia dentro do marco institucional presente. Creio que é necessário, primeiramente, conhecer melhor o sistema atual. Nada causou mais dano aos socialistas do século passado do que a ignorância das efetivas possibilidades do sistema existente. Quando falo de nosso sistema atual, considero-o dentro do contexto histórico contemporâneo. E sobre certos aspectos, as variáveis externas são fundamentais. A conclusão geral a que vou chegando — e pretendo demonstrar isso com bastante rigor — é a de que caminhamos inexoravelmente para um impasse histórico. E essas coisas ocorrem — dentro da própria Europa temos aí o exemplo dos países ibéricos. E que significará um impasse histórico? Que nos transformaríamos num "Estado associado", um tipo de Porto Rico grande ou de Canadá pobre? Ou significa que seríamos *africanizados*, como diria Jaguaribe? Quando se pensa que essas opções históricas deverão ser feitas nos próximos anos, quero dizer nos próximos dez ou quinze anos, é para sentir-se calafrio. Digo isso porque penso nas enormes oportunidades que perdemos nos anos recentes e nas consequências incalculáveis de atos de homens tão pequenos que ocuparam o poder. [...]

Mande-me notícias de como andam as coisas por aí. Um grande abraço do amigo,

Celso Furtado

RIO, 20/3/65

Meu caro Celso:

Desde novembro que estou devendo uma carta a você.

Recebi seu paper sobre os obstáculos políticos ao desenvolvimento (publicado agora, aliás, no *Correio* e na *Revista Civilização Brasileira*, com excelente repercussão) e cada vez mais me convenço que o preço do seu exílio está sendo pago com uma excelente contribuição teórica à compreensão dos problemas que tanto nos preocupam. E isso só o dignifica como intelectual. Olha, Celso, v. sabe que não é do meu feitio entrar em tons solenes, mas ao dizer isso fique certo que não estou expressando apenas uma opinião minha. É o que tenho sentido, por exemplo, entre os alunos da Faculdade de Ciências Econômicas, onde estou dando aulas de sociologia. Por paradoxal que à primeira vista pareça, o fato é que a influência que v. já exercia ganhou agora, com a sua ausência, uma dimensão muito mais ampla e importante. Não se trata apenas da qualidade do seu trabalho e da autoridade renovada, pelo vigor intelectual, que v. está demonstrando no exílio — e nisso v. não tem muitos companheiros... Há outra coisa ainda: você está respondendo a uma necessidade — a necessidade de repensar as coisas — que hoje se sente aqui por toda a parte, e precisamente porque está agindo no plano estritamente intelectual, a receptividade para suas proposições não ficam turvadas pelas controvérsias que fatalmente surgem quando a figura do intelectual se confunde com a do *policy-maker*. Espero, Celso, que v. compreenda esse tom assim pessoal. Não sei se temos intimidade para tanto, mas, tendo ou não, achei que lhe interessaria saber disso. [...]

Sobretudo, não encare os meus eventuais silêncios epistolares como desinteresse de minha parte. Plagiando o Fernando Henrique, devo dizer que eu, como ele, em matéria de cartas, sou como a justiça divina: tardo mas não falho.

O abraço do

Luciano

NEW HAVEN, 12 DE ABRIL DE 1965

Prezado Luciano,

Tive grande satisfação de receber sua carta de 20.3 e li com interesse o relatório sobre o andamento da pesquisa. Considero da maior importância que você siga adiante com esse esforço, pois temos de saber algo mais concreto sobre essa nossa burguesia industrial. Fernando Henrique levantou dúvidas cruciais sobre possíveis mudanças qualitativas nessa burguesia no período mais recente. Estamos realmente diante de uma classe "consular", como diria Helio [Jaguaribe]?

A recente reunião de Londres foi muito interessante. Creio que pela primeira vez o ambiente universitário inglês tomava contato com essa nova geração latino-americana. Tenha em conta que até ontem América Latina era Pedro Calmon, Temístocles Brandão, para citar brasileiros. Mas, ao mesmo tempo que começamos a abrir essa vereda de pensamento próprio, temos que reconhecer que a América Latina se transformou em "assunto" de centenas de especialistas norte-americanos muito bem preparados profissionalmente e altamente financiados. Não há nenhuma dúvida de que vamos enfrentar um processo de colonização intelectual sem similar na história. Estivemos conversando em Londres sobre esse assunto e decidimos iniciar um pequeno esforço articulado visando a dar maior eficácia ao trabalho intelectual que estamos realizando. Existe, principalmente nos países da América do Sul, um grupo de pessoas pensando na mesma direção, isto é, mastigando os mesmos problemas e preocupados em dar maior eficácia social ao nosso trabalho. Convém que nos aproximemos mais e o primeiro passo nessa direção é comunicar-se regularmente. O grupo presente em Londres e que convidamos para formar essa espécie de clube sui generis estava formado por Claudio Véliz, Osvaldo Sunkel, Jacques Chonchol, Orlando Fals Borda, Helio Jaguaribe e eu. O Aníbal Pinto também entrou, pois já estava apalavrado. Pretendo propor o nome do Fernando Henrique e o seu, se contar com sua aprovação. O Claudio ficou como secretário-geral. Uma vez por mês lhe enviamos uma carta, expondo o que estamos fazendo e dando as nossas reações com respeito ao que fazem os outros, e ele se encarrega de fazer circular as cópias. Também decidimos que publicaríamos os nossos trabalhos na mesma revista, a fim de alcançar impacto maior e construirmos uma linha de defesa comum. Estamos inclinados por *Desarrollo Económico*, que é dirigida por gente ligada ao nosso grupo. A revista poderia publicar artigos em espanhol e português e terá a sua circulação ampliada. Escreva-me dando a sua reação. [...]

Encontrei em Paris um ambiente intelectual muito estimulante e uma atmosfera geral atrativa como sempre. Estou pensando se não seria melhor mudar-me para lá no próximo ano acadêmico.

Um abraço do seu amigo

Celso

RIO, 22/MAIO/65

Prezado Celso:

Recebi com muito prazer a sua carta e logo depois o seu trabalho. [...]

Seu trabalho serviu também para que se fortalecesse em mim a decisão de, uma vez terminada a pesquisa, sair do Brasil. Resistia muito a essa ideia, mas não tenho mais alternativas. Digo isso estritamente do ponto de vista intelectual. O isolamento intelectual a que estamos submetidos no momento já começa a minar a minha própria motivação e disciplina de estudo. É de tal maneira grande a defasagem entre as nossas aspirações internas e a possibilidade de realizá-las, seja no plano estrito do estudo, seja no plano mais amplo dos próprios rumos do país, que a tendência para a dissipação começa já a constituir-se num perigo à produtividade do trabalho. A neurotização dos intelectuais aqui se está fazendo em ritmo crescente. Estão todos virando personagens de Scott Fitzgerald. E não creio que esse seja um destino muito glorioso. [...]

Creio que para entendermos o desenvolvimento político da situação atual devemos arrancar do fato de que o Movimento de Abril continha em si mesmo várias "revoluções", tal a amplitude dos setores sociais que momentaneamente se congregaram para fazê-la ou apoiá-la. Assim sendo, todo o problema consiste em saber que possibilidades têm esses diferentes setores de continuarem solidários. Em outras palavras: que tipos de acomodação ou de ruptura podem, a curto e médio prazo, entre eles se estabelecer.

Existem claros sinais de que a unidade inicial da "Revolução" começa a deteriorar-se, embora seja ainda difícil avaliar em que sentido essa tendência vai politicamente evoluir. É evidente que o atrito de interesses que se manifesta atualmente em meio às forças que fizeram a "Revolução" não pode ser resumido ou reduzido àquela simplista antinomia (burguesia industrial × latifúndio) que levava as nossas esquerdas ao orgasmo intelectual. Creio mesmo que, no momento, as implicações históricas dessa briga (que, de resto, nunca chegou a se expressar politicamente com clareza) estão amortecidas. Os dois setores estão descontentes, mas não entre si. A esse nível de consciência ainda não chegaram. [...] A raiva é grande, mas é uma raiva privada, sem a menor consequência política, mesmo porque o pavor da retaliação bancária é impressionante. É uma burguesia cada vez mais ajoelhada diante do Estado. [...]

As únicas manifestações mais agressivas partem dos setores da classe média, que parecem encontrar na chamada "oficialidade jovem" um porta-voz adequado. As exigências de radicalização repressiva são cada vez mais constantes. E — o que é pior — se vão institucionalizando aos poucos: atualmente em vias de ir ao Congresso a legislação das inelegibilidades, do arrocho salarial, a lei de segurança, a lei de imprensa, a anulação do foro especial, a retirada da competência da justiça civil dos crimes contra a segurança etc. A ditadura total se vai implantando aos poucos, em suma. [...]

Bem, meu caro Celso, vou ficar por aqui para aproveitar o portador que segue daqui a horas para Nova York e de lá poderá enviar com segurança essa carta para você. É que instituíram agora uma censura postal altamente irritante, não pelas implicações policiais que possam advir, mas simplesmente porque a gente escreve e a carta não chega. O curioso é que parece que a coisa é só para as cartas que saem e não para as que entram. Enfim, o cérebro militar tem um funcionamento de fato muito peculiar. O abraço do

Luciano

RIO, 1/IV/67

Meu caro Celso:

Em nosso último encontro fiquei de escrever assim que tomasse uma decisão sobre meus planos em futuro próximo. Estou decidido a fazer um break por dois anos a fim de dar um balanço na experiência intelectual até aqui realizada, complementar minha formação universitária, que foi deficiente etc. etc. Foram duas, basicamente, as razões que fortaleceram tal decisão, a qual de certa maneira está ligada às conversas que aí tivemos: 1) o que já se sabe sobre a América Latina nos permite — mais: nos obriga — a um esforço sistematizador do conhecimento já acumulado no que diz respeito às questões estratégicas — e, nesse sentido, a experiência que o trabalho em Montevidéu me daria (pesquisa empírica sobre o empresariado e a burocracia) já seria a essa altura quase acadêmica; 2) as inversões da Ford no campo das ciências sociais, aqui, e a sofisticação matematizante da implantação vai produzir um grande escape alienante (a ser alimentado pela frustração dos intelectuais ante a parada do desenvolvimento), embora, como dado positivo, traga a elevação do padrão de trabalho. Em outros termos: a fraqueza da estrutura universitária brasileira e a ausência, no momento, de uma liderança intelectual marcante na sociologia e ciência política, abrirá campo para a microssociologia, os estudos de comunidade etc., de grande sofisticação metodológica e nulo poder explicativo das questões realmente importantes. E de roldão irá a grande maioria de uma mocidade muito perplexa e muito carente de orientação. Só há duas posições, no caso: ou você, para desmistificar a coisa, eleva o seu padrão de trabalho na linha deles (pelo drive que têm são eles que vão escolher o terreno da batalha) ou adota uma orientação oposta à deles — digamos: uma abordagem fenomenológica — mas sempre muito bem fundamentada teoricamente. Fora daí, diga ou descubra coisas válidas, será sempre facilmente desclassificado como "impressionista". Pessoalmente, não me importo com classificações, mas sou obrigado a pensar em termos de orientação intelectual a oferecer aos meninos das universidades. Tendo em vista essas circunstâncias meu plano é passar dois ou três anos fora, dedicado apenas à pesquisa teórica, e isso em dois níveis: complementar minha formação universitária (ler as coisas que não tive tempo de ler, atualizar em coisas novas etc. etc.) e tentar sistematizar teoricamente certas hipóteses sobre o papel das burguesias nacionais nas nações hoje em desenvolvimento. A despeito de uma certa decadência cultural da Europa, creio que Paris será o melhor lugar para tal projeto. Por isso lhe escrevo. [...]

Lembranças aos amigos e o abraço grande do

Luciano

WASHINGTON, 10 DE OUTUBRO DE 1972

Luciano,

Vou sobrevivendo por aqui. Logo que cheguei vi uma estatística do número de assassínios nas ruas nos últimos dois ou três meses. Não que se trate de famílias exemplares que se pretendam destruir mutuamente em benefício da coletividade, como nos grandes dias de Florença. Uma nova forma de redistribuição de renda...

Vivo não muito longe da universidade e passo todo o dia no campus. Os estudantes não são muito diferentes dos daí de Paris: alguma curiosidade mas muita irregularidade de nível. O meu seminário principal dura duas horas e meia... tempo suficiente para a gente enjoar de ver até Elizabeth Taylor. Com essa mistura de ilusionista e místico que se manifesta em mim, toda vez que me empurram contra a parede, defendo-me quanto posso. Também trato de me adaptar aos novos standards de ineficiência, que são aberrantes.

Estou aproveitando para completar minhas leituras da nova produção norte-americana sobre a América Latina em geral e o Brasil em particular. Há coisas de real interesse. Não somente pela informação que revelam mas também por alguns pontos de autêntica contribuição interpretativa. O livro de Joseph Page sobre o Nordeste, *The Revolution that Never Was*, é apaixonante. Mostra como os sindicatos do padre Crespo foram financiados pela CIA, como o Julião nunca foi um revolucionário no plano da ação e sim um agitador intelectual, como o advento de Arraes tornou possível a incorporação ao processo político de importantes forças que permaneciam acampadas fora da cidade.

Aqui é difícil guardar esse esplêndido isolamento que aí tanto nos protege. A cidade vive infestada de notícias sobre o Brasil. Essa portaria proibindo a publicação de "comentários desfavoráveis à situação econômico-financeira" do país é simplesmente surrealista. E o telegrama do Ruy Mesquita contestando, não menos arrogante e cretino: aproveitou para insultar os países latino-americanos, Uganda e comandita. [...]

E você como vai com a tese? Cuide bem da *forma* na introdução e nas conclusões: é a única coisa que conta. Quando datilografaram a minha tese, esqueceram um pedaço no meio, o que tirava bastante sentido a muita coisa. Só percebi isso no último dia e passei a noite sem dormir. Num supremo ato de coragem (e cinismo) decidi não dizer nada. Nenhum examinador havia percebido. Me deram *très bien*...

[Celso]

[PARIS], 13 OUT. 72

Celso,

Obrigado por sua carta.

De fato, pensando bem, a civilização é mais um fenômeno típico deste lado de cá do Atlântico. Pelo menos a contar do momento em que os civilizados daqui exterminaram as civilizações índias do México para baixo. A única mancha é o fato de os cachorrinhos franceses escolherem cartesianamente o centro da calçada para seu volumoso output. É verdade que andamos tendo aqui uns escandalozinhos, negócios imobiliários etc. Mas, Deus meu, perto de Watergates, gen. Lavelle & Cia,* isto aqui é a própria terra de Catão. [...]

Terminei meu paper sobre as multinacionais, para o congresso de Lima. Fiquei sem cópia, mas assim que receber mando a você. É uma tentativa de mostrar a nova estratégia política adotada pelas empresas em questão. Ou melhor: a institucionalização de uma coisa (a "privatização" da "ajuda externa") e a invenção de outra (as joint ventures). Em síntese: a tentativa de esconder o *"low profile"* num *"prismatic profile"*, talvez como resultado da crise de identificação por que passa a sociedade americana... Andei distribuindo umas farpinhas pelo paper afora. É difícil manter a serenidade diante da burrice e da safadeza. Sobretudo quando ambas se conjugam para produzir essa joia do *"corporate thinking"*: *"Consumer democracy is considerable more intelligent than political democracy"*. Trata-se de um dos "pensamentos" recomendados pelo Council of the Americas às duzentas empresas-membros com negócios na América Latina: para ser empregado em discursos, artigos, e usado em conversações diárias (sic). Você entende, não é possível para um ser an-

---

* O caso Watergate foi revelado pelo *Washington Post* em 1972, quando se descobriu o assalto à sede do Partido Democrata por pessoas ligadas aos republicanos que queriam reeleger Richard Nixon. John Lavelle (1916-79), general e comandante da força aérea dos Estados Unidos no Vietnã, foi afastado em 1972, e rebaixado de patente na hierarquia militar, devido à má conduta em missões de bombardeio durante a guerra.

tigo e neurótico como eu deixar de ser tomado por uma certa indignação moral diante de coisas como essa. Se tivesse um financiamentozinho ia refazer aquele projeto. No seguinte sentido: o de um estudo comparativo entre as empresas multinacionais e uma organização de origem siciliana e também multinacional. Têm mais coisa em comum do que se pensa. A começar pelo fato de ambas serem geradoras de uma subcultura, cuja referência básica e comum é o mercado — considerado como *cosa nostra*. Para o "Hurry-Up-Hal" Geneen, *godfather* da ITT,* por exemplo, o Chile não é um país, com uma cultura política, instituições próprias etc., mas um mercado. Não creio que os genoveses, ou outra "família" aí veja de forma diferente certas áreas do Brooklin: um mercado, deles. Daria uma bela pesquisa. [...]

Cuidado, doutor, que as ruas aí são perigosas.

Abraços do

Luciano

BRASÍLIA, 7 MAIO 80

Caro Celso:

Custei a dar notícias (a todos aí, aliás) porque, além dos efeitos anestesiantes dos trópicos, andei ocupado com as tarefas de instalação. No fundo, os requisitos básicos são simples (afinal, se resumem em apartamento, carro e namorada), são até recorrentes, dada essa nossa vida de cigano itinerante, mas acabam ocupando um certo tempo. Não fosse aliás a dificuldade (ou a graça) introduzida nessas tarefas por esta ou aquela cidade e elas acabariam nos matando de tédio. Brasília é uma cidade agradável, nesse particular. A vida corre fácil, como sói acontecer

---

* Harold Geneen, o "Hurry-Up-Hal", presidiu a empresa International Telephone and Telegraph por onze anos, até 1971, período em que a ITT passou a controlar 331 empresas nos mais diversos ramos, além das telecomunicações.

no interior de um aquário. Nada de engarrafamentos, barulho e agressões. A natureza é bela e a atmosfera tem algo a ver com a da Grécia: as coisas se tornam extremamente nítidas e precisas sem que, ao mesmo tempo, a luminosidade ofenda a retina. Além disso, o povo, nas raras oportunidades que tem de sair do subsolo (pois a cidade foi evidentemente concebida para que a ignara plebe não poluísse visualmente as esculturas do dr. Oscar) mostra-se amável e respeitoso. Em suma, é uma boa cidade para se passar alguns meses. Desde que, naturalmente, tal estada se realize no curso da atual década: é que tudo é tão ordinariamente construído que dentro de dez anos Brasília será provavelmente a ruína mais moderna do mundo. Tem mais: sociologicamente é fascinante. Porque é uma cidade que não tem classe dominante, só tem classe dirigente. É fascinante ver o processo de estratificação (através da roupa, hábitos, lugares que frequenta etc.) no interior da burocracia. Mas tudo isso é assunto para uma longa conversa — ou um ensaio. Como o é também a universidade e, dentro dela, a transformação do professor, de intelectual em máquina (altamente bem paga) de dar aula. Fascinante.

Já que escrevo, sinto-me mais ou menos obrigado a dar notícias do país. Tudo indica que o dr. Delfim perdeu o controle da economia. A inflação acumulada, dos últimos doze meses, é de 87,2% e o índice do mês de abril (que todos dizem ter sido manipulado) foi de 5,7%. Com um crescimento industrial, no primeiro trimestre, de 9,1%. Cito o referido ministro: "Somos realmente incompetentes para fazer uma recessão" (sic). Frase que foi considerada muito engraçada. Com a prisão do Lula, a repressão violenta da greve dos metalúrgicos e a recusa dos empresários em negociar (em parte por pressão do governo) foi-se por água abaixo o famoso "novo pacto social" que seria a base de sustentação da "abertura", segundo conceituados teóricos paulistas. A oposição sentou-se e não há quem a levante: perplexa, sem estratégia, sem projeto, esperando que caia do céu a assembleia constituinte. [...]

Abraços para você e para Rosa.

Luciano

17. Marcio Moreira Alves

Marcito, como todos o chamavam, era um jovem deputado quando, no início de setembro de 1968, pronunciou no Congresso Nacional um provocativo discurso propondo boicote às comemorações do dia da Independência. Mais: fez um apelo às moças para que não namorassem oficiais do Exército. A reação militar não tardou. O ministro da Justiça, Gama e Silva, pediu autorização à Câmara dos Deputados para processá-lo. Teve o pedido rejeitado. Na manhã seguinte, o Conselho de Segurança Nacional editou o Ato Institucional nº 5, o mais duro do regime militar, que resultou na cassação do deputado e de muitos outros parlamentares, em intervenções em municípios e estados, e na suspensão das garantias constitucionais. Marcio Moreira Alves saiu do país. Celso Furtado e ele conheciam-se desde que Marcito, jovem jornalista, fora ao Nordeste para fazer reportagens sobre as Ligas Camponesas. A primeira das várias cartas que trocaram está datada de dias depois de sua chegada a Santiago. As seguintes, sempre manuscritas, foram escritas ao sabor dos pousos de seu exílio.

SANTIAGO, 2 DE JANEIRO DE 1969

Meu caro Celso,

Chegou, finalmente, minha vez de trilhar o paciente caminho do exílio. Os nossos brilhantes milicos conseguiram montar contra si quase todas as forças sociais do Brasil. No entanto, como uma frente democrático-liberal custa a organizar-se e a divisão das esquerdas parece ser um flagelo permanente, acredito que se manterão no poder até meados de 70, no mínimo. Coloca-me essa crença na obrigação de bem planejar o uso do tempo. Como todos os jornalistas e políticos brasileiros, nunca cheguei a sistematizar conhecimentos, interesses e intuições. A parada forçada será útil para essa sistematização. Pretendo estar em Paris em princípios de fevereiro. Muito agradeceria se fosses aplainando o terreno em duas direções, que pretendo seguir: a) estudo — gostaria de fazer um curso sobre planejamento educacional para países subdesenvolvidos; b) trabalho — não desejo desligar-me do processo de informação sobre a América Latina. Quando escrevi *O Cristo do povo* adquiri uma visão ampla do engajamento transformador dos cristãos na luta social do Brasil. Gostaria de ampliar a observação e ligações com o resto da AL e sobre isso escrever. [...]

Um grande abraço do

Marcio

SANTIAGO, 6 DE JANEIRO, 1970

Meu caro Celso,

Acabo de chegar da Bolívia, onde encontrei um interessante grupo de civis, aprendizes de feiticeiros, enfiando ideias, decretos e rascunhos da política nacionalista na cabeça dos militares. O comandante em chefe do exército, general J. J. Torres, é o Nasser do Naguib Ovando.* As medidas tomadas, com as aspirações que despertaram, prometem levar rápido ao impasse: ou aprofundam a busca de uma nova estrutura econômico-política ou a CIA dá o golpe. A coisa é muito interessante. O núcleo civil, cujas cabeças são os ministros de Minas e do Planejamento, anda ansioso por importar vedetes estrangeiras para reforçar sua posição junto aos militares e tomarem carona em ideias novas. Já lá estiveram o Paulo de Tarso e o Helio Jaguaribe. Esse último peixinho n'água de medalhas e verde-oliva, fez uma exposição de duas horas, com giz e quadro-negro, para o gabinete todo, especialmente convocado. A apologética do messianismo militar parece haver causado uma assustadora impressão. [...]

Um grande abraço do

Marcio

PARIS, 31 DE JANEIRO, 1972

Meu caro Celso,

Como as finanças do Front** andam parcas pediram-me que te sugerisse uma contribuição regular, que o banco se encarrega de fazer sem o menor problema de segurança. Como o momento político é péssimo, as pequenas coisas têm importância acrescida. Daí considerar útil manter esse boletim que, com altos e baixos, é a presença mais contínua que os brasileiros obrigados a sair conseguiram organizar.

Um abraço do

Marcio

* Alfredo Ovando Candia, presidente do país desde 1969, seria derrubado em outubro de 1970 por um golpe de Estado liderado por Juán José Torres, que por sua vez seria derrubado, em 1971, pelo golpe de Hugo Banzer.

** O Front Brasileiro de Informações (FBI), organizado em 1970 por exilados brasileiros, transmitia à imprensa internacional as notícias que o regime militar tentava censurar.

LISBOA, 24 DE NOVEMBRO, 1975

Querido Celso,

Ontem, de repente, deu-me uma imensa saudade de ti e telefonei. Estavas jogando tênis — tinha me esquecido dos teus horários sistemáticos dos domingos — e nos desencontramos. [...]

Havíamos passado dois dias e duas noites mobilizados à espera de uma tentativa de golpe da direita e a crise esmaecera, deixando-me no *creux de la vague*, cansado, esvaziado. Lembrei-me de uma conversa que tivemos há muitas décadas, quando vieste a Portugal. Disseste então que essa economia era tão frágil, tão aberta, que o máximo que se poderia fazer eram uns pequenos ajustes aqui e ali, jamais uma tentativa de mudança substancial, para não falar na mudança do modo de produção. Como sempre eras lúcido e como às vezes acontece a lucidez é demente. Desde então nacionalizaram-se os bancos, as companhias de seguro, as principais indústrias mas, contradição fundamental, o modo de produção não mudou. Vai daí que a luta de classes atinge um ponto de agudização intolerável, que só será solucionado pela violência e que no enfrentamento armado, mais uma vez, seremos derrotados. Conheço essa derrota de antemão e estou decidido a dela participar. Desta vez, não haverá fuga, quando muito uma remota hipótese de sobrevivência. Não dá mais jeito de partir-se ao meio, de pensar o socialismo e não assumir os riscos de sua implantação, de dividir a teoria da prática. Imagino que lerás isso com uma pontinha de ironia e de pena, pensando que o Marcio tornou-se um romântico irremediável e está acometido de um perigoso acesso de cheguevarismo. E é verdade: lembro-me de uma conversa que o Che teve com um grupo de intelectuais que lhe diziam: nós não somos combatentes, somos intelectuais. O que podemos fazer pela revolução? Ele respondeu simplesmente: eu fui médico. É claro que os intelectuais têm muito a fazer sem pegarem em armas e subirem a serra. O teu trabalho é uma prova disso, bem como o de tantos e tantos outros que, explícita ou implicitamente se tornaram intelectuais orgânicos do proletariado, como dizia o Gramsci. Só que por vezes não dá para escolher. Muito poucos são os que escolhem ser combatentes. A vida é que nos escolhe e vai-se para a luta só quando não há outra saída.

Os militares portugueses têm demonstrado uma incrível capacidade de adiar o confronto e é possível que levem o negaceio adiante, mais alguns meses. Possível mas improvável. A meu ver não conseguirão permanecer nesta *drôle de guerre* mais do que umas pouquíssimas semanas. Esse verão escrevi um livro sobre Portugal, que te recomendo mas que já é história antiga. Caso minhas previsões estejam erradas, o que acontece muitas vezes, não deves deixar de vir aqui assim que tiveres um fim de semana comprido. Vale a pena ver a Europa por baixo, pelo seu ventre flácido do Mediterrâneo que começa a roer os ossos fortes do Norte. Portugal, Espanha, Itália são os países mais interessantes dos dias que correm. [...]

Um grande abraço do

Marcio

PARIS, 26 DE DEZEMBRO DE 1975

Querido Marcio,

Recebi a sua carta de 24 de novembro escrita no momento mesmo em que os acontecimentos se precipitavam aí.* Qualquer que seja a apreciação que se venha a fazer sobre o fundo do processo histórico, não há dúvida de que você teve o extraordinário privilégio de testemunhar momentos que não se repetem muitas vezes na vida de um povo. Agora já muita tinta está correndo sobre por que foi assim e não assado.

---

* No dia 25 de novembro de 1975, houve em Portugal uma tentativa de golpe de Estado por parte de um grupo de militares de esquerda, que já estavam no poder e disputavam com as forças moderadas a direção do Conselho da Revolução.

Minha impressão de longe é que se confirmou o que já se havia observado no Chile: grupos de extrema esquerda não são mais do que excitadores, sem papel autônomo nos momentos decisivos da luta pelo poder. Também ficou confirmado que o Partido Comunista calcula em todo momento os seus riscos e não está disposto a jogar com o futuro da organização partidária. O impressionante em Portugal é que tudo isso foi de rara transparência. É cedo para abordar o fundo do problema, mas creio que todos concordaremos que o saldo é muito positivo, o *acquis* é extraordinário. O seu livro, que li com interesse, deixava ver que a situação caminhava para um impasse: a máquina do Estado se degradava e a direita capitalizava o descontentamento de grupos crescentes de população; a força montante era o anticomunismo, o que apontava seja em direção de uma guerra civil espanhola, seja de um pinochetazo. Concordo com você que *la révolution n'est pas raisonnable*. Mas não posso concordar com essa *sagesse insensée*. Uma revolução social não é uma cruzada. Se nos colocamos no plano irracional a direita terá sempre mais chance de dizer a última palavra. Essa conversa pede tempo e ficará para outro dia.

O que foi realizado em Portugal é extraordinário. Poucas revoluções terão feito tanto em tão pouco tempo e deixando tão poucas feridas. Creio que você atribui qualidades mágicas à mudança do modo de produção. O importante é destruir os grupos que concentram o poder econômico e por esse meio controlam o Estado. Mais importante ainda é não permitir que eles se reconstituam, o que requer avançar agora rápido na organização de outras forças. Qual o modo de produção que existe hoje na Rússia? Sobre isso se pode discutir o ano inteiro. O importante é saber quem controla o sistema de poder que responde pela apropriação e utilização do excedente. [...]

[Celso]

RIO DE JANEIRO, 23 DE AGOSTO DE 1985

Querido Celso,

*A fantasia organizada** é a mais deslumbrante aventura intelectual de que tenho notícia no Brasil. Você esteve presente ao nascimento do mundo e soube relatá-lo. Olhando na perspectiva do tempo, esses anos do imediato após-guerra são de uma riqueza somente comparável à da efervescência do norte da Itália no princípio do século XVI. Para a economia, foram as décadas de ouro, afinal prazo muito mais confortável do que o do Século de Ouro. O privilégio de tê-las vivido já é em si enorme. Tê-las podido compreender é privilégio redobrado. Ao ler a tua descrição quase inacreditável do processo de formação do pensamento, vez por outra pensava na única comparação possível — com as *Peregrinações* de Fernão Mendes Pinto.

Como reparo, coloco apenas a maneira exageradamente cortês ou talvez caridosa com que você trata o dr. Eugenio Gudin e o dr. Roberto Campos. Talvez tivesse valido, quem sabe, aprofundar a ideia de concupiscência que você coloca como contradição maior e raiz do fracasso de Campos. Mas isso é uma questiúncula que, possivelmente com razão, você não desejou desenvolver. [...]

Um abraço do

Marcio

RIO DE JANEIRO, 21 DE FEVEREIRO DE 1986

Meu caro Celso,

Tem-me impressionado a dificuldade de todos os instrumentos clássicos de formação ideológica, sejam partidos ou escolas, em motivar os

---

* *A fantasia organizada*, Celso Furtado (Rio de Janeiro: Paz e Terra, 1985), em *Obra autobiográfica de Celso Furtado*, op. cit.

Celso Furtado foi o único brasileiro a integrar a recém-criada equipe da Cepal, em fevereiro de 1949. No alto, com os colegas Regino Boti e Juan Noyola Vázquez. Acima, com o secretário-executivo Raúl Prebisch à cabeceira.

UNITED NATIONS NATIONS UNIES

LAKE SUCCESS, NEW YORK • FIELDSTONE 7-1100

México, D.F. Julio 28 de 1949.

Dr. Celso Monteiro Furtado.
Comisión Económica para Latino America.
Calle Pio X # 2475.
Santiago Chile.

Mi estimado Dr. Furtado:-

He tenido el gusto de recibir su amable carta del 19 del corriente en la que me da la buena noticia de que su traducción de mi trabajo en Portugués esta ya casi terminada.

Como usted sabe este trabajo ha sido escrito en Castellano y hubo que hacer muy precipitada su traducción inglesa en la cual sinembargo pu¢de introducir algunas correcciones que no figuran en el texto original en castellano; supongo que usted se refiere a ellos en su carta. Si mal no recuerdo son las siguientes: en la página 42 renglón 11 hay que suprimir la palabra "respectivas"; en la página 43 en el renglón penúltimo, en lugar de decirse " si no hubiese existido de plena ocupación" hay que decir "como no hubo plena ocupación, en la página 74 renglón 6 en lugar de "mínimo de ocupación"debe decir"máximo de ocupación".

Me complace mucho que el Sr. Licenciado Martínez Cabañas le haya autorizado en nombre del CEPAL a realizar este trabajo y por mi parte le quedo muy agradecido por el interés que usted se tome en divulgarlo en su País.

Espero tener noticias acerca del desarrollo de sus trabajos y mientras tanto le saludo afectuosamente.

Raul Prebisch.

RP/lgt.

A primeira carta de Raúl Prebisch para Celso Furtado é de 1949, quando o economista argentino era consultor da Cepal e vivia no México. Ela inaugura uma longa correspondência que se estendeu por quase quarenta anos.

Rio, 20 de outubro de 1953

Muito prezado dr. Prebisch:

Com a presente desejo informar-lhe que o comandante da Escola Superior de Guerra, gen. Juarez Távora,
convidou-me para fazer uma conferência sobre a técnica do planejamento econômico. Essa escola reune
oficiais superiores do exército, da armada e da aviação,
e um certo número de civis quase todos do congresso
nacional. Parece-me que a oportunidade é extremamente
interessante para expor o que a Cepal já fez nessa matéria. Considerarei o convite como uma deferência à Cepal
e chamarei a atenção para o fato de que me limitarei a expor os ensinamentos que estão enfeixados em
estudos já publicados pela Comissão.

Quero aproveitar a oportunidade para comunicar-lhe
meu desejo de publicar, sob minha responsabilidade,
um estudo que é em boa parte uma prolongação de minha tese de doutorado e que pretende ser uma análise
da economia brasileira — período colonial, até à grande crise.
Refundi esse trabalho à luz de minha experiência nos
últimos anos e acrescentei-lhe um capítulo que é o aproveitamento de um artigo meu já publicado na Revista Brasileira
de Economia. A publicação desse trabalho é de grande
interesse para mim, pois pretendo candidatar-me, dentro
de uns dois anos, a uma cátedra na Universidade, o que só poderei
fazer se dispuzer de um certo número de títulos, em particular de publicações de maior envergadura.

Seu amigo e servidor atento

_____

Em 1953, quando presidia no Rio de Janeiro o Grupo Misto Cepal-BNDE,
Celso Furtado enviava relatórios quinzenais a Raúl Prebisch. A um deles
anexou esta carta, cujo original manuscrito guardou em seus arquivos.

>
> VIII-56
>
> rua Aperana 143   Apto 404
> Leblon
> Guanabara
>
> 11 fevereiro 68
>
> Meu caro Celso, como bom brasileiro estou há muito para lhe escrever. Aproveito a viagem do Marcito para lhe mandar um abraço e para lhe dizer que nossa edição de Temps Modernes está quase pronta, pelo que me dizem na Civilização Brasileira. Os exemplares que trouxe comigo não deram para chegar aos paulistas, mas foram entregues, pessoalmente por mim, ao Leite Lopes, ao Jaguaribe, Jorge. Estou certo de que o livro vai ter um impacto, ao sair em português. O Governo pode não se incomodar muito com o jeito que tomam as coisas aqui, mas se preocupa com a famosa "imagem" no estrangeiro. Como você há de se lembrar, o próprio Lacerda foi utilizado pelo governo Castelo para defender a imagem da revolução, o que fez com tão insólito brilho em Orly. Este Governo, cuja imagem tem sido desgastada pelo mesmo senhor, tem preocupações iguais quanto ao estrangeiro. Nossos artigos de Temps Modernes vão desgastar a linha dura, que outro dia conseguiu pôr de prontidão as Forças Armadas,

Antonio Callado e Celso Furtado (*acima*) conheceram-se nos anos 1940, quando este cursava direito e, à noite, trabalhava como revisor no *Correio da Manhã*. Callado foi um dos coautores do número especial da revista *Les Temps modernes*, cuja publicação em português ele comenta (*à esq.*).

```
                    KING'S COLLEGE
                      CAMBRIDGE

NK/AGB                          2nd April, 1963.


My dear Minister,

        Thank you for your letter which I have just
received.    We shall do our best to find a really good
man for you though it may take a little time.

        In the meantime I should like to send you a
proposal for a new world currency and for stabalizing
the prices of raw materials at the same time.    I feel
that if the Americans could be brought round to support
something on these lines it would be of enormous benefit
to countries like Brazil.

        It is not intended as a substitute for individual
commodity arrangements but as you will see from the
argument at the end of the paper it would provide a
most potent instrument for counteracting the depreciation
of the terms of trade of the primary producing countries
which arises from the rising money wages in the indust-
rialised countries.

        With best wishes,

                Yours sincerely,

                    N. KALDOR

Dr. Celso Furtado,
Ministro do Desenvolvimento,
Presidencia da Republica,
Palacio do Planalto,
Brazilia, Brazil.
```

A correspondência com Nicholas Kaldor (*à esq.*) inicia-se nos anos 1950. Nesta carta (*acima*), de 1963, quando Celso Furtado era ministro do Planejamento e superintendente da Sudene, ele pedia ao amigo indicação de um economista de Cambridge interessado em trabalhar no Brasil.

ERNESTO SÁBATO

26 de enero

Hace más de veinte años, estimado Furtado, discutíamos en París sobre filosofía de la historia, quizá los dos demasiado sectarios. Ha pasado mucha agua bajo el puente y me parece que estamos ahora en una posición muy semejante. En momentos en que la Argentina da al continente un ejemplo vergonzoso de servilismo, Brasil demuestra un auténtico orgullo latinoamericano y quiere demostrar que se puede salir adelante sin necesidad de convertirse en sirvientes de los Estados Unidos. Ojalá triunfen. Ojalá tu propio esfuerzo personal sea eficaz. Te lo deseamos de todo corazón los amigos argentinos.

E. Sáb.

Mi dirección es
E. Sábato
Santos Lugares
Argentina

Celso Furtado e Ernesto Sábato conheceram-se em 1947, em Paris. Retomaram contato vinte anos depois, como relembra o romancista argentino nesta carta (*ao lado*) de 1963. Em 1981, reencontraram-se (*acima*) num festival de cinema em Biarritz.

From Mr Anthony Freire Marreco

AMNESTY INTERNATIONAL
INTERNATIONAL SECRETARIAT
a movement for freedom of opinion and religion

VII-37

Turnagain Lane,
Farringdon Street,
London E.C.4.

February 10, 1967.

Dr Celso Furtado,
Institut d'Amerique Latine,
28 rue de St. Guillaume,
Paris 7e.

Dear Dr Furtado,

I apologise for bombarding you with letters but since writing to you on February 2nd I have received a letter from Dr Marino Porzio of the International Commission of Jurists telling me that a letter is likely to reach you quickest if addressed to the Institut d'Amerique Latine and suggesting that I should use his name in writing to you. As I am most anxious that my letter should reach you in order to be able to make an appointment with you on February 23rd, 24th or 25th, I know you will forgive me for writing again and enclosing a copy of my previous letter which may not have reached you.

Yours sincerely,

Anthony Marreco

Em 1967, o advogado Anthony Marreco, da Anistia Internacional, planejava sua viagem ao Brasil para investigar arbitrariedades cometidas pelo regime militar. No ano seguinte, Celso Furtado veio a Brasília para depor na Comissão de Economia da Câmara dos Deputados. O recorte do *Diário de Notícias*, em que aparece ao lado da mãe, dona Maria Alice, e o do *Última Hora* mencionam sua condição de cassado político.

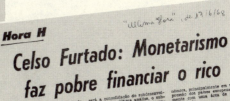

Feb 18, 1968

Dear Celso

many thanks for your recent letter. I look forward to seeing you during my forthcoming trip. Unfortunately I shall be able to spend only 36 hours in Paris, before leaving for the conference at Bellagio. I shall arrive on Friday March 1 in the morning — perhaps we could have lunch either that day or the next? (In the evening of March 2 I leave for Milan.) I shall call you at your home as soon as I can after my arrival. I don't yet know where I am going to stay, am writing Michel Crozier to ask him to make a hotel reservation for me.

My home address here is: 45 Holden St.
Cambridge, Mass. 02138

in case you want to communicate with me before my departure

À bientôt! Albert Hirschman

Rio, 3/11/67

VIII-11

Caro mestre Celso Furtado,

[...]

do amigo Otto Maria Carpeaux

As cartas do crítico literário Otto Maria Carpeaux (*à esq.*) eram sempre manuscritas. Na correspondência do economista Albert Hirschman (*acima*), manuscrita ou datilografada, alternavam-se o inglês, o francês e o espanhol.

Dois aspectos das perseguições a intelectuais durante o regime militar: a carta de Caio Prado Jr. (*à esq.*), processado por uma entrevista considerada subversiva, e a do cônsul-geral na França, Helio Scarabôtolo, negando a Celso Furtado a autorização para ir a Leningrado.

CONSULAT GÉNÉRAL DU BRÉSIL
122, Avenue des Champs-Elysées
PARIS

Paris, le 13 février 1970.

Nº 14/

Ilmº Sr.
Professor Celso Monteiro Furtado
11, rue du Rouergue
94 - Chevilly-Larue.

Prezado Professor Furtado,

Acuso recebimento da carta de 13 de janeiro último, pela qual Vossa Senhoria solicita extensão da validade de seu passaporte nº697281 para a União Soviética e Iugoslávia.

2. Em resposta, informo-o haver a Secretaria de Estado das Relações Exteriores respondido negativamente à consulta que lhe dirigi, o que impossibilita a este Consulado Geral o atendimento da solicitação de Vossa Senhoria.

Aproveito a oportunidade para apresentar os protestos da consideração com que me subscrevo

de Vossa Senhoria

(Helio A. Scarabôtolo)
Cônsul-Geral

ACVG/bb.

> VI-169
>
> 4 de janeiro de 66
>
> Prezado Celso:
>
> Recebi e li com o maior interesse e proveito o teu belo estudo. A marcha da demonstração, partindo da distribuição mundial de forças e interesses, para chegar às soluções virtuais de cada país latino-americano, é perfeita e consistente. Manipulando o abstrato e o concreto com uma perfeita coerência, creio que conseguiu de fato formular a questão, — no sentido pleno da palavra.
>
> Gostaria de ter uma meia dúzia mais de exemplares, caso a tiragem de que dispõe torne isso possível, para dar a uns amigos daqui e mandar outros para o Brasil. Se for viável, talvez possa deixar em meu nome com Mme. Mas, na Am. Latine.
>
> Esperando vê-lo brevemente, aqui fica o admirador
>
> Antonio Candido
> Candido

Foi em meados dos anos 1960 que Antonio Candido e Celso Furtado mais se corresponderam. A carta ao lado parece referir-se a um dos dois artigos que Furtado então escreveu sobre a América Latina. Dez anos depois, presos políticos do Ceará, entre eles o futuro deputado José Genoino, lhe enviaram um cartão (*abaixo*) desejando feliz 1976.

Acima, carta de Fernando Henrique Cardoso, cuja correspondência, quase sempre manuscrita, é uma das mais volumosas dos arquivos de Celso Furtado. De Thiago de Mello, ele guardou um desenho (à *esq.*), em cujo verso anotou: "Explicação da tática e da estratégia revolucionárias por Thiago de Mello". Nas páginas seguintes, a missiva de Carlos Lacerda após seu encontro com Celso Furtado em Paris.

"LA RÉSERVE"
BEAULIEU-SUR-MER
A.M. (FRANCE)

16.5.68

Caro Celso Furtado.

Guardo, com grande confiança e proveito, cada palavra do nosso encontro. Não sei se isto lhe dá satisfação, mas quero dizer-lhe que você excedeu a minha expectativa, que era boa e grande. Encontrei-o com o talento de sempre, mas amadurecido, robustecido, sem amargura — e sério, desta essencial seriedade que falta tanto às esquerdas e às direitas, como diria o outro. Conversamos numa longa distância de todo charlatanismo, jogo-de-vista, auto-mistificação que açoitam as conversas

2

dessa gente.
Por isto mesmo me animo a reiterar o repetido de que não deixe de atender ao convite da Câmara. No dia seguinte à nosso encontro recebi longa carta do deputado Adolfo de Oliveira, e pelos deputados padre Godinho e Jorge Curi, um recado verbal de Adolfo: se pudesse, eu procurasse você para dizer do interesse que tem a Comissão, e toda a Câmara, em ouvi-lo.
Particularmente sei que o deputado Adolfo perguntou (verbalmente) ao ministro da Justiça como este encarava a minha ida e o ridículo disse que não via inconveniente. Apesar da imprevisibilidade dele não creio que se atrevam a qualquer vexame. E você, pelo que me disse, já percebeu muito bem o significado desse comparecimento. Mas o que

"LA RÉSERVE"
BEAULIEU-SUR-MER
A.M. (FRANCE)

não adiantá tratante, e você et pour cause silencia, foi muito pouco; note mas importante: a utilidade de seu pronunciamento na aceleração da primeira fase do processo de denunciação (a fase a que você tão bem se referiu no começo) e na abertura da segunda — a da perspectiva positiva que se oferece aos brasileiros.

Os dois deputados, Gornell e N., externaram a convicção de que esse comparecimento teve na dupla e mais de que oportuna consequência. Disseram-me eles que, segundo o Adolfo, seu comparecimento estava previsto

4

para entre julho e agosto. É ótimo. Estarei no Rio em começos de julho. No Rio, não, em Beaulieu, pois faço questão de estar presente para ouvi-lo.

Sem que não teremos ocasião de renovar, aprofundando-a, a nossa conversa. Saberá que soubesse que tenho por você antiga admiração apenas perturbada por uma série de equívocos nascidos sobretudo do que me pareceu ser a sua incompreensão a meu respeito; em suma, de falta de contato pessoal.

Sendo, como sou, uma pessoa que tem consciência de suas limitações, sempre pronto a aprender, com espírito crítico mas sem prevenção ou impedimento algum, houve muito em conhecê-lo. Deus espera que não lhe tenha sido de todo inútil, a recíproca. Cordial abraço, Carmen Lacerda

P.S. Aqui estou, em meio à mulher até 15 ou 27 set.

SERVICE TELEX

```
MS
25454Z RUNGI F
272 2841
36211 TY PARIS F
*ZCZC 118% 8610
VENEZIA 145 27 1948

URGENT RP19,20
CELSO FURTADO
4 RUE D'ANJOU
9415URUNCIS


PLEASE CONSIDER POSSIBILITY OF ACCEPTING FOLLOWING INVITATION
STOP VENICE BIENNALE BEGINS ON OCTOBER FIVE NEW ACTIVITY
WITH AN INTERNATIONAL MEETINGS OF TESTIMONIES AGAINST FASCISM
OF FEW HOURS IN DOGES PALACE STOP ABOUT FIFTEEN PEOPLE
CHOSEN AMONG ARTISTS INTELLECTUALS POLITICIANS RELIGIOUS
LEADERS AND LEADERS OF FREEDOM MOVEMENTS OF ALL PARTIES
WILL TAKE PART AS WITNESSES OF WORLD CONSCIENCE ABOUT RIEMERGING
OF FASCISM STOP YOUR PRESENCE IS UNIVERSALLY
REQUESTED ALSO BECAUSE WE EXPECT FROM YOU A SHORT INTENSE
STATEMENT STOP VENICE BIENNALE IS HAPPY TO OFFER JOURNEY AND A
WEEK IN VENICE IN CONNECTION WITH ARTISTIC AND CULTURAL
MANIFESTATIONS NOW IN PROGRAM ALSO DEDICATED TO CHILDRENXXXXX
CHIEXXX CHILEAN FREEDOM STOP HOPE VERY MUCH RECEIVE ACCEPTATION
WITH EXCUSES SHORT NOTICE WE WAIT FOR YOUR ANSWER ALSO FOR
TECHNICAL TRAVELLING ARRANGEMENTS WITH THANKS AND GREETINGS
       CARLO RIPA DI MEANA PRESIDENT VENICE BIENNALE


COL OK
```

*FULLY SOLIDARY YOUR INICIATIVE
MOBILIZING WORLD CONSCIENCE
AGAINST REVIVING FASCISM AND
SUPPORT CHILIEN RESISTENCE STOP*

```
MNHMMS
25454Z RUNGI F
36211 TY PARIS F
```

Ao lado, o telex de Carlo Ripa di Meana, presidente da Bienal de Veneza, convidando-o para testemunhar sobre a situação política da América Latina. Abaixo, o telegrama da Universidade Columbia oferecendo-lhe o cargo de professor visitante.

THE WESTERN TELEGRAPH COMPANY, LIMITED

Em ligação com a WESTERN UNION para a AMERICA DO NORTE e com a CABLE AND WIRELESS LIMITED para o RESTO DO MUNDO

CIRCUITO, NUMERO, HORA DE TRANSMISSÃO E TELEGRAFISTA	PALAVRAS	TAXA
		Q PREV
	HORA	TOTAL

Não havendo qualquer indicação de categoria êste telegrama será considerado como ordinário.

INDICAÇÕES

CÓPIA

Categoria e Endereço

```
TLN100  N NQRO25  NQR NEWYORK 64/61 21  1129A
LT PROFESSOR OTAVIO BULHOES  FUNDAÇÃO GETULIO VARGAS
PRAIA DE BOTAFOGO  186  RIO --

COLUMBIA UNIVERSITY WISHES TO INVITE CELSO FURTADO
VISITING PROFESSOR ECONOMICS ACADEMIC YEAR 1964-1965 FROM
SEPTEMBER FIFTEEN NINETEENSIXTYFOUR TO JUNE FIRST
NINETEENSIXTYFIVE  PLEASE TRANSMIT THIS INVITATION IF
POSSIBLE AND PROVIDE FURTADO ADDRESS STOP IF FURTADO
INTERESTED FORMAL INVITATION WITH FINANCIAL CONDITIONS
WILL BE FORWARDED TO HIM BY LETTER
                              CHACEL
```

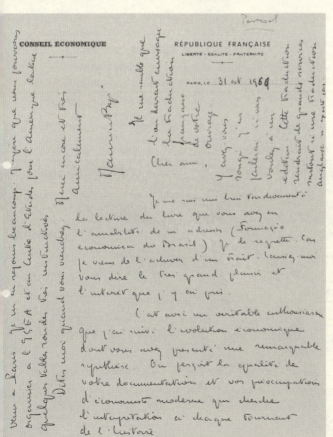

Três registros dos tempos de Sorbonne: a lista (*no alto à esq.*) com as notas de seus estudantes de economia, entre eles Abolhassan Bani Sadr, futuro presidente do Irã; o cartão de um engenheiro da Nasa (*no alto à dir.*) que pede dois artigos de Celso Furtado; a carta de 1966 do economista Maurice Byé, seu orientador de tese de doutorado.

> M......
>
> Au terme de 20 années de régime autoritaire, le Brésil va entrer, en 1985, dans une nouvelle période de son histoire, avec l'élection de Tancredo Neves à la Présidence de la République.
>
> Au moment où le pays s'oriente vers une remise en valeur des principes démocratiques, et recherche les voies et moyens d'un développement mieux partagé, nous serions heureux de nous réunir avec les personnalités françaises et les amis qui, au cours de ces deux décades, ont apporté un soutien actif aux Brésiliens, qui, pour des raisons politiques, faisaient appel à leur solidarité.
>
> Nous aimerions pouvoir compter avec votre présence, le 16 janvier prochain, à 19 heures, dans les salons de la Maison de l'Amérique latine, pour fêter ensemble cet événement.
>
> Pour la Campagne Pro-Tancredo Neves
> Celso Furtado
> Violeta Arraes Gervaiseau
> Luis Hildebrando Pereira da Silva
>
> RSVP M.A.L. Réception du 16.1.85
> 217 Bd St Germain 75007 Paris, tél 222 9760

Quando se encerrava o regime militar, exilados brasileiros organizaram uma recepção para agradecer o apoio recebido de personalidades francesas. O convite (*à esq.*, o rascunho) foi enviado a 125 intelectuais, políticos e artistas. Era o fim dos vinte anos de exílio que Celso Furtado passou na França (*abaixo*).

jovens. Não é só a classe média que se refugia no *je m'en foutisme*. São também os jovens de camadas populares que embarcam em movimentos negativistas e alienantes, como, por exemplo, o movimento "dark". Em parte, penso que isso se deve a não lhes serem oferecidas oportunidades organizacionais para o lazer, da mesma forma como lhes são negadas oportunidades de trabalho criativo. Uma das expressões desse negativismo é a nova música popular, com os seus grupos de rock pesado, punks, ska, reggae, dark e, mais brasileiro, o recém-criado deboche. Aliás, basta ler os nomes que escolhem para os seus conjuntos para se ter uma ideia do que pensam da sociedade: Cólera, Ira, Ultraje a Rigor, Garotos Podres, Ratos do Porão, Distúrbio Social, As Mercenárias, Escola de Escândalos, Plebe Rude etc. O grupo de maior sucesso na Bahia chama-se Camisa de Vênus, veja só.

Por outro lado, impressiona-me também a velhice e o engravatamento da maioria das manifestações culturais oficiais. Nem todas chegam ao extremo das mesas de honra da Candido Mendes, com Austregésilo de Athayde, Sobral Pinto e Barbosa Lima como presenças cativas, mas é quase.

Lendo a sua entrevista à *Veja*, colocando corretamente que a sociedade é quem produz cultura, cabendo ao Estado oferecer-lhe condições materiais para que produza mais e melhor, ocorreu-me perguntar a esses jovens das curtições musicais o que desejariam que o Ministério da Cultura e o partido do seu ministro lhes oferecessem. Pensei na realização, como uma das iniciativas primeiras da sua gestão, de um congresso da Nova Música Brasileira, a ser feito no Rio, sob o patrocínio conjunto do Ministério [da Cultura] e da Comissão de Relações com as Comunidades, do PMDB, que presido. Falei com o Ziraldo,* que não se opõe, desde que lhe sejam dados recursos. [...]

Um abraço de boas-vindas do

Marcio

---

* Então presidente da Funarte.

PARIS, 30 DE DEZEMBRO DE 1993

Prezado Marcio,

Quem muito escreve, como é o meu caso, está sujeito a ser mal interpretado, mesmo pelo leitor mais bem-intencionado.

O que eu escrevi em 1965-67 sobre "estagnação" econômica e que figura em *Subdesenvolvimento e estagnação na América Latina* (1966) era uma simples constatação do que estava ocorrendo em nosso país. Basta ver que no decênio dos 40 a produção industrial cresceu no Brasil a uma taxa média anual de 7%. No decênio seguinte, essa taxa se aproximou de 9%, havendo na fase 1956-61 superado 11%. Ora, no período de 1962-67 essa taxa não alcançou 2%. Mas não fiquei nessa constatação. Em 1968, no Congresso em que você era deputado, tive oportunidade de oferecer como sugestão de política nada menos do que um programa a que chamei de Um Projeto para o Brasil, no qual eram apresentados detalhadamente cinco conjuntos de medidas práticas. Esse projeto circulou amplamente sob a forma de livro ainda em 1968.* Nele tentei demonstrar que era possível retomar o crescimento sem concentrar a renda e a riqueza. Portanto, os economistas de esquerda não estiveram ociosos até fins de 1970, como você insinua. Resta acrescentar que em 1969 abre-se nova fase no país e Delfim Netto, aproveitando-se das facilidades decorrentes da expansão da liquidez internacional no recém-criado mercado do eurodólar, lança sua política perversa que levaria a um endividamento delirante do país e a um brutal processo de exclusão social.

Considero seu livro uma contribuição de primeiro plano para a compreensão de um dos períodos mais ricos de nossa história. As novas edições certamente se beneficiarão do debate que já está aberto. Esta carta é uma contribuição a esse debate.

Um abraço,

Celso

* *Um projeto para o Brasil*, Celso Furtado (Rio de Janeiro: Saga, 1968).

18. Maria da Conceição Tavares

Maria da Conceição dizia ter decidido estudar economia quando, poucos anos depois de chegar de Portugal, leu *Formação econômica do Brasil*, que Celso Furtado publicou em 1959. Em seguida ao golpe militar de 1964, ela trabalhou em Santiago com amigos comuns, brasileiros e chilenos, e mais tarde assessorou o Ministério da Economia do governo de Salvador Allende. Em 1972, passou meses em Paris, frequentando cursos de Celso na Sorbonne. Mas foi durante a redemocratização do Brasil que, ambos filiados ao PMDB, conviveram nas instâncias partidárias e na vida política. São poucas as cartas trocadas entre eles. As de Maria da Conceição, manuscritas, explicitam uma polêmica que se formou em torno da resposta acadêmica que ela e o economista José Serra, então também exilado no Chile, deram a um artigo de Celso Furtado, sobre subdesenvolvimento e estagnação na América Latina.*

---

* Cf. carta de CF a Marcio Moreira Alves, de 30 de dezembro de 1993, na página 210.

SANTIAGO, 20/3/71

Caro Celso:

Estou para escrever-lhe desde novembro passado, quando terminei os dois trabalhos que lhe havia mencionado quando você esteve aqui a última vez. Mas só agora ficaram editados e, sendo assim, o de Intermediação Financeira ainda vai em versão preliminar.

As nossas discussões ao longo destes três últimos anos foram o acicate principal que me levou a levantar o problema da estagnação que escrevi a quatro mãos com o Serra, e a tentar esclarecer alguns pontos da minha visão do problema do dinamismo recente da economia brasileira. Não sei se conseguimos, você julgará.

Dizem que uma mulher para ficar verdadeiramente adulta tem que "matar" a mãe. Para uma pobre aprendiz de intelectual, parece ser condição de avanço tentar "matar" o mestre. Há dois "pais" intelectuais que tenho tentado em vão "matar" nestes últimos anos: você e Aníbal Pinto. Desculpe a preferência ter-se centrado em você nesta discussão, mas estou justificada por várias razões: por se tratar de Brasil, pela ordem cronológica das influências (primeiro as mais antigas) e pela distância a que nos encontramos (dói menos). Com o velho Aníbal a briga é contínua, mas a morte é lenta. Dada a troca diária de opiniões, que nunca me permite saber quem é o "autor" das ideias, correria ademais o risco de cometer eutanásia contra mim mesma.

Toda essa conversa, "semifreudiana", é só para tentar dizer-lhe, *envergonhadamente*, o desafio que você representa para mim e o quanto lhe devemos todos (os seus discípulos), nessa briga maior que é entender este desgraçado país que é o nosso.

Este ano tenho intenções de desdobrar algumas ideias contidas em ambos os documentos, tanto aqui na Cepal (em linguagem "técnica") como fora, num seminário entre brasileiros (em linguagem "política").

Oxalá consiga alguma coisa que valha a pena, porque as férias que recém acabo de passar no Brasil foram muito dolorosas frente ao panorama atual, e deixaram-me afogada em ódio e espanto! Aquele maldito capitalismo doido e o miserável Estado nazista que estão implantando sobre a caveira da nossa gente estão me deixando num paroxismo de angústia que tenho de extravasar de algum modo! [...]

Um abraço saudoso da amiga e discípula fiel,

Maria da Conceição

PARIS, 18 DE MAIO DE 1971

Prezada Maria da Conceição,

Uma viagem e muito trabalho universitário são as desculpas que tenho para o atraso com que agradeço o envio dos seus dois trabalhos e sua carta "psicanalítica" do 20 de março. Li com muito interesse o trabalho que você preparou conjuntamente com o Serra sobre *estancamiento y desarrollo reciente de Brasil*. Creio que você ganharia em separar os dois temas e desenvolvê-los para publicação separada. Para superar o modelo de *estancamiento* você terá que apresentar outro, no mesmo nível de abstração, e não a interpretação de um caso concreto. As hipóteses que eu apresentei há seis anos para explicar um fenômeno real, que era a perda de velocidade do crescimento de alguns países da A. Latina, constituíam um ponto de partida para o estudo do problema. A *tendência à estagnação* não seria uma situação necessária, pela qual deveriam passar os países da A. Latina. Ela se havia manifestado em alguns casos e isso pedia uma explicação teórica. Ela podia ocasionalmente ser modificada, dizia eu, quando intervinham certos fatores, como melhora dos termos de intercâmbio. É evidente que a ação do Estado, ampliando a frente de investimentos, uma forte entrada de capitais estrangeiros, a reorientação das inversões em benefício de setores em que é mais intensa a absorção de progresso técnico, entre outros fatores, podem ter o mesmo efeito. Desta forma, um modelo desse tipo pode pretender explicar uma redução persistente da taxa de crescimento e nada mais. Hoje eu vejo o problema de forma algo diferente: trata-se menos de tendência à estagnação que de perpetuação do subdesenvolvimento. O meu artigo do número 150 do *Trimestre [Económico]* já enfoca o problema dessa ótica. Achei graça que vocês dissessem que o modelo é de corte neoclássico porque tem implícita a tendência à igualização da taxa de lucro, quando essa é uma hipótese de base comum aos clássicos, aos marxistas e aos neoclássicos. A introdução de imperfeições no mercado não modifica essa hipótese (que é a da racionalidade do empresário) pois a renda do monopolista para ser identificada pressupõe uma taxa de lucro *normal*. Os modelos neoclássicos pressupõem uma função de produção macroeconômica contínua, o que é essencial para que a taxa de juros desempenhe um papel central. O meu modelo agrega cinco (ou sete) funções de produção. [...]

Voltaremos a conversar sobre seu trabalho. Estou escrevendo hoje apenas para dar sinal de vida. Quanto a matar a mãe, não se preocupe, pois você nunca teve mestre entre os vivos. Você é mulher de uma só paixão e aquele que a mereceu vem há um século resistindo a todas as provas de parricídio...

Lembranças aos amigos e um afetuoso abraço para você do

[Celso]

SANTIAGO, 20/7/71

Caro Celso:

Estive com esperança que aparecesse por aqui durante este mês de julho, mas parece, pela data, que esse já não será o caso. Assim, em vez de agradecer-lhe pessoalmente a sua gentil carta de 18 de maio, venho agora fazê-lo com estas linhas rabiscadas numa noite fria de Santiago.

Li com atenção os seus comentários ao nosso trabalho, que serão tomados na devida conta, sobretudo no que se refere ao desdobramento em duas partes. A segunda parte, em particular, pretendo desenvolvê-la com algum carinho. Para isto estou trabalhando em duas "bandas" e duas "linguagens": uma para a Cepal — o desenvolvimento financeiro recente do Brasil —, outra para "nós" mesmos — Ditadura, Capitalismo de Estado e Subimperialismo.

Dei este semestre um curso sobre Acumulação Oligopólica na Escolatina no qual trabalhei sobretudo o Steindl, *Maturity and Stagnation in American Capitalism*, e o velho Hilferding (*O Capital Financeiro*). Neles busquei inspiração e maior rigor analítico para descrever melhor o fenômeno de acumulação, concentração e centralização do capital em regime oligopólico, que espero poder "adaptar" ao caso do desenvolvimento desigual e combinado. Mas é uma parada teórica tentar fazer isso referido ao nosso "caso" histórico-concreto. Comparando o que aprendi este semestre (inclusive relendo os "velhos" Marx, Rosa e Kalecki) com os alinhavos que eu e Serra traçamos o ano passado, verificamos que não nos faltou intuição, mas como estamos longe de fazer obra séria! Aí, eu particularmente, fiquei envergonhada de me ter metido a criticar o meu mestre (o ainda vivo) e reconheço que não o fizemos nos devidos termos, mas continuo com a impressão (e que alguma vez discutiremos mais a sério e de viva voz) de que você com a sua ênfase no subdesenvolvimento e na "estrutura", não esclareceu bem a questão do "movimento", ou seja, do caráter dialético da tendência à estagnação. [...]

Enquanto hóspede do Chile, sigo torcendo e sofrendo com este povo e eventualmente dando meus palpites em discussões econômicas com o pessoal do governo (pouco, porque sei muito pouco deste país prodigioso e estranho). Bem que gostaria que você aparecesse por aqui, para ver se você também ficava desanimado ou perplexo como o comum de nós, brasileiros (eu estou perplexa, mas não desanimada, continuo levando fé na "via pacífica").

Um abraço amigo da sua

Maria da Conceição

19. Octavio Ianni

Foi o sociólogo Octavio Ianni que levou o nome de Celso Furtado, então na Universidade de Yale, a colaboradores de *Les Temps modernes*. A revista dirigida por Jean-Paul Sartre estava interessada em publicar artigos sobre o Brasil e a América Latina. Dois anos depois, já em Paris, Celso encontrou o filósofo e Simone de Beauvoir, que lhe perguntaram se aceitava encarregar-se de um número sobre o Brasil. Conheciam-se desde a viagem de Sartre ao Recife, em 1960, quando Celso foi ouvi-lo e terminou se improvisando em seu intérprete. Em 1967, no encontro na varanda do La Coupole, em Montparnasse, Celso relembrou esse episódio e ouviu de Sartre que havia tempos tentava organizar a publicação, sem sucesso, porque os brasileiros não respondiam a cartas. Enganava-se o filósofo: Celso conseguiu a colaboração de todos a quem solicitou artigos. E prosseguiu sua correspondência com Octavio Ianni, em cartas enviadas, as de Celso, de New Haven e Paris, as de Ianni, de São Paulo, onde lecionava na Faculdade de Filosofia da USP (Universidade de São Paulo), à rua Maria Antônia, até ser aposentado compulsoriamente pelo Ato Institucional nº 5.

NEW HAVEN, 26 DE MAIO DE 1965

Prezado Octavio:

Recebi com satisfação sua carta de 10 do corrente, pois vinha pensando há algum tempo em estabelecer um contato com você. Soube da publicação de sua tese e teria satisfação em conseguir um exemplar da mesma.

Aqui tenho dedicado grande parte de meu tempo a uma tentativa de interpretação teórica do processo econômico latino-americano, com particular referência à integração no mercado mundial da segunda metade do século passado e à industrialização substitutiva. Os primeiros resultados desse trabalho estão reunidos em um estudo sob o título "Desenvolvimento e estagnação na América Latina: um enfoque estruturalista", de cuja versão inglesa estou enviando uma cópia para você. Meu propósito foi avançar mais na análise econômica com respeito a algumas teses que vêm sendo apresentadas de forma algo imprecisa nos trabalhos da Cepal e outros. Até que ponto é válida, do ponto de vista estritamente econômico, a tese de que existem obstáculos estruturais ao desenvolvimento latino-americano, na fase atual? Ao mesmo tempo, procurei deixar o terreno preparado para um enfoque interdisciplinar. Fernando Henrique, Francisco Weffort e outros do grupo de Santiago estão trabalhando em temas afins. Considero muito importante que nos mantenhamos em contato todos os que estamos trabalhando na mesma direção, pois somos um grupo muito reduzido. Do contrário seremos inexoravelmente transformados em material antropológico, pois a massa dos experts que nos estudam, nos pensam, e terminarão dizendo a nós mesmos o que somos, aumenta dia a dia em progressão assustadora. [...]

Estou pensando em mudar-me para a Europa a partir de setembro próximo. As condições de trabalho aqui são muito boas, mas prefiro o clima geral da Europa. Recebi um convite de Oxford e tenho estado inclinado a aceitá-lo. Se não for para a Inglaterra irei para a França. [...]

Na expectativa de outras notícias suas, mando um abraço,

CF

SÃO PAULO, 11 DE OUTUBRO DE 1965

Prezado Celso,

Há muito lhe devo notícias. Recebi sua carta de maio, datada de New Haven. Recebi também seu "Development and Stagnation in Latin America: A Structural Approach". E há poucos dias recebi "A hegemonia dos Estados Unidos e o futuro da América Latina". Você é uma das poucas pessoas que estão trabalhando no sentido de descobrir a natureza íntima dos acontecimentos. A maior parte dos intelectuais e políticos do Brasil acredita que tudo continuará mais ou menos como sempre. É incrível a capacidade de acomodação geral. Em parte, essa acomodação decorre de uma utilização insatisfatória do pensamento científico. Muitos trabalham com esquemas elaborados e abstratos. Por essa razão, são incapazes de perceber as novas tendências da realidade.

Seu último trabalho ("A hegemonia...") é muito importante. Deve ser publicado em português (*Política externa independente**) e em castelhano. Coloca os problemas fundamentais com coragem e objetividade. Deve ser difundido e debatido.

Pessoalmente, estou trabalhando num texto na mesma área. Em grande parte, o seu trabalho já resolve algumas questões que eu pretendia abordar. Estou fazendo uma tentativa de compreensão dos acontecimentos brasileiros à luz da situação na A. Latina, das relações com os Estados Unidos etc. Quero apanhar a crise na A. Latina (particularmente brasileira) como um ciclo civilizatório.

Em agosto estive em Salvador, participando de um simpósio sobre programação do desenvolvimento. Mal planejado e com gente péssima.

---

* Quatro meses depois, em carta a CF datada do Rio de Janeiro, 1º fev. 1966, Jayme Rodrigues, editor de *Política Externa Independente*, lhe informa que o artigo "A hegemonia dos Estados Unidos e o futuro da América Latina", já impresso, fora retirado do número 3 da publicação, para evitar confisco de toda a tiragem. Pouco antes, o Ato Institucional nº 2 obrigara o diretor da revista a dispensar todos os seus colaboradores cassados. Arquivo pessoal.

Fui porque alguns bons amigos insistiram. Queriam que eu ajudasse a colocar as questões em âmbito sociopolítico. De fato, procurei fazer o que era possível, num ambiente mesquinho. Para você ter uma ideia, quando citei seu nome, na primeira reunião, houve um "gelo" geral. Ninguém, a não ser eu, durante toda a semana, mencionou o seu nome. E quando eu disse que a Sudene havia sido prejudicada em suas finalidades fundamentais etc., depois do 1º de abril, houve outro mal-estar geral. Todo mundo está intimidado, ou aderiu oportunisticamente à farsa. [...]

Pelo correio aéreo estou enviando meu livro: *Estado e capitalismo*. É uma tentativa de interpretação de alguns processos econômicos fundamentais, no contexto de processos sociais e políticos. Em certo sentido, o período apanhado é o de 30 a 64. Relendo a obra agora, fico com a impressão de estar revendo uma época "arqueológica". Em todo o caso, no meu livro está uma reconstrução que agora denominaria "a era getuliana". Algumas reflexões mereceriam maior fundamentação. Mas eu queria fazer um livro não maçante. O fundamental está suficientemente comprovado.

Você verá: no meu livro Celso Furtado é um dos principais personagens. Eu diria que Getúlio Vargas e você marcam profundamente o universo da minha problemática. Não sei se fiz justiça. Conversaremos também sobre isso.

Precisando de algo, peça-me.

Abraço do

Octavio Ianni

PARIS, 2 DE ABRIL DE 1966

Prezado Octavio,

Recebi a sua carta de 11 de outubro e logo depois o livro.

Li seu livro com grande interesse. Há nele muito trabalho condensado e muita contribuição pessoal que exige reflexão. Tenho entretanto a impressão de que a sua leitura apresenta muitos obstáculos para o leitor ordinário, mesmo de nível universitário. É que você trabalha simultaneamente nos planos da construção conceitual e da análise do histórico. O resultado é que um público numeroso que poderia e devia ser atingido ficará fora do alvo. Concordo em que muitas vezes deveremos escrever para os colegas. Mas não podemos esquecer que o diálogo com um público maior é cada vez mais urgente, na nossa especialidade. [...]

Espero que esta o encontre em paz. Um abraço do seu amigo

[Celso]

PARIS, 22 DE DEZEMBRO DE 1966

Prezado Octavio,

Já lá se vão alguns meses de nosso encontro em San Juan e praticamente perdemos contato um com o outro. Cada vez mais me convenço de que nada é tão difícil como organizar-se para o trabalho intelectual: sempre temos coisas pendentes, leituras interrompidas, e sempre está presente essa consciência de que o que fazemos não é da qualidade devida. Tudo isso se agrava quando se vive no estrangeiro, sem infraestrutura adequada. [...]

Acabo de ver o primeiro número da revista *Dados*. O artigo de Carlos Estevam vem confirmar aquilo que você havia dito em San Juan: existe a preocupação de desacreditar o pensamento *engagé* em ciências sociais, e desacreditá-lo não discutindo os temas substantivos mas tachando de incompetentes aos que pretendem ligar a atividade intelectual à ação política. Se fizéssemos uma análise, como a que ele pretende ter feito, sobre o conceito de "monopólio", ou de intervenção estatal, ou de estrutura de poder, nos Estados Unidos chegaríamos à mesma conclusão de que a ciência social é lá subdesenvolvida. Não seria fácil saber se se trata apenas de um desejo, até certo ponto louvável, de afirmar-se, diferenciando-se daqueles que ocupam atualmente o primeiro plano, ou de um conluio visando a desorientar a nova geração que pareceria estar muito motivada no sentido de engajamento. Você que está por aí deve ter uma ideia mais clara das coisas. [...]

Um abraço para o Florestan e para o Antonio Candido. Esperando que suas andanças internacionais o tragam por aqui em 67, envio-lhe calorosos votos de felicidade extensivos a todos os seus.

[Celso]

S. PAULO, 4 DE JANEIRO DE 1967

Prezado Celso,

Acabo de receber a sua carta do dia 22 de dezembro. Na realidade não perdemos propriamente contato uns com os outros. O que ocorre é que não nos mantemos em comunicação na escala desejável. [...]

Há três meses fiz um debate público, com um dos ideólogos do 1º de abril. Aliás, é colega meu na faculdade; está na cadeira de Política. Trata-se do Oliveiros,* que defende uma estranha concepção de "Brasil imperial", com relação à A. Latina, além de elevar as Forças Armadas à categoria de "demiurgo" da história. O debate foi bom, principalmente porque foi promovido por uma entidade estudantil e contava com esse público, principalmente. Não foi difícil liquidá-lo.

E agora estamos participando do amplo debate sobre a reforma universitária. Estimuladas pelas sugestões e pressões do governo federal, todas as universidades — inclusive as estaduais, como é o caso da paulista — estão debatendo ou realizando modificações mais ou menos sérias. Em plano muito geral, essas modificações estão inspiradas na "filosofia"

---

* Oliveiros Ferreira (1929-2017) foi um cientista social e fez carreira como jornalista em *O Estado de S. Paulo*, onde chegou a diretor.

tecnocrática do governo, particularmente no plano econômico. Toda a universidade está sendo pensada em termos da relação investimento-produto, como se fosse possível reduzir a criatividade cultural a critérios econômicos, ou simplesmente financeiros. Estamos no debate, tanto quanto possível. Eu, pessoalmente, estou defendendo a tese de que precisamos propor uma reforma universitária capaz de conduzir à emancipação — tanto quanto possível — do pensamento nacional. Em particular, procuro mostrar que o Brasil somente ingressará em novo estágio de desenvolvimento se for capaz — também — de ingressar numa fase de produção de tecnologia própria. Etc.

Há poucos dias eu lhe mandei uma carta. Refiro-me à programação de uma revista, por uma equipe paulista. Estamos tentando entrar numa área pouco explorada: o debate de ideias e problemas tendo em vista a emancipação do pensamento nacional de esquematismos apressados. Precisamos dar combate sério e criador ao "pragmatismo" oficial e oficioso. É claro que a meia ciência do Roberto Campos é uma amostra típica dessa coisa. Ele mistura Weber e W. James com a maior tranquilidade, engambelando governantes, empresários e jornalistas basbaques. Ele chega a misturar Brecht com tudo isso. São muitas as manifestações de uma nova virada no pensamento brasileiro, em nome de uma eficácia apressada, demasiado instrumental. Oportunamente conversaremos sobre essas coisas. Aliás, conforme você observou muito bem na sua carta — ao comentar o artigo de *Dados* —, em nome de uma pretensa objetividade procura-se desacreditar algumas coisas sérias feitas no Brasil. [...]

Candido e Florestan agradecem e retribuem abraço. Espero que você e os seus tenham tido uma boa passagem de ano.

Abraço do

Octavio Ianni

S. PAULO, 10 DE AGOSTO DE 1967

Meu caro Celso,

Depois de minha experiência metropolitana,* passei algumas semanas no México e no Peru, para ver amigos e colher mais elementos para os meus estudos e cursos. Deveria começar meus cursos esta semana, aqui em S. Paulo. Entretanto, os estudantes de ciências sociais começaram o semestre em greve. A causa imediata da greve é a condenação de um estudante a um ano de prisão. Outros têm sido presos ultimamente. Novos processos estão sendo iniciados, contra estudantes e jornalistas. Provavelmente voltarão a fazer o mesmo com professores, políticos e trabalhadores. Os pretextos são "organizações guerrilheiras" no Brasil e na A. Latina. Como os regimes políticos vigentes nestes países não correspondem "adequadamente" a grupos representativos nacionais, o endurecimento geral é a perspectiva imediata. Em contrapartida, as inquietações desdobram-se facilmente na violência, de lado a lado. Segundo notícias fragmentárias nos jornais, um esquema latino-americano já está preparado para enfrentar as guerrilhas bolivianas e adjacentes. É óbvio que isso provocaria outros desdobramentos da crise latino-americana. [...]

Iniciarei um estudo sobre a A. Latina. Nos Estados Unidos, tanto como no México e no Peru, colhi mais alguns dados úteis aos meus estudos. Tão logo quanto possível quero examinar problemas latino-americanos. Agora sinto-me melhor preparado para perceber tanto as singularidades nacionais como as continentais. A continentalização da A. Latina progrediu muito nos últimos anos.

Abraço amigo do

Octavio Ianni

---

* Octavio Ianni passou na Universidade Columbia os meses de janeiro a junho de 1967.

20. Otto Maria Carpeaux

Foi em torno de 1953 que Celso Furtado conheceu Otto Maria Carpeaux, no Rio de Janeiro. Ele era um dos frequentadores da redação da revista *Cultura*. Já dez anos antes, quando cursava direito, Celso aprendera a admirar o intelectual austríaco que, com sua imensa erudição, começara a divulgar, em artigos de crítica literária, autores estrangeiros praticamente desconhecidos no Brasil, como Franz Kafka. A correspondência trocada com Carpeaux deu-se sobretudo em torno de sua colaboração para o número de *Les Temps modernes*, quando escreveu à mão um longo artigo sobre a literatura brasileira, a seu ver sempre oscilante entre o bovarismo e o engajamento. A última carta de Carpeaux, manuscrita, relata a perseguição política e a censura que lhe impôs a ditadura.

PARIS, 2 DE JANEIRO DE 1967

Prezado Carpeaux,

Que 67 o tenha encontrado de ânimo altivo e que o presenteie com muitas oportunidades de ação criadora, são os meus votos muito cordiais.

Aceitei a incumbência de organizar um número de *Les Temps modernes* sobre nosso país. [...] Considero da maior importância poder contar com a sua cooperação através de uma análise da moderna literatura brasileira. Creio que você é a única pessoa que poderia situar essa literatura no quadro das literaturas contemporâneas. Não se trata de artigo de vulgarização e sim de uma análise em que o mais importante é o seu próprio pensamento interpretativo. Tampouco se trataria de uma apresentação exaustiva das correntes da literatura brasileira contemporânea, e sim, de uma ordenação daquilo que existe de mais permanente com a perspectiva de uma ou duas gerações.

Na expectativa de uma palavra sua, antecipo os meus agradecimentos e envio-lhe um afetuoso abraço.

Celso Furtado

RIO, 15/1/67

Prezado mestre e amigo Celso Furtado:

Recebi com incompreensível atraso e imensa satisfação sua carta do dia 2/1/67 e agradeço muito sua confiança. Compreendo a grande importância que um número especial de uma revista como *Les Temps modernes* possa ter; e vou fazer o maior esforço possível para justificar aquela sua confiança. Ainda não sei se vou escrever em francês (nesse caso: revisto por um dos meus amigos franceses aqui) ou em português. Em todo caso, o artigo estará pontualmente em suas mãos.

"Em todo caso..." é maneira de dizer. Meus últimos artigos na agora fechada *Folha da Semana* e meu aparecimento como paraninfo das faculdades de Filosofia no Rio e em São Paulo podem ter chamado a atenção de quem dispõe de todos os poderes sobre a gente, e a futura Lei de Segurança Nacional é outra ameaça grave. Enfrentaremos tudo isso, mas também é preciso contar com "acidentes de trabalho" e *"force majeure"*. Vamos ver.

Enfim, quero dizer a você que seus últimos trabalhos fortaleceram muito minha velha e enraizada admiração. Para não falar dos livros, saliento o artigo sobre "A hegemonia dos EEUU e o futuro da América Latina", que li primeiro em espanhol, em *Columna 10* (Buenos Aires) e ao qual conseguimos dar a necessária divulgação no Brasil, em folheto da Abid [Associação Brasileira Independência e Desenvolvimento]. Raramente li síntese tão lúcida, tão completa, tão esclarecedora. Agradeço a oportunidade que v. me proporcionou de ter assim à mão seu pensamento e, quem sabe, talvez em breve se ofereça outra oportunidade: para agradecer pessoalmente.

Um afetuoso abraço do amigo

Otto Maria Carpeaux

RIO, 8/2/67

Caro mestre Celso Furtado,

Circunstâncias absolutamente imprevisíveis destruíram parte dos meus projetos quanto ao artigo para o qual v. me convidou. Quis escrevê-lo, em calma, em francês, depois mandar revê-lo por um amigo belga aqui, mas: 1) esse amigo, por força maior, não está mais à minha disposição; 2) adoeci de repente com um doloroso tremor no maxilar inferior, não sabia quando iria estar *fit* pra pensar e escrever, e enfim, agora, escrevi o artigo imediatamente depois da intervenção cirúrgica, por medo de novas complicações e de perder o prazo. Estou totalmente sozinho, não tenho ajuda nenhuma, até a máquina enguiçou e continua irreparável durante estes estúpidos dias de Carnaval, ainda por cima sem luz elétrica etc. etc. Foi assim que dei à luz. Mas fiz o maior esforço possível para não decepcionar você.

Não acho necessário eu ver a tradução francesa, o que significaria tempo perdido. Confio plenamente no tradutor que você escolher.

No resto: não participo do relativo otimismo de alguns quanto às consequências da mudança de governo. Mas tampouco acho que há motivos para desesperar. Talvez as circunstâncias me permitam visitá-lo em breve em Paris; mas melhor seria saudá-lo aqui no Brasil — e quem sabe?

Um grande abraço do seu amigo

Otto Maria Carpeaux

P.S. Se for possível, eu desejaria que a tradução fosse feita por um jovem amigo meu, o exilado brasileiro Pedro Taulois.

PARIS, 12 DE FEVEREIRO DE 1967

Prezado Carpeaux,

Recebi o seu artigo, que acabo de ler. Antes mesmo de agradecer a sua cooperação, realizada nas condições de pobreza de infraestrutura em que você trabalha presentemente, quero dar-lhe um caloroso abraço de felicitações, pois você produziu uma síntese magistral do processo cultural brasileiro visto do ângulo da literatura escrita. Síntese no sentido de totalização apoiada em três ou quatro intuições, dessas que iluminam à distância. Vou permitir-me fazer uma única sugestão e peço-lhe que tenha em conta que ela parte de uma pessoa que está movida por profunda simpatia para com todos os pontos de vista que você adota. Seria suprimir a frase: "Já tivemos escritores francamente revolucionários que preferem hoje, à defesa dos direitos humanos, a defesa de seus direitos de tradução e filmagem nos Estados Unidos". A frase parece ter dois sentidos. Para o leitor comum ela não diz nada, pois essa forma de prostituição existe por toda parte, e aqui se podem multiplicar os exemplos. Para um leitor capaz de ler nas entrelinhas poderá parecer que ela tem endereço certo, e isso poderia prejudicar a força persuasiva da análise e de suas conclusões. É simples sugestão de leitor. A última palavra sempre será sua. [...]

Estou escrevendo ao Pedro Taulois para tomar contato com ele.

[Celso]

RIO, 19/2/67

Caro mestre Celso Furtado,

Muito grato pela sua carta que me consolou num tempo de tantas aflições.

Aceito imediatamente sua sugestão de tirar a frase que lhe parece inconveniente e — mais — peço *também tirar* as palavras precedentes e seguintes. O texto, como escrevi, foi o seguinte: "... não raramente é recurso eficaz para a ascensão social. *Já tivemos ministros que se tornaram ministros porque tinham sido críticos literários. Grande é o prestígio social da Academia de Letras: mas entrar nela significa muitas vezes, literalmente, o enterro. Já tivemos escritores francamente revolucionários que preferem hoje à defesa dos direitos humanos a defesa dos seus direitos de tradução e filmagem nos Estados Unidos. Mas também já tivemos literatos que, fracassando nas letras, se tornaram grandes demagogos. Uma ambição ajuda a outra.* É um catch-as-catch-can para pertencer...".

Todas as frases e palavras *sublinhadas* saem do texto. O novo texto será o seguinte:

"... não raramente é recurso eficaz para a ascensão social; recurso engendrando uma coorte de carreiristas, adesionistas, renegados, traidores — '*non ragioniam di lor, ma guarda e passa*'. É um catch-as-catch-can para pertencer..."

Peço mais outra pequena modificação. O segundo parágrafo depois começa assim: "A literatura brasileira, como realidade, tem o ativo de alguns grandes escritores e obras; o passivo é a falta de autenticidade dessa literatura...". Peço modificar assim:

"A literatura brasileira, como realidade, tem o ativo de alguns grandes escritores e obras e, hoje, de um número apreciável de talentos notáveis, na poesia, na ficção, no ensaio — enfim, ela existe; o passivo é a falta de autenticidade dessa literatura..."

Enfim, peço desculpa por lhe dar tanto trabalho. Mas sei que você me dará a absolução.

O grande abraço do seu amigo

Otto Maria Carpeaux

RIO, 3/11/67

Caro mestre Celso Furtado,

Por intermédio do nosso amigo Antonio Callado recebi exemplar do número especial dos *Temps modernes*. Em primeira linha, quero manifestar minha admiração por seu artigo e, aliás, por toda a organização do caderno, que saiu muito bem e do qual espero útil efeito psicológico. Mas antes de tudo lhe agradeço a oportunidade para escrever, oportunidade que já não se me oferece mais no Brasil.

Como sabe, não fui até hoje molestado pelas autoridades, apesar da minha atitude ostensivamente oposicionista. Mas os jornais, em parte por pressão das agências americanas de publicidade e em parte por vontade própria, resolveram boicotar-me. No começo deste ano tive de sair do *Correio da Manhã*, cuja diretoria atual é inqualificável. Nenhum outro jornal me aceita como redator; até meus artigos literários no *Estado de S. Paulo* não são mais publicados. A *Folha da Semana* desapareceu e não foi possível substituí-la. O ostracismo é, portanto, completo. E sua intervenção em Paris foi providencial para eu, pelo menos uma vez, poder manifestar que minha atitude não mudou e não mudará.

O fato não me causa preocupações de ordem material. Tenho, por enquanto e embora de maneira instável e insegura, bastante trabalho que me sustenta satisfatoriamente. Mas o silêncio, que me foi imposto, produz hemorragias internas intelectuais — tanta coisa para engolir sem falar! Também se torna cada vez mais difícil a situação entre polos opostos: de um lado amigos ativistas (quase tolamente ativistas) e, por outro, os amigos tão cautelosamente moderados e fatalistas que já parecem participar da apatia resignada que domina o país. E grandes adesões e acomodações! É difícil explicar tudo isso em carta. Mas não perco a esperança de falar-lhe talvez em breve, pessoalmente. Por enquanto, mais um agradecimento e o grande abraço do amigo

Otto Maria Carpeaux

21. Plinio de Arruda Sampaio

Plinio de Arruda Sampaio foi o intermediário entre Celso Furtado e a reitoria da Pontifícia Universidade Católica de São Paulo, em 1973. Eles já se conheciam desde o governo de João Goulart, quando o primeiro era deputado federal, e o segundo dirigia a Sudene. Ambos figuraram na primeira lista dos cassados pelo regime militar. Quase dez anos depois, Plinio encaminhou-lhe o convite do reitor Geraldo Ataliba, que, por sugestão de d. Paulo Evaristo Arns, então arcebispo de São Paulo, queria que Celso integrasse o corpo docente da PUC. Ele se interessou, imaginando que já seria hora de retornar ao Brasil. Não era. Até mesmo sua chegada a São Paulo ficou na dependência de uma sondagem em Brasília, feita pelo senador Franco Montoro, a fim de saber como o regime militar receberia a notícia de sua presença no país. Celso passou um semestre na universidade, quando ministrou um seminário sobre economia do desenvolvimento, mas não prolongou a estada, intuindo o descompasso entre o sonho da volta e o tenso momento político. Plinio acompanhou todo esse projeto que não teve vida longa. As cartas trocadas entre eles, as de Plinio ora manuscritas ora datilografadas, sempre longas, trazem comentários sobre o possível abrandamento do regime, o engajamento da Igreja, a luta pela democracia. Celso e Plinio se reencontrariam, dez anos depois, em Brasília, quando um era ministro da Cultura e o outro, deputado constituinte.

BETHESDA, 5 DE MAIO DE 1973

Prezado Celso,

Quero contar-lhe alguns fatos ocorridos após sua estadia em Washington e que parecem confirmar as conversas que mantivemos naquela oportunidade. A maioria das organizações de esquerda começou a debater seriamente o problema do lançamento de uma "Frente de Luta pela Democratização". O grupo de Santiago tomou a liderança do assunto e a batalha das análises e contra-análises já está deflagrada, no melhor estilo da esquerda brasileira. Apesar disso, considero o fato extremamente salutar. Antes, o assunto não constituía sequer matéria de discussão...

Fernando Henrique passou por aqui e contou-me que está recusando convites de elementos ligados ao governo para dar sugestões sobre formas de liberalização do sistema político. Considerei a reação demasiado purista e aconselhei-o a conversar com essa gente até pela necessidade de estabelecer contato com o inimigo. Daqui o Fernando seguiu para o Chile, onde esteve com Almino,* cuja posição, embora muito cautelosa, é basicamente a mesma. Como decorrência desses e de outros contatos, consegui apurar, de fonte bem chegada ao Geisel, que este, se designado, proporá o restabelecimento do habeas corpus e a eliminação da censura de imprensa. Considero o dado importante, sem deixar, contudo, de admitir também que, entre a intenção e a possibilidade concreta de materializá-la, vai uma distância enorme. De qualquer forma esta informação, se correta, confirma a tese de que existem forças poderosas dentro do sistema propugnando por uma certa liberalização.

Outro fato interessante é o crescente envolvimento da Igreja na luta democrática. As recentes prisões ocorridas em São Paulo decorreram de u'a missa rezada pelo cardeal, pela alma de um estudante assassinado pela polícia. Recebi o texto dos cânticos e orações dessa missa. São fran-

---

* Almino Afonso (1929-), ex-ministro do Trabalho de João Goulart e então exilado no Chile.

camente provocativos. Basta dizer que alguns dos cantos são pedaços do "Caminhando". Informaram-me também que o cardeal do Rio tem atuado vigorosa e intensamente na libertação de presos políticos. Sua intervenção foi vital para o relaxamento da prisão do Fernando Gasparian e da mulher do [Wilson] Fadul.

A esses dados positivos é preciso contrapor, no entanto, as notícias mais recentes sobre assassinatos, prisões e torturas. Fernando Gasparian, como você já deve saber, foi preso pela segunda vez e de acordo com a notícia que recebi ontem, o *Opinião* foi suspenso outra vez. Essa nova investida repressiva enseja duas interpretações: ou nossas análises estão incorretas e o regime caminha mesmo inexoravelmente para o fascismo mais total e absoluto ou essa recidiva do terror ditatorial é uma espécie de gesto desesperado da linha dura ante a iminência da entrega do poder ao grupo mais liberal do Geisel.

O Costa Pinto* manifestou-me outro dia seu imenso desânimo ante essa repetição da luta antiditatorial. Toda nossa energia está sendo mobilizada para uma luta que ele realizou, na sua juventude, contra a ditadura getulista. "Não caminhamos nada!" Tive que concordar, pois não se pode vislumbrar realmente uma diferença qualitativa entre a luta dos anos 1940 e a que pretendemos travar agora. Mas isso não me parece tão relevante. O que sim me preocupa é saber por que razão voltamos à situação dos anos 1940. Só encontrei uma resposta aceitável: porque não fomos capazes, por falta de um sério esforço de análise política e de projeção de caminhos concretos para o futuro, de acumular as experiências vividas pelo povo brasileiro em todos esses anos. Não há continuidade. Não há tradição de luta, porque não há um pensamento claro e profundo orientando a ação. [...]

Receba um abraço do

Plinio

---

* Luiz de Aguiar Costa Pinto (1920-2002), sociólogo, autor de trabalhos sobre sociologia rural e relações raciais.

PARIS, 3 DE JULHO DE 1973

Prezado Plinio,

Agradeço muito a sua generosa carta de 5 de maio. Ela apanhou-me aqui no tumulto dos exames: teses, *mémoires*, exames escritos e orais... Creio que é a última vez que enfrento essa batalha. Estou realmente decidido a mudar de vida, quando não seja para viver um pouco mais... estou partindo para o Brasil no dia 27 deste mês, numa incursão exploratória. Irei a São Paulo conversar com o Fernando Henrique e verei, se o encontro, o Geraldo Ataliba Nogueira. Meu propósito é passar seis meses por ano (de março a agosto) no Brasil, de preferência em São Paulo, combinando uma pequena atividade no Cebrap com alguma atividade de pesquisa ligada à docência na Católica. A docência terá que ser em nível de doutorado, para um reduzido grupo de pessoas realmente interessadas em aprofundar o estudo de alguns problemas teóricos ou práticos ligados à realidade brasileira. Regresso pela metade de setembro para seguir para a Inglaterra (Cambridge) onde permanecerei todo o ano letivo, descansando um pouco e pondo alguma ordem às ideias.

Concordo basicamente com a sua linha de reflexão: a transição está aberta, isso é perceptível tanto nos arraiais da ditadura como no subconsciente da oposição. Também aqui o pessoal está se reunindo dentro do espírito de constituição de uma frente pela redemocratização. Há poucos dias me convidaram para falar sobre a situação econômica. Tratei de mostrar a evolução favorável dos preços dos produtos primários nos mercados internacionais e as repercussões positivas que daí virão para a renda do setor agrícola no Brasil. Por outro lado, o serviço da dívida está sendo transferido para a frente com habilidade. De tudo isso virá novo alento para o governo. Assim, o governo Geisel poderá lançar-se numa política mais liberal, inclusive no plano salarial, sem comprometer o atual sistema. Em síntese: tudo no Brasil terá que ser concebido como um processo lento e complicado. Não concordo que estejamos recomeçando na posição de 1944-45, como pensa o nosso Costa Pinto. Naquela época todos éramos guiados por mitos, que iam do tenentismo brigadeirista* ao sectarismo estalinista. De Brasil, pouco se sabia e pouco interessava. Não se esqueça de que uma contrarrevolução similar à nossa de 1964, como foi o golpe de Luís Bonaparte na França, abriu um processo ditatorial que durou dois decênios, e isso porque enfrentou no fim uma guerra externa que perdeu. O Brasil de hoje é um país muito mais maduro. Hoje temos consciência da extrema inorganicidade do povo brasileiro. Em poucas partes a tutela das elites ter-se-á exercido de forma tão inexorável para evitar que o povo tome consciência de seus próprios problemas e manifeste um embrião de vontade. Que significou fazer política entre 1945 e 1964? Pense em Ademar e Jânio: contribuíram eles com alguma coisa para que o povo tivesse um pouco mais de confiança em si mesmo e mais respeito pelos seus líderes?

Por outro lado, essa fascinação que sentem os nossos intelectuais (e a esquerda entre nós é um grupo de intelectuais) pelas ideias que vêm de fora. O intelectual periférico sofre essa deformação: ele precisa imaginar que os problemas do seu país são os mesmos que se apresentam nos países que lideram a história do capitalismo. O nosso ponto de partida deve ser o mais simples: ajudar o povo a identificar os seus problemas longe de qualquer tutela. [...]

Estou decidido a simplificar o mais possível a minha vida doravante. Tenho trabalhado demasiado nos últimos anos (últimos vinte anos...) e sinto a marca tanto no físico como no espírito. Por outro lado, me convenci de que o nosso país não é problema de uma geração. O que importa é fazer bem certas coisas e contribuir para que os que vêm depois não tenham de começar antes de nós, isto é, não se sintam como nosso amigo Luiz. E que de tudo isso sobre um pouquinho de tempo para a vida de simples mortais que somos. O extremo sentido de urgência que me vem de uma educação protestante que não tive, hoje eu interpreto como um

---

* Referência ao brigadeiro Eduardo Gomes (1896-1981), que participou do tenentismo dos anos 1920 e foi duas vezes candidato à Presidência da República pelo partido de direita UDN (União Democrática Nacional).

sentimento de arrogância. Como bem compreendeu o grande alienista Simão Bacamarte, louco é somente aquele que se sabe perfeitamente equilibrado. Tomar o Brasil demasiado a sério seria patriotismo ou alienação?

Lembranças aos seus e um apertado abraço para você do

[Celso]

BETHESDA, 18/3/74

Prezado Celso,

As reiteradas advertências dos economistas sobre a impossibilidade de estabelecer relações diretas entre os fenômenos econômicos e os fatos políticos não conseguem evitar que os leigos fiquem muito excitados todas as vezes que surgem crises econômicas, procurando logo, nas flutuações do dólar, na inflação mundial, na falta de alimentos ou na alta do preço da energia elementos para seus cálculos políticos de curto prazo.

Como não sou melhor do que os outros, não tenho por que resistir à tentação de perguntar aos entendidos: qual poderá ser a repercussão da crise atual no quadro brasileiro?

Li e reli o relatório anexo, apresentado ontem pelo McNamara aos diretores do Banco Mundial, mas minha ignorância não me permitiu ir muito além da óbvia conclusão de que a crise obrigará a reajustes profundos na atual política econômica brasileira. Seria preciso, porém, dar um passo adiante desse óbvio ululante e tentar estabelecer, pelo menos, os limites estruturais desse reajuste e, em função dele ou das exigências que ele coloca, as perspectivas políticas que se abrirão proximamente.

Tive uma reação pessimista quando ouvi falar da crise. Eu havia formado a conclusão de que caminhávamos para uma certa abertura política, em função de uma análise que se baseava, entre outros elementos, no fato de o Brasil gozar atualmente de uma situação econômica favorável. Pareceu-me então que a crise, criando a necessidade de manter e talvez até de aumentar a necessidade de impor sacrifícios ao povo, afastaria a possibilidade de uma certa liberalização ou tolerância política. As épocas de crise — se minhas leituras da história foram bem assimiladas — são propícias às irrupções revolucionárias ou ao autoritarismo; quase nunca às liberalizações de tipo democrático. Como a hipótese de uma revolução popular está afastada do quadro brasileiro imediato, entre outras causas pela extrema debilidade da nossa esquerda, a triste conclusão a que cheguei foi a de que a crise representaria mais uns bons anos de total fechamento.

Lendo, porém, o relatório do Banco, pareceu-me entender que um dos caminhos que o Brasil tem de seguir, a fim de enfrentar a crise, é o de partir para uma certa redistribuição da renda. Se essa hipótese for correta, abrem-se, a meu ver, duas perspectivas políticas importantes: a já mencionada liberalização do regime e a possibilidade de um novo "golpe dentro do golpe", só que desta vez para imprimir um cunho mais popular à ditadura militar. Explico: ante a disjuntiva de impor novos e maiores sacrifícios ao povo ou proceder a uma certa distribuição da renda para evitar um agravamento da tensão social, não me parece impossível que surja um grupo militar partidário da segunda alternativa. [...]

Seus planos continuam inalterados? Por minha parte, se houver uma abertura, passarei os meses de julho e agosto em São Paulo. Seria ótimo se pudéssemos nos encontrar nessa ocasião.

Espero que sua estadia em Cambridge tenha sido muito frutífera.

Um abraço,

Plinio

PARIS, 19 DE DEZEMBRO DE 1974

Prezado Plinio,

Os meus planos de regresso ao Brasil continuam firmes. Pretendo estar por lá a começos de março próximo. Irei ao México na Semana Santa para uma conferência e de lá seguirei para o Brasil. A ideia é iniciar a atividade docente na Universidade Católica de São Paulo e aproveitar para retomar contato mais de perto com os problemas do país. O resultado das eleições me fez mais otimista: o país estava menos adormecido do que se pensava. Tenho a impressão de que em tudo isso teve muita importância o trabalho educativo realizado por *Opinião*. O Fernando Gasparian é um dos verdadeiros autores dessa vitória.

Esteve por aqui o Darcy [Ribeiro], depois de uma visita a Portugal. Peço sua discrição pois ele mesmo manteve essa discrição conforme pude comprovar. O médico recomendou uma operação urgente no pulmão, onde se lhe formou um tumor maligno. Eu recomendei enfaticamente que ele regressasse ao Brasil para operar-se lá. É provável que ele tenha desembarcado no Rio ontem, vindo do Peru, e que já haja sido feita a operação. Ele é um homem de extraordinária força interior. Saiu daqui de ânimo alto e em nenhum momento perdeu o bom humor.

Boas festas e muitas felicidades no ano novo, são os votos que envio a todos os seus e a você, com um cordial abraço.

[Celso]

SÃO PAULO, 12 DE MARÇO DE 1994

Prezado Celso,

Não nos comunicamos há muito tempo, mas tenho estado sempre atento ao seu trabalho. O Plininho, que andou pela França e teve várias ocasiões de ouvi-lo e de conversar com você, me dá notícias suas.

Li e reli seu último livro e tenho acompanhado com alegria seus últimos artigos e suas corajosas entrevistas. Nem tudo está perdido enquanto restam brasileiros com fé nas possibilidades do país. A maioria da nossa geração sucumbiu à violência das agressões que estão sendo cometidas contra a nossa soberania e a nossa cultura. É uma verdadeira "blitzkrieg". Mas a moçada de hoje nem sabe o que é isto.

Estou entre os "dinossauros" que não entregaram os pontos. Tenho procurado ajudar o MST e fiquei muito contente com sua coragem de fazer afirmações contundentes, como a de que os Sem Terra constituem hoje o movimento mais sério que temos no Brasil e a de que há, sim, lugar para a agricultura de subsistência como meio de reduzir o desemprego no país.

Além de ajudar o MST, decidi aventurar-me em uma empreitada que mais valeria ter empreendido aos quarenta anos do que aos sessenta: estou criando um jornal.* Não é possível que somente a chamada "grande imprensa" conte e explique aos cidadãos o que está acontecendo no país. Trata-se de um semanário editado simultaneamente em vários pontos do país, por uma rede de pequenos jornais locais. Milagres da internet. Estou fazendo uma experiência em alguns bairros de São Paulo e embora a tiragem seja muito modesta, estou no 31º número e convencido da viabilidade da ideia.

Preparo agora uma edição especial — para assinantes — em todo o país. A fim de convencer possíveis leitores, estou declinando os nomes dos colaboradores do jornal. São umas vinte pessoas do maior respeito e você deve conhecer todas. O prestígio da publicação aumentaria exponencialmente se pudesse contar que, de vez em quando, o Celso Furtado enviará um artigo ou dará uma rápida entrevista telefônica ao jornal. [...]

Se o convite o atrair, faça-me saber. Obviamente, se não puder ser aceito, saberei compreender e continuarei, como sempre, seu fiel amigo e admirador.

Cumprimento-o pela deferência e reconhecimento que recebeu ao ser o brasileiro especialmente convidado para a cerimônia de entrega do

---

* O *Correio da Cidadania* foi fundado em 1996, em versão impressa, e depois em versão digital.

prêmio do rei Balduíno ao Movimento dos Sem Terra.* É eloquente essa escolha e eu me regozijo com ela.

Um abraço,

Plinio

RIO, 25/11/97

Prezado Plinio,

Não podendo comparecer à reunião da Consulta Popular que se realizará em Itaici de 8 a 11 de dezembro próximo, peço que transmita aos autores do documento "Diretrizes para um Projeto Nacional" minhas sinceras congratulações. É muito oportuna a ênfase dada à dimensão cultural do problema brasileiro. Nossa dependência é menos mercantil do que cultural. Somente uma mudança no plano dos valores que presidem nossas vidas dará novo rumo à construção nacional. Sem essa mudança, nosso falso desenvolvimento nos levará a uma catástrofe social. A luta em que vocês estão empenhados reacende a esperança no futuro do Brasil.

Um abraço de

Celso Furtado

* O Prêmio Internacional Rei Balduíno para o Desenvolvimento de 1996 foi atribuído ao Movimento dos Trabalhadores Rurais Sem Terra, e entregue em 1997.

22. Os políticos

Celso Furtado só se filiou a um partido em 1981, quando, ainda no exílio, considerou que a luta pela redemocratização exigia, em suas palavras, arregaçar as mangas e carregar peso. O partido foi o PMDB, então presidido por Ulysses Guimarães. Envolveu-se ativamente na vida partidária, em campanhas eleitorais de governadores e congressistas. Dois decênios antes, trabalhara de perto, como ministro, superintendente da Sudene, e consultor econômico informal, com três presidentes da República, Juscelino Kubitschek, Jânio Quadros e João Goulart. E em 1986 assumiu a pasta da Cultura no governo de José Sarney. Apesar desse contato com políticos, em seus arquivos não são muitas as cartas trocadas com eles. Algumas merecem ser reproduzidas, por revelarem posições ora opostas ora afins.

CARLOS LACERDA

BEAULIEU-SUR-MER, 16.5.68

Caro Celso Furtado,

Guardo, com grande confiança e proveito, cada palavra do nosso encontro. Não sei se isto lhe dá satisfação, mas quero dizer-lhe que você excedeu a minha expectativa, que era boa e grande. Encontrei-o com o talento de sempre, mas amadurecido, sobranceiro, sem amargura — e sério, desta essencial seriedade que falta tanto às esquerdas e às direitas, como diria o outro.

Conversamos numa longa distância de todo charlatanismo, fogo de vista, automistificação que assolam as conversas desse gênero.

Por isto mesmo me animo a reiterar a sugestão de que não deixe de atender ao convite da Câmara. No dia seguinte a nosso encontro recebi longa carta do deputado Adolfo de Oliveira,* e pelos deputados Padre Godinho e Jorge Curi, um recado verbal do Adolfo: se pudesse, eu procurasse você para dizer do interesse que tem a Comissão, e toda a Câmara, em ouvi-lo.

Particularmente sei que o deputado Adolfo perguntou (verbalmente) ao ministro da Justiça como este encarava a sua ida e o doidinho disse que não via inconveniente. Apesar da irresponsabilidade dele não creio que se atrevam a qualquer vexame. E você, pelo que me disse, já percebeu muito bem o significado desse comparecimento. Aliás, o que não reiterei bastante, e você *et pour cause* silenciou, foi noutro ponto ainda mais importante: a utilidade de seu pronunciamento na aceleração da primeira fase do processo de democratização (a fase a que você tão bem se referiu na conversa) e na abertura da segunda — a da perspectiva positiva que se oferece aos brasileiros.

Os dois deputados, consultados, reiteram a convicção de que esse comparecimento terá essa dupla e mais do que oportuna consequência. Disseram-me eles que, segundo o Adolfo, seu comparecimento estaria previsto para entre julho e agosto. É ótimo. Estarei no Rio em *começos de julho*. No Rio, não, em Brasília, pois faço questão de estar presente para ouvi-lo.

Pena que não tivéssemos ocasião de renovar, aprofundando-a, a nossa conversa. Gostaria que soubesse que tenho por você antiga admiração

---

* A convite do deputado Adolfo de Oliveira (1924-99), CF depôs na Comissão de Economia da Câmara dos Deputados, em junho de 1968. O ministro da Justiça consultado era Luís Antônio da Gama e Silva.

apenas perturbada por uma poeira de equívocos nascidos sobretudo do que me pareceu ser a sua incompreensão a meu respeito; em suma, de falta de contato pessoal.

Sendo, como sou, uma pessoa que tem consciência de suas limitações, sempre pronto a aprender, com espírito crítico mas sem prevenção ou impedimento algum, lucrei muito em conhecê-lo. Ouso esperar que não lhe tenha sido de todo inútil a recíproca. Cordial abraço de

Carlos Lacerda*

P.S. Aqui estarei, com minha mulher, até o dia 27 deste.

JOSÉ SARNEY

BRASÍLIA, 29 DE JULHO DE 1988

Prezado amigo e caro ministro Celso Furtado,

Agradeço suas amáveis palavras, na carta em que me pede demissão em caráter irrevogável do cargo de ministro da Cultura, desempenhado com sua reconhecida competência, espírito público e autoridade.

O Ministério foi estruturado, equipado e operacionalizado, prestando uma grande contribuição à causa cultural que ganhava um importante instrumento de apoio.

Por outro lado, foi um período fecundo em que foi possível colocar em funcionamento a lei de incentivos culturais, com que sempre sonhei e cuja luta dentro do Congresso representou para mim uma motivação

---

* À carta manuscrita, Carlos Lacerda anexou uma reportagem da revista *Fatos & Fotos* de 9 de setembro de 1967, com a dedicatória: "A Celso Furtado, homenagem cordial da Frente Ampla e do Carlos Lacerda". A reportagem intitula-se "Carlos Lacerda: quem são os militares?".

de vida parlamentar, nos sucessivos projetos que durante doze anos apresentei e que tive oportunidade de sancionar e ver transformar-se em realidade, sob sua execução sábia e dedicada, dentro de uma visão inovadora, procurando colocar dentro das preocupações da sociedade industrial os bens espirituais.

Nossa convivência somente fez aumentar minha admiração ao escritor e homem público, a quem agradeço a colaboração e a amizade que sempre me dispensou.

Marly e eu abraçamos afetuosamente a Rosa, por quem temos tão grande estima.

Ex corde,

José Sarney

PARIS, 6 DE NOVEMBRO DE 1996

Prezado amigo,

O seu artigo "Nordeste, esperança que morre", publicado em *O Globo* de 17 de outubro, terá tocado a sensibilidade de todo nordestino que o haja lido.

Se é verdade que o Estado não foi feito para ajudar os pobres, como afirma o presidente Fernando Henrique Cardoso, não o é menos que as forças do mercado são ineptas para dar solução aos problemas estruturais de uma sociedade. A História nos ensina que a desídia face a esses problemas leva a eclosões de violência e a esse estado de depressão a que o senhor se refere no seu artigo. Não se trata de "ajudar os pobres" — essa é uma nobre tarefa que cabe às instituições de caridade — e sim de promover mudanças estruturais que permitam às forças do mercado produzir riquezas em benefício da coletividade e não apenas de uma minoria de privilegiados.

O grave no Nordeste é que o poder desses privilegiados se funda no Estado nacional e não apenas nas estruturas de poder local e regional. Se foi possível iniciar mudanças sociais na fase de instalação da Sudene, foi porque o Estado nacional pesou no bom sentido, graças à consciência que se formou naquela época de que o aleijão social nordestino ameaçava a integridade do país em fase de rápida industrialização.

Em todos os países — ricos e pobres — surgem problemas que somente podem ser enfrentados com êxito pelo Poder Público. Pobre da sociedade que se incapacita para identificar esses problemas e fica na total dependência da iniciativa privada para enfrentá-los. Ninguém desconhece que essa iniciativa somente é eficaz quando insuflada pelo interesse privado. Essa foi a lição maior que nos deixou o fundador da ciência econômica.

Com protestos de respeito e admiração,

Celso Furtado

LUIZ INÁCIO LULA DA SILVA

[SÃO PAULO], 12/11/1998

Prezado Celso,

Minha agenda não permitiu que estivesse no Rio, hoje, para o lançamento de *Seca e poder*,* mas não poderia deixar de enviar a você meu abraço.

A denúncia contundente da falta de vontade política de sucessivos governos para acabar com a seca é mais uma demonstração de seu compromisso com o Brasil e com o povo brasileiro. Como você, sabemos que muitas fortunas foram e são feitas pela seca. E como você, não abandonaremos a luta para transformar radicalmente essa situação de flagelo que tortura milhões de brasileiros.

---

* *Seca e poder: Entrevista com Celso Furtado* (São Paulo: Editora Fundação Perseu Abramo, 1998).

Transmita, por favor, meus cumprimentos à minha companheira Maria da Conceição Tavares e a Manuel Correia de Andrade e Raimundo Pereira pelo belo trabalho realizado.

Do seu amigo

Lula

RIO DE JANEIRO, 1º DE JANEIRO DE 2003

Presidente,

Impossibilitado por motivo de saúde de participar pessoalmente da homenagem que o Brasil presta a seu filho que assume a Presidência da República, envio-lhe esta mensagem de irrestrita solidariedade e votos de êxito.

Muito respeitosamente,

Celso Furtado

MIGUEL ARRAES

[S.L.], JANEIRO DE 1973

Caro Celso,

Gostei muito do seu último livro* e considero importante que tenha circulado no Brasil. As notícias de lá da terra estão me deixando preocupado. À derrota de 1964 seguiram-se outras derrotas políticas. Agora, porém, trata-se do perigo de que não se chegue sequer a recomeçar. O

---

* *Análise do "modelo" brasileiro*, Celso Furtado (Rio de Janeiro: Civilização Brasileira, 1972).

atraso ideológico parece-me grave, donde a importância de trabalhos como o seu.

Se olhamos o caso da Argentina, constatamos que esse tipo de atraso contribuiu para a rápida decomposição de Perón. Sua perspectiva parece ter continuado inalterada, sendo impossível ajustá-la a um quadro totalmente novo. Isso possibilita a manobra dos militares, que jogam com conhecimento do jogo do adversário. Sabem que repetirão os mesmos argumentos e as mesmas táticas.

A inexistência de um movimento como o peronista força, no nosso caso, a busca de uma saída mais elaborada do que o simples apelo a pessoas, cujo papel é mais limitado. Pelo que vejo, entretanto, os progressos feitos internamente são poucos. Conversas recentes com amigos vindos do Brasil deram-me essa impressão. Pediram-me minha opinião sobre algumas questões e dei as impressões que estavam a meu alcance, resumidas na carta de que lhe envio cópia.* As indagações partem de diversos setores (Igreja, elementos da velha burguesia, militantes de organizações etc.) ligados àquelas pessoas.

As respostas que dei são insuficientes. Precisariam ser completadas, corrigidas ou aprofundadas, conforme o caso. Parece-me necessário, em suma, que se tirem as consequências políticas do seu trabalho, que explicita apenas, por razões evidentes, os aspectos econômicos. Sua ajuda neste sentido é fundamental.

Felicidades no ano novo para você e família. Um abraço do amigo de sempre

Arraes

---

* Esta carta vem acompanhada de outra, de 28 páginas e datada de Argel, 6 dez. 1972.

23. Thiago de Mello

Quando chegou a Santiago, primeira etapa de seu exílio, Celso Furtado encontrou o poeta Thiago de Mello, que no governo deposto de João Goulart ocupara o cargo de adido cultural da embaixada do Brasil no Chile. Para os que chegavam, era Thiago a principal referência na cidade. Morava numa bonita casa, que pertencia a Pablo Neruda. Tinha grande prestígio no universo cultural chileno, muitas relações, e empenhava-se incansável em acolher os refugiados e pô-los em contato com quem pudesse ajudá-los na nova vida. No início de 1968, em Paris, teve um demorado encontro com Celso, em que trocaram ideias sobre a política e os destinos do Brasil e da América Latina. Conversa vai, conversa vem, Thiago foi desenhando na folha de um arquivo linhas retas e curvas, figuras geométricas, círculos, rabiscos, letras e números. E uma só palavra: "Lutar". Celso guardou o desenho, e no verso escreveu: "Explicação da tática e da estratégia revolucionárias por Thiago de Mello, 3.1.68". Pelas cartas a seguir, as de Thiago manuscritas, e datadas de Buenos Aires e Mainz, para onde ele foi depois da queda de Salvador Allende, descortinam-se os transtornos de sua vida de exilado, sem documentos, com problemas de saúde, mas sempre solidário com quem julgava estar em pior situação.

[BUENOS AIRES?], 19 FEVº 1974

Celso:

Recebi ontem tua carta, de 10 deste fevereiro. Dei uma piorada, no começo do mês, reapareceu com certa frequência a opressão no peito: o bicho está amarrado com cordas químicas, mas ainda não está completamente vencido! Mas vai ser, está sendo vencido, vou ficar bom. É preciso.

Vou resumir a questão Unesco, que apenas faz parte de uma questão maior e principal. Não tenho documento para ir e vir, papel algum, a não ser minha velha carteira de identidade lá dos barrancos. Preciso ir à Europa, e só posso ir na condição de refugiado ou asilado, sob proteção do Organismo das Nações Unidas que trata do caso. Em novembro fiz minha inscrição oficial indicando, como países preferenciais, França, Itália, Alemanha. Até agora nenhum governo se pronunciou, anunciam com otimismo que a Alemanha vai conceder. [...]

Gostaria de conversar contigo. Concordo inteiramente: quem não soube ver o que aconteceu e o que é o Brasil nestes dez anos, politicamente apodreceu. Sucede, entretanto, outra coisa pior: o apodrecimento da suposta vanguarda são outras incapacidades, digamos mais fedorentas.

Os médicos me autorizaram há poucos dias a retomar devagarinho a atividade literária. Trato de concluir um livro, que o infarto interrompeu, cuja parte principal é o testemunho, que tento em expressão poética, do que fomos e do que somos e do que tivemos como vanguarda da Esq. Brasileira. Vai dar pano pra manga da polêmica, mas acho de meu dever dizer (já é tempo) certas coisas. Simultaneamente, tento recompor, com dificuldade, um livro pronto que um bando de primatas (que invadiu e praticamente destruiu minha casa) *allanó*. Em seguida retomarei, para concluir até o fim do ano, o ABC do Amazonas capital Esperança.

Como dizia o Machado de Assis, estou na dependura. Se puderes me mandar algum dinheiro, pouco que seja, me será de muita serventia. O hospital, aliás excelente, foi gratuito. Os cuidados da recuperação e os remédios é que são danados, e a solidariedade já está ficando com gosto de favor. Se puderes, me manda em cheque a meu nome.

Um abraço saudoso do

Thiago

BUENOS AIRES, 1º DE ABRIL DE 1974

Celso velho, rei do Nordeste que virá:

Recebi e agradeço a tua ajuda solidária, que te digo bem empregada. Como chegou às minhas mãos com um atraso que não se deve ao teu gesto solícito, mas aos intrincados caminhos da burocracia bancária, pude, com alegria, estendê-la a alguém que estava partindo e necessitava mais do que eu. Me deste esta alegria: a de servir, com humildade. O cabra merecia, e podia, saber de onde vinha a ajuda.

Me chegou o sinal verde da Alemanha Federal. Já de passaporte na mão, me preparo para viajar. Creio que ao redor do 15 partirei. De lá, me ponho em contato contigo. Porque consta de meus propósitos mais sérios uma conversa contigo, devagarinha, achando os dois de ver as coisas como estão e como são para as nossas bandas.

A Unesco se portou como *un gitano legítimo*: só com o sinal verde dos donos do poder do nosso chão. Tu tinhas razão.

Um abraço fraternal,

Thiago

MAINZ, 3 DE MAIO [DE 1974]

Celso:

Estou aqui na Alemanha, em Mainz, onde ganhei refúgio. Mas não pretendo ficar aqui. Terminados os trâmites burocráticos, que me consomem manhãs e tardes, viajarei até a Itália (onde amigos se empenham para minha permanência) e França. Se o Marcito me financiar, pretendo ir te ver (se o consulado me der *visa*: tenho o documento alemão para estrangeiros: o famoso documento das N. Unidas para refugiados não consegue passar do nível da ilusão), repito: pretendo ir te ver, pra conversar uns dois ou três dias, porque tenho precisão dessa conversa. Te adianto: vou com a intenção e o propósito de aprender muito mas acho que levo alguma coisa no surrão pra que tu vejas como as coisas são, fora do papel escrito.

Minha saúde resiste galhardamente, mas, reconheço, com umas fumaças de pena (M. de Assis), que já não é aquela de antes, que resistia, no teu Nordeste nosso, a caminhadas, a mulas, a viagens em lombo de caminhões carregados. Mas dá para enfrentar severamente o rojão. São nove anos, Celso, de vida vivida a sério, junto de quem sofre. (Não aquela que repartimos no Chile, nos tempos que mal começavam, mas onde, com toda a tua postura de vice-rei, nos aprendemos a querer bem.) Botei toda a minha vivida em poesia escrita: uma parte dela sai agora na Argentina, outra parte o Ênio [Silveira] promete publicar no Brasil, correndo os devidos riscos. [...]

Estou trabalhando também sobre o Amazonas, para um livro. Vim pra cá com razoável material e já alguma coisa escrita. Continuo recebendo dados de lá, e aqui, de fontes imprevistas e insuspeitáveis, estou recolhendo mais dados. Tu deves ter muita informação recolhida sobre esta matéria: pretendo que tu repartas comigo.

No mais, a mulher alemã não tem graça, aquela graça a que sabes que me refiro. Quero terminar perguntando se compreendeste bem o meu bilhete, o último que te mandei da Argentina: no momento que chegou a tua ajuda, havia gente que precisava mais do que eu: tua solidariedade floresceu.

E por falar em florescer, me despeço com o perfume dos cajueiros públicos, que vão de João Pessoa a Cabedelo. E VIVA (*por mientras*), viva Portugal.

Um abraço firme do teu amigo

Thiago

Interlocutores
Os estrangeiros

1. Albert O. Hirschman

Em meados de 1960, Albert O. Hirschman ensinava relações econômicas internacionais na Universidade Columbia quando se interessou em escrever uma obra sobre a América Latina. Um telegrama de 4 de agosto enviado a Celso Furtado, que então dirigia a Sudene, lhe anunciava que estaria chegando, *most anxious*, ao Rio de Janeiro, onde se encontraram. Em seguida, Hirschman rumou para o Nordeste, disposto a conhecer de perto o programa da Sudene. Por três meses entrevistou políticos, intelectuais e sindicalistas de três países, em torno de três temas: o subdesenvolvimento do Nordeste brasileiro, a reforma agrária na Colômbia, país onde vivera alguns anos, a inflação no Chile. Pouco depois publicou o livro *Journey toward Progress*, dedicado a Celso e ao colombiano Carlos Lleras Restrepo, promotor da reforma agrária e presidente de seu país. Trocaram, desde os anos 1960, cerca de trinta cartas, as de Hirschman, algumas manuscritas, alternando entre o inglês, o francês, o espanhol.

RIO, 7 DE JULHO DE 1960

Caro Hirschman,

Agradeço sua carta de 8 de junho e estou de fato muito feliz em tornar disponível para você toda a informação existente na Superintendência do Desenvolvimento do Nordeste que possa ser útil para os objetivos do seu estudo.

Infelizmente estarei fora do Brasil em torno de 10 de agosto, permanecendo fora até os primeiros dias de setembro. Há, porém, alguma chance de que você me encontre no Rio, caso sua chegada seja antes de 10 de agosto.

Com o abraço de

Celso Furtado

NOVA YORK, 23 DE NOVEMBRO DE 1960

Caro Celso:

Muito obrigado por me enviar o livro de Callado — parece um testemunho muito interessante da sua luta. Ficaria muito grato se você me deixasse na sua *mailing list* e me mandasse ocasionalmente documentos que me deixem em contato com o Nordeste e seus avanços. Curta como foi, minha viagem (depois do Rio visitamos Fortaleza, Recife e Bahia, e também fizemos duas viagens pelo interior) me deu alguma compreensão dos problemas econômicos, sociais e políticos do Nordeste, de modo que sinto que agora posso organizá-los em textos com as informações à medida que cheguem. Neste momento estou, é claro, ansioso para ver como a Sudene será afetada pela mudança política.*

---

* Jânio Quadros acabava de ser eleito presidente da República, sucedendo a Juscelino Kubitschek.

Deixe-me dizer mais uma vez como apreciamos nossas conversas com você e como foram úteis para preparar o cenário para nossas perguntas durante o mês que passamos no Brasil.

Por favor não hesite em me escrever se houver algo que eu possa fazer para você em relação a esse assunto. Sei que tem todos os tipos de canais oficiais à sua disposição, mas às vezes é útil ter um agente particular e você pode me considerar assim.

Cordialmente,

Albert O. Hirschman

NOVA YORK, 21 DE AGOSTO DE 1961

Caro Celso:

Comecei o rascunho do capítulo sobre Brasil para meu planejado livro e estou me deparando com todo tipo de fatos e questões interessantes.

Assim, acabo de me surpreender com o artigo 19 do regulamento do Ifocs* aprovado por decreto nº 19 726 de 20 de fevereiro de 1931, publicado por José Américo [de Almeida]:

As terras irrigáveis serão desapropriadas quando forem julgadas necessárias ao estabelecimento de núcleos agrícolas ou à fiscalização das construções e serviços, ou quando seus proprietários não as cultivarem, segundo as instruções especiais expedidas pela Inspetoria. A importância da indenização será determinada pelo valor das terras, antes da aprovação dos projetos de açudagem e consequente irrigação.

Não é tudo de que você precisa? Talvez esse seja o "jeito" a que você fez alusão quando me contou que não levou adiante o seu original Proje-

---

* Inspetoria Federal de Obras contra as Secas, criada em 1909, e que a partir de 1945 passou a se chamar Departamento Nacional de Obras contra as Secas.

to de Lei de Irrigação?* É verdade que o regulamento diz no próximo artigo:

"No caso de a Inspetoria lotear, vender ou arrendar as terras irrigáveis de sua propriedade terão preferência na compra ou arrendamento desses lotes os proprietários de terras limítrofes à bacia hidráulica."

Mas isso não é muito diferente do artigo 10 do seu próprio projeto. Claro que, não sendo um advogado constitucionalista, não sei se os decretos que foram publicados durante o governo provisório de Vargas perderam todos sua força legal; mas pensei que, mesmo se só por curiosidade, eu deveria comunicar a você esta minha descoberta (que provavelmente é bem conhecida sua).

Li o seu artigo na *Econômica Brasileira* e achei-o muito esclarecedor. Gostaria muito de vê-lo publicado numa de nossas revistas e perguntarei ao editor da *American Economic Review* o que ele acha da ideia. Suponho que você não se importará.

Poderia você recomendar a alguém no escritório da Sudene no Rio que pudesse me prestar um serviço ocasional e me conseguir eventualmente um documento (por exemplo: estou procurando uma cópia do relatório feito por Sir Edwin S. Montagu e Hartley Withers sobre a situação financeira do Brasil no governo de Artur Bernardes em 1923!)? E deixe-me lembrar a você meu interesse em assuntos mais contemporâneos como o seu Plano Quinquenal.**

Cordialmente,

Albert O. Hirschman

---

* CF estava negociando no Congresso o projeto de uma lei de irrigação que, na prática, equivaleria a uma reforma agrária no Nordeste. A lei nunca foi aprovada.

** Primeiro Plano Diretor da Sudene, aprovado pelo Congresso em 1960.

RECIFE, 12 DE SETEMBRO DE 1961

Caro Hirschman,

Muito obrigado por sua carta de 21 de agosto.

Não sei se o relatório feito por Sir Edwin S. Montagu e Hartley Withers em 1923 ainda está disponível. Se conseguir encontrar uma cópia envio-a a você.

Suas observações sobre a legislação do Ifocs estão muito corretas e sabemos muito bem que temos decretos e leis para cobrirem qualquer coisa que pretendemos fazer. Nosso problema não é de legislação mas de condições políticas para implementar essa legislação. Estou um tanto pessimista agora sobre as possibilidades de ter no futuro imediato condições políticas adequadas para fazer melhor uso das legislações já disponíveis.

Muito lhe agradeço seu interesse em meu artigo incluído no último número de *Econômica Brasileira*.* Se estiver interessado em publicá-lo nos Estados Unidos posso mandar-lhe a versão em inglês.

Se precisar de qualquer informação para completar o seu material e preparar o capítulo sobre o Brasil, por favor deixe-nos saber porque posso pôr um de nossos economistas aqui à sua disposição.

Muito atentamente,

Celso Furtado

---

* "Industrialização e inflação", *Econômica Brasileira*, v. 6, n. 3-4, 1960. A versão em inglês foi publicada na *International Economic Papers*.

RIO DE JANEIRO, 29 DE JANEIRO DE 1962

Prezado amigo,

Recebi o seu substancioso trabalho sobre o Problema do Nordeste. Parece-me excelente como visão de conjunto e esforço de interpretação. Fiz uma primeira leitura rápida e não me ocorreram observações de maior alcance. A fase recente do Dnocs, de grande irresponsabilidade técnica, simbolizada no desastre de Orós, talvez pudesse ser contrastada com a anterior, particularmente o período de Luiz Vieira. A história da Sudene, cujo Primeiro Plano passou dois anos no Congresso, e somente foi aprovado depois de grandes movimentos de opinião, inclusive greves generalizadas, continua a desenvolver-se com altos e baixos.

Estou convencido de que o seu trabalho despertará grande interesse aqui, pois não dispomos de nada que se compare a ele. Interesso-me em providenciar a tradução e edição dele no Brasil, quando chegar o momento.

Voltarei a escrever-lhe sobre o assunto logo que tenha tempo para proceder a uma segunda leitura.

Estou lhe enviando o texto de uma conferência que pronunciei em São Paulo esta semana. Meu objetivo nela foi responder a uma série de perguntas que me fizeram estudantes de todas as regiões do país.* Pergunto-lhe se o Institute of Foreign Affairs, que está realmente interessado em difundir o que se pensa pelo mundo afora, não desejaria publicar esse estudo em sua revista. Caso afirmativo eu me encarregaria de providenciar a tradução para o inglês. [...]

Um abraço e recomendações à senhora,

Celso Furtado

* "Reflexões sobre a pré-revolução brasileira", conferência proferida por CF em São Paulo, em janeiro de 1962, publicada, com o título "Brazil: What Kind of Revolution?", em *Foreign Affairs*, Washington, v. 41, n. 3, 1963.

NOVA YORK, 28 DE FEVEREIRO DE 1962

Caro Celso,

Muito obrigado por sua carta. Fico muito feliz que você tenha gostado do meu texto e esteja interessado em tê-lo publicado no Brasil. Agora completei os primeiros rascunhos dos dois outros estudos detalhados sobre a política de reforma agrária na Colômbia e sobre a inflação no Chile — e estou tentando formular umas poucas tentativas de generalizações na base das três histórias.

Antes de terminar o manuscrito espero viajar mais uma vez para o Sul a fim de verificar alguns pontos e atualizar minhas informações. Avisarei a você quando será, pois gostaria muito de vê-lo — talvez na próxima primavera ou verão.

Eu gostaria que o livro inteiro pudesse ser eventualmente traduzido para português, mas se sentir que o capítulo brasileiro pode ser publicado à parte, também podemos conversar a respeito.

Achei seu artigo ou conferência que você me mandou muito revelador e gostaria de vê-lo publicado no *Foreign Affairs*, embora experiência recente me diga que o tom possa estar um pouco teórico demais para o público americano obstinadamente pragmático. Talvez *Encounter*, que é publicada em Londres, possa ser um bom lugar para se tentar. Conheço o editor, Melvin Lasky, e poderia enviar-lhe o artigo se a *Foreign Affairs* não funcionar. O que acha? Seja como for, por favor me mande a tradução em inglês.

Esperando vê-lo breve e com meus cumprimentos,

Cordialmente,

Albert

NOVA YORK, 26 DE MAIO DE 1964

Meu querido Celso,

Há algum tempo estou querendo escrever a você, mas a bem da verdade estava numa depressão profunda com a guinada dos acontecimentos no Brasil e demasiado perplexo com a interpretação deles. De qualquer maneira, é provável que eu devesse ter escrito mais cedo para expressar minha profunda repulsa às medidas que foram tomadas contra você. Nas últimas semanas, tirei uma pequena dose de satisfação ao funcionar como uma espécie de centro de informação sobre você, pois amigos de Stanford, Harvard, para não falar de Columbia, solicitaram minha ajuda ao preparar as ofertas com as quais você foi coberto.

Wagley mostrou-me sua carta muito boa e só posso observar que você tomou a decisão certa. Na verdade, minha decisão, ao aceitar uma oferta de integrar a faculdade de Harvard, também foi, em parte, motivada pelo desejo de tomar alguma distância entre mim e Nova York com seu excessivo ritmo de atividades. Infelizmente não vou vê-lo muito no próximo ano pois estou iniciando um estudo de projetos selecionados do Banco Mundial e estarei *on the road* quase o ano inteiro, na América Latina, Ásia e África.

Voltemos ao Brasil. Uma análise dessa *débâcle* em termos de fatores econômicos, sociológicos, políticos e culturais é do que precisamos. Vindo depois da inabilidade de Fidel Castro para afirmar uma posição independente e da derrubada de Frondizi,* os acontecimentos no Brasil apontam para um padrão que vai além de personalidades embora os brasileiros não tenham tido sorte a esse respeito.

Naturalmente, esses acontecimentos podem facilmente ser interpretados como a prova definitiva de que nunca houve uma chance real de implantar reformas no Brasil, de que os que pensavam de outra forma

---

* Arturo Frondizi, presidente da Argentina, fora deposto por um golpe militar em março de 1962.

são incuravelmente ingênuos ou pior. Mas creio que você concorda comigo que essa interpretação é simplesmente equivocada, a menos, evidentemente, que incluamos entre as nossas inevitabilidades históricas os erros, inépcias e crimes da esquerda.

Precisamos de uma análise do que deu errado, quando e por quê. Por que as forças da extrema esquerda na América Latina são tão perdidamente dogmáticas? Por que elas se tornam tão facilmente, e tão depressa, superconfiantes depois dos primeiros sucessos, pensando que podem tratar qualquer pessoa como um bloco reacionário e irremediavelmente equivocado? Por que são tão incapazes de analisar ou perceber as verdadeiras relações de poder? Por que se tornam *mais* irresponsáveis quando conquistam um pedaço de poder, em vez de ficarem menos, como em geral seria de esperar? Por que se comportam tão provocativamente em relação a seus inimigos enquanto dificilmente tomam alguma medida destinada a reduzir sua base de poder real? Por que são tão corruptíveis como você mesmo apontou? Quase parece que devêssemos acrescentar, ao desejo de morte de Freud um "desejo de derrota" profundamente entranhado, que parece ser prevalente entre as forças da esquerda. Posso pensar em várias hipóteses por que seria assim, mas primeiro o fenômeno precisa ser inteiramente descrito e assimilado. Você, Celso, pode dar uma contribuição única para essa tão necessária autocrítica e espero muito que você o fará. Sinto que nada é mais importante, para o movimento em favor das reformas e da justiça social na América Latina, do que realizar um mínimo de maturidade e sofisticação.

Envio em anexo um esforço recente de aplicar as ferramentas da análise econômica a um problema em relações internacionais. É também uma tentativa de transmitir maior maturidade e sofisticação às políticas de ajuda estrangeira dos Estados Unidos (e Rússia).

Gostaria muito de ouvir notícias suas.

Toutes mes amitiés,

Albert Hirschman

PARIS, 23 DE JANEIRO DE 1980

Meu caro amigo,

A menos que eu me engane, estamos sem nos ver desde fim de 1977, quando nos encontramos na Universidade Columbia. Mas imagino que você continua interessado no Brasil e que segue de perto os acontecimentos que estão se sucedendo. De minha parte, estou otimista, apesar da enorme complexidade da situação econômica, ainda mais difícil do que se imagina.

Escrevo-lhe a respeito de meu último livro, *Criatividade e dependência*, que é uma dessas coisas que a gente escreve quando já está de volta, perdendo muitas ilusões, e quer ensaiar um *summing up*. Tomei a iniciativa de mandá-lo traduzir em inglês pela tradutora de um livro meu sobre a América Latina que foi publicado pela Cambridge University Press. Tinha imaginado publicá-lo com André Deutsch, de Londres, mas ele é de opinião de que esse livro se dirige a um público demasiado sofisticado e deve ser incluído numa coleção universitária. De meu lado, penso que pode interessar a todos os estudantes em ciências sociais com preocupações interdisciplinares. Pergunto-me se você poderia me ajudar a encontrar esse editor universitário ou parauniversitário. Se facilita a coisa, posso lhe enviar uma cópia do texto em inglês, de que só tenho por ora, aqui, um exemplar. Fico em Paris durante o primeiro semestre do ano.

Com meus votos sinceros para o novo decênio, envio-lhe um abraço cordial,

[Celso Furtado]

NEW JERSEY, 7 DE FEVEREIRO DE 1980

Querido Celso,

Fiquei muito contente em receber sua carta e retomar assim contato. O título de seu novo livro é apetitoso e eu ficaria feliz em ter uma cópia da tradução do texto para o inglês — mas o aconselho a fazer uma cópia xerox e não me mandar o exemplar único de que fala. Ao mesmo tempo seria essencial ter uma cópia do livro tal como ele foi publicado (em francês ou em português?). Eu poderia mostrar o manuscrito à Princeton ou à California University Press. Você manteve relações com a California University Press?*

Se bem me lembro, você me disse, durante nosso jantar há mais de dois anos, que não iria mais escrever livros... Estou muito contente em ver que não deu nenhuma continuação a essa ideia!

Muito cordialmente seu,

Albert

[SÃO PAULO], 17 DE MAIO DE 1983

Querido Celso,

Aproveito a viagem de Andrea [Maneschi] para lhe enviar meus últimos ensaios. Acabo de fazer uma longa viagem por seis países da América Latina para conhecer a dinâmica dos "movimentos de base" e estou aqui no Cebrap por três semanas para começar a escrever alguma coisa sobre essa experiência.

Li com muito interesse o seu artigo na *Folha* sobre a necessidade de

---

* O livro foi publicado, com o título *Accumulation and Development*, pela Martin Robertson (Oxford, 1983).

uma operação cirúrgica quanto à dívida externa do Brasil. É muito convincente — quando nada, por causa do tempo absurdo que passam tantos funcionários de alto escalão em tentar resolver esse problema.

Com minha velha amizade,

Albert

2. Os ativistas

Durante os anos de exílio nos Estados Unidos e na Europa, não foram poucas as vezes que Celso Furtado foi convidado a participar de grupos de ativistas que organizavam petições, congressos, manifestações em torno das causas políticas dos 1960 e 1970. Entre elas, as denúncias das atrocidades cometidas no decorrer da Guerra do Vietnã, as ditaduras na América Latina, a insensatez da corrida armamentista. O filósofo inglês Bertrand Russell era a grande autoridade moral por trás de muitas dessas iniciativas. Na Fundação pela Paz que criou, angariou apoios no mundo todo, de artistas, cientistas, políticos. O Tribunal Internacional de Crimes de Guerra, também conhecido como Tribunal Russell, fez uma minuciosa investigação da política externa americana. A Anistia Internacional, voltada para as violações dos direitos humanos, teve papel fundamental na apuração de torturas e prisões praticadas pelas ditaduras da época, inclusive no Brasil. Trabalho semelhante foi o da Comissão Internacional de Juristas. As cartas e telegramas a seguir concluem-se, por ocasião da eleição de Tancredo Neves, com um agradecimento dos exilados brasileiros aos franceses, que, por tantos anos, se haviam mobilizado em favor da democracia no Brasil.

ANTHONY MARRECO

LONDRES, 2 DE FEVEREIRO DE 1967

Caro dr. Furtado,

Estou em breve indo para o Brasil onde passarei dois ou três meses em nome desta organização [Anistia Internacional] para investigar as condições de liberdade política e preparar um relatório a ser submetido às Nações Unidas de acordo com o estatuto consultivo que cabe à Anistia Internacional. Sem dúvida o senhor sabe que a Anistia Internacional está comprometida em assegurar a soltura dos "presos de consciência", bem como com o bem-estar de todos os presos políticos, e em investigar e lançar luz sobre aspectos indesejáveis de nosso tempo como o uso crescente de tortura como um instrumento de interrogatório pela polícia.

Já conheço bastante bem o Brasil e retorno ao país como um investigador extremamente simpático ao Brasil e seus problemas. Aliás, espero dedicar um bom tempo e viajar extensamente pelo Nordeste de modo a estudar os problemas gerais do desenvolvimento.

Eu gostaria muito, é claro, de vê-lo e obter suas visões e seus conselhos antes de minha viagem. Pergunto-me se teria uma hora ou perto disso para que eu possa ir a Paris em 22, 23, 24 ou 25 de fevereiro. [...]

Desculpo-me por não escrever em português. Falo, porém, algum português e francês.

Com os melhores cumprimentos,

Anthony Marreco

BERTRAND RUSSELL

LONDRES, AGOSTO DE 1964

Caro dr. Furtado,

Não tenho dúvida de que a eleição de Goldwater* tornará provável uma guerra nuclear e deveria ficar claro que o próprio Goldwater é suficientemente errático para levar o Bloco Oriental a se refugiar numa postura mais beligerante. Não é necessário igualar Goldwater com Hitler para relembrar as circunstâncias que possibilitaram a Hitler chegar ao poder, com slogans como: "O trabalho liberta" e "Força pela alegria".

Muitas pessoas tentarão dizer que a eleição americana não é problema nosso e que não temos direito de interferir. Essa noção se adéqua ao mundo do século XIX, mas não a um mundo em que uma ação do presidente americano poderia resultar em destruição em massa.

Goldwater pronunciou uma sentença de morte de todos nós. Isso diz respeito a todos os seres humanos. Nestes poucos meses antes da eleição americana não há tarefa mais importante do que a mobilização de uma vasta campanha mundial para tornar conhecidos junto ao povo americano os sentimentos dos que não desejam ver nosso planeta devastado.

Estou incluindo nesta, para seu endosso, um manifesto chamado "Um apelo para o perigo no mundo das políticas de Goldwater". Esse manifesto está também sendo enviado a todos os sindicatos, organizações internacionais e eminentes intelectuais da Grã-Bretanha, Europa Ocidental, África, Ásia e América Latina. Eu muito gostaria se o senhor o assinasse.

Cordialmente,

Bertrand Russell

---

* Barry Goldwater, candidato do Partido Republicano à eleição presidencial nos Estados Unidos em 1964, que foi derrotado por Lyndon B. Johnson.

LONDRES, MARÇO DE 1967

Caro Mr. Furtado,

Por um tempo estive recolhendo provas relativas ao prolongado bombardeio de hospitais, escolas, sanatórios e leprosários do Vietnã do Norte pela força aérea dos Estados Unidos. Ademais, está abundantemente claro a partir de provas disponíveis que produtos químicos tóxicos e gás venenoso foram usados em todo o Vietnã do Sul pelas forças americanas. Houve uma saturação de bombardeios envolvendo bombas especiais que continham lascas afiadas de lâminas de barbear, das quais 100 milhões caíram numa província do Vietnã do Norte durante o lapso de um ano. Napalm e fósforo acompanharam os bombardeios, tanto no norte como no sul. Esses dois produtos químicos queimam incessantemente e não podem ser extintos com lama ou água. Eles fazem com que as vítimas fiquem supurando.

Está amplamente claro que os Estados Unidos estão engajados numa série de crimes de guerra contra o povo do Vietnã. Estou ansioso para que haja um tribunal altamente representativo, independente e respeitado para ouvir todas as provas referentes a esses crimes contra a humanidade por parte do governo dos Estados Unidos. Considero da maior importância que o senhor participe como um membro do tribunal. Gostaria muito de enviar-lhe todos os detalhes do tribunal proposto. As pessoas que formaram o tribunal são: Jean-Paul Sartre, Simone de Beauvoir, o ex-presidente Cárdenas, Lelio Basso, Isaac Deutscher, Vladimir Dedijer, Günther Anders, Stokely Carmichael, Laurent Schwartz, Shoichi Sakata, Kinju Morikawa, Mahmud Ali Kasuri, Wolfgang Abendroth e Lawrence Daly.

O tribunal concordou em seus primeiros encontros sobre a estrutura básica, as declarações de propósitos, o calendário e outros assuntos essenciais. Os documentos seguirão para o senhor em correio separado.

Deixe-me saber muito oportunamente sobre a sua disposição de ser membro do tribunal.

Com os melhores cumprimentos,

Cordialmente,

Bertrand Russell

PARIS, 14 DE ABRIL DE 1967

Prezado Lord Bertrand Russell,

Peço-lhe que aceite minhas sinceras desculpas por ter atrasado a resposta à sua carta de março convidando-me para integrar o Tribunal Internacional de Crimes de Guerra. Devido a uma ausência minha, seu honroso convite só agora chegou-me às mãos.

Não tenho palavras para lhe dizer o quão profundamente simpatizo com o extraordinário esforço em que o senhor está comprometido em favor de uma melhor compreensão da trágica situação dos países pobres e explorados, atualmente lutando por seu desenvolvimento e por um destino próprio. No caso da guerra imperialista americana contra o povo do Vietnã, a sua iniciativa em denunciar os crimes de guerra do governo dos Estados Unidos certamente ficará como uma das mais altas atitudes morais na história deste século.

Seu convite muito me lisonjeou. Entretanto, como um exilado, eu não devo participar de nenhuma atividade de caráter político no território do país que me alberga. Mais ainda, não sou livre para viajar ao estrangeiro, pois não tenho um passaporte corrente. Assim sendo, presentemente não tenho como assisti-lo no seu esforço magnânimo e de longo alcance.

Com os melhores cumprimentos,

Cordialmente,

Celso Furtado

CARLO RIPA DI MEANA

Veneza, 1974

Por favor considere possibilidade de aceitar seguinte convite STOP Bienal de Veneza começa dia 5 de outubro nova atividade em encontros internacionais de testemunhos contra fascismo, de poucas horas, no Palácio dos Doges STOP Cerca quinze pessoas escolhidas entre artistas intelectuais políticos líderes religiosos e líderes de movimentos pela liberdade de todos os partidos participarão como testemunhas da consciência mundial sobre ressurgimento fascismo STOP Bienal de Veneza se alegra em oferecer sua vinda e uma semana em Veneza em conexão com manifestações artísticas e culturais agora programadas também dedicadas às crianças chilenas e à liberdade do Chile STOP Espero muito receber aceitação me desculpando por informações breves, esperamos sua resposta para arranjos técnicos viagem. Com agradecimentos e saudações. Carlo Ripa di Meana, presidente Bienal Veneza.*

SEÁN MACBRIDE

GENEBRA, 2 DE DEZEMBRO DE 1966

Prezado professor Furtado,

Estamos planejando publicar um número especial sobre Direitos Humanos Ano 1968, para o *Journal* da Comissão Internacional de Juristas, em janeiro de 1968. Não queremos que essa edição especial seja uma mera repetição banal de nossas esperanças nesse campo. Queremos que seja significativa e tenha um real impacto na opinião mundial.

Com esse objetivo em vista, já planejamos o conteúdo desse número

---

* CF respondeu a este telegrama com outro: "Total solidariedade sua iniciativa mobilizando consciência mundial contra renascimento fascismo e apoio resistência chilena STOP".

especial e como tentativa escolhemos os temas e os autores para os artigos pensados. A nota explicativa em anexo contém um esboço dos tópicos e autores escolhidos.*

O senhor verá que tomamos a liberdade de incluir o seu nome como o autor de um artigo sobre "Ordem social internacional" (artigo 22 da Declaração Universal dos Direitos Humanos).

O objetivo desta carta é perguntar se nos daria a honra de escrever esse artigo e de cooperar conosco nesse esforço de tornar realidade, em 1968, os princípios enunciados na Declaração Universal de Direitos Humanos de 1948.

A Comissão Internacional de Juristas pode assegurar que este número especial alcançará cada setor influente da opinião mundial. [...] É apenas nossa fervorosa esperança e crença de que essa iniciativa terá um verdadeiro impacto na proteção futura dos Direitos Humanos que me leva a invadir seu valioso tempo e energia.

Cordialmente,

Seán MacBride

VIOLETA ARRAES GERVAISEAU, LUIZ HILDEBRANDO PEREIRA DA SILVA, CELSO FURTADO

PARIS, FINS DE 1984

Ao senhor...**

Ao término de vinte anos de regime autoritário, o Brasil vai entrar,

---

* Os autores escolhidos eram Martin Luther King, Aga Khan, Gunnar Myrdal, Celso Furtado, René Cassin e René Maheu.

** A carta foi enviada a cerca de 125 pessoas, entre elas as escritoras Marguerite Duras, Simone de Beauvoir, os políticos Michel Rocard, Lionel Jospin, Jacques Delors, Jack Lang, os artistas Claude Nougaro, Juliet Berto.

em 1985, num novo período de sua história, com a eleição de Tancredo Neves à Presidência da República.

No momento em que o país se orienta para uma revalorização dos princípios democráticos, e busca as vias e os meios de um desenvolvimento mais bem compartilhado, muito nos alegraria reunirmo-nos com as personalidades francesas e os amigos que, durante esses dois decênios, deram seu apoio ativo aos brasileiros, que, por razões políticas, apelaram à sua solidariedade.

Gostaríamos de poder contar com sua presença, no dia 16 de janeiro, às 19h, nos salões da Maison de l'Amérique Latine, para festejarmos juntos esse acontecimento.

Pela Campanha de Tancredo Neves:

Celso Furtado, Violeta Arraes Gervaiseau,
Luiz Hildebrando Pereira da Silva

3. Conexões políticas

Celso Furtado conviveu, ao longo de sua atuação pública, com destacados políticos estrangeiros. Alguns o visitaram nos anos em que esteve à frente da Sudene, que ganhou especial visibilidade no exterior depois do encontro oficial que ele teve, na Casa Branca, com o presidente John Kennedy, em julho de 1961. Era a época em que os Estados Unidos implantavam a Aliança para o Progresso. Verbas não faltavam a esse amplo programa de cooperação voltado para o desenvolvimento na América Latina, pois os norte-americanos pretendiam investir no continente mais do que haviam dedicado, com o Plano Marshall, à reconstrução da Europa no fim da Segunda Guerra Mundial. Mas aos poucos a Aliança foi se tornando seletiva, condicionando seu apoio financeiro a governos mais afinados com os partidos de direita. Esse desvirtuamento levou Celso Furtado a trocar um moderado otimismo pela descrença na iniciativa de Kennedy, como mostram algumas destas cartas. Outras aqui reunidas se reportam à sua presença no Ministério da Cultura ou em comissões internacionais. Uma é sobremodo pungente: a de um ex-ministro de Salvador Allende.

FIDEL CASTRO

HAVANA, 30 DE MAIO DE 1990

Estimado Celso Furtado:

Foi para nós uma grande satisfação saber que a Comissão Sul* decidiu, em sua reunião de Nicósia, realizar uma visita e uma sessão de trabalho em Cuba antes da reunião que farão em Caracas e em que se dará a
conhecer oficialmente o Relatório elaborado pela Comissão.

Esse acordo constitui uma verdadeira honra para nosso país, e nos
permitirá não só entrar em contato com as distintas personalidades que
constituem a Comissão como mostrar-lhes os esforços de Cuba para levar adiante um conceito do desenvolvimento cujas linhas gerais abar-
cam os problemas fundamentais tocados no Relatório da Comissão.

Será um verdadeiro prazer receber os membros da Comissão, e estamos formulando ao senhor nosso convite mais cordial.

Os dias da visita foram assinalados pela Comissão para julho 29, 30 e
31. Isso nos oferece a excepcional oportunidade de convidá-lo para que
esteja presente às atividades que se desenrolarão por ocasião do Dia da
Rebeldia Nacional, o 26 de Julho.

A celebração ocorrerá na Cidade de Havana, e lhe permitirá ser teste-
munha da atitude do povo cubano diante do nosso processo revolucionário, dando-lhe oportunidade de entrar em contato com o nosso povo
e presenciar outras atividades relativas a data tão importante para nós.

Por isso, me permito solicitar-lhe que chegue ao nosso país no 24 ou
no 25 de julho, e que seja um dos distintos hóspedes da festividade que
celebraremos nessa data.

---

* A Comissão Sul foi criada em 1987, sob a presidência de Julius Nyerere, ex-presidente
da Tanzânia, para repensar os problemas do Sul e novas formas de cooperação entre seus
países. Era formada por cerca de trinta personalidades, entre elas dois brasileiros: Celso
Furtado e d. Paulo Evaristo Arns. Cf. *The Challenge to the South* (Oxford University
Press, 1990).

Com a certeza de tê-lo entre nós para as atividades da Comissão Sul e a esperança de que aceite nosso convite para o 26 de Julho, peço-lhe que aceite o testemunho de minha mais alta consideração.

Fidel Castro Ruz

GONZALO MARTNER

SANTIAGO, 8 OUT. 1973

Apreciado Celso,

Escrevo-lhe estas linhas de meu asilo na embaixada da Venezuela. Outros amigos estão asilados, como Pedro Vuskovic na do México, enquanto outros estão presos (Carlos Matus e outros), e uns poucos economistas foram fuzilados. Este foi o golpe mais sangrento dos últimos anos e estimamos que há não menos de 20 mil mortos, enquanto se fuzilam de quinze a vinte pessoas por dia, segundo os jornais.

Você compreenderá os dias de horror que vive nosso país e o nosso estado de ânimo. Também se perseguem uma criança ou mulheres com os filhos. Os três filhos de Pedro estão presos, e de minha mulher nada se sabe. Minha casa foi aberta (arrombada) já quatro vezes e roubaram tudo de valor; parece que nos tirarão os bens.

Estão nos negando salvo-conduto e eu já estou há um mês nesta embaixada junto com Jacques Chonchol.* Se, finalmente, eu saísse para a Venezuela, o ambiente ali parece difícil e declararam que nos darão visto por 72 horas, e em casos qualificados, [mas] eu poderia ficar.

Como tenho três filhos que estudam no Colégio Francês, estou pensando em ir para a Europa e ver a possibilidade de lá ficar por algum

---

* Jacques Chonchol, ministro da Reforma Agrária do governo de Salvador Allende.

tempo. Como você sabe, estive dez anos no Ilpes, um na África e outro na Ásia, nas Comissões Econômicas. Meu desejo é trabalhar na Europa.

Escrevo-lhe estas linhas para lhe pedir, se lhe for possível, que verifique se alguém teria interesse em meus serviços. Aqui estou incomunicável e não posso escrever. [...] Sei que na Europa há interesse pela América Latina. Tenho vinte anos de trabalho universitário e internacional, me considero um estruturalista, não milito em partido político, e publiquei alguns livros. Fui três anos ministro do Planejamento, conheço bastante o que se passou nessa "experiência".

[...] Necessito o essencial para viver e manter quatro pessoas. Minha mulher esteve hospitalizada em junho; em agosto, com uma bomba de dinamite, destruíram parte de minha casa. Você compreenderá a necessidade de meus filhos terem alguma tranquilidade.

Lamento ter de escrever esta carta. Se puder, escreva a Orlando Zobar, Embaixada de Venezuela, Santiago, Chile. E, dentro, inclua alguma nota.

Aproveito para cumprimentá-lo e agradecer sua atenção,

Gonzalo Martner*

HENRY A. KISSINGER

CAMBRIDGE, 17 DE JULHO DE 1962

Caro dr. Furtado,

Desde a volta de minha viagem ao Brasil e uma subsequente à Europa, eu gostaria de lhe dizer o quanto apreciei ter me concedido tanto do seu tempo no Recife. Cheguei ao Nordeste sentindo-me muito pessimista e saí enormemente encorajado pela nossa conversa. De fato, o seu pro-

---

* Oito dias depois, Gonzalo Martner enviou outra carta a cf, resumindo esta e pedindo-lhe que confirmasse por telegrama a recepção da primeira.

grama pertence às coisas mais construtivas que vi no Brasil, e a ele desejo muitas felicidades.

Espero que me avise quando vier aos Estados Unidos. Gostaria muito de tê-lo para dar uma conferência em Harvard, e será um grande prazer pessoal revê-lo.

Com meus melhores cumprimentos.

Cordialmente,

Henry A. Kissinger

NOVA YORK, 1º DE JULHO DE 1987

Caro ministro Furtado,

Agora que regressei de minha visita memorável ao seu país, quero lhe dizer como me agradou encontrá-lo no almoço oferecido pelo presidente Sarney na semana passada. Agora já estamos bastante longe do Recife de 1962. Foi uma rara oportunidade para uma conversa com um grupo tão importante, e fiquei encantado que o senhor pudesse participar do nosso encontro.

Muito atentamente,

Henry A. Kissinger

JACK LANG

PARIS, 20 DE NOVEMBRO DE 1984

Meu caro Celso Furtado,

É-me especialmente agradável lhe anunciar sua nomeação, na qualidade de Comendador, na Ordre des Arts et des Lettres.

Fico feliz de ter podido, assim, reconhecer os títulos eminentes que conquistou no campo da cultura e dirijo-lhe minhas felicitações mais calorosas.

Com os meus cumprimentos,

Jack Lang

RIO DE JANEIRO, 5 DE DEZEMBRO DE 1984

Caro ministro,

É com grande alegria que tomo conhecimento de sua generosa decisão de me fazer Comendador da Ordre des Arts et des Lettres.

A França foi para mim a universidade em que aprendi a pensar com coragem os problemas colocados pelo escândalo do subdesenvolvimento, mas também a cátedra que me permitiu transmitir minhas ideias a milhares de estudantes do Terceiro Mundo, e mesmo de meu país numa época em que eu estava proibido de fazê-lo em minha terra.

O processo de redemocratização de meu país me chama, agora, a outras tarefas. Mas sempre estarei presente ao seu apelo, quando se tratar de abrir mais espaço à cooperação entre nossos dois países.

Queira aceitar, senhor ministro, meus cumprimentos respeitosos,

Celso Furtado

PARIS, 23 DE JANEIRO DE 1985

Caro Celso Furtado,

No limiar deste novo ano, formulo votos muito sinceros para você e os seus. Esses votos são indissociáveis dos que formulo para o Brasil, com a acessão à Presidência da República do sr. Neves.

Ao lado de todos os seus amigos, alegro-me muito profundamente com essa nova era que se anuncia. Sei toda a parte que você mesmo teve para essa vitória.

Desejo ter muito breve o prazer de continuar nossa conversa, de viva voz. No entanto, já desde hoje confio-lhe o quanto estou determinado a trabalhar para a aproximação de nossos dois países, pois a cultura é o "fermento" ideal para o sucesso dessa ambição.

Creia, caro Celso Furtado, em minha amizade mais sincera.

Jack Lang

JAVIER PÉREZ DE CUÉLLAR

NOVA YORK, 10 DE JUNHO DE 1989

Caro dr. Furtado,

A Assembleia Geral das Nações Unidas decidiu realizar em abril de 1990 uma sessão especial dedicada à cooperação econômica internacional, em especial para a revitalização do crescimento e desenvolvimento dos países em desenvolvimento. Solicitaram-me que preparasse um extenso relatório sobre as questões envolvidas e, nesse contexto, consultasse personalidades eminentes.

Gostaria, portanto, de solicitar suas opiniões sobre as questões substantivas a respeito desse tema, e, em particular, como a sessão especial deveria dar uma contribuição significativa para promover a cooperação internacional e resolver os urgentes problemas econômicos e sociais do mundo, especialmente nos países em desenvolvimento.

Sem entrar em detalhes, permito-me chamar sua atenção para algumas questões gerais que podem lhe servir de base para seus comentários.

A comunidade internacional deu alguns passos significativos para melhorar o clima político internacional e encaminhar-se para a solução de alguns conflitos regionais cruciais. Esses avanços salientam mais uma vez a importância e o potencial da cooperação internacional. É importante que esse espírito se reflita igualmente nos nossos esforços para lidar com os problemas prementes econômicos e sociais. Acredito que as Nações Unidas tenham um papel vital a desempenhar nesse processo.

Iniciativas recentes e perspectivas de crescimento econômico e desenvolvimento são coisas distintas. Enquanto o crescimento econômico foi relativamente satisfatório nos países industriais e em algumas partes da Ásia, este não é o caso na África e na América Latina nem em outras partes da Ásia. Em muitos países a crise da dívida, os fluxos financeiros insuficientes e os baixos ganhos com as commodities, para não mencionar o impacto do protecionismo, resultarão em estagnação econômica, se não em retrocesso. As dimensões humanas dessa situação continuam a ser uma grave preocupação, se, por exemplo, forem medidas em termos de crescente pobreza, mesmo em países de crescimento relativamente alto, ou em termos de redução dos orçamentos sociais como resultado de ajustes obrigatórios. A persistente disparidade de vida nos mundos desenvolvido e em desenvolvimento é simplesmente inaceitável. As projeções futuras sugerem que, a menos que se providencie uma ação deliberada, a distância entre ricos e pobres crescerá, com as consequências da agitação política e social que a acompanham. [...]

Eu apreciaria imensamente se o senhor pudesse dividir comigo os seus pensamentos pessoais (que não lhe serão atribuídos) sobre estas questões e a elas relacionadas, e que tivessem relevância para a sessão especial. Acredito que essa sessão especial oferecerá uma excelente oportunidade para se investigar o estado da economia mundial, rever as perspectivas dos problemas econômicos nos anos 90, e reencaminhar a comunidade internacional para o objetivo político do crescimento econômico estável e não inflacionário em todas as partes, de uma maneira que seja sensível aos problemas sociais e às salvaguardas do meio ambiente.

Estou ansioso para ouvi-lo proximamente sobre essa importante questão.

Muito atentamente,

Javier Pérez de Cuéllar

JOHN C. DIEFFENDERFER

RECIFE, 3 DE JUNHO DE 1963

Prezado Celso,

Gostaria de solicitar o seu apoio, e o apoio da Sudene, para o problema de explicar ao público no Nordeste a verdadeira natureza da Aliança para o Progresso, como um programa mútuo, cooperativo, multilateral e hemisférico que pertence a cada República americana que assinou a Carta de Punta del Este.

Como sabe, o público geralmente acredita que a Aliança é um programa dos Estados Unidos em que se canaliza assistência para as nações latino-americanas. Isso, claro, é errado, e está em desacordo com a Carta que tanto o Brasil como os Estados Unidos, entre outras dezoito nações, assinaram. A Carta é explícita, desde o Preâmbulo até a resolução final sobre a Opinião Pública, ao identificar que a Aliança é um movimento que pertence tanto a uma nação como a outra.

Desde o início de nossas operações no Nordeste, conseguimos afirmar esses princípios para o público. Também fomos cuidadosos para dar o crédito integral à Sudene por sua participação nos programas mútuos. Por outro lado, notamos uma relutância por parte da Sudene em identificar seus programas com a Aliança, e ocasionalmente funcionários da Sudene disseram que consideram a Aliança estritamente um programa de ajuda americano que coopera com o esforço da Sudene. Acredito que concordará que essa atitude não está de acordo com a Carta de Punta del

Este ou com o Acordo que estabeleceu nossas relações de trabalho para o desenvolvimento do Nordeste brasileiro. Na verdade, uma interpretação correta da Carta mostra que todos os esforços nacionais de desenvolvimento, como os da Sudene, com ou sem a assistência ou participação dos Estados Unidos, são parte da Aliança e deveriam assim ser identificados.

Gostaria de discutir mais consigo numa hora oportuna e de saber suas opiniões sobre essa matéria.

Cordialmente,

John C. Dieffenderfer

RECIFE, 17 DE JULHO DE 1963

Prezado senhor,

Com referência à sua carta de 3 de junho, em que se aborda o problema de como apresentar à opinião pública a ação da Aliança para o Progresso, permito-me fazer as seguintes considerações:

a) a ideia fundamental da Carta de Punta del Este foi, em nosso entender, que a cooperação dos Estados Unidos deveria evoluir rapidamente no duplo sentido do multilateralismo e da adoção de programas; aqueles países ou regiões que lograssem formular bons programas de desenvolvimento receberiam uma adequada ajuda, que seria concedida principalmente através de mecanismos multilaterais;

b) a evolução da USAID na prática da Aliança tem sido, entretanto, contrária a essa diretriz; a cooperação é dada à base de projetos singulares, mediante condições que seguem a prática anteriormente estabelecida pelos órgãos de assistência bilateral;

c) sendo os recursos, de maneira geral, provenientes das fontes bilaterais preexistentes (PL 480, BID), a prática da cooperação tornou-se apenas mais complicada, a partir do momento em que se pretendeu pôr em prática a Aliança;

d) em face da não aplicação da Carta de Punta del Este naquilo que ela apresentava como real contribuição para o aperfeiçoamento da cooperação internacional, a Sudene não encontrou maneira de transformar o seu próprio plano de trabalho em um programa que representasse um "esforço conjunto";

e) dificilmente se poderia apresentar à opinião pública uma imagem da realidade distinta da que vem sendo apresentada: a Sudene possui uma "política de desenvolvimento do Nordeste", política essa que é desdobrada periodicamente em programas aprovados pelo Congresso Nacional; alguns dos projetos que integram esses programas merecem a aprovação da USAID e recebem cooperação financeira e técnica bilateral.

O fato de que o programa da Aliança foi submetido a uma revisão crítica pelos governos signatários da Carta de Punta del Este nos autoriza a esperar que uma orientação mais condizente com os objetivos da Carta venha a ser adotada no futuro.

Ponho-me à disposição de v. s. para uma apreciação mais detida do problema, em data posterior.

Atenciosamente,

Celso Furtado

LINCOLN GORDON

RIO DE JANEIRO, 8 DE JUNHO DE 1962

Meu caro Celso:

Esta é simplesmente o meio de lhe expressar a minha gratidão pela sua afável hospitalidade segunda-feira última no Recife, e de dizer-lhe uma vez mais o quanto estou satisfeito por estarmos agora nos transferindo para a fase de ação efetiva em nossos esforços em prol de seu trabalho no desenvolvimento do Nordeste.

Constitui motivo de especial interesse a oportunidade que tive de estar presente aos debates do Conselho da Sudene durante uma hora e captar uma larga visão da maneira pela qual é organizado o seu trabalho. Desnecessário se torna dizer que as suas bondosas palavras por ocasião da assinatura de nosso acordo foram também muitíssimo apreciadas. Além disso, tendo certa experiência com respeito a negociações das Nações Unidas bem como sobre a cooperação prática e construtiva com nossos amigos europeus, durante e após o Plano Marshall, estou inteiramente de acordo com suas palavras acerca de novas formas de colaboração internacional. [...]

Desejo, sobremodo, beneficiar-me de seu convite para que visite o projeto agrícola na Paraíba tão pronto uma oportunidade se apresente. Estarei seguindo de perto esse e outros projetos com a assistência de Bruno Luzzatto[*] e espero também que possamos manter contatos pessoais em intervalos frequentes.

Nesse ínterim, com os melhores votos de êxito sempre crescente em seus importantes empreendimentos, despeço-me,

Cordialmente,

Lincoln Gordon

Ao Embaixador Lincoln Gordon
RECIFE, 13 DE JULHO DE 1962

Prezado amigo,

Recebi e agradeço cópia de suas três conferências, pronunciadas em lugares e ocasiões oportunos.

---

[*] Bruno Luzzatto foi o diretor dos programas da Aliança para o Progresso no Nordeste até julho de 1962, quando retornou aos Estados Unidos para reintegrar-se ao Departamento de Estado.

O esforço que está fazendo para interpretar a realidade brasileira e, mais ainda, para transmitir a todos a sua interpretação dos problemas da atualidade internacional constitui contribuição definitiva para a mútua compreensão entre nossos dois países.

Minha experiência aqui no Nordeste, dos anos recentes, indica que está em processo uma modificação significativa, na interpretação geral do que são os Estados Unidos e de seu papel na criação do mundo em que teremos de viver todos no amanhã. Os velhos chavões e slogans estão sendo substituídos pelo debate, ainda apaixonado, mas já construtivo. É dentro desta perspectiva que aprecio o valor real do esforço que está fazendo.

A cooperação com o Luzzatto está se desenvolvendo bem. Os principais projetos conjuntos estão progredindo com muita rapidez.

Na expectativa de revê-lo em breve,

Celso Furtado

ROBERT F. KENNEDY

BOSTON, 19 DE JUNHO DE 1964[*]

Prezado dr. Furtado,

Como deve saber, o principal memorial de meu falecido irmão será uma Biblioteca construída em seu nome perto do campus da Universidade Harvard.[**] Ele escolheu esse lugar para uma Biblioteca antes de

[*] Esta carta foi enviada ao Brasil, mas CF, que já estava fora do país, não a recebeu. Cópia da correspondência foi-lhe reenviada em 2 de março de 1965, quando ele estava na Universidade Yale.

[**] O John F. Kennedy Presidential Library and Museum foi construído, não perto de Harvard, como inicialmente previsto, mas no bairro de Dorchester, em Boston, ao lado da Universidade de Massachusetts Boston.

morrer, e, na verdade, esperava tornar a Biblioteca seu escritório depois da Presidência.

A Biblioteca Memorial John F. Kennedy servirá a várias funções. Será um Memorial. Será um Museu, contendo a memorabilia de meu irmão e de sua época, aberta a visitantes, esperamos, do mundo todo. Será um Arquivo, guardando os documentos e papéis essenciais ao estudo do presidente Kennedy e seu tempo; isso, também, esperamos que atraia estudantes e pesquisadores do mundo todo. E será um Instituto, projetado para levar adiante um dos temas maiores da vida de meu irmão — seu esforço para pôr lado a lado o mundo da academia e o mundo da ação, o mundo das ideias e o mundo do poder.

Uma realização especial da Biblioteca é o Projeto História Oral. Como o senhor sabe, documentos por si só nem sempre refletem a realidade histórica global de uma situação (e isso é particularmente verdade nestes tempos modernos em que a máquina de escrever multiplica o número de documentos e o telefone reduz sua importância). Por isso, estamos organizando um programa de entrevistas gravadas. O objetivo desse programa é resgatar e gravar material que, do contrário, não iria para o papel e poderia, por conseguinte, ser perdido definitivamente para o futuro historiador.

Esse Projeto já está sendo feito neste país; mas sentimos que ficaria incompleto se confinado aos Estados Unidos. Acreditamos que deveria haver uma representação completa de pessoas e pontos de vista que cobrissem todos os aspectos da vida pública de John F. Kennedy. Um dos empreendimentos mais próximos ao seu coração foi, como o senhor sabe, a Aliança para o Progresso. Devido ao seu próprio interesse nesse programa, estou lhe escrevendo para perguntar se poderia considerar dar-nos uma entrevista para o Projeto História Oral. Os detalhes seriam estabelecidos para atenderem integralmente à sua conveniência e de acordo com o seu desejo — a escolha de um entrevistador, a hora, o local, a substância da entrevista, tudo isso estaria sob o seu controle.

Nesse Projeto não estamos buscando elogios ao meu irmão. O que esperamos suscitar é um comentário franco e sincero por parte de homens com quem ele trabalhou, e relativo às suas políticas, suas realizações, seus erros, suas falhas, e seu impacto sobre estes tempos turbulentos. Estamos especialmente interessados em lembranças de encontros e discussões que o senhor teve com ele, e na sua própria avaliação de como ele afetou as relações entre nossos dois países na história recente deste hemisfério.

Obviamente, grande parte do material gravado no Projeto História Oral será demasiado confidencial para divulgação imediata — e o senhor pode pensar que isso deve ser verdade no seu caso, se decidir participar. O senhor tem minha garantia categórica de que a entrevista ficará restrita ao absoluto acordo que o senhor quiser. Ninguém — nenhum funcionário do governo, nenhum pesquisador, nenhum jornalista, nenhum membro da família Kennedy, terá acesso à fita ou à transcrição da sua entrevista, a não ser o senhor, o entrevistador e a pessoa que transcrever a entrevista. O senhor poderá reter a fita em seus arquivos pessoais até que ela possa ser divulgada. Ou poderá optar por enviar a gravação aos National Archives em Washington, onde ficará sob sigilo até a Biblioteca do Memorial ser construída em Cambridge. [...] Estudiosos e historiadores lhe ficarão profundamente gratos se o senhor puder acrescentar seus comentários a esse corpo de lembranças de John F. Kennedy e seu tempo.

Muito cordialmente,

Robert F. Kennedy

4. Os economistas

Desde que se integrou à Cepal, em 1949, Celso Furtado fez, naturalmente, amizade com dezenas de economistas de muitos países e variados matizes. Já em 1950, em viagem de estudos aos Estados Unidos, teve a oportunidade de expor a professores das principais universidades americanas os temas com que trabalhava, como o desenvolvimento, a industrialização, a América Latina. Mais adiante, quando passou um ano sabático em Cambridge a convite de Nicholas Kaldor, privou da companhia, em seminários mas também em passeios e jantares, da primeira geração dos discípulos de Keynes, com os quais se correspondeu por muitos anos. Nos Estados Unidos, e depois na França, aos economistas de diversas correntes acrescentou o diálogo epistolar com os da Polônia socialista.

ANDREA MANESCHI

SÃO PAULO, 22 DE SETEMBRO DE 1967

Caro Celso,

Por favor desculpe meu longo silêncio em responder à sua carta de 5 de janeiro. Este foi um ano excepcionalmente cheio para mim, tanto na minha vida pessoal como acadêmica. Casei-me em junho e depois fiquei muito ocupado com os preparativos para a ida para o Brasil. Helga e eu chegamos ao Rio no dia 15 de julho e nos estabelecemos em São Paulo desde então, tirando alguns fins de semana no Rio, Santos e Guarujá.

Finalmente completei a revisão de nosso trabalho* que está seguindo em envelope separado. O modelo matemático e os resultados numéricos obtidos, para o melhor e para o pior, permanecem os mesmos. A estrutura do texto foi racionalizada com um olho na sequência lógica. As seções anteriores foram substancialmente alteradas, ambas para levar em conta algo da literatura recente e para fazer algumas qualificações que eram necessárias. Através do texto o material menos importante foi relegado a notas de rodapé ou quadros no apêndice para não interromper o andamento do argumento.

Você talvez queira fazer mudanças futuras. Enviei o texto para Oscar Soberon para publicar em *El Trimestre Económico*. Por favor comunique a ele e a mim sobre alterações que queira fazer.

Minha tarefa principal na Universidade de São Paulo é assistir o Instituto de Pesquisas Econômicas (IPE) com o lado de pesquisa no programa deles. Também ensino como matéria opcional finanças públicas com ênfase especial nos aspectos políticos. O IPE e a Fundação Getulio Vargas colaboram no intercâmbio de pessoal e de ideias. Isaac Kerstenetzky** vem aqui duas vezes ao mês para aconselhar sobre as fontes estatísticas e a metodologia. Seguindo minha sugestão, dois tópicos de pesquisa adicionais estão sendo investigados pela equipe de pesquisa sob minha supervisão. O primeiro é um estudo estatístico de absorção de mão de obra no estado de São Paulo desagregada pela indústria. Isso deve ser complementado pela pesquisa do lado da demanda, para testar a hipótese de se os fatores de demanda e tecnológicos estão conspirando para tornar

---

* "Um modelo simulado de desenvolvimento e estagnação na América Latina", Celso Furtado e Andrea Maneschi, publicado originalmente na *Revista Brasileira de Economia*, v. 22, n. 2, jun. 1968.

** Isaac Kerstenetzky (1926-91), economista da Fundação Getulio Vargas, foi presidente do IBGE e professor da PUC-Rio.

crescentemente difícil a absorção de mão de obra. O segundo estudo foca na elasticidade da expansão da renda nos estados do Sul com respeito ao resto da nação, e sua influência na taxa de crescimento do Brasil.

Helga e eu estamos gostando de nosso novo ambiente, que costuma nos lembrar a Europa, e estamos agora ocupados em estudar português. *Se você quiser, pode de vez em quando escrever-me nesta língua, da que eu gosto muito e que não é tão difícil a aprender para um italiano.** Vivemos bem perto da cidade e da faculdade, o que ajuda imensamente, considerando os *engarrafamentos do tráfico*! Ainda não conhecemos muita gente e gostaríamos de conhecer alguns de seus amigos. Temos um calendário de seminários bem cheio — Paul Rosenstein-Rodan esteve aqui hoje para uma palestra e depois almocei com ele. André Marchal também esteve aqui duas semanas atrás, e fez referência a você numa das palestras. Sir Roy Harrod estará aqui na próxima semana, tirando uma folga dos encontros do FMI.

Seu amigo

Andrea

PARIS, 7 DE OUTUBRO DE 1967

Prezado Andrea,

Recebi a sua carta de 22 de setembro e a cópia da nova redação do artigo. A leitura agora é mais fácil, o que seguramente facilitará a sua penetração entre os estudantes. Continuo convencido da validade das hipóteses básicas do modelo. Este seria mais complexo se se introduzisse o Estado como fator que também interfere na distribuição da renda. Em realidade, partindo dele, outras linhas de investigação teórica podem ser tentadas. Mas o fundo do problema permanecerá: a tecnologia exógena

---

* Esta e a expressão seguinte em itálico estão em português, na carta escrita em inglês.

e o marco institucional criam um perfil de demanda que freia o desenvolvimento. A importância prática está em que reconhecido esse núcleo de verdade, se pode partir para orientar a penetração da tecnologia e modificar o marco institucional a fim de criar condições propícias ao desenvolvimento. Essas hipóteses eu as tinha na cabeça, intuitivas, há muito tempo. A importância de sua contribuição está em que você logrou formalizá-las, o que permite deslocar a discussão para um campo muito mais fecundo. [...]

Se você quiser treinar o seu português poderá passar uma vista nele.

Meus contatos em São Paulo são mais estreitos com o pessoal da Faculdade de Filosofia, Ciências e Letras. Vale a pena que você conheça o Florestan Fernandes (professor de sociologia), o Octavio Ianni (assistente da cátedra de Sociologia) e o Antonio Candido de Mello e Souza (professor de literatura). Escreverei a cada um deles recomendando-lhes que tomem contato com você.

Um abraço muito cordial do

[Celso]

P.S. Estou seguro de que você tem menos dificuldade para ler em português do que eu para escrever em inglês. Como o objetivo é maximizar as possibilidades de comunicação...*

ANDRE GUNDER FRANK

CIDADE DO MÉXICO, 1º DE NOVEMBRO DE 1965

Estimado sr. Furtado,

Permito-me enviar-lhe para sua consideração e eventual adesão a declaração "Necessidade de novos enfoques no ensino e na pesquisa da

---

* Carta escrita em português.

ciência econômica na América Latina". Estamos circulando esse documento em toda a América Latina. Já nos chegou um bom número de adesões de vários países, mas por motivos óbvios nos foi difícil estabelecer o contato exato em seu país para conseguir muitas assinaturas. Enviaram--nos suas assinaturas Caio Prado Jr. e Jairo Simões, e outra pessoa que não conheço. [...] Da Argentina nos assinou, por exemplo, Silvio Frondizi.*

Espero que se interesse em ler o documento e que possamos contar com sua adesão pessoal. Tenho certeza de que qualquer desacordo que poderia haver entre nós, de caráter científico, não constituirá obstáculo para uma cooperação nesse esforço, sobre o qual certamente estamos de pleno acordo, para melhorar o ensino da economia na América Latina. Lembro-me de que o senhor foi talvez o primeiro a fazê-lo com seu "Conselho a jovens economistas".**

Cumprimenta-o cordialmente,

Andre G. Frank

PARIS, 5 DE DEZEMBRO DE 1965

Estimado dr. Frank:

Recebi há algum tempo a sua carta bem como o projeto de declaração "Necesidad de nuevos enfoques en la enseñanza e investigación de la ciencia económica en América Latina".

As ideias expostas nesse projeto de declaração são de uma maneira geral ou em sua essência corretas, no que concerne a minha opinião pessoal. Contudo, não me parece que seja essa a melhor maneira de abordar esse

---

* Silvio Frondizi (1907-74), advogado argentino, irmão do presidente Arturo Frondizi, fundou o Movimento de Esquerda Revolucionária Praxis (MIR-Praxis) e foi assassinado pelo grupo de extrema direita Triple A.

** Cf. "Consejo a los jóvenes economistas", de Celso Furtado (Recife: Sudene, 1963).

assunto. Se a ciência econômica que se ensina é insuficiente e algumas vezes contraproducente, cabe a nós, economistas latino-americanos, repensá-la pela base e realizar um trabalho crítico sério dos livros de texto que circulam. Esse trabalho começa a ser feito, mas com atraso e de forma fragmentária. Necessitamos urgentemente de bons livros sobre teoria econômica, comércio internacional, desenvolvimento latino-americano escritos especialmente para os nossos estudantes. Enquanto não surgem esses livros, não podemos impedir que textos à la Samuelson circulem por todos os lados. Os manifestos não podem ter senão um caráter político. Neste caso não são os professores de economia que o assinam, e sim intelectuais ou cidadãos. Se não fazemos essa diferença, corremos o risco de que no mundo universitário em geral nos apresentem como simples doutrinários.

Rogo-lhe que não interprete minhas palavras como expressão de um desacordo com as ideias básicas expostas na declaração. Minha divergência está apenas neste ponto: em matéria científica não parece que exista lugar para manifestos; por outro lado, em matéria política não são os professores de economia que falam e sim os homens de pensamento ou os cidadãos. Devemos preservar a nossa autoridade científica se pretendemos realizar a tarefa de crítica do ensino convencional da economia e de reconstrução da ciência econômica em função de nossa realidade.

Reitero meus agradecimentos e espero ter a satisfação de encontrá-lo pessoalmente em alguma oportunidade.

Cordialmente,

Celso Furtado

CIDADE DO MÉXICO, 5 DE JANEIRO DE 1966

Estimado senhor Furtado,

Agradeço-lhe sua amável carta e a séria consideração que prestou ao documento enviado.

Agrada-me ter a sua confirmação de minha suposição de que estaria de acordo com as ideias gerais e os propósitos da declaração. É claro que estou de acordo com o senhor de que o estado insatisfatório do ensino e da pesquisa hoje não se resolve mediante declarações ou manifestos. Evidentemente, o que faz falta é o desenvolvimento da pesquisa e de programas de estudo e ensino diferentes dos hoje vigentes. Também se precisa, como diz o senhor, de textos em muitas matérias que são muito diferentes dos hoje disponíveis. Pessoalmente, creio que pelo menos nos últimos 150 anos nunca se escreveu um texto que seja sequer longinquamente adequado — e pegado à realidade histórica ou atual — em matéria de comércio internacional. Se eu tivesse capacidade e tempo, escreveria isso. Mas duvido que tenha um ou outro. O senhor, mais que nenhuma outra pessoa hoje viva, os tem. O que tentarei fazer um dia é uma crítica muito mais profunda da teoria dos custos comparativos do que as que vi até hoje. Mostrarei que em nenhuma época, nem antes, nem durante, nem depois do tempo de Ricardo, o comércio internacional apareceu com essa concepção, e que todas as trinta ou mais supostas concepções sempre foram totalmente alheias à realidade, além do fato de que algumas são mutuamente contraditórias. Não sei se eu poderia oferecer uma teoria melhor que substituísse a de Ricardo e seus seguidores e revisores. Pode ser que eu possa fazer, talvez o possa o senhor, que é mais capaz. Mais ou menos o mesmo se pode dizer da teoria "monetária" do comércio internacional.

Seja como for, o propósito da declaração é justamente criar melhores condições para que esses avanços na pesquisa, a preparação de textos, o ensino possam se realizar na América Latina. O fato é que há uma inquietação e uma insatisfação com a ciência econômica entre muitos setores profissionais e estudantis. [...] O propósito da declaração é pôr em mãos dos que queiram criar melhores condições — em nosso sentido — em suas faculdades uma arma que lhes poderá ser útil em suas batalhas políticas e outras contra seus colegas, decanos, companheiros estudantis mais conservadores. Com assinaturas de economistas de conhecido renome, a publicação do documento poderá, espero, servir como um instrumento, não para mudar a ciência mas para mudar as condições institucionais em que a ciência se desenvolve numa ou noutra direção, de uma ou outra maneira.

Cordialmente,

Andre G. Frank

IGNACY SACHS

RIO DE JANEIRO, 5 DE FEVEREIRO DE 1962

Prezado senhor,

Recebi há algum tempo uma carta firmada pelo prof. Lange relacionada com um projeto de publicação de alguns estudos sobre os países subdesenvolvidos. Minha colaboração era solicitada para esse projeto.

Esperei algum tempo na expectativa de poder preparar um estudo especial como cooperação ao projeto. Como não foi possível dedicar-me especialmente a esta tarefa, estou enviando cópia do último estudo que escrevi sobre a economia brasileira e que vem de ser publicada em espanhol em uma nova revista da Venezuela.

Apreciaria ouvir sua opinião sobre este artigo e sobre a possibilidade de fazê-lo traduzir e publicar numa revista de seu país.

Com os protestos de meu respeito,

Celso Furtado

VARSÓVIA, 5 DE ABRIL DE 1962

Prezado senhor,

Somente hoje chegou às minhas mãos a sua estimada carta de 5 de fevereiro, bem como o ensaio intitulado "Análise do desenvolvimento econômico do Brasil". Achei-o muito interessante, sobremodo para aqueles que não tiveram o privilégio de ler o seu livro sobre *A economia brasileira* e o livrinho sobre *Uma economia dependente*. Certamente publicá-lo-emos em polonês, numa revista ou numa coletânea de artigos editada em forma de livro. Se por acaso pudesse nos dar exclusividade para a difusão do artigo em inglês e francês, muito nos honraria incluí-lo num dos volumes dos nossos Estudos sobre Países em vias de Desenvolvimento, mencionados na carta do professor Lange.

Com os protestos de maior estima e consideração

Ignacy Sachs

VARSÓVIA, 25 DE MAIO DE 1962

Prezado senhor,

De posse de sua estimada carta de 16 do mês corrente, desejo em primeiro lugar agradecer, em nome do professor Oskar Lange, e em meu próprio, pela permissão para publicar o seu ensaio em tradução inglesa. Agradeço também pela remessa do seu livro sobre *Formação econômica do Brasil*. Durante as férias de verão terei o prazer de preparar um ensaio sobre este importante trabalho. O artigo aparecerá em *Zycie Gospodarcze/* Vida Econômica — um semanário de grande circulação nos meios econômicos do meu país.

Aproveito o ensejo desta carta para informá-lo brevemente sobre o programa de atividades do recém-criado Centro de Pesquisas sobre Economias Subdesenvolvidas, de cujos trabalhos estou encarregado. O Centro funciona sob os auspícios da Universidade de Varsóvia e da Escola Central de Planificação e Estatística e é orientado por um conselho científico tendo à sua frente o professor Michał Kalecki. É nosso propósito estudar, na medida de nossas modestas possibilidades, problemas de planificação e programação de desenvolvimento. Estamos, pois, vivamente interessados nas atividades da entidade que dirige e muito apreciaríamos a remessa de quaisquer publicações a este respeito. Por outro lado, a nossa Escola de Planificação está empenhada em organizar, a partir do próximo ano letivo, um curso avançado de planejamento econômico. [...]

Com os protestos de minha mais elevada estima e consideração,

Ignacy Sachs

LUIGI SPAVENTA

CAMBRIDGE, 30.4.60

Caro Celso,

Espero que você ainda tenha uma vaga lembrança de quem eu sou, e recorde os bons e não tão antigos dias no King's. Como vê, agora estou no King's de novo, por mais um ano.

Algum tempo atrás enviei-lhe a separata de um artigo meu, sobre "Dualism in Economic Growth" (*Banca del Lavoro Quarterly Review*, Dec. 59). Não sei se ele chegou a você, e se sim, se você teve tempo de dar uma olhada nele. Esse artigo teve algum imerecido sucesso na Itália e me pediram, o editor Einaudi, para traduzi-lo em italiano e incluí-lo numa coleção de ensaios de vários autores que eu deverei editar. Os ensaios podem ser sobre problemas do desenvolvimento que possam ser de especial interesse para o caso italiano. Não importa se já foram publicados em outro lugar, desde que não tenham aparecido na Itália. Além disso não devem ser muito formais ou muito abstratos. Um dos ensaios será o de Kahn, "The Pace of Development". Já que eu sei que os problemas em que você está interessado são os que nos interessam, e que você é um grande mestre, se posso dizer assim, em pôr lado a lado teoria e fatos, nunca esquecendo estes últimos, pensei que poderia ter algo pronto ou recém-publicado que pudesse considerar de interesse para nós. [...]

Espero que você e sua esposa estejam bem e que você não tenha se tornado demasiado VIP a ponto de não ter tempo de responder.

Amavelmente,

Luigi Spaventa

ESTADO DA GUANABARA, 18 DE MAIO DE 1960

Caro Spaventa,

Para ser muito sincero devo lhe dizer que estou sem tempo livre para uma leitura cuidadosa do seu ensaio sobre "Dualism in Economic Growth". Embora sem ser VIP, de jeito nenhum, por ora devo ser o homem mais ocupado do Brasil, sem perspectiva de alguma folga num futuro próximo.

Estou lhe enviando uma cópia de um trabalho meu, "Uma política para o desenvolvimento econômico do Nordeste", que espero possa lhe interessar. Felicito-o pelo bem-merecido sucesso de seu ensaio e lamento não poder lhe dar uma cooperação maior.

Meus melhores cumprimentos à Mrs. Robinson, Mr. Kaldor, Prof. Kahn e Sen.* E para você, minhas No-VIP lembranças,

Celso Furtado

* Respectivamente, Joan Robinson, Nicholas Kaldor, Richard Kahn e Amartya Sen, amigos de Cambridge.

MAURICE BYÉ

PARIS, 31 DE AGOSTO DE 1960

Caro amigo,

Iniciei bem tardiamente a leitura do livro que você teve a amabilidade de me enviar (*Formação econômica do Brasil*). Lamento. Pois acabo de concluí-lo de um fôlego. Deixe-me lhe dizer o imenso prazer e o interesse que tive.

Foi com um verdadeiro entusiasmo que segui a evolução econômica de que você apresentou uma síntese notável. Percebe-se a qualidade da sua documentação e as suas preocupações de economista moderno que busca a interpretação em cada curva da história.

Estando de acordo com você, como bem sabe, sobre todos os aspectos importantes da análise teórica, encontrei quase em cada página resumos extremamente úteis mesmo fora do Brasil para qualquer análise do desenvolvimento.

Os conflitos de setor a setor, a oposição entre setores motores e setores bloqueados, o caráter "fechado" dos fluxos de certos setores são bem salientados. Gostei muito de sua demonstração da inadaptação de Portugal depois do Tratado de Methuen em responder à demanda crescente do Brasil, suas visões sobre o capitalismo comercial da época açucareira, o seu estudo sobre o erro de interpretação que fazia aplicar ao Brasil do século XIX os mecanismos monetários concebidos para as relações intereuropeias, o seu estudo sobre o café. Tomei um grande número de notas e terei muitas vezes ocasião de me referir ao seu trabalho.

Foi quando soube pelo sr. Bourdeau de Fontenay que você deve vir a Paris. Muito me alegro. Espero que poderemos organizar no Isea [Institut Supérieur d'Économie Appliquée] e no Centre d'Études pour l'Amérique Latine algumas mesas-redondas muito instrutivas.

Diga-me quando virá.

Mais uma vez obrigado, muito amicalmente,

Maurice Byé

P.S. Parece-me que se devia pensar na tradução francesa de seu livro. Já pensou nisso? Falarei, se quiser, com um editor. Essa tradução prestaria grandes serviços sobretudo se não existe uma tradução inglesa.

RIO DE JANEIRO, 8 DE SETEMBRO DE 1960

Prezado professor,

Acabo de receber sua carta de 31 de agosto e tive grande satisfação em saber que a leitura de meu livro havia sido de interesse para o senhor.

O método que utilizei nesse trabalho é o resultado de minha experiência durante dez anos de análise e interpretação dos processos de desenvolvimento econômico. Convenci-me de que a combinação da análise com o método histórico permite-nos compreender melhor o processo econômico de desenvolvimento, mesmo naqueles casos em que a informação de caráter quantitativo deixa muito a desejar. O senhor terá observado na fundamentação de alguns pontos, em particular a comparação com o desenvolvimento da economia das Antilhas Francesas e Inglesas, que utilizei material resultante das pesquisas que realizei em Paris quando trabalhava sob sua orientação em minha tese de 1948. Muitos outros pontos que abordei poderão ser objeto de análise posterior, de maior profundidade, e que poderei fazer com a ajuda de estudantes universitários caso venha a integrar-me na Universidade do Brasil.

O livro está sendo utilizado como material de estudo, em muitas universidades brasileiras, e tem sido objeto de apreciação crítica, de parte de muitos especialistas deste país. Tive também a satisfação de merecer uma nota ampla e criteriosa de um professor norte-americano, em número recente da *The American Economic Review*.

Sua sugestão, considerando a tradução para o francês, parece-me extremamente interessante pois sou de opinião que a leitura de muitos capítulos desse livro poderia ser de utilidade para os economistas dos países da África Francesa. [...]

Aceite meus agradecimentos pelo seu interesse e os meus votos de felicidade para o senhor e sua família.

Celso Furtado

NICHOLAS KALDOR

[SANTIAGO], 30 DE JANEIRO DE 1957

Caro Mr. Kaldor,

Depois de sua visita ao México no ano passado aproveitei sua boa vontade e lhe expus meu antigo projeto de passar um ano acadêmico na Inglaterra, de preferência em Cambridge, para fazer alguma pesquisa e seguir alguns cursos e seminários sobre teoria econômica e política fiscal.

Estou agora tratando da licença anual das Nações Unidas e penso que estarei livre para ir para a Inglaterra a qualquer momento durante o próximo outono. Fui informado de que a apresentação para a admissão deve ser submetida muito cedo, mesmo se eu não pretendo seguir nenhum esquema regular. O senhor faria a gentileza de me pôr em contato com alguém — talvez um de seus assistentes — de modo a que eu tenha informação mais completa sobre a admissão, preços e qualquer outro assunto que ele desejasse me comunicar?

Estive no Rio em dezembro último, dando conferências no seminário da Cepal sobre desenvolvimento econômico e fiquei muito contente em saber de Campos que o senhor gostou de sua viagem e fez um trabalho muito bom. Pergunto-me se recebeu separatas da sua conferência em Pequim publicada em *El Trimestre Económico* e em *Econômica Brasileira*. Fiquei muito impressionado com o seu estudo sobre a estagnação da economia chilena.

Com meus melhores cumprimentos pessoais,

Muito cordialmente,

Celso Furtado

CAMBRIDGE, 16 DE FEVEREIRO DE 1957

Caro Furtado,

Obrigado por sua carta de 30 de janeiro.

Estou de fato muito contente em saber que você está vindo para Cambridge no próximo ano. Espero que não se deixe convencer por Roberto Campos e outros que querem você de volta ao Brasil imediatamente.

Em anexo envio vários documentos sobre a admissão na universidade como um estudante pesquisador. [...] Como está explicado num dos memorandos, Cambridge tem uma "constituição federal", o que significa que você tem de ser admitido num dos *colleges* assim como na universidade. Vou conseguir que você seja recebido no meu próprio *college*, o King's, portanto talvez você deva dizer que quer ser admitido no King's e eu lhe envio depois uma carta sobre as formalidades referentes à candidatura a esse *college*.

Com meus melhores votos,

Amicalmente,

N. Kaldor

SANTIAGO, 11 DE ABRIL DE 1957

Caro Mr. Kaldor,

Muito obrigado por sua carta de 16 de fevereiro.

Enviei a candidatura para admissão para a universidade ao secretário do Conselho de Estudos e Pesquisas. Eu digo na candidatura que o enfoque da política fiscal que o senhor recentemente desenvolveu abre novas perspectivas para a questão de incrementar a taxa de poupança em países com baixo consumo per capita e distribuição de renda extremamente desigual, e que eu gostaria de seguir essa linha de pesquisa em conexão com os instrumentos de políticas de desenvolvimento econômico.

Depois da conferência de La Paz irei para Caracas para onde fui designado em missão.

Obrigado por sua interferência pessoal em meu favor. Gostaria muito se fosse admitido no seu *college*.

Vi o *Accumulation of Capital* de Mrs. Robinson, que me parece o principal esforço feito até agora para fazer a ponte entre o keynesianismo ortodoxo e uma teoria do desenvolvimento econômico. Além disso, é a versão mais sofisticada que jamais vi da velha teoria da luta social de classes.

Ganhei uma bolsa da Fundação Rockefeller que me ajudará em meus estudos enquanto estiver em licença sem vencimentos.

Com os melhores cumprimentos à sua esposa,

Cordialmente,

Celso Furtado

CAMBRIDGE, 5 DE FEVEREIRO DE 1963

Caro Furtado,

Concluímos que você está ansioso para ter um economista de Cambridge que se junte à Sudene por um período. [...]

Claro que queremos muito ajudar, e tentar encontrar para você o melhor homem que pudermos, mas nos ajudaria consideravelmente se me fizesse saber mais detalhes sobre o tipo de pessoa que você tem em vista. Presumo que seria alguém que se juntaria à sua organização no Recife mas teria suas responsabilidades principalmente ligadas ao treinamento, pesquisa ou administração? Quer alguém com experiência nas modernas técnicas da econometria ou alguém que poderia preparar textos e memorandos para apresentação? Temos alguns jovens capazes no Departamento de Economia Aplicada que têm experiência em programação econômica e também poderíamos pensar em gente que está interessada na economia dos países subdesenvolvidos mas que são principalmente economistas e não econometristas. [...]

Foi muito agradável vê-lo no Rio outro dia e espero que as coisas estejam progredindo satisfatoriamente. Infelizmente temos muito poucas notícias aqui do que está acontecendo no Brasil.

Com meus melhores votos,

Sinceros cumprimentos,

Nicholas Kaldor

P.S. Se tiver oportunidade de olhar o texto sobre termos do intercâmbio, eu ficaria muito feliz em ter seus comentários.

RIO DE JANEIRO, 22 DE MARÇO DE 1963

Caro professor Kaldor:

Para falar a verdade estou realmente ansioso para ter um economista de Cambridge ao nosso lado que nos ajude em vários problemas especialmente relativos a treinamento de pessoal, e para dar ensinamentos nas técnicas de programação. Preferiria um economista com visão abrangente e interessado nas áreas subdesenvolvidas a um econometrista. Aliás, sou mais do que cético sobre a utilidade de econometristas em países subdesenvolvidos, onde ainda temos de introduzir sólidas técnicas para a medição de fatos econômicos.

Penso que não preciso dar mais detalhes sobre o homem de Cambridge que precisamos aqui, além de dizer que ele deve ser uma espécie de economista multipropósito, com todas as indispensáveis qualidades de lidar com pessoas de regiões subdesenvolvidas, o que nem sempre é fácil e às vezes um tanto pesado. Espero que possa me encontrar o homem certo.

Muita coisa está acontecendo no Brasil atualmente que pode atrair a atenção do economista. Para um economista, participar e testemunhar tudo isso é na verdade uma experiência muito interessante.

Com meus melhores cumprimentos,

Cordialmente,

Celso Furtado

CAMBRIDGE, 2 DE ABRIL DE 1963

Meu caro ministro,

Obrigado por sua carta que acabo de receber. Faremos o melhor possível para encontrar um homem realmente bom para você embora isso possa levar algum tempo.

Enquanto isso, gostaria de enviar-lhe uma proposta para uma nova moeda mundial e para, ao mesmo tempo, estabilizar os preços das matérias-primas. Sinto que se os americanos pudessem ser levados a apoiar algo nessa linha seria um enorme benefício para países como o Brasil.

A proposta não pretende ser um substituto para acordos individuais de mercadorias mas, como poderá ver na argumentação no final do texto, isso forneceria um instrumento mais potente para neutralizar a depreciação dos termos de troca dos países primário-produtores resultante do aumento dos salários monetários nos países industrializados.

Com meus melhores cumprimentos,

Nicholas Kaldor

LA GARDE-FREINET, 18 DE AGOSTO DE 1972

Caro Celso,

Sidney Dell me sugeriu escrever a você e também me deu seu endereço.

Recebi há algum tempo um convite para conferência internacional organizada pelo Banco de Desenvolvimento no Rio, no próximo novembro ou dezembro. A lista de outras pessoas convidadas (que também me foi mandada) incluía algumas nobres personalidades "de esquerda" como J.K. Galbraith nos Estados Unidos, Jan Tinbergen, S[tuart] Holland, J[ános] Kornai da Hungria e alguns outros. (Creio que também Flores de la Peña do México, mas não tenho certeza.)

Minha primeira reação é de que isso é um gesto de propaganda feita para que o atual regime militar apareça como intelectualmente respeitável graças à participação de tais personalidades "progressistas". Fiquei inclinado a recusá-lo. Entretanto, como Sidney Dell esteve em Cambridge por um fim de semana, ele sugeriu que antes de eu tomar uma decisão deveria consultar você, que deve ter algumas razões específicas para recomendar que eu aceite isso — ou que as pessoas que organizam a conferência apenas gostariam de ter alguma troca de ideias com personalidades mais progressistas.

Daí esta carta. Eu ficaria muito grato se pudesse me expor suas opiniões enviadas ao endereço acima, na França (estarei aqui até 25 de agosto) ou para o meu endereço em Cambridge, 2 Adams Rd (ou King's College) onde estarei a partir de meados de setembro.

Amicalmente,

Nicky Kaldor

PARIS, 24 DE AGOSTO DE 1972

Caro Kaldor,

Muito obrigado por sua carta de 18. É claro que isso é um gesto de propaganda. O Banco de Desenvolvimento não é uma instituição acadêmica e não está interessado no que você pensa mas no que as pessoas pensam sobre você no Brasil. A técnica de produzir dez nomes "limpos" de convidados para participar de um encontro é muito conhecida. Isso atrairá outras pessoas mesmo se os nomes de destaque não estiverem presentes no dia. Se você conseguir atrair dois ou três, melhor ainda. Isto não é para dizer que você não deve ir. Na verdade, eles já conseguiram levar ao Brasil todo tipo de gente. Creio que Myrdal lá esteve há algum tempo. O que quero dizer é que você deve ficar de olhos abertos. Não esqueça que os dados que estão usando, especialmente dados macroeconômicos, foram manipulados e eles não explicam o sentido dessa manipulação, conforme ouvi de especialistas na OCDE [Organização para a Cooperação e Desenvolvimento Econômico]. Ninguém negaria que certos setores da economia, particularmente as manufaturas de bens duráveis, estão em rápida expansão. Mas como, num país como o Brasil, medir com a mesma régua o desperdício da pequena minoria que conhecemos e os bens essenciais de que a grande maioria está tão terrivelmente precisando? Outro ponto a ter em mente: a política fiscal está favorecendo de um modo extravagante a concentração da riqueza e da renda. A participação do imposto de renda no PIB declinou de 3,1% para 2,6% entre 1965 e 1970, período durante o qual os lucros cresceram fantasticamente. Os bancos privados de investimento (o seu amigo Campos é diretor de um) apresentaram taxas de lucro em termos reais de até 80% em 1970... O consumo dos ricos está crescendo muito mais rápido do que o consumo dos pobres. A taxa de poupança não mudou muito (a taxa de investimento cresceu algo, como um reflexo do ingresso de capital estrangeiro) apesar do fato de que o salário mínimo real declinou 30% (de 1961 a 1970) e de dois terços em relação à produtividade média. Uma grande parte da concentração de riqueza é em benefício das empresas estrangeiras. Agora tudo é fácil porque os eurodólares estão baratos e abundantes... Mas a dívida está se acumulando. O Brasil é um caso extremo de crescimento com alto custo social e pilhagem de um país por uma pequena minoria protegida por um establishment militar muito caro. A mania de grandeza produziu sua mais fina caricatura. Fora isso, é um país maravilhoso e bonito, e você sabe disso.

Amicalmente,

Celso

P.S. Estarei em Cambridge em 1973-74, na Cátedra Simón Bolívar.

OSKAR LANGE

VARSÓVIA, 5 DE JUNHO DE 1961

Caro senhor,

Alegra-me levar ao seu conhecimento alguns detalhes do projeto empreendido por Państwowe Wydawnictwo Naukowe de publicar uma série de livros em inglês e francês, dedicados aos problemas econômicos e sociais dos países em vias de desenvolvimento. Państwowe Wydawnictwo Naukowe é a mais importante editora polonesa de livros científicos em língua polonesa e estrangeiras, ligada por contratos com inúmeras casas de fama internacional. A direção científica dessa publicação que nos propomos a chamar Estudos sobre os Países em Vias de Desenvolvimento estará a cargo de um comitê de redação de que fazem parte o professor Czesław Bobrowski da Universidade de Varsóvia, Zofia Dobraka da Academia Polonesa de Ciências, o professor Michał Kalecki da Academia Polonesa de Ciências, o professor Józef Pajestka da Universidade de Varsóvia, o sr. Ignacy Sachs da Escola Central de Planificação e Estatística. A presidência do Comitê foi entregue ao abaixo assinado.

Nós nos propomos publicar, como volumes separados, coleções de artigos sobre os diferentes problemas que coloca o desenvolvimento dos países da Ásia, da África e da América Latina e cuja solução exige o concurso de especialistas de diferentes disciplinas e nacionalidades bem como uma troca de experiências. Parece-nos que o estudo desses problemas supõe, em particular, a cooperação de economistas, sociólogos e historiadores. Mas é sobretudo a cooperação internacional mais ampla que se mostra necessária. As grandes transformações de nossa época elevaram a questão do progresso dos países em vias de desenvolvimento ao nível de problemas primordiais da humanidade; essa situação nova deve se refletir o quanto antes nas ciências sociais. Estamos convencidos de que os especialistas dos países em vias de desenvolvimento são os mais bem colocados para dar sua maior contribuição ao estudo dessas questões. [...]

Estou certo de que os motivos de minha carta já estão claros para o senhor. Em nome do comitê de redação e dos editores gostaria de convidá-lo cordialmente a cooperar conosco e participar de um ou vários entre os quatro colóquios previstos cujos temas são brevemente introduzidos nas folhas em anexo. [...]*

Com meus melhores cumprimentos,

Oskar Lange/ Professor da Universidade de Varsóvia**

---

* Os temas expostos incluem comparação entre economias centralmente planejadas e as de mercado, reformas agrárias, planejamento estatal, integração do setor pré-capitalista, aproveitamento dos recursos naturais.

** Ver resposta de CF a Ignacy Sachs, carta de 5 de fevereiro de 1962, na página 297.

RICHARD KAHN

CAMBRIDGE, 24 DE JANEIRO DE 1961

Caro Furtado,

Por favor ignore esta carta se já tiver recebido outra sobre o mesmo assunto de Sidney Dell. A questão é que Joan Robinson está de licença e ficará nos Estados Unidos a partir da segunda metade de março por alguns meses, e talvez seja uma oportunidade para ela visitar alguma parte da América do Sul. Ela esperava que isso fosse visto como uma boa oportunidade de visitar a Cepal, mas aparentemente a Cepal não pode arranjar isso. Fiquei pensando se há alguma possibilidade no Brasil.

Seja como for, seria muito bom ouvir como as coisas estão indo com você. Aqui nós apenas nos arrastamos; mas sentimos a sua falta.

Os cumprimentos de

Richard Kahn

RIO DE JANEIRO, 6 DE FEVEREIRO DE 1961

Caro Kahn,

Obrigado por sua carta de 24 de janeiro, que só agora recebi, depois de voltar de uma breve estada nos Estados Unidos.

No momento presente a Administração brasileira está sendo submetida a uma completa mudança, com a chegada ao poder de homens que até recentemente pertenciam aos partidos da oposição. Minha posição pessoal ainda está indefinida, já que como superintendente do Desenvolvimento do Nordeste brasileiro meu status é o de um ministro, diretamente subordinado ao presidente da República. Durante este mês saberei se permanecerei ou não no cargo.

Quanto à possibilidade da vinda de Mrs. Robinson, considero altamente estimulante para nós. Assim que a situação estiver mais definida, escreverei para você de novo, indicando os passos a dar para não perder a chance de tê-la entre nós.

Guardo as melhores lembranças de minha permanência em Cambridge, especialmente dos momentos em que dividi a sua companhia no King's.

Com meus cumprimentos,

Celso Furtado

RIO DE JANEIRO, 3 DE ABRIL DE 1961

Caro Kahn,

Em complemento à minha carta de 6 de fevereiro, informo-lhe que estamos agora em condições de receber a visita de Mrs. Robinson a este país segundo o programa exposto abaixo.

Creio que seria muito interessante para todas as partes envolvidas que ela ficasse alguns dias no Rio, onde poderia dar uma ou duas conferências, visitando depois São Paulo e possivelmente o Recife, no Nordeste, incluindo também uma rápida visita a Brasília. Gostaria de saber quantos dias aproximadamente ela pode reservar para o Brasil, e a data provável da visita.*

Esperando instruções suas,

. Muito cordialmente,

Celso Furtado

---

* Em carta manuscrita a CF (Illinois, 18 maio 1961), Joan Robinson se desculpa por não poder ir ao Brasil, o que viria a ocorrer apenas uma vez, em 1979.

WASSILY LEONTIEF

[CAMBRIDGE], 17 DE AGOSTO DE 1955

Caro dr. Furtado:

Ao planejar o trabalho para o Projeto Harvard de Pesquisa Econômica, para os próximos anos, eu gostaria de dar grande ênfase em suas atividades que são ligadas ao rápido desenvolvimento da pesquisa sobre insumo-produto em suas várias aplicações fora dos Estados Unidos.

A experiência do passado mostrou que a cooperação internacional no estudo das relações interindustriais pode ser muito frutífera do ponto de vista de todas as pessoas interessadas nisso. Bolsas especiais para economistas estrangeiros que gostariam de passar algum tempo em Cambridge, no Projeto Harvard de Pesquisa Econômica, programas de pesquisa sobre temas de interesse comum, intercâmbio sistemático de informação e "assistência técnica" mútua no campo da análise de insumo-produto são apenas alguns dos muitos caminhos em que tal cooperação pode ser feita.

Tenho motivos para acreditar que algumas fundações americanas — em especial as fundações Ford e Rockefeller — estariam dispostas a nos dar um substancial suporte financeiro para essas atividades desde que se possa mostrar que organizações acadêmicas, governamentais e privadas envolvidas no trabalho insumo-produto na Europa, Ásia e vários países de fato se beneficiaram no passado de suas relações com o Projeto de Pesquisa Econômica de Harvard e estariam seriamente interessadas em estender essas relações — nas linhas que mencionei acima — no futuro.

Estou escrevendo isso para sugerir que o senhor e possivelmente outras pessoas e organizações que ocupam um lugar de liderança no desenvolvimento do trabalho insumo-produto no seu país, escrevam para as fundações Rockefeller e Ford. Elas estariam, penso eu, especialmente interessadas em saber como é importante essa linha particular da pesquisa econômica — não só puramente o lado científico mas também do ponto de vista prático — no seu país; que benefícios — se algum — o senhor teria tirado até agora do seu contato com o Projeto Harvard de Pesquisa Econômica e que vantagens pode tirar de um desenvolvimento futuro de tais contatos. [...]

Com os melhores cumprimentos,

Muito cordialmente,

Wassily Leontief

WERNER BAER

[RIO DE JANEIRO], 11 DE AGOSTO DE 1965

Caro Celso:

Estou aqui há dez dias e me estabelecendo lentamente na rotina. [...]

Imagino que não preciso lhe contar sobre a política aqui, já que você deve estar lendo o *Jornal do Brasil* regularmente. Você deve saber que Lott foi nomeado pelo PTB para [o governo] da Guanabara, e que ele é inaceitável para o establishment; estão tentando eliminá-lo com base em exigências de domicílio eleitoral — ele vivia em Petrópolis. Também estão tentando encontrar um jeito de eliminar Paes de Almeida.* Essa eleição vai ser uma verdadeira piada. O único jeito de protestar será com maciça abstenção eleitoral.

Assisti a um musical imaginativo chamado *Liberdade, liberdade*, pelo mesmo grupo que fez *Opinião*. É uma peça inteligente, em que atores citam, de grandes autores, as várias dimensões da liberdade. Obviamente está muito à esquerda e é muito crítica das condições atuais.

---

* O general Henrique Teixeira Lott (1894-1984), ex-candidato a presidente da República, e Sebastião Paes de Almeida (1912-75), ex-ministro da Fazenda do governo Kubitschek, foram pré-candidatos, respectivamente, ao governo do estado da Guanabara e do estado de Minas Gerais, cujas eleições foram ganhas, em outubro de 1965, por Francisco Negrão de Lima e Israel Pinheiro.

Vários conferencistas visitantes vieram ao Rio. Esta semana Machlup e Byé se apresentaram. Gosto muito deste último. Machlup é um excelente palestrante mas muito conservador para meu gosto.

Com um grande abraço,

Werner Baer

P.S. É difícil avaliar as condições econômicas porque os dados ainda estão "atrasados".

RIO DE JANEIRO, 26 DE MAIO DE 1967

Caro Celso:

O nome do portador desta carta é Henrique Roberto Ramires Pinheiro da Silva. Ele é irmão de um grande amigo meu. Era um estudante no Recife ano passado e foi detido e preso por alguns meses. Ele pode lhe contar todos os detalhes. É uma história bem pavorosa. Agora ele foi condenado a dois anos de prisão, mas a família dele conseguiu que saia do país. Ele gostaria de estudar economia. Pensei que tendo em vista o passado e as aspirações dele, você poderia ser capaz de ajudá-lo e lhe dar alguma orientação. Muito obrigado. [...]

A política aqui está uma bagunça. Costa e Silva quer reinar mas não governa e agora a disputa pelo poder entre os novos ministros começou. Claro, ninguém fala mais de reformas e a estagnação continua. Estou voltando a pensar que talvez as suas ideias sobre estagnação são bastante acuradas. Ah, sim, Maneschi está vindo se juntar a nós em São Paulo. Em conexão com a escola de graduação estamos montando um centro de pesquisa. Isaac Kerstenetzky será um consultor aqui — o que será a primeira ligação entre a pesquisa paulista e a FGV. Tanto Isaac como eu adoraríamos ver você de volta ao Brasil. Adoraria convencer a FGV a convidar você para voltar como professor (Isaac também gostaria). Você estaria interessado se politicamente pudéssemos arranjar isso? Você deve ter interesse em saber que o teórico matemático Georgescu-Roegen considera você e Mario Simonsen os notáveis economistas latino-americanos. Achei isso interessante vindo de um economista muito do tipo "modelo".

Com um grande abraço

Werner

PARIS, 20 DE OUTUBRO DE 1967

Prezado amigo,

Rogo-lhe que me perdoe o atraso com que acuso recebimento de sua carta de 26 de maio, que me trouxe o sr. Henrique Roberto Ramires Pinheiro da Silva. Terminado o ano letivo saí de férias para a Itália, mais precisamente para a Sicília, e em seguida parti para o Chile.

Por sua carta vejo que você continua trabalhando e produzindo muito e cada vez mais interessado pelas coisas tropicais. Há pouco recebi carta do Andrea, e tive a satisfação de saber que também ele está por aí contribuindo para elevar o nível do nosso anêmico ensino universitário.

De minha parte continuo trabalhando nos meus temas prediletos. Demais do subdesenvolvimento como problema global, também me interessa agora estudar a evolução da economia dos USA e suas projeções mundiais. No Chile o meu curso tratou de uma confrontação do desenvolvimento histórico da América Latina e dos Estados Unidos. Estou convencido de que para compreender o que ocorre no mundo de hoje é essencial observar com alguma atenção o que se passa de significativo no seu país.

Agradeço muito a você e ao Isaac o interesse em me ver repatriado. No momento não tenho planos nessa direção. Neste momento os cursos aqui estão recomeçando e a universidade conta comigo pelo menos para este ano letivo.

Um abraço do

[Celso]

5. Ernesto Sábato

Celso Furtado conheceu o argentino Ernesto Sábato em Paris, em 1947, quando fazia sua tese de doutorado na Sorbonne. Sábato trabalhava no Laboratório de Física de Irène Curie, e ainda não tinha publicado nenhum romance. Na época, pensava em escrever uma biografia de Leonardo da Vinci. Foi esse, justamente, o pomo de discórdia entre os dois, durante um jantar na brasserie La Coupole. Tinham opiniões diversas a respeito do livro do historiador de arte Jacob Burckhardt sobre o Renascimento italiano, e por pouco a altercação não azedou a amizade entre eles. Reconciliaram-se, mas passaram alguns anos sem se ver, embora trocassem cartas, livros, comentários. Em 1981, deu-se o reencontro, quando o escritor e sua esposa, Matilde, foram convidados de honra do festival de cinema ibero-latino-americano de Biarritz. Um dos filmes apresentados foi o de seu filho cineasta, Mario Sábato, que dirigira *El poder de las tinieblas*, baseado no romance do pai, *Sobre heróis e tumbas*. Foram três dias de agradáveis conversas, almoços e jantares. Viram-se depois em Buenos Aires, em Paris, até a última troca de cartas em que Ernesto Sábato enviou a Celso o livro *Antes del fin* e este apresentou o nome do romancista ao prêmio Nobel de Literatura.

[SANTOS LUGARES], 26 DE JANEIRO [DE 1963]

Faz mais de vinte anos, estimado Furtado, discutíamos em Paris sobre filosofia da história, talvez os dois demasiado sectários. Muita água passou debaixo da ponte e me parece que estamos agora numa posição muito semelhante. Em momentos em que a Argentina dá ao continente um exemplo vergonhoso de servilismo, o Brasil demonstra um autêntico orgulho latino-americano e quer demonstrar que se pode ir adiante sem necessidade de se transformar em criados dos Estados Unidos. Oxalá triunfem. Oxalá o seu próprio esforço pessoal seja eficaz. É o que nós, os amigos argentinos, lhe desejamos de todo o coração.

E. Sábato

RIO DE JANEIRO, 13 DE MARÇO DE 1963

Sábato,

Recebi com satisfação sua carta de janeiro, em que você recorda o nosso algo tempestuoso encontro de Paris em 1947.

Tenho estado todos estes anos lutando para compreender um pouco de nossa realidade econômico-social latino-americana. O que avancei, encorajou-me a tentar um engajamento direto na ação. E a ação proporcionou-me alguma lucidez para perceber muita coisa essencial que antes estava fora de meu alcance.

Conseguimos aqui no Brasil, de alguma forma, transformar a aspiração do desenvolvimento numa ideologia de cunho nacionalista, isto é, orientada para a autoidentificação da realidade nacional. Os que pensamos assim formamos um grupo bastante grande, com profunda influência na nova geração.

Estou lhe enviando, em separado, um exemplar de meu último livro, que serve para dar uma ideia geral do estilo de pensar sobre nossos problemas que aqui está prevalecendo.

Aqui há interesse pelos intelectuais argentinos, mas uma grande ignorância do que produzem. Creio que seria útil aproximar-nos algo e, inclusive, estimular algumas visitas mútuas sem formalismo, somente para intercâmbio franco de ideias.

Em algum momento li na revista *Sur* um capítulo de livro seu, a sair. Creio que era um sonho de alguém que caminhava para encontrar a si mesmo ou alguma coisa *más allá de uno mismo*. Pelo menos esse foi o resíduo que ficou em minha memória. Já saiu esse livro?

Creia-me seu admirador,

CF

[SANTOS LUGARES], 23 DE MARÇO [DE 1963]

Meu estimado Furtado: obrigado por sua carta e pelo envio do livro, que ainda não recebi. Pelas palavras que me escreve, tenho a intuição de que chegamos a uma posição muito semelhante com respeito a nossos países: a uma espécie de neonacionalismo baseado na libertação de nossas nações e na justiça social. Quando ler seu livro lhe escreverei.

Creio que sabe que desde 1940 minha atividade é exclusivamente literária. Em 1945 publiquei meu primeiro livro, *Uno y el Universo* (ensaios, uma espécie de balanço espiritual); depois, em 1948, *El túnel*, romance, que faz um ano foi traduzido também para o brasileiro; esse romance é muito "negro", foi traduzido por Gallimard por recomendação de Camus, que era leitor de espanhol, e saiu em quase todas as línguas importantes, inclusive em japonês; depois publiquei outros livros de ensaios, e finalmente, em 1962, *Sobre heróis e tumbas*, um romance muito vasto e complexo em que trabalhei quase dez anos. Tudo o que fiz antes é apenas um prólogo desse romance. Quando sair a nova edição lhe mandarei um exemplar.

Não consigo me lembrar se lhe enviei um exemplar de *El túnel* em brasileiro. Se não o fiz, diga-me para fazê-lo. Enquanto isso, lhe envio um exemplar de *Uno y el Universo*, mas com a advertência de que já estou muito, mas muito longe, das ideias desse primeiro livrinho escrito já há quase vinte anos.

Lamento não tê-lo visto quando estive no Brasil, há um ano. Teria sido de extrema utilidade. Creio que a gente jovem de nossos países deve trocar ideias e falar muito francamente para que cheguemos a constituir uma frente importante no mundo de hoje. Aqui somos muitos os que superaram os esquemas abstratos das velhas ideologias de direita e de esquerda para começar a elaborar uma doutrina que seja ajustada a nossa específica realidade latino-americana. Espero que algum dia possamos conversar sobre tudo isso, assim como sobre o papel que toca a um intelectual desempenhar nesse drama, que muitas vezes é uma tragicomédia. Afetuosamente seu,

E. Sábato

[SANTOS LUGARES], SEXTA-FEIRA 17[*]

Meu estimado Celso:

Lamento enormemente saber que você esteve em Buenos Aires e que não tenha sido possível nos ver. Ainda ficará um dia por aqui? Gostaria muito que pudéssemos nos encontrar, ainda que, quando mais não seja, para tomar um copo e celebrar o reencontro.

Meu telefone é 757 1373 (primeiro deve-se discar 757 e depois pedir o número à telefonista; se o senhor Kafka, que dirige os telefones da Grande Buenos Aires, permitir, poderemos nos comunicar).

Um abraço de

Sábato

* Carta de 17 de maio de 1963.

[PARIS], 18 DE JANEIRO DE 2000

Querido Ernesto,

Li com viva emoção o seu livro de memórias *Antes del fin*, que me fez pensar no duro que foi a luta do homem de pensamento que defendeu ideias progressistas. Lembro-me de encontro nosso no La Coupole, a começos de 1948,* quando eu, levianamente, discuti com você sobre Leonardo da Vinci. Lendo seu livro, tomei conhecimento de que, naquele momento exato, você se debatia num drama existencial que o fez desaparecer sem despedir-se de nós.

As referências que você faz a Jorge** me deixaram comovido. Ele foi meu aluno e, no curso dos acontecimentos da época, tornou-se meu amigo, pois tivemos longas conversas. Tomei consciência de que ele era um inconformado. Por trás de um comportamento apolíneo, ocultavam-se as tensões de quem não havia ainda alcançado paz de espírito. Mas em nenhum momento duvidei de que ele realizaria uma obra que orgulharia os argentinos.

Com o abraço afetuoso de

Celso Furtado

P.S. Estou em Paris até abril.

---

* O encontro no restaurante ocorreu em junho de 1947. Cf. *Celso Furtado. Diários intermitentes: 1937-2002*, op. cit.

** Jorge Federico Sábato (1938-95), filho de Ernesto Sábato, economista e advogado, foi vice-chanceler e secretário de Educação e Justiça no governo de Raúl Alfonsín. Morreu em acidente de automóvel.

SANTOS LUGARES [2002]

Querido Celso: você me deu uma grande alegria pelo que diz de minha obra, e pelo afeto que sinto que me tem.

Obrigado, muito obrigado!

Te abraço,

Ernesto*

* Ernesto Sábato refere-se à carta de CF (Paris, 24 jan. 2002) ao Comitê Nobel da Academia Sueca, em que, na qualidade de membro da Academia Brasileira de Letras, propõe o nome de Sábato a prêmio Nobel de Literatura, como "um escritor engajado em seu século, cuja obra demonstra seus grandes movimentos de ideias, suas tragédias e suas esperanças, assim como as utopias sociais, a descoberta da energia nuclear, o surrealismo, o existencialismo. Se disso decorre uma visão trágica da condição humana, é igualmente verdade que seus romances e ensaios transmitem uma metafísica da esperança".

6. Explicando-se

Os vinte anos em que lecionou no exterior constituíram um período de intensa produção acadêmica para Celso Furtado. Escreveu diversos livros sobre teoria, política e história econômicas, teve dezenas de obras traduzidas. O percurso das universidades se iniciou em Yale, em 1964, e passou, nesses dois decênios de cátedra, por salas de aula na Sorbonne, no King's College de Cambridge, na Columbia e na American. Nesse ambiente de estudos e reflexões, eram frequentes as consultas de pesquisadores e doutorandos que lhe escreviam para conhecer melhor algum aspecto de sua obra, discutir conceitos, pedir informações. São cartas em que Celso se explica, fala de sua trajetória intelectual, fornece pistas, esclarecimentos que corrigem equívocos e abrem caminhos para os interessados em seus trabalhos.

CARLOS RAMA

PARIS, 31 DE JULHO DE 1970

Prezado amigo,

Recebi a sua carta de 25 de maio e rogo que me perdoe a demora com que a respondo.

Não sei como agradecer-lhe o interesse que demonstra pelos meus livros. E também não sei como orientá-lo nessa busca de alguma análise séria de meus trabalhos. Confesso a você que sou uma espécie de *private scholar*, que não dispõe de infraestrutura e cujos arquivos andam dispersos por vários lugares.

Minhas ideias sobre desenvolvimento e subdesenvolvimento estão reunidas no livro *Teoría y política del desarrollo económico*, Siglo XXI. Convém consultar a segunda edição e ver em particular o capítulo 9. Aí eu trato de demonstrar que o processo de desenvolvimento *nas condições do capitalismo industrial* resulta dos conflitos sociais que se estabelecem em torno da repartição de uma renda social em expansão. A diferença com Marx (pois no fundo também se trata de um modelo de luta de classes) está em que os conflitos não se tendem a agravar; portanto, a solução catastrófica não surge como necessidade histórica. Uma outra versão, menos econômica e mais sociológica desse esquema de desenvolvimento do capitalismo industrial encontra-se no primeiro capítulo de meu livro *Subdesarrollo y estancamiento en América Latina* (Eudeba). No meu pensamento político, entre reforma e revolução não existe uma diferença qualitativa. Contudo, só considero que a reforma seja uma forma eficaz de alcançar transformações sociais de fundo em uma sociedade aberta. Essas ideias eu as expus no livro *A pré-revolução brasileira*, cujo primeiro capítulo foi transcrito em *Foreign Affairs*, abril de 1963, sob o título "Brazil: What Kind of Revolution?", e também em *Marcha*, *El Trimestre Económico* etc. Minha outra linha de reflexões é a das relações internacionais como forma de dominação. A este respeito interessa ver meu *Um projeto para o Brasil*, em castelhano: *La concentración del poder económico en los Estados Unidos y sus reflejos en América Latina*, Centro Editor de América Latina, Buenos Aires.

A fins de agosto vou ao Peru e ao Chile. Quiçá nos encontremos em alguma parte. Escreva-me se necessita alguma coisa mais e também dando notícias de suas atividades.

[Celso Furtado]

CHARLES WAGLEY

NOVA YORK, 29 DE ABRIL DE 1964

Caro dr. Furtado,

Sua resposta ao nosso telegrama de 21 de abril foi recebida ontem. Todos nós (Albert Hirschman, Albert Hart, todo o Departamento de Economia, Marvin Harris entre outros) estamos entusiasmados que o senhor esteja considerando nosso convite para vir para a Universidade Columbia como professor visitante de economia e *scholar* visitante do Institute of Latin American Studies no ano acadêmico de 1964-65. Seria uma grande honra para nós e iria aumentar o prestígio de nosso programa. Esta carta é um convite formal para que se junte a nós na Universidade Columbia. [...]

Espero que nos envie logo um telegrama, de modo a fazermos nossos planos para setembro. Dr. Harold Barger, presidente do Departamento de Economia, está ansioso para reiterar este convite.

Cordialmente,

Charles Wagley

RIO, 8 DE MAIO DE 1964

Prezado professor Wagley,

Tenho em mãos sua carta de 29 de abril e já anteriormente havia recebido a mensagem verbal que teve a bondade de transmitir-me por intermédio do Anísio Teixeira.*

---

* Anísio Teixeira (1900-71), jurista e educador, fez uma ampla reforma do sistema educacional do Rio de Janeiro, onde fundou a Universidade do Distrito Federal. Foi reitor da Universidade de Brasília em 1963.

Desejo expressar-lhe os meus mais sinceros agradecimentos pelo interesse que tomou, desde os primeiros momentos, pelo que aqui nos estava ocorrendo. Ninguém necessita tanto desse apoio como o trabalhador intelectual. Que é de nós quando os acontecimentos parecem demonstrar que o esforço que vínhamos realizando com o melhor de nós mesmos era inútil, que estava orientado numa direção errada, ou que era uma simples alucinação? Essa experiência ocorre todos os dias a algum intelectual em alguma parte do mundo. E às vezes ocorre a uma geração inteira. [...]

A nossa luta, no Nordeste, havia assumido, nos últimos tempos, caráter realmente dramático. A radicalização de esquerda e de direita tomara um caminho suicida. As esquerdas caminhavam no sentido de uma crescente alienação da realidade. Mais uma vez pude observar que nenhum grupo é mais vulnerável ao oportunismo e à corrupção, quando em contato com o poder, do que o das esquerdas. A isso se deve que as lideranças populistas possam tão facilmente transformá-lo em massa de manobra. Se do lado das esquerdas havia esse crescente alheamento da realidade, no das direitas imperava uma total alucinação. Criavam fantasmas e logo depois estavam correndo em pânico com medo desses mesmos fantasmas. As poucas pessoas que pretendiam manter alguma lucidez não faziam mais que bater com a cabeça contra muros de pedra. Espero que possamos algum dia analisar, conjuntamente com outras pessoas que se interessam pelo Brasil, essa fase de nossa história.

Estou seriamente interessado em dedicar-me à atividade universitária. Não por um ou dois anos, mas por período mais dilatado. Contudo, parece-me que nesta primeira fase será conveniente que eu vá para algum lugar mais tranquilo do que Nova York. Preciso efetivamente dessa tranquilidade. Não que eu tenha alguma consciência de culpa, pois sinto-me como Édipo em Colona: vítima de uma fatalidade mas em paz comigo mesmo. Mas é que tenho muitas ideias para rearrumar na cabeça e muitos papéis para rever, e isso não poderia fazer nesse torvelinho que é New York. Considero que a melhor solução para o meu caso de convalescença será um estágio inicial em Yale, onde se está ao abrigo das fortes correntes de ar que passam aí nessa cosmópolis. [...]

Um grande abraço para Hirschman e aos amigos comuns e para o senhor, os agradecimentos mais sinceros de

Celso Furtado

P.S. Mando esta carta em português porque sei que o senhor capta muito melhor os matizes de minha língua do que eu posso expressar os da sua.

JOSEPH L. LOVE

PARIS, 22.12.82

Estimado professor Love,

Rogo que me perdoe pelo enorme atraso com que respondo ao seu convite para comentar o seu paper *Economic Ideas and Ideologies in Latin America, 1930-1970*.

O seu trabalho é mais do que meritório, pela ampla visão com que foi elaborado e pela independência de julgamento. Prebisch, que foi vítima de tantas injustiças em seu próprio país, merece que um *scholar* de seu calibre lhe dedique meticulosa atenção.

Para alguém que esteve muito próximo de muitos desses debates, como é o meu caso, não é fácil apreciá-los de uma perspectiva justa. Por isso me limitarei a fazer umas poucas observações.

Na página 51 há referência a um "*'historicizing' element that was part of Ecla's original style*". Em realidade, o *1949 Survey** era apenas uma aplicação de macroeconomia a um período mais longo. Da mesma forma, o problema dos termos do intercâmbio externo tinha que ser visto

---

* Estudio económico de América Latina, maio 1950. Os primeiros capítulos foram publicados em português sob o título "Interpretação do processo de desenvolvimento econômico" na *Revista Brasileira de Economia*, v. 5, n. 1, 1951.

como uma perspectiva estatística mais longa. O meu próprio "historicismo" tem origens distintas. Eu havia escrito uma tese, em Paris, sobre a economia colonial brasileira a começos de 1949* (antes do *1949 Survey*, que foi preparado nos últimos meses desse ano e começos de 50), escrevi um estudo de longo prazo da economia brasileira no qual introduzi a ideia de "socialização de perdas", que foi publicado na *Revista Brasileira de Economia* em data que não me recordo, mas que se situa entre fins de 49 e começos de 50.** Em 54 publiquei *A economia brasileira*, que depois será refinada na *Formação econômica do Brasil*. Em 69 publiquei a *Formação econômica da América Latina*, dentro do mesmo espírito de combinação da análise econômica com uma perspectiva histórica. [...]

Pessoalmente contribuí para desenvolver duas ideias que vieram a ter alguma significação no pensamento latino-americano. A primeira diz respeito à caracterização do subdesenvolvimento como uma conformação estrutural que tende a reproduzir-se. Cheguei cedo a essa percepção porque minha tendência desde o início foi privilegiar o lado da demanda na análise do processo do desenvolvimento. A segunda ideia tem a mesma raiz e diz respeito à ligação entre o perfil da demanda, a tecnologia (e o coeficiente de capital implícito) e a repartição da renda. Essas ideias estão expostas em *Teoria e política do desenvolvimento econômico* mas eu as vinha trabalhando de muito antes. Quiçá a melhor súmula dessas ideias esteja no artigo "Subdesenvolvimento e dependência: as conexões fundamentais", de 1970, que incluí no *Mito do desenvolvimento econômico*. Nesses trabalhos apresentei uma teoria da dependência que se afasta das simples afirmações doutrinárias à la Gunder Frank e *tutti quanti*, pois pode ser submetida a teste. O ponto de observação inicial é o seguinte: os países que se inserem no sistema de divisão internacional do trabalho como exportadores de produtos primários (em particular agrí-

---

* Lapso. A tese de doutorado *A economia colonial brasileira nos séculos XVI e XVII* foi defendida na Universidade da Sorbonne em junho de 1948.

** Cf. "Características gerais da economia brasileira", de Celso Furtado, *Revista Brasileira de Economia*, v. 4, n. 1, 1950.

colas) absorvem tecnologia mais rapidamente no nível dos produtos finais do que dos processos produtivos. A *modernização* é mais rápida do que o avanço nas técnicas produtivas. Portanto, não se necessita adotar uma visão conspiratória da história para perceber os vínculos entre subdesenvolvimento e desenvolvimento.

A visão centro-periferia que nos transmitiu Prebisch fornecia um marco estrutural sem vínculo direto com a história. Também a explicação que ele avançou da degradação dos termos de intercâmbio (maior resistência à baixa dos salários no centro) era derivada da teoria do ciclo e, portanto, a-histórica. Minha preocupação foi colocar o sistema de divisão internacional do trabalho, que está na origem da estrutura centro-periferia, na história, pois ele se constituíra para servir os interesses de uma grande nação comercial, que controlava os meios de transporte e era o centro de um império colonial.

Para mim faz pouco sentido falar de escola cepalina. Existe, de um lado, a obra de Prebisch, e de outro o que se poderia chamar de escola estruturalista latino-americana. Os estruturalistas se caracterizavam pelos métodos que utilizam (privilegiam a macroanálise), valorizam o institucional e buscam a interdisciplinaridade. Mas os elementos mais significativos dessa escola desenvolveram obras sem muitos traços em comum, sendo pequena a influência que exerceram uns sobre os outros.

Reiterando os meus agradecimentos, aproveito a oportunidade para desejar-lhe um feliz Natal.

[Celso Furtado]

[ILLINOIS?], 10 DE JANEIRO DE 1983

Caro dr. Furtado,

Aceite meu sincero agradecimento pelos comentários detalhados do rascunho de meu texto para a *Cambridge History*. Seus comentários chegam em tempo oportuno, e tentarei incorporá-los na versão final.

Vou modificar o texto segundo as linhas que o senhor sugere — concordo que o modelo de Prebisch era essencialmente cíclico mais do que histórico. Estou agora lendo os artigos e livros que o senhor sugeriu entre os seus trabalhos, e tentarei revisar meu artigo a partir deles. E finalmente, vou repensar mais uma vez a questão do *cepalismo* e do estruturalismo como escolas separadas.

Mais uma vez, expresso-lhe minha apreciação por sua crítica extremamente valiosa.

Cordialmente,

Joseph L. Love

PAUL-MARC HENRY

PARIS, 11 DE OUTUBRO DE 1984

Caro amigo,

De acordo com a decisão tomada na nossa reunião de ontem,* permito-me lembrar alguns pontos em que quero insistir:

Sobre o perigo de fazer uma transposição da esfera do desenvolvimento para a da cultura. O desenvolvimento é primeiro um processo de acumulação e, por isso, quantitativo, enquanto a cultura é um sistema de valores, por excelência qualitativo. Deve-se introduzir a dimensão cultural na visão do desenvolvimento, mas a noção de desenvolvimento da cultura não deixa de ter ambiguidade. Muitas vezes tal desenvolvimento é apenas a assimilação dos valores de uma cultura dominante.

---

* O embaixador Paul-Marc Henry presidia a Comissão Francesa junto ao programa do Decênio do Desenvolvimento Cultural, lançado pela Unesco nesse momento, e de que CF participou.

Sobre a necessidade de organizar de modo mais eficaz a defesa das culturas ameaçadas cujos participantes lutam para conservar seus modos de vida e sistemas de valores.

Sobre a necessidade de aprofundar o estudo do impacto da corrida armamentista sobre a orientação da pesquisa científica, a criatividade tecnológica e os sistemas de valores das culturas contemporâneas.

Com meus melhores cumprimentos, caro amigo, despeço-me,

[Celso Furtado]

RICCARDO CAMPA

ROMA, 5.6.1970

Querido mestre:

Há alguns anos me ocupo do pensamento latino-americano. Recentemente saíram dois livros meus sobre o poder e o pensamento político latino-americano desde a Conquista até a Segunda Guerra Mundial.

Agora estou tentando realizar um segundo volume antológico sobre o pensamento político latino-americano contemporâneo. [...] Segundo vejo, o termo *pensamento político* tem um sentido muito amplo, isto é, inclui também as manifestações filosóficas, econômicas, culturais etc. que contribuem para a formação de tal pensamento.

Tentei esboçar um esquema de trabalho para que o estudo que me proponho realizar seja o mais orgânico e completo possível. [...]

Permito-me portanto submetê-lo a seu competente julgamento e peço-lhe que me faça a amabilidade de me comunicar o que pensa dele e o que seria necessário acrescentar ou modificar.

Além disso lhe agradeceria se quisesse me enviar as páginas (15-20) escolhidas entre suas obras que sejam mais "doutrinais" e significativas para uma antologia como a que penso realizar. [...]

Na atenta espera de uma amável resposta, peço-lhe que creia, querido mestre, nos sentimentos de minha mais alta consideração.

Riccardo Campa*

PARIS, 22 DE JUNHO DE 1970

Estimado senhor,

Recebi sua carta há algum tempo.

A classificação que o senhor faz do pensamento político latino-americano contemporâneo me parece demasiado *europeia*, isto é, é um esforço para identificar afinidades com as escolas de pensamento deste continente. Parece-me importante que se considere à parte o "estruturalismo" latino-americano, que é uma escola de pensamento que tem grande afinidade com o marxismo, do ponto de vista da análise, mas que não aceita a teoria cataclísmica da história de Marx. O estruturalismo tanto pode ser reformista como revolucionário, em função do contexto histórico. No capítulo final de *Dialética do desenvolvimento*, tentei demonstrar como no Nordeste brasileiro a solução revolucionária parecia um imperativo do próprio processo histórico. O "desenvolvimentismo" é uma forma de conservadorismo, pois parte da premissa de que as estruturas econômicas e sociais que se formaram na Europa a partir da Revolução Industrial, e que estão indissoluvelmente ligadas ao capitalismo, podem ser transplantadas para a América Latina. Se não se considera o estruturalismo, a classificação que me parece corresponder a meu próprio pensamento é "nacionalista reformista", embora meu reformismo esteja ligado à ideia de sociedade aberta e que meu ponto de vista é

---

* Acompanha a carta um quadro em que o autor estabelece dez categorias do pensamento político latino-americano, incluindo os conservadores, populistas, marxistas, desenvolvimentistas. Entre estes, CF, Arturo Frondizi, Juscelino Kubitschek.

que a sociedade brasileira jamais foi aberta em seu setor rural. Expus esse ponto de vista no livro *A pré-revolução brasileira*.

Estou enviando em separado alguns textos que poderão lhe ser úteis. Peço-lhe que veja *Lo Spettatore Internazionale* (julho-outubro 66), particularmente páginas 111-116.

[Celso Furtado]

ROMA, 30.6.70

Querido mestre:

Agradeço-lhe muitíssimo pelo que teve a amabilidade de sugerir para meu trabalho sobre o *pensamento político latino-americano contemporâneo*.

Estou praticamente de acordo com o senhor mas gostaria de saber quais são os autores que podem ser classificados como *estruturalistas*. Se pudesse me assinalar seus nomes e endereços, eu poderia dedicar a eles um capítulo à parte. Neste caso, preferiria o senhor ser incluído no capítulo do *nacionalismo reformista* ou no capítulo do *estruturalismo*? [...]

Muito cordialmente,

Riccardo Campa

PARIS, 31 DE JULHO DE 1970

Prezado amigo,

Recebi e agradeço os quatro volumes da *Nuova Antologia*, inclusive o *Idee sull'America Latina*. [...]

O estruturalismo latino-americano é essencialmente uma escola de pensamento. Os estruturalistas pensam que entre o econômico e o não econômico os limites são fluidos e dependem da posição ideológica do analista. Sendo economistas de formação, eles tendem a valorizar o político e o institucional na análise dos processos econômicos. O primeiro tema que preocupou os estruturalistas foi a *inflação*, hoje em dia se preocupam principalmente com o *poder econômico* e com a *dominação externa*. Os estruturalistas na América Latina são sempre nacionalistas e estatizantes, isto é, são anti-*laissez-faire*, pois pensam que o *laissez-faire* significa entregar o controle dos países da região a interesses estrangeiros. Um dos fundadores do pensamento estruturalista latino-americano, Juan Noyola Vázquez, mexicano, falecido de acidente de aviação aos quarenta anos, em 1962, a serviço do governo de Cuba, era de orientação marxista. Outros estruturalistas como Aníbal Pinto Santa Cruz, Osvaldo Sunkel e eu mesmo afastamo-nos do marxismo no que respeita a interpretação geral da história, pois não acreditamos na crise do capitalismo como necessidade histórica, nem na revolução como *único* meio para superar as contradições de uma situação histórica. É este um assunto que exigiria um desenvolvimento muito maior para ficar claro. [...]

Saudações muito cordiais de

Celso Furtado

7. Os latino-americanos e o Clube Bianchi's

Quando em fevereiro de 1949 Celso Furtado foi trabalhar na recém-criada Cepal, era o único brasileiro. Em Santiago fez sólidas amizades com o time inicial de jovens economistas do Chile, Venezuela, Cuba, México. Trabalharam muitos anos lado a lado, portanto raramente se escreveram, senão quando algum partia em missão e relatava aos colegas como iam as coisas, conforme se verá nestas cartas. No exílio de Celso, a correspondência entre muitos deles se adensou. A ela se somaram as cartas relativas ao Clube Bianchi's, uma iniciativa original de um punhado de latino-americanos que se encontraram em 1965, num congresso em Londres. A ideia do Bianchi's era que eles se mantivessem em contato, pois estudavam problemas semelhantes e tinham idênticas inquietações, todos almejando a longo prazo contribuir para que o futuro do continente fosse pensado por latino-americanos. O que hoje seria um grupo de colegas comunicando-se por uma rede social em poucos minutos, na época obedecia a um complexo sistema de envio das cartas para um secretariado, primeiro em Londres e depois em Santiago, que as fotocopiava e as reenviava a cada membro em seus respectivos países. O nome do clube foi uma homenagem à pizzaria londrina onde se reuniram pela primeira vez seus oito fundadores: os chilenos Claudio Véliz, Aníbal Pinto, Osvaldo Sunkel e Jacques Chonchol, o colombiano Orlando Fals Borda, e os brasileiros Helio Jaguaribe, Fernando Henrique Cardoso e Celso Furtado.

ANÍBAL PINTO

NEW HAVEN, 3.2.65

Prezado Aníbal:

O atraso em responder à sua última carta deve-se menos à tradicional preguiça nordestina do que ao desejo de poder abordar algum aspecto concreto do trabalho a que me venho dedicando ultimamente. [...] O meu trabalho sobre "estagnação estrutural" da América Latina vem se arrastando e está muito mais atrasado do que eu desejaria. Li com real interesse seu trabalho para Londres. Creio que você tem razão quando escrevia em sua última carta que o positivo dessa crise das esquerdas latino-americanas está em que nos vai arrastando a níveis mais altos de consciência de nossos próprios problemas intelectuais. Hoje é perfeitamente claro que fomos incapazes de formular um pensamento operacional no plano ideológico e que nos distribuímos entre repetidores de slogans e perplexos. Demoramos muito a compreender que nosso problema básico é criar uma sociedade viável — do ponto de vista das aspirações coletivas — e não aperfeiçoar o sistema capitalista para reduzir as dores do desenvolvimento ou superar o capitalismo por considerar que ele se teria esgotado historicamente. Em realidade nunca soubemos muito bem o que estávamos procurando. A única coisa sobre a qual não tínhamos dúvida é que algo estava errado, que não era possível aceitar aquilo. Creio que é bastante significativo que exista um grupo numeroso de intelectuais interessados em problemas políticos que hajam chegado a essa mesma posição. É um grupo quase exclusivamente de chilenos, argentinos e brasileiros. Penso em pessoas como você, Osvaldo, Fernando Henrique, Francisco Weffort, Luciano Martins, Jaguaribe, José Nun (que está em Stanford), Aldo Ferrer. Talvez seja tempo de encontrarmos uma maneira de nos articular, de manter um sistema de correspondência entre nós, quiçá caminhar para uma revista. Estou lhe escrevendo porque talvez você possa começar a pensar no assunto e em Londres retomaremos o diálogo em fase mais avançada. Tenho a impressão de que no corrente ano o nosso grupo, se assim podemos chamá-lo, irá produzir uma série de estudos relacionados com as alternativas políticas que se apresentarão à América Latina no futuro imediato e mediato. Seria interessante que esses estudos aparecessem como a expressão de uma corrente de pensamento, pois isso lhes daria maior efetividade. Que lhe parece discutirmos isso em Londres, entre nós?

Um abraço do

Celso

[SANTIAGO], 28 DE ABRIL DE 1965

Caro Celso:

Passaram-se muitos meses e por uma razão ou por outra não pude lhe escrever.

A verdade é que foi muito "movimentado" este regresso ao Chile. [...]

Nas "seções seguintes" lhe faço uns comentários sobre o que senti no Brasil durante uma estada de duas semanas em princípio do mês.

Não é nada fácil resumir os traços principais de uma situação tão complexa e "fluida" como a brasileira neste momento. Tentarei apenas pôr em relevo alguns pontos isolados que me impressionaram, tendo em conta as mudanças que percebo entre a realidade ao deixar o Rio no início de dezembro e a que se perfilava em começo de abril, quando estive lá de novo.

1. Parece haver poucas dúvidas sobre o fato de que o quadro econômico se deteriorou manifestamente. Enquanto a inflação manteve sua força — a alta de preços foi pouco superior a 20% no primeiro trimestre e chegou a 7,5% no mês de março —, os sinais de contração se acentuaram. Impressionou-me a mudança de atitude de algumas pessoas ligadas aos negócios privados que conheço. Se estavam na expectativa em dezembro, *hoping for the best*, agora os encontrei definitivamente pessimistas e alarmados.

Em suma, há razão para concluir que o esquema Campos,* como outros de teor parecido está condenado ao fracasso. Pode ser que nos próximos meses ele consiga alguma atenuação da pressão inflacionária, mas há lugar de pensar que se o faz, isso seria à custa de uma agravação das tendências depressivas. Essa realidade é bom material para meditação. Por um lado, não se pode esquecer que esse esquema Campos, para o padrão latino-americano, foi excepcionalmente coerente e dúctil, sem pecar pelos excessos ortodoxos que foram tão notórios em experiências como as da Argentina e Chile. Contudo, apesar de todas as condições materiais e sociais, que pareciam muito mais vantajosas no Brasil para algum sucesso da fórmula, se chegou a um desenlace bastante parecido com os de outros ensaios. [...]

2. O outro aspecto que mais chamou minha atenção nessa passagem pelo Brasil foi a atitude do que poderíamos chamar a esquerda ou o progressismo. Dá-me a impressão de que fizeram um "corte histórico" no dia 1º de abril de 1964 e só olham para o que se passou depois e não o que ocorreu antes. Em outras palavras, não vejo nenhuma inclinação para realizar uma análise crítica do processo anterior ao 1º de abril e que é o antecedente da situação posterior. Isso é perfeitamente explicável: os alvos que o governo atual oferece são tão evidentes e provocativos que naturalmente absorvem a atenção; por outro lado qualquer análise crítica poderia aparecer como uma justificativa do próprio golpe e dos argumentos dos golpistas. Seja como for o certo é que o silêncio e a resistência para realizar esse exame retrospectivo não só prejudica os comportamentos presentes como, sobretudo, afeta muito negativamente a tarefa de desenhar as ações e perspectivas futuras.

Diante desse quadro senti com muita força a responsabilidade dos brasileiros que estão fora do país, já que eles de certa forma sofrem menos as provocações e inibições que afetam os que estão vivendo a evolução cotidiana. A esse respeito quero lhe informar que se estão organizando discussões muito proveitosas com as pessoas que estão aqui,

---

* Roberto Campos era, então, ministro do Planejamento do governo Castelo Branco.

especialmente com Fernando Henrique, Weffort e Carlos Lessa. É claro que aqui há também "saudosistas" que, pela lógica daquela posição que eu criticava, caem, como as pessoas no Brasil, numa espécie de absolvição ou nostalgia do que parecem os *good old times*, isto é, os de Jango e os do tempo da decomposição populista.

3. Apesar da deterioração da situação econômica, e da "desagregação" da base política do governo, temo que não haja muitas possibilidades de mudanças importantes na situação fundamental do país. São prováveis crises e mutações *dentro* do establishment mas é bem difícil imaginar uma mudança significativa desse establishment. Por um lado, tive a impressão de que o dispositivo militar continua firme e coeso. Por outro, que é bastante óbvio, que não há alternativa à vista. Nessa moldura de referência, ao que parece o mais importante é o que pode acontecer com Lacerda. Você já deve estar inteirado da linha política que ele tomou, que vai dirigida, fundamentalmente, a conseguir uma base popular urbana. Se tiver êxito em seus avanços e se deteriorar ainda mais o quadro econômico, me parece provável que consiga derrubar Campos, mas suas possibilidades sempre seguiriam subordinadas ao grau de apoio que consiga em alguma fração importante dos comandos militares, coisa que até agora não me parece ter obtido.

[...] Com um abraço cordial para ambos, despede-se seu amigo

Aníbal Pinto

NEW HAVEN, 10 DE MAIO DE 1965

Prezado Aníbal:

Estamos há algum tempo sem comunicar-nos e não sei por que razão. Como ainda não te decidiste a operar dentro dos canais do Bianchi's, escrevo-te esta diretamente. A ideia que havíamos formulado em Londres tem algo que deve ser levado em conta. É que um grupo de latino-

-americanos estamos empenhados em dar uma formulação à problemática latino-americana, lançando alguns elementos articulados do que me atreveria a denominar de novo projeto histórico para a nossa área cultural comum. Se chegamos à conclusão de atacar urgentemente essa matéria é que sentimos que a nossa é uma cultura ameaçada. Independentemente da necessidade de influir sobre uma ampla área, o que não é tarefa simples sem uma descentralização regional, existe a não menos urgente necessidade de atuar de forma sistemática nos centros universitários e acadêmicos em geral. Nessa área particular é onde se demarca o terreno para agir amanhã. Se no passado vivemos sob o fascínio de ideias feitas, num simples esforço de mimetismo intelectual, que ocorrerá no futuro, quando estaremos sob o bombardeio permanente de centenas de estudos feitos sobre os nossos problemas por estudiosos de fora e de dentro da região, orientados por instituições culturais de países culturalmente e politicamente dominantes? Estou convencido de que se continuamos dispersos, escrevendo aqui e acolá, com uma penetração limitada no mundo acadêmico latino-americano, nossas possibilidades de influir na América Latina serão muito reduzidas. [...]

Estava a terminar esta carta quando recebi a tua de 28 de abril, postada no correio a 5 do corrente. Decidi não enviar mais esta carta aos colegas [do Clube Bianchi's] pois aparentemente nossos pontos de vista estão mais próximos do que eu pensava. [...]

Os acontecimentos recentes (Santo Domingo* etc.) estão a exigir um reencontro nosso com vistas a uma série de redefinições. Tenho a sensação de que cada vez mais voltamos a viver um clima parecido com o dos anos 30. Sinto que o horizonte se fecha e o futuro se torna cada vez mais algo enigmático. A vida do intelectual em épocas como esta é uma espécie de meia loucura. [...]

Um grande abraço do

Celso

* Referência à invasão da República Dominicana pelos Estados Unidos, em abril de 1965.

PARIS, 26 DE SETEMBRO DE 1965

Prezado Aníbal:

Recebi a sua carta de 23 de agosto. As suas reflexões alcançaram-me numa fase em que gasto todas as minhas horas nesse tipo de trabalho enervante que é procurar apartamento, comprar móveis, buscar escola para menino, tomar primeiros contatos etc. etc. No meu caso tudo isso já parece um trabalho de Sísifo. Contudo, se olho para o passado não tenho dúvida de que pela vida afora não fui mais do que um transeunte, e que as incertezas do presente são apenas na aparência maiores do que as do passado. Recordo-me de que há dez anos pensei seriamente em fixar-me em algum ponto do sul da Itália e andei mesmo procurando comprar um terreno lá perto de Pestum. A vida para as pessoas que estão na nossa idade não é tarefa fácil. É uma fase de difícil transição no que respeita às relações sentimentais. No plano da ação, particularmente no que respeita à atividade política em sentido lato, começamos a descobrir que os nossos graus de liberdade são muito limitados. Na juventude vive-se com a liberdade de quem não tem passado. Na presente fase quase tudo que fazemos é simples follow-up. Reflito sobre essas coisas cada dia. E a conclusão que tirei dessas reflexões é que é essencial que nos dediquemos a coisas que são efetivamente fundamentais. Devemos evitar dispersão, poligrafia e se possível tudo que pareça o periodismo. Devemos deixar isso para os mais jovens, que precisam tentar muitos caminhos e têm muito a aprender errando. Em nosso caso, é absolutamente necessário que amadureçamos algumas ideias e procuremos tirar de nós o melhor de que somos capazes. A verdade é que escolhemos, conscientemente ou não, o caminho das ideias para dar a nossa luta. A ação política sempre nos atraiu, mas se de uma ou outra forma evitamos um engajamento total, é que alguma coisa interior nos preservava para outro tipo de luta. Hoje estamos diante de fatos contrários. Estamos no meio de uma luta, como intelectuais, e não podemos dela sair sem anularmos as nossas próprias personalidades. Por que você não se dedica a fundo ao estudo crítico dos movimentos de esquerda na América Latina? Todos esperávamos que você partisse dos artigos de *Spartacus* para escrever um livro definitivo sobre o assunto. A repercussão que tiveram os seus artigos foi realmente excepcional. Existe ali uma grande quantidade de hipóteses e ideias que precisam ser trabalhadas. Quando em Londres falaram em publicar uma revista insisti muito em que ela não deveria absorver o melhor do tempo das poucas pessoas com capacidade para pensar. As revistas de ideias não valem pelos editoriais e sim pelos trabalhos existentes.

O abraço de

[Celso]

PARIS, 1º DE SETEMBRO DE 1968

Prezado Aníbal,

Fiquei sabendo de suas andanças por esses mundos. Quanto a mim, tenho estado principalmente em Paris, viajando o mínimo possível. [...]

Li os seus comentários e lhe agradeço que se tenha posto a refletir sobre os temas que avancei.* Creio que existe entre nós uma divergência fundamental na apreciação da situação brasileira atual. Não sei se você chegou a ver o meu livro anterior *Subdesenvolvimento e estagnação na América Latina* ou se chegou a ver o "Modelo simulado de desenvolvimento e estagnação para a América Latina", que preparei com o Maneschi e que acaba de sair no *Trimestre Económico*. Estou convencido de que independentemente do processo inflacionário existem forças de caráter estrutural que levam à concentração da renda na economia brasileira (ou em qualquer economia com as características sociais e institu-

---

* Cf. "Raíces estructurales de la inflación en América Latina", de Aníbal Pinto, *El Trimestre Económico*, México, v. 35, n. 137, 1968.

cionais da nossa) e que essa concentração de renda é o principal obstáculo para a consecução de uma taxa elevada e estável de desenvolvimento. A inflação vem adicionar-se a esses fatores, da mesma forma que na velha discussão sobre o ciclo os aspectos monetários vinham adicionar-se a outros. Dar demasiada ênfase ao problema da inflação é introduzir um falso otimismo, dando a entender que o problema brasileiro é *fácil*, dependendo sua solução de que o país tenha bons administradores, um bom banqueiro central, toda essa litania que nós conhecemos dos artigos do *Globo*.

Existe um ponto de seu texto com respeito ao qual me atrevo a solicitar-lhe que dê mais nuance à redação. É quando você diz "Furtado utiliza uma estrutura hipotética de distribuição da renda nacional". Não se trata de estrutura hipotética e sim de dados empíricos publicados no estudo da Cepal que citei. Esses dados se baseiam em amplo inquérito realizado no país e se bem que preliminares não creio que venham a ser substancialmente modificados em estudos subsequentes. O que é hipotética é a forma como cada classe utiliza a sua renda, hipótese baseada em dados relativos a outros países da América Latina. Com respeito a este segundo ponto, a correção a introduzir nos dados dificilmente modificaria a conclusão.

[Celso]

SANTIAGO, 15 DE AGOSTO DE 1985

Caro Celso:

Foi uma grande satisfação receber seu último livro (*A fantasia [organizada]*...). "Devorei-o" de uma sentada — por seu conteúdo e amenidade e como é natural por essa esteira de acontecimentos e reflexões que corresponde tão de perto ao ciclo próprio de nossa geração. É lamentável e até digno de investigar por que em nossos países se deu — ou melhor, se dá — tão pouco esse gênero de testemunhos vivos, que é tão comum no meio saxão. Teria que se educar e convencer os mais jovens sobre a importância que tem essa modalidade de registro histórico — embora não seja estritamente história. Você estava com o segredo bem guardado embora já nos últimos anos, em suas conversas, estivesse antecipando essa exploração, a qual, quase folgo em dizer, deve ser apaixonante e instrutiva para todo latino-americano. [...]

Além do presente intelectual que significa essa obra ela excita a responsabilidade dos que — num nível mais "paroquial" — deveriam seguir o seu exemplo.

Um abraço fraterno e agradecido de seu

Aníbal Pinto

SANTIAGO, 23 DE MAIO DE 1989

Caro Celso,

Muito lhe agradeço o envio de seu último livro,* de título tão sugestivo, que faz um contraponto com *A fantasia organizada* de grata lembrança. De imediato "dei uma dentada" no livro e fiz uma primeira introdução ao texto com a experiência, acompanhada de tão perto, do Plano Trienal. Quantas lembranças vieram à minha mente! Agora o retomarei do início e não duvido que me cativará tanto como a primeira "fantasia".

Você não acreditará mas o envio chegou em uns dias em que estava me lembrando de você com frequência e pensando como e onde encontrá-lo. Não pôde ser mais oportuno.

Vamos direto ao ponto: trata-se de um projeto que temos na revista da Cepal para preparar uma edição Prebisch-Cepal. Completa-se o ter-

---

* *A fantasia desfeita*, Celso Furtado (Rio de Janeiro: Paz e Terra, 1989), em *Obra autobiográfica de Celso Furtado*, op. cit.

ceiro aniversário da morte de don Raúl e — por *more reasons than one* — seria uma boa oportunidade para reunir um conjunto de ensaios sobre a matéria, olhando *para o presente-futuro* mais do que uma retrospectiva. Em outras palavras, não se trataria de reconstruir o pensamento pessoal-institucional do Maestro mas tomá-lo como ponto de partida e referência para encarar os desafios de hoje-amanhã e a controvérsia ideológica ou teórica em voga.

Para o propósito, realmente não é demais sublinhar que a sua colaboração seria *essencial*, esperando que também se somem outros amigos brasileiros, como Maria Conceição, Fernando Henrique, José Serra, e também de alguma "cara nova" de colheitas mais recentes. [...]

Há tantas coisas para comentar que uma carta é totalmente insuficiente e até frustrante. Espero, pois, que esta seja o início de um contato mais estreito e frequente.

Com seu afeto e admiração invariáveis, há tanto tempo, o abraça fraternalmente

Aníbal Pinto

PARIS, 9 DE JUNHO DE 1989

Prezado Aníbal,

Sua carta de 23 de maio alcançou-me aqui em Paris onde permanecerei até fins de junho ou começos de agosto. Liberado de funções administrativas, arranjo-me para passar uma parte do ano aqui, onde guardo boa parte de minha biblioteca e arquivos e onde se trabalha com mais tranquilidade. Voltarei ao Brasil para participar da campanha eleitoral. Continuo filiado ao PMDB e estou convencido de que para consolidar a transição democrática a chapa Ulysses-Waldir [Pires] é de longe a melhor opção. A situação não é fácil pois existe um revival de populismo da pior espécie, estilo Jânio Quadros. Assim temos, de um lado o Brizola, que você conhece, de outro um tal Collor de Mello, playboy saído da oligarquia açucareira do Nordeste. Em todo caso não pretendo me empenhar muito. Abandonei aquela consciência do dever público que me levou a empenhar-me em cruzadas como a do Nordeste. Aprendi que no Brasil pouco se pode contra a força das coisas.

Vou pensar no teu projeto de um número da revista dedicado aos temas Prebisch-Cepal. Concordo contigo de que só vale a pena escrever enfocando o presente e o futuro, mas também é necessário sublinhar o que é permanente na problemática do desenvolvimento. Com a idade a gente vai ficando preguiçoso, precisa de forte estímulo para dedicar tempo a algo.

Alegra-me muito que esteja havendo uma real evolução no teu país. A verdade é que o quadro geral da América Latina é desolador. Nunca imaginei que as classes dirigentes surgidas na época da industrialização fossem tão medíocres, tão inferiores às velhas oligarquias da economia primário-exportadora. Tampouco imaginei que as formas de dominação internacional evoluíssem com tanta rapidez e adquirissem tanta eficácia em um mundo que praticamente excluiu a coação militar direta. Tudo está a ser repensado, mas a nova geração de pensadores está tardando.

Vou ficando por aqui. Gostaria muito de ver-te, a ti e à Malucha. Quanto à nova geração, imagino que terá ganho autonomia de voo. Os meus dois filhos, Mario e André, estão em Campinas.

Um abraço com a velha amizade do

Celso

SANTIAGO, 22 DE JULHO DE 1992

Caro Celso:

Por Maria Conceição soube que você estava de volta ao Rio e que se encontrava muito bem. Estava em falta com você particularmente por não ter lhe agradecido seu último livro.* A verdade é que Malucha me "expropriou" o livro e eu andava muito envolvido por urgências diversas. Ao "resgatá-lo", o li ansiosamente e de "uma tirada". Realmente foi um grande prazer acompanhar você em suas várias jornadas e cenários, que eu sentia como sendo minhas.

Na verdade, com as duas Fantasias e esses Ares você nos presenteou um panorama substancioso e ricamente variado, reflexo de uma vida excepcional em múltiplos aspectos, particularmente para quem, como eu, percorreu o mesmo tempo histórico.

Acumularam-se tantos acontecimentos nestes últimos anos em nossa América Latina que é impossível tentar comentá-los. O coração e a mente se angustiam quando sentimos o que se passa no Peru, na Colômbia, Venezuela, Brasil, Argentina!... Tanto mais porque esse panorama se contrasta com o Império ortodoxo que enquanto transmite uma visão triunfalista encara o fracasso dos dois "milagres" condutores: o reaganismo e o thatcherismo!... [...]

Receba nossos cumprimentos fraternais,

Aníbal

RIO, 28/7/92

Caro Aníbal,

Foi uma alegria receber a sua carta de 22 do corrente. A versão castelhana de *Os ares do mundo* deve sair em breve pelo Fondo de Cultura Económica do México. Espero que este livro sirva para que a nova geração se dê conta de que a nossa se empenhou para arrancar a América Latina da letargia. O mais difícil é pensar com independência e isso nós fizemos.

---

* *Os ares do mundo* (São Paulo: Paz e Terra, 1991), em *Obra autobiográfica de Celso Furtado*, op. cit.

Vivemos hoje um período histórico similar aos anos 1930 no sentido de que o futuro nos parece imprevisível, prevalecendo a insegurança e o sentimento de impotência. Nossa geração esteve marcada por uma fé hegeliana no avanço da razão na história. Aquele *porvir radioso* que nos sustentava nas piores agruras, como já havia sustentado Condorcet na sua prisão sombria. Se desaparece essa confiança na razão como guia do homem, este será implacavelmente empurrado a escolher entre uma vida de santo ou de demônio. E como duvidar que a vocação demoníaca é sempre a mais forte?

Terá você percebido que não estou de ânimo muito otimista ou esperançoso. Mas, como disse o sambista, ninguém é de ferro, e o que está passando aqui é "dose para cavalo".

Segue com esta um exemplar de um pequeno livro que acabo de publicar,* que leva implícita a advertência de que muito provavelmente o que está em jogo é a sobrevivência do Brasil como entidade política nacional.

Um abraço amigo do

Celso Furtado

JUAN NOYOLA VÁZQUEZ

SANTIAGO, 1º DE AGOSTO DE 1953

Querido Celso:

Pareceram-me alentadoras as suas notícias com respeito ao verdadeiro significado das mudanças ocorridas no Banco [BNDE], que confirmaram o que já Alex [Ganz] tinha me contado. Ele me explicou também como estão procedendo à análise dos problemas de desenvolvimento

---

* *Brasil, a construção interrompida* (São Paulo: Paz e Terra, 1992).

regional e as divergências que tiveram com [Hans] Singer. Tudo isso me interessou muito e gostaria de, quando você tiver tempo, me contar algo sobre o progresso de seu trabalho.

Rosenstein-Rodan já começou suas palestras conosco. A metodologia usada por nós o impressionou muito favoravelmente. Suas críticas, tanto as teóricas como as relativas aos dados que manipulamos, foram mais de detalhe. As críticas teóricas me pareceram muito certeiras. Em compensação, ele tem uma preocupação com a magnitude das relações produto-capital que usamos que me parece um tanto excessiva e infundada. Creio que isto é inteiramente secundário e que a atuação dele na Cepal deixará um saldo positivo. A discussão com ele é sempre estimulante, e se podem expressar todos os pontos de vista com uma equanimidade que às vezes faltava nas reuniões da Cepal.

Cumprimente muito afetuosamente Lucía e Mario e aos Boti. Para você, um cordial abraço de

Juan

RIO DE JANEIRO, 9 DE NOVEMBRO DE 1953

Meu caro Juan,

Recebi tua carta de 28 de outubro dando a notícia da vinda de De Rosso. Pareceu-me muito interessante o esquema de trabalho.

Interessou-me muito a notícia de que você está trabalhando sobre o Brasil, para o seminário de política monetária e fiscal. Enviei ao dr. Prebisch, há algum tempo, um trabalho sobre a reforma cambial. A nova política ainda está em formação e há muita controvérsia em torno das verdadeiras intenções do governo. A indústria tomou posição contra, mas está hesitante. Creio que seria interessante que você passasse aqui pelo menos uma semana, em tua ida para o México para informar-te de tudo isso.

Rosenstein-Rodan esteve aqui apenas três ou quatro dias. Tivemos algumas discussões que foram de grande interesse, particularmente porque reforçaram nossos pontos de vista junto a nossos eventuais críticos aqui. Tenho comigo que ele está realmente integrado ao espírito da programação, na forma em que a concebemos quando elaboramos o estudo. O que ele fez foi aprofundar alguns pontos e indicar outros que merecem ser estudados mais detidamente.

Aqui os trabalhos vão correndo normalmente. Regino se adaptou muito bem à maneira de vida carioca. Lucía está trabalhando com entusiasmo. Mario está falando as duas línguas.

Lembrança a Juanis e aos meninos.

Um abraço para você, do

Celso

SANTIAGO, 21 DE DEZEMBRO DE 1954

Querido Celso:

Quero antes de tudo desejar a Lucía, aos filhos e a você um muito feliz Natal em nome de Juanis e no meu.

Aproveito essa oportunidade para enviar-te a nota que fiz para *El Trimestre*, comentando teu livro.* Não sei até que ponto consegui a justa medida entre a mera resenha e a crítica. O que posso dizer é que nesta segunda leitura, necessariamente mais cuidadosa, minha impressão foi ainda mais favorável e te renovo minhas calorosas felicitações. Vamos ver o que acharás do comentário. Tomara que o Fondo traduza o livro, que faz muita falta, não só pelo que ensina aos outros

---

* Cf. *A economia brasileira*, de Celso Furtado (Rio de Janeiro: Ed. A Noite, 1954). A resenha de Noyola Vázquez foi publicada, também, em *Econômica Brasileira*, Rio de Janeiro, Clube dos Economistas, v. 1, n. 3, 1955.

latino-americanos sobre o Brasil, mas sobretudo pelas novas orientações que assinala.

A vida em Santiago, como sempre. A situação econômica e política cada dia mais instável. "... *Plus ça change, ça devient la même chose.*"

Um grande abraço,

Juan

RIO, 22 DE FEVEREIRO DE 1955

Meu estimado Juan,

Recebi há algum tempo tua carta com a cópia da revista-crítica que tiveste a generosidade de fazer de meu livro. Asseguro-te que, mesmo conhecendo o teu excepcional poder de síntese, fiquei perplexo com tua estupenda *réussite* dando uma visão tão completa em dez ou doze páginas de tudo aquilo que eu pretendi dizer em 250 páginas. Convenci-me de que, lida tua revista, a leitura do livro torna-se excrescente, pois tudo que é realmente significativo encontra-se em tua síntese.

Não tenho tido nenhuma notícia sobre o andamento de teu trabalho. Tenho pensado um pouco sobre o problema da execução de um programa e o papel que cabe à política fiscal. Estou bastante cético com respeito à possibilidade de modificar favoravelmente a função consumo quando não seja através de modificações efetivas (*before taxes*) na distribuição da renda. Espero que tenhamos oportunidade de discutir amplamente essa matéria. De outra forma a nossa metodologia programatória irá perdendo cada vez mais contato com a realidade.

Gostaria de ter tua impressão sobre o que se está fazendo presentemente por aí. Chamo a tua atenção para o trabalho de [Arthur] Lewis, "Economic Development with Unlimited Suply of Labour". Considero-o a coisa mais bem lograda que já vi sobre teoria do desenvolvimento. Segue ele exatamente a mesma orientação que adotamos nos estudos preliminares à elaboração da técnica de programação. Estou convencido de que se não tivéssemos sido desencorajados a "teorizar" naquela etapa teríamos apresentado há dois anos os elementos básicos de uma teoria do desenvolvimento na linha dessa importante contribuição de Lewis. Resta-nos comprovar presentemente que, tendo dedicado mais tempo que qualquer outra pessoa ou grupo de pessoas a pensar e investigar nesse campo, encontramo-nos hoje relativamente atrasados e sem nada de real significação para apresentar. [...]

Saludos a Juanis e a teus pequenos e para ti um abraço do

Celso Furtado

SAN SALVADOR, 2 DE OUTUBRO DE 1957

Querido Celso:

Estou de novo em San Salvador que se tornou agora uma pequena subsede da Cepal.

Hoje posso lhe fazer alguns comentários sobre o seu estudo sobre a Venezuela,* pois como lhe dizia em minha carta anterior não o tinha visto senão até uns poucos dias antes de sair para cá. Não o trouxe comigo e tomei algumas notas para lhe fazer um comentário amplo mas como Osvaldo passou por aqui em trânsito para Costa Rica e ele não o tinha visto, dei-o a ele para que o lesse lá. Certamente ele também lhe enviará suas observações.

Entrando na matéria, devo começar por felicitá-lo muito cordialmente. Creio que você conseguiu em forma superlativa algo que sempre

---

* Em 1957 CF dirigiu um estudo econômico sobre a Venezuela. Suas observações acerca do problema da sobrevalorização da moeda desagradaram o presidente do país, general Pérez Giménez, que pediu que a Cepal não publicasse o estudo. Cf. *Ensaios sobre a Venezuela: Subdesenvolvimento com abundância de divisas* (Org. de Rosa Freire d'Aguiar, Rio de Janeiro: Contraponto; Centro Celso Furtado, 2008).

esteve em seus trabalhos anteriores e especialmente em seu livro sobre Brasil: captar o essencial e distintivo do fenômeno em estudo. Não creio que se possa colocar em termos mais precisos as características singulares do desenvolvimento venezuelano. Creio além disso que ao fazê-lo você realizou um extraordinário esforço de síntese. E o mais surpreendente é a brevidade do tempo em que concluiu o estudo.

Passando a aspectos mais concretos, a ideia que me pareceu mais sugestiva foi destacar a escassez de pessoal qualificado como o fator limitante do desenvolvimento em suas etapas intermediárias, em contraste com a escassez de capital nas fases iniciais e a escassez de mão de obra nas economias maduras. Nesse sentido, creio que é decisivo ter destacado a diferença substancial entre os investimentos em capital social básico e os investimentos na indústria manufatureira quanto às suas exigências de pessoal qualificado para alcançar sua utilização mais eficiente.

Há outras características da economia da Venezuela que você observou e que creio que servirão muito para a análise que Osvaldo fará no estudo sobre o Panamá. Refiro-me ao problema da sobrevalorização da taxa de câmbio e seu efeito no sistema de preços e de modo especial na relação entre salários monetários e produtividade do trabalho. Creio que esse fenômeno é ainda mais marcado no caso do Panamá e que suas observações são plenamente aplicáveis ali. Devo lhe dizer a esse respeito que Osvaldo preparou um esquema dos problemas fundamentais do desenvolvimento do Panamá, e sem conhecer — como lhe disse — o seu estudo sobre a Venezuela ele assinalou em primeiro lugar o fato de que a estrutura e o nível de preços no Panamá são iguais aos dos Estados Unidos e as limitações que isso impõe à absorção do excedente da mão de obra. [...]

Na minha volta ao México vou pedir o estudo a Osvaldo e vou lhe fazer um comentário mais amplo e sistemático. Na verdade, a única justificativa que têm estas observações é o entusiasmo que me produziu a primeira leitura do trabalho. Creio que é um grande passo adiante na técnica cepalina de análise do desenvolvimento. [...]

Você teve ocasião de falar com Kaldor e com Kahn? Espero que tenham preparado para você um bom programa de investigação, mas que lhe sobre tempo para estudar arqueologia.

Para você, como sempre, um fraternal e forte abraço,

Juan

OSVALDO SUNKEL

[SANTIAGO], 23 DE JUNHO DE 1966

Querido Celso, estimados amigos,

Bianchi's esteve silencioso mas não inativo. Depois da série de cartas enviadas no ano passado informando cada passo das gestões que iam se fazendo, e que iam resultando infrutíferas, decidimos suspender essa correspondência um tanto negativa e reiniciá-la quando tivesse algo concreto para informar. Agora há três novidades importantes.

Em primeiro lugar, os contatos iniciados com o grupo que publica a revista *Desarrollo Económico* de Buenos Aires começam a dar frutos. O comitê editorial da revista foi ampliado para lhe dar um âmbito mais internacional. [...] Essa parte dos propósitos do grupo de Bianchi's, a centralização de sua produção intelectual numa revista latino-americana, chegou, pois, assim, a se transformar em realidade.

O segundo projeto que finalmente se concretizou foi a organização de uma nova coleção de livros em que esperamos publicar contribuições sobre temas latino-americanos no campo das ciências sociais. A proposta foi aceita pela Editora Universitária da Universidade do Chile. A coleção será dirigida por um comitê editorial de que fazemos parte Aníbal Pinto, Clodomiro Almeyda e eu, e ao qual se incorporarão alguns nomes não chilenos. Por ora projetamos um ou dois temas no campo sociológico, de cuja organização está encarregado Fernando Henrique Cardoso com seus colaboradores, e uma série de temas no campo econômico, de cuja organização estamos encarregados Aníbal e eu. [...]

Há alguns títulos a mais, em busca de editor. Chegou-se também, ou se está chegando, a acordos entre a Editora Universitária e as editoras de Ênio Silveira no Brasil e a de Orfila no México* para a publicação conjunta desses volumes em espanhol e português, e nos extremos sul e norte da América Latina. É óbvio que nessa matéria a contribuição de Bianchi's poderia ser enorme, já que cada um de vocês poderia sugerir temas sobre os quais conviria preparar um *Reading*.

Finalmente, outra boa notícia de um projeto que, embora não diretamente do grupo, tem enorme interesse para nós. Trata-se do Instituto de Estudos Internacionais, que Claudio Véliz está organizando há algum tempo, e que finalmente foi aprovado e criado oficialmente pela Universidade do Chile. Começará a funcionar oficialmente em outubro deste ano em Santiago, sob a direção de Claudio, que virá para o Chile em agosto ou setembro. [...]

Cordiais saudações,

Osvaldo Sunkel

[SANTIAGO], 24 DE NOVEMBRO DE 1966

Querido Celso:

Recebi sua carta de 1º de novembro e também seu trabalho apresentado em Porto Rico.**

Agradeço seus comentários sobre o meu artigo "El trasfondo estructural de los problemas del desarrollo y del subdesarrollo en América Lati-

---

* Ênio Silveira era o diretor da Civilização Brasileira. Arnaldo Orfila fundara no ano anterior a editora Siglo XXI.

** Cf. "Desarrollo y estancamiento en América Latina", *Desarrollo Económico*, Buenos Aires, v. 6, n. 22-23, 1966.

na". Concordo com a sua crítica no sentido de que poderia se depreender desse trabalho que estou na nova linha da Unctad devido à ênfase que dou ao estrangulamento externo. Não creio, porém, que essa ênfase seja exagerada, mas concordo que sua solução é mais pela via de mudanças internas que modifiquem os módulos do comércio exterior do que pelas vias propostas pela Unctad. [...]

Quanto ao seu trabalho, o li com atenção e me parece de suma importância como uma primeira apresentação do planejamento concebido como uma estratégia para desencadear e orientar processos de mudança social, em contraste com o conceito tradicional de planejamento como um instrumento de racionalidade formal. Se você reler o primeiro capítulo do documento "Discusiones sobre planificación" desse Instituto, que Fernando Henrique e eu escrevemos, verá que aí se faz a mesma distinção, e se desenvolve igualmente a função do planejamento em seu sentido de estratégia de mudança, embora não se faça a distinção formalmente, como você faz em seu trabalho. Estávamos justamente pensando em reescrever esse capítulo com o propósito de desenvolver claramente a distinção e tirar algumas conclusões com respeito à estratégia de ação no próprio campo do planejamento. Seu trabalho nos veio servir de estímulo e incentivo.

O Instituto de Claudio começa a andar com excelentes perspectivas. Realizou-se uma série de conferências, com seus respectivos seminários. Nestes se reuniu um excelente grupo de economistas, sociólogos, politólogos, empresários, funcionários etc., que geraram alguns debates interessantíssimos. Creio que é o começo de um foco de convergência de interesses que pode reconstituir até certo ponto o diálogo intelectual que se encontra tão fragmentado aqui em Santiago. [...]

Interessa-me também receber seus comentários com respeito às cartas de Bianchi's que lhe enviei recentemente.

Um abraço,

Osvaldo Sunkel

PARIS, 21 DE DEZEMBRO DE 1966

Prezado Osvaldo,

Recebi a sua carta de 24 de novembro. Estou totalmente de acordo em que o Instituto de Claudio, pelo campo completamente novo em que atua e suas vinculações com instituições europeias de prestígio poderá ter extraordinárias projeções. Estive aqui com o Vernant* que ficou muito bem impressionado com o que viu por aí. Convém não esquecer que o Vernant é pessoa com influência nos mais altos centros de decisão deste país.

Estou de acordo com você igualmente sobre a necessidade de dar mais organicidade ao grupo Bianchi's. Este grupo foi criado e persiste em torno de uma ideia muito simples: existe um grupo significativo de intelectuais latino-americanos com profundas afinidades, que até certo ponto podem ser considerados como integrantes de uma escola de pensamento. Esses elementos têm influência em diversos planos e centros de decisão, e se se consultam mutuamente poderão aumentar muito a sua eficácia. Algumas vezes o apelo ao grupo poderá facilitar a concretização de um projeto, como foi o caso do Claudio com o seu *Handbook latino-americano*.** Contudo, é possibilitando o contato de cada um com os outros que o grupo pode exercer um importante papel na estruturação de um pensamento comum a serviço do desenvolvimento da região. Concordo que é necessário que exista uma base secretarial para formar os arquivos e proceder ao trabalho mínimo de reprodução. Deste ponto de vista é possível que o Claudio seja o único de nós equipado. Cabe ao grupo que está em Santiago tomar uma decisão sobre isto. Também é necessário que se restabeleça o caráter *epistolar* do grupo. Cada membro

* Jacques Vernant (1912-85), professor de filosofia, fundador e diretor por trinta anos do Centre d'Études de Politique Étrangère.
** Cf. *Latin America and the Caribbean: a handbook* (Org. de Claudio Véliz, Londres: A. Blond, 1968).

deve comprometer-se a escrever o mínimo de uma página mensalmente sobre os próprios projetos, atividades etc. Essa carta seria reproduzida em Santiago para circular entre os membros. Quanto ao número destes, poderia ampliar-se mas sempre tendo em vista que se trata de um clube de pessoas que têm como principal preocupação a produção intelectual em conexão com os problemas do desenvolvimento de nossos países. Fica entendido que cada trabalho que realiza um de nós será imediatamente enviado aos outros, ou enviado a Santiago para reprodução e encaminhamento aos outros. Dessa forma temos o privilégio de acesso imediato ao pensamento dos outros, mas também temos a obrigação de informar-nos sobre o que estão pensando os demais. Como hoje em dia recebemos dez trabalhos para cada um que lemos, trata-se de um mecanismo para que nos influenciemos mutuamente.

Abraços,

Celso

SANTIAGO, 20 DE FEVEREIRO DE 1968

Querido Celso:

Embora não tenhamos recebido carta sua ultimamente, soubemos de você por diversos amigos que passaram por aqui. Ontem, por exemplo, esteve de passagem Thiago de Mello que tinha estado com você.

Talvez Vernant ou algum outro dos amigos franceses lhe terá contado o que foi o seminário de Arica. Na verdade, superou todas as nossas expectativas, não só pela organização, que foi quase perfeita, como sobretudo pelo ponto de vista intelectual. Creio que nunca antes na América Latina participei de uma reunião em que se falou com tanta clareza e franqueza, e em que realmente se avançou na interpretação dos problemas latino-americanos. O grupo de participantes foi de muito alto nível e o ambiente acadêmico que se criou permitiu reproduzir uma discussão do tipo da que tivemos em Chatham House há uns anos. Tal foi o entusiasmo que, como naquela oportunidade, todos sentimos a necessidade de projetar uma ação para o futuro, o que deu oportunidade para que nascesse o Grupo de Arica, uma espécie de segunda edição do Bianchi's.

A orientação geral da conferência, no que se refere ao processo de integração, chegou a coincidir notavelmente com a tese que você sustenta nas últimas páginas do seu artigo publicado na revista do Instituto. A alternativa entre integração nacional e integração latino-americana, que Frigerio pretendeu colocar, foi descartada. A integração latino-americana não é um processo que pode se aceitar ou rejeitar. Essa integração já está em andamento, como consequência de uma necessidade histórica correspondente à nova etapa do processo de substituição na América Latina e da mudança na estrutura da economia latino-americana (os conglomerados multinacionais). Por conseguinte, uma modalidade de integração que consista basicamente na liberalização do comércio facilitará o processo de integração das empresas norte-americanas na América Latina entre si, e com os Estados Unidos.

O dilema está em buscar modalidades alternativas de integração, entre grupos de países latino-americanos, com objetivos parciais comuns, a fim de fortalecer os Estados nacionais e aumentar sua capacidade de negociação global e individual com os Estados Unidos. Creio que esta foi a tese central que prevaleceu no seminário e que levou ao exame de uma série de possibilidades de cooperação através das empresas públicas latino-americanas, da formação de empresas multinacionais latino-americanas nas atividades básicas etc.

Infelizmente o trabalho que devia ter examinado as relações entre Estados Unidos e a integração latino-americana, escrito por Frigerio, não tocou realmente no problema, e além disso é de ínfima qualidade intelectual. Como editor do livro tenho aqui um tremendo buraco que pode afetar seriamente a qualidade e equilíbrio do volume. Dada a importância que o livro terá, não só pela excelência da maior parte dos ensaios que se apresentaram, mas sobretudo pelo striptease brutal da mitologia da integração que neles se faz, e pelas novas teses e orientações que vai oferecer, é indispensável que haja um excelente trabalho sobre Estados Unidos e a integração. Não vejo nenhuma possibilidade de que alguém possa se substituir a você em sua preparação. Este, pois, é um verdadeiro S.O.S. para obter a sua colaboração, que seria de importância decisiva para o êxito de meu livro, que além disso é também o primeiro do Instituto. [...]*

Querido Celso, espero fervorosamente que possa vir em meu auxílio. Um abraço,

Osvaldo

PARIS, 30 DE MARÇO DE 1968

Prezado Osvaldo:

Acabo de receber carta do Claudio com a notícia de sua vinda na primeira metade do mês de abril. Escrevo-lhe para recordar que nesse período temos aqui as férias de Páscoa. Tanto Fernando Henrique como eu estaremos fora de Paris de 6 a 17 de abril. Ele vai à Grécia e eu ao sul da França. [...] A primavera começou muito bonita aqui e se o tempo segura Carmen e você não se arrependerão de dedicar um pouco mais de tempo a Paris. Fernando Henrique pediu-me que comunicasse a você que o apartamento dele estará fechado à sua disposição. Basta que você procure a chave com a concierge e lá haverá uma carta para você. O endereço dele é: 20, Rue de la Plaine, Escalier B 2, 7è étage, Tel 344 1888, Arrondissement 20è. Fica bem perto da Place Nation e tem estação do metrô perto. A família de Fernando Henrique já voltou para o Brasil. Ele estará de regresso no dia 17, pois as aulas recomeçam no dia 18.

* Cf. "La reestructuración de la economía internacional y las relaciones entre Estados Unidos y América Latina", de Celso Furtado, em *Integración política y económica: el proceso europeo y el problema latino-americano* (Santiago: Editorial Universitaria, 1970).

Deixo de lhe enviar o livro *Le Défi américain* porque você poderá obtê-lo aqui de passagem. É um livro em que o jornalismo e o tecnicismo se misturam, assim como o reacionarismo e a ingenuidade. Vale como um sinal dos tempos.

Tenho estado extremamente ocupado, razão pela qual não respondi à sua carta sobre o colóquio de Arica. Tenho muitas aulas e tinha várias coisas a escrever atrasadas. Se você pode esperar até meados de maio, tentarei fazer o trabalho que você pede. Tenho alguns dados adicionais que gostaria de utilizar.

Um abraço do

[Celso]

REGINO BOTI

SANTIAGO, 21 DE JANEIRO DE 1958

Querido Celso,

Desde que cheguei estou para lhe escrever uma longa carta, mas me dediquei a fazer tantas coisas que só agora tenho tempo para mandar estas linhas.

Não vou contar-lhe os detalhes de minha saída de Cuba. Vou me limitar a lhe dizer que desde meados do ano passei a ser objeto da curiosidade policialesca; curiosidade que aumentou com o transcurso do tempo e com a incorporação de Felipe* às forças revolucionárias.

Você me sugere em sua carta que aproveite meu tempo pensando e escrevendo sobre os problemas de Cuba e em particular sobre as relações

---

* Felipe Pazos (1912-2001), economista cubano. Dirigiu o Banco Central de Cuba, mas meses depois afastou-se do regime de Fidel Castro, indo trabalhar na Aliança para o Progresso e dirigindo o Banco Interamericano de Desenvolvimento.

de meu país com os Estados Unidos. Na verdade, antes de partir investi uma boa parte de minhas horas livres — que eram muitas — em considerar essas questões. Algumas de minhas ideias aparecem no programa econômico do movimento revolucionário que redigimos, Felipe, um amigo e eu. Devo avisá-lo de que esse é o único programa aprovado até agora pela direção das forças insurrecionais. O documento está escrito de forma muito elementar. Orienta-se a destruir certas ideias coloniais difundidas entre o povo cubano (por exemplo, a tese da impossibilidade de industrializar o país devido à carência de recursos naturais) e a pôr em relevo que o problema básico é aumentar, e não distribuir melhor, a renda nacional. Insiste-se, nesse trabalho, que Cuba pode incrementar a renda per capita de sua população — e obviamente o volume de emprego — com sua própria poupança presente e passada. No final do documento aparece um "modelinho" muito simples de dez anos de duração baseado na oferta de mão de obra. Escolheu-se essa variável por ser ela a única que interessa ao povo num país com desemprego.

Num artigo recém-publicado, Fidel Castro assinala, sem rodeios, que o objetivo cardeal da política econômica de seu governo será aumentar a renda per capita mediante a industrialização. Parece-me que o mais difícil já foi feito.

Também pensei um pouco nas medidas específicas necessárias para implementar o programa de governo e nas relações cubano-norte-americanas. Quanto a estas, as conclusões a que cheguei são um tanto dolorosas... para um cubano. Aceitei como premissa inicial que meu país goza de menos graus de liberdade frente aos Estados Unidos do que qualquer outro da América Latina, com a possível exceção da Venezuela.

Proponho deixar aqui o assunto e continuar com o da Cepal. Voltei a ela com *mixed feelings*, desejoso, de um lado, de reatar os laços pessoais com velhos amigos, e, de outro, temeroso de encontrar um ambiente pior que o que deixei. Os fatos se encarregaram de calar minhas dúvidas socráticas. Na verdade, a situação não piorou, e de fato não tinha por que se deteriorar mais. Afinal, os heterodoxos foram expulsos do templo há já dois anos e com a saída deles os focos de rebeldia se transformaram em monumentos arqueológicos. Mais claro ainda, aqui impera uma "democracia orgânica" em que um só tem direito a voto. O resto é pura paisagem.

Tendo consolidado o poder, Sua Eminência* se dedica agora a dispensar mercês. Por exemplo, os membros do staff podem dar conferências, escrever artigos, publicar livros etc., praticamente sem restrições. [...]

José Antonio** já partiu para o Brasil. Se algum vento venezuelano não o desvia do rumo, suspeito que será o sucessor do Maestro. Nunca ninguém gozou de mais confiança nem de maior prestígio nas esferas siderais. Quanto a mim, lhe digo que jamais um filho pródigo foi objeto de uma recepção mais calorosa — talvez eu seja um homem com um futuro na política.

Creio que cheguei ao fim de minha longa carta. Abraços a Lucía, Mario e André, de Marta e meus. Para você, um fraternal de

Regino

SANTIAGO, 31 DE JANEIRO DE 1958

Querido Celso,

Tal como lhe sugeri em minha carta, um vento de popa venezuelano obrigou José Antonio a desviar o rumo. Mal chegou do Brasil e vai sábado para a Venezuela. A passagem que leva é só de ida, pois ele, melhor que ninguém, se dá conta de que estão batendo à sua porta.

Já lhe ofereceram um cargo de diretor da Corporación de Fomento. Não aceitou inicialmente e creio que acabará por recusá-lo porque para ele é algo pequeno. Afinal, um organismo colegiado como o diretório da Corporación não deixa de ser um bom instrumento para anular qualquer um.

* Referência a Raúl Prebisch, secretário-executivo da Cepal.

** José Antonio Mayobre (Pepe Toño, conforme referido na carta seguinte) (1913-80), economista venezuelano, trabalhou na Cepal desde 1951. Em 1958, voltou à Venezuela e foi ministro da Fazenda, e depois embaixador nos Estados Unidos e diretor do FMI.

Pepe Toño tem em mãos uma carta que hoje, na Venezuela, é triunfo. A oligarquia o considera "esquerdizante", mas ao mesmo tempo responsável e ponderado. (Nota à margem: quatro dos cinco diretores recém--nomeados da Corporación são distintos membros da oligarquia.) Por sua vez, os membros da Acción Democrática o situam em suas fileiras. (Nota à margem: Pepe Toño não pertence a nenhum partido político de seu país.) Num ambiente de "unidade nacional" como o atual, um "independente" pode chegar muito longe.

Bem, Celso, continuarei o mantendo informado. Saludos de Marta e meus a Lucía e às crianças.

Te abraça,

Regino

HAVANA, 2 DE FEVEREIRO DE 1986

Meu estimado e admirado Celso,

Recebi com grande satisfação o exemplar de *A fantasia organizada* que você teve a gentileza de me enviar com uma carinhosa e paternal dedicatória.

Já li os primeiros cinco capítulos desse livro que me atrevo a qualificar de extraordinário. Lembrei com saudades alguns dos episódios que você relata e me pareceu delicioso o parágrafo que me dedica. Mostrei-o à minha esposa Llillian e a meus filhos.

Aproveito para lhe contar que estive no México há pouco mais de um ano e ali vi Víctor [Urquidi], Javier Márquez, Ricardo Rodas e outros cepalinos. Por uma incrível coincidência, nos dias de minha visita outorgavam a Prebisch o prêmio que o Banco Serfin confere a um economista latino-americano por sua contribuição à integração de nossos países.

Convidaram-me para o ato que foi presidido por De La Madrid, acompanhado por numerosos ministros e presidentes de instituições bancárias mexicanas. Imagine o espanto do homenageado ao me descobrir entre a "seleta" audiência integrada por diplomatas, banqueiros e uns poucos economistas e banqueiros, quer dizer, burocratas de alto nível.

Don Raúl deu mostras de sua lendária vitalidade e singular imaginação ao improvisar um discurso em que analisou criticamente algumas de suas ideias, em particular as que se referem à substituição de importações.

Depois do ato, compareci ao almoço e me sentaram na mesa presidencial com ele. Conversamos longamente e tenho a impressão de que se sentiu um tanto impactado quando lhe expressei meu reconhecimento às suas ideias e ao seu trabalho.

Llillian foi recentemente a São Paulo presidindo a delegação cubana na Bienal. Manifestaram grandes atenções com ela e seus acompanhantes. Conheceu numa recepção o cepalino Henrique Cardoso, que me enviou seus cumprimentos.

A todo instante atendo a visitantes brasileiros e em geral mantenho muitos vínculos com a sua terra. Sou algo assim como um cônsul honorário.

Envio-lhe duas entrevistas de Fidel que tenho certeza que vão lhe interessar.

Esta longa carta deve estimulá-lo a me escrever com mais frequência aproveitando além disso os bons ofícios de Rafael Fernandez.

Receba os cumprimentos da família Boti-Llanes e um forte abraço de seu amigo de sempre e admirador,

Regino

VÍCTOR URQUIDI

[SANTIAGO], 15 DE NOVEMBRO DE 1951

Muito estimado amigo,

Esperei para responder ao seu amável convite para colaborar com *El*

Trimestre Económico, na esperança de que poderia lhe enviar algo de concreto. Mas vão se passando os meses e me sinto cada vez mais absorvido pelo trabalho da Cepal. Eu tinha a ilusão de que com a postergação da v Conferência para 1953 e a ampliação de nosso pessoal, me seria possível organizar o trabalho de modo a dedicar uma fração do tempo a escrever para a *Revista Brasileira de Economia* (com a qual tenho antigos compromissos) e para o *Trimestre*. Gostaria, por exemplo, de criticar alguns pontos das conferências que [Jacob] Viner fez no Brasil sobre comércio internacional, relação do intercâmbio com o desenvolvimento econômico. Essas conferências estão publicadas no número de junho da *Revista Brasileira de Economia*. Outro trabalho que gostaria de criticar é a introdução ao Relatório Abbink, escrito por [Otavio] Bulhões, em que se fazem referências aos trabalhos da Cepal. A tese de concurso de Bulhões, "Preços e produtividade", mereceria igualmente uma nota crítica. O livro de Spiegel é de qualidade medíocre, mas tem coisas que mereceriam ser destacadas. [...]

Aqui, nossa unidade de Desenvolvimento Econômico está crescendo. Já somos cinco, incluindo Noyola, Boti e eu. Prebisch está colaborando muito conosco. A ideia é fazer um estudo amplo em que se consolidem as discussões teóricas anteriores com o máximo de material estatístico possível. Também se pretende fazer uma tentativa de planejamento para um país, embora o trabalho tenha somente interesse metodológico e didático.

Muitas lembranças aos companheiros da Cepal e disponha de seu amigo,

Celso Furtado

RIO DE JANEIRO, AGOSTO DE 1953

Muito prezado Víctor:

Recebi tua carta de 13 de julho. [...]

Temos atualmente conosco, para um seminário e uma série de conferências, os professores Lionel Robbins e K. Boulding. O seminário tem sido interessante porque temos oportunidade de lhes submeter alguns trabalhos que nos interessam. As conferências, entretanto, são inteiramente fora de propósito, particularmente as de Robbins que continua um monetarista intransigente ainda que sofisticado.

O artigo de Manuel Sánchez Sarto foi lido com interesse aqui, por Boti e por mim. É interessante observar que as críticas que surgiram aqui ao nosso trabalho foram totalmente distintas, quase diria diametralmente opostas. Essas críticas partiram principalmente de Gudin e de Bulhões. Quanto às do primeiro, Prebisch prometeu-me respondê-las.[*] No que respeita a Bulhões, que escreveu artigo e pronunciou conferências aqui e em São Paulo, criticando o trabalho sobre "Técnica de programação", eu tentei responder-lhe, conforme recorte que te envio anexo à presente.[**]

Parece-me que seria conveniente que todos nós dedicássemos um pouco de tempo a responder àqueles críticos dos trabalhos da Cepal que são porta-vozes de grupos e que podem contribuir para criar confusão do verdadeiro sentido desses trabalhos.

Esteve por aqui, na semana passada, Prebisch. O ministro da Fazenda (Aranha) está interessado em que ele estude o material existente no Congresso sobre a reforma bancária e dê uma opinião pessoal (em caráter privado) sobre a matéria.

Espero que tudo por aí vá correndo bem.

Um abraço para ti do

Celso Furtado

---

[*] Eugenio Gudin escreveu uma série de cinco artigos sob o título "A mística do planejamento", com ataques ao trabalho da Cepal intitulado "Técnica de programação" (*Correio da Manhã*, 29 maio a 11 jun. 1953). Raúl Prebisch respondeu-lhe, com outra série de artigos, sob o título "A mística do equilíbrio espontâneo da economia" (*Diário de Notícias*, set. 1953).

[**] Cf. "A programação do desenvolvimento econômico", de Celso Furtado, *Folha da Manhã*, Rio de Janeiro, 11 jul. 1953.

RECIFE, 24 DE MAIO DE 1961

Prezado Víctor:

Quero desculpar-me pelas duas ou três cartas tuas que deixei sem resposta. Felicito-te pelo ingresso no Colegio de México e pelo discurso que fizeste.

Tenho a impressão de que a vida andou um tanto em sentido contrário, para nós dois. Tu te preparaste para a ação e aí estás, tranquilamente, dedicando-te a um profícuo trabalho intelectual. Eu preparei-me para o trabalho de gabinete, para ter influência através das ideias — como está ocorrendo contigo — e aqui estou metido até a cabeça na ação.

A atividade aqui é cada vez mais ampla e intensa. Criamos um ministério regional com características extremamente interessantes. Estamos planejando, executando e formando o staff, simultaneamente. E lutando contra os políticos e os *profiteurs* da administração pública. Mas temos gozado de grande apoio da opinião pública, da imprensa, dos meios acadêmicos etc. Tanto o presidente anterior como o atual nos têm dispensado todo o apoio.

A experiência que estamos adquirindo é particularmente interessante porque é complementar da anterior. Da que adquiri a teu lado, nessa simpática atividade de estudar o desenvolvimento em modelos e quadros estatísticos.

Meu livro *Formação econômica do Brasil* teve grande êxito de livraria. Já esgotamos duas edições de 5 mil exemplares e está agora saindo uma de 10 mil. Temos traduções contratadas em inglês (University of California Press e Cambridge University Press), e em alemão. Também temos pedidos para francês, italiano e japonês. Para tristeza minha, entretanto, ainda não surgiu um bom editor em castelhano, cujo público leitor mais me interessa. Pergunto-me se não poderias dar uma opinião sobre o livro para algum editor, de preferência o Fondo de Cultura.

Quando tiveres oportunidade de viajar pela América do Sul, gostaria de convidar-te para conhecer o Nordeste.

Osvaldo está conosco, no Rio, e nos tem ajudado no curso intensivo de pós-graduados que mantemos. [...]

Recordo sempre com saudades os tempos em que cooperamos.

Um abraço do teu amigo

Celso

PARIS, 6 DE JUNHO DE 1966

Prezado Víctor,

Recebi sua carta de 9 de abril e também o exemplar do seu livro, que muito agradeço. Estou organizando um material básico para um curso de dois semestres sobre a economia latino-americana. Estamos tentando organizar na faculdade uma cátedra de Economia Latino-Americana, que será opcional no último ano de licença, paralelamente à cátedra de Economia Africana. Isso nos permitirá criar um núcleo de estudos sistemáticos sobre a economia de nosso subcontinente, na principal escola de economia deste país.

O artigo que você leu no *Jornal do Brasil** não estava completo. Eliminaram as notas, inclusive uma em que considerei diretamente o caso do México. O meu objetivo nesse artigo foi abrir o debate em torno do problema das relações da América Latina com os Estados Unidos. Evidentemente, pode haver diferença de perspectiva, se olhamos o problema do ângulo de [Eduardo] Frei ou se o olhamos do ângulo dos militares que em nome do governo de meu país dizem que não temos mais fronteiras, pois o que pesa são as ideologias. E nós sabemos que para eles o árbitro das ideologias é o Departamento de Estado. E que dizer do

---

* "A hegemonia dos Estados Unidos e o futuro da América Latina", Celso Furtado.

despudor do Departamento de Estado que ocupa um país latino-americano inclusive com tropas de outros países latino-americanos!* Os americanos estão no seu direito de povo com poderes imperiais de pretender organizar o mundo da forma que lhes parece justa. Que eles vendam a sua ideologia às nossas classes dirigentes (a ponto de fazê-los falar como ventríloquos) também é do seu direito. A nós, intelectuais, cabe contribuir para que se forme uma consciência crítica do que está ocorrendo. O diálogo de surdos que existe hoje entre o dogmatismo de esquerda e o comodismo de direita contribui muito pouco para a formação dessa consciência. Concordo que a consciência nacional não morreu, e por isso continuo escrevendo. Mas quando vejo os militares de nossos países se reunindo periodicamente para receber instruções dos homens do Pentágono, não posso deixar de preocupar-me com a saúde dessa consciência. [...]

Um grande abraço para você e lembranças a Marjory e aos meninos, do

[Celso]

[CIDADE DO MÉXICO], 20 DE ABRIL DE 2004

Querido Celso,

Estou consciente de que estamos há bastante tempo sem comunicação. Motivou-me escrever-lhe o fato de que faz umas três semanas acabei de ler, quase de um fôlego, o seu livro *Los ventos del cambio*,** que me chegou faz algum tempo. Pensei que era uma antologia de velhos artigos e agora me dei conta de que em sua maior parte é material inteiramente novo. Há muito que contar e tentarei ser breve.

* Referência à invasão da República Dominicana, em 1965.
** Título em espanhol de *Os ares do mundo*. Cf. *Obra autobiográfica de Celso Furtado*, op. cit.

Na segunda metade de março do ano passado, acompanhei minha esposa Sheila a uma reunião no Rio de Janeiro, a que ela fora convidada pela L'Oréal para participar como expositora num curso sobre marketing para funcionários dessa empresa em toda a América do Sul. Fui ao Rio com grande expectativa, depois de dezesseis anos de ausência, esperando reunir-me com amigos e percorrer o bairro de Copacabana e outros. Localizei somente dois amigos: Helio Jaguaribe e Candido Mendes. [...] Ia eu dar, por proposta de Helio, uma conferência em um Centro de Estudos Internacionais em Botafogo, sobre um tema em que trabalhei bastante, "Os desafios do desenvolvimento sustentável na região latino-americana", mas na última hora se cancelou porque na noite da véspera caiu um temporal que inundou a casa em que se encontra o Centro, danificou a instalação elétrica devido a outros aspectos do subdesenvolvimento e à falta de manutenção, e tivemos de suspender a conferência. [...] De qualquer maneira, desfrutei de meus passeios por Copacabana, indo ao correio, a comprar jornais, a almoçar em pequenos cafés ou nos que estão na praia. Fiz-me compreender bastante bem, e por minha vez entendi quase tudo. Não à toa estive lendo notícias do Brasil em português. E Saramago em português de Portugal. Tinha lido antes Jorge Amado em português do Brasil. Minha aprendizagem formal do português foi em Washington, quando no Banco Mundial eu estava encarregado da mesa do Brasil, na parte sobre como entender a economia brasileira, em 1947-48, durante as negociações da Brazilian Traction* com o Banco Mundial, que no final teve como seu responsável Otavio Bulhões depois de uns tropeços políticos do Banco, que achou que podia negociar com a companhia sem fazer contato com o governo. [...]

Comecei a ir a El Colegio de México umas duas ou três horas por dia para terminar um livro cujo primeiro esboço fiz em 1983. Esse livro está prestes a ser concluído, com o apoio de um colega e de um ajudante para a parte estatística e bibliográfica, e será publicado sob o título *Las políticas de desarrollo en la región latinoamericana, 1930-2000: otro siglo perdi-*

---

* Brazilian Traction Light and Power Company.

do. Não é uma história econômica, mas uma análise escrita em linguagem clara, não para economistas da nova moda, mas para estudantes e o público em geral, em que "desmistifico" muitas coisas, inclusive as de Prebisch. Só você e muitos dos seus textos se salvam, em especial o seu livro de 1969, de que tenho a edição original com dedicatória sua. Em certa medida se salvam também Hirschman, Díaz-Alejandro e Sheehan. Uso a expressão "região latino-americana" para compreender o Caribe que se integrou à Cepal, e porque "América Latina" já carece de significado como conjunto, mais ainda agora que o México, na prática, faz parte de um estranho "Merconorte".

Com os dados comparativos que Angus Maddison compilou para a OCDE, em dólares internacionais de poder aquisitivo constante, posso demonstrar que entre 1950 e 1973 os países da região latino-americana, embora com o período da industrialização acelerada dos anos 1950 a 1968, ficaram atrasados com respeito às outras regiões, em especial a Ásia, e nunca se recuperaram, devido em grande parte ao endividamento externo (que em 1980 já tinha aumentado oito vezes, e em 2000 chegou a um fator de 26.9), e também às políticas de improvisação, incongruência e ineficiência que foram praticadas, e finalmente como resultado do chamado "Consenso de Washington" que lhes foi imposto nos anos 1990.

Tive que abandonar, como você pode imaginar, outros assuntos. Quando este livro já estiver sendo impresso, me ocuparei de minhas Memórias Profissionais, de que já tenho redigidas em primeira versão umas 150 páginas. Enquanto continuar com meu tratamento de quimioterapia e me mantiver em bom estado geral de saúde, creio poder alcançar a meta.

Meus afetuosos cumprimentos à sua esposa e um forte abraço de seu amigo e admirador,

Víctor L. Urquidi

8. Os mediadores

Celso Furtado saiu do país, em junho de 1964, pelo aeroporto do Galeão e com passaporte diplomático. A ele tinha direito por integrar o Comitê Interamericano da Aliança para o Progresso. Era mandatado não só pelo governo brasileiro, como por outros dois países da América Central, que não haviam lhe cancelado a missão, portanto nem o passaporte. No exílio, trocou o diplomático por um passaporte comum, mas até a Lei de Anistia de 1979 enfrentou dificuldades para viajar por não obter do consulado a extensão da validade territorial do documento. Ademais, embora tivesse passado um ano na Universidade Yale como pesquisador, no consulado americano não lhe facilitavam sequer um visto de turista para os Estados Unidos. Duas viagens a trabalho, ao menos, foram suspensas por impossibilidade de usar o passaporte brasileiro: uma ao Egito, em 1966, para dirigir, a pedido das Nações Unidas, um estudo sobre desenvolvimento regional em torno da barragem de Assuã; outra, a Leningrado, onde participaria de um congresso de história econômica presidido por Fernand Braudel. Diante do silêncio das autoridades consulares, o prestigiado historiador francês escreveu uma carta ao embaixador brasileiro, que nem mesmo mereceu resposta. Outras vozes também intercederam a favor de Celso, sem resultado, conforme se verá, face à intransigente perseguição do Itamaraty.

HELIO SCARABÔTOLO

PARIS, 13 DE JANEIRO DE 1970

Ao cônsul-geral do Brasil

Saudações.

O abaixo assinado, Celso Monteiro Furtado, portador do passaporte nº 697281, expedido por esse consulado, solicita a v. s. a extensão da validade do referido passaporte para a União Soviética e a Iugoslávia. Como justificativa tem a alegar que é membro da Associação Internacional de História Econômica, a qual deverá realizar o seu v Congresso Internacional na cidade de Leningrado em agosto do corrente ano, havendo sido designado relator de um dos temas do congresso. No que respeita à Iugoslávia, nenhuma justificação tem a apresentar, senão o desejo de veranear em uma das praias desse país.

Agradecendo por antecipado uma resposta favorável, subscreve-se,

Atenciosamente,

Celso Furtado

PARIS, 13 DE FEVEREIRO DE 1970

Prezado professor Furtado,

Acuso recebimento da carta de 13 de janeiro último, pela qual vossa senhoria solicita extensão da validade de seu passaporte nº 697281 para a União Soviética e Iugoslávia.

Em resposta, informo-o haver a Secretaria de Estado das Relações Exteriores respondido negativamente à consulta que lhe dirigi, o que impossibilita a este Consulado-Geral o atendimento da solicitação de vossa senhoria. [...]

De vossa senhoria

Helio A. Scarabôtolo
Cônsul-geral

PARIS, 2 DE JUNHO DE 1970
Consulado-Geral do Brasil em Paris

Senhor cônsul-geral,

Pela presente venho solicitar a esse consulado a extensão de validade de meu passaporte — emitido por esse consulado e de número 697281 — para a Áustria, a Noruega e a Suécia. Nos dois primeiros países deverei participar de seminário organizado pelo International Peace Research Institute de Oslo, a realizar-se no próximo mês de julho, e quanto à Suécia pretendo visitar esse país no próximo mês de outubro a convite da Universidade de Estocolmo.

Muito agradeceria a v. s. uma rápida resposta à presente solicitação.

Celso Monteiro Furtado

PARIS, 17.9.1971

Sr. Helio Antonio Scarabôtolo
Cônsul-geral do Brasil

Saudações.

Venho por intermédio da presente consultar v. s. sobre a possibilidade de estender a validade do meu passaporte (nº 697281) à Áustria e à República do Senegal. Havendo sido convidado pela Organização das Nações Unidas para o Desenvolvimento Industrial para assessorar o governo do Senegal na reformulação de sua política de industrialização, convite que em princípio aceitei, vejo-me na necessidade de ter de visitar esses dois países no correr dos próximos dois meses.

Rogando-lhe a atenção de uma pronta resposta, subscrevo-me atenciosamente,

Celso Furtado

PARIS, 27.10.1971

Senhor Celso Furtado,

Foi autorizada a extensão de validade de seu passaporte para os países solicitados em sua carta de 17 de setembro último.

Vossa senhoria poderá comparecer a este Consulado-Geral, munido de seu passaporte para os devidos fins.

Atenciosamente,

Consulat Général du Brésil

JEAN-FRANÇOIS BERGIER

PARIS, 25 DE MAIO DE 1970

Caro senhor e caro colega,

Agradeço-lhe profundamente sua carta do 22 e o honroso convite para presidir uma sessão no quadro do Congresso de Leningrado.

Não sei como lhe explicar mas me encontro na impossibilidade de ir a Leningrado. Creio que o senhor está informado do fato de que me privaram de direitos políticos em meu país por ocasião do putsch militar de

1964. No entanto, não pedi asilo político a nenhum país. Assim, toda vez que preciso me deslocar internacionalmente estou na dependência da boa vontade dos governantes de meu próprio país. É uma condição necessária para poder usar o passaporte brasileiro. Ora, acabo de consultar a embaixada aqui em Paris, indicando o objetivo de minha viagem a Leningrado, e me recusaram a autorização de usar o passaporte. Pergunto-me se uma iniciativa da Associação Internacional de História Econômica junto à embaixada em Paris não seria mais eficaz do que a minha.*

Desculpe-me, meu caro colega, de incomodá-lo com um caso pessoal, e creia em meus sentimentos.

Celso Furtado

JOHAN GALTUNG

PARIS, 8 DE JULHO DE 1970

Caro Johan,

Estou escrevendo para lhe informar que não consegui obter da embaixada brasileira em Paris autorização para usar meu passaporte e ir a Viena. Trata-se de uma história um tanto complicada. Os funcionários aqui em Paris dependem de decisões de Brasília e aparentemente por lá tudo parece mais difícil nos últimos doze meses. Quando aceitei seu convite eu não estava informado dessa deterioração.

---

* Em 12 de junho de 1970, Jean-François Bergier, secretário-geral da Associação Internacional de História Econômica, escreveu ao embaixador do Brasil na França, lembrando que a Associação não tinha "nenhuma cor política", e que pedira a CF para "presidir uma seção e apresentar um relatório sobre um tema em que sua competência é reconhecida internacionalmente". Em 23 de junho de 1970, o historiador Fernand Braudel, presidente honorário da Associação, lembrou em carta ao embaixador "a importância que dou pessoalmente à participação do professor Furtado no próximo congresso, visto que ele é um especialista de altíssimo nível e de reputação internacional". Não houve resposta.

Peço desculpas por algum problema que criei para você e espero ter mais sucesso da próxima vez que tentarmos cooperar.

E como vai o plano de sua visita a Paris?

[Celso Furtado]

VIENA, 17 DE JULHO DE 1970

Caro Celso,

Obrigado por sua carta de 8 de julho. Todos nós estamos realmente muito tristes ao saber dessa política tão imprudente do governo brasileiro, especialmente porque sabemos que você daria uma excelente contribuição. Entretanto, deixe-me assegurar-lhe o quanto esperamos que isso não irá em nenhuma hipótese influir nos nossos esforços em cooperar com você no futuro.

Com meus melhores votos de um excelente verão.

Cordialmente,

Johan Galtung

HUBERT BEUVE-MÉRY

A Hubert Beuve-Méry

PARIS, 27 DE SETEMBRO DE 1966

Caro amigo,

Permito-me escrever-lhe a respeito de nossa conversa outro dia sobre a missão técnica das Nações Unidas na República Árabe Unida.

Essa história começou com uma resolução do Conselho Econômico e Social que recomendou ao secretário-geral iniciar um programa de pesquisa e formação de quadros para ajudar os países subdesenvolvidos em seus projetos de desenvolvimento regional. O Secretariado das Nações Unidas convocou então um grupo com experiência prática e conhecimento teórico dos problemas do desenvolvimento regional. Como criador da Sudene e seu diretor durante mais de cinco anos, fui convidado a integrar esse grupo de especialistas, cuja primeira reunião houve em Nova York em fevereiro de 1966. No quadro do programa que foi então montado, o Secretariado das Nações Unidas organizou equipes de especialistas que deviam visitar certos projetos de desenvolvimento regional com o objetivo de estudar no local a viabilidade de instalação de um número limitado de centros de treinamento. Pediram-me para dirigir o primeiro grupo de especialistas, que devia ir ao Oriente Médio para recolher a experiência de certos projetos, em especial o do complexo da Alta Barragem de Assuã na República Árabe Unida.

Embora a ditadura militar me tenha privado de direitos políticos, saí do Brasil pelas vias normais, sem ter pedido a proteção de nenhuma embaixada estrangeira, já que meu nome não havia sido objeto de nenhuma referência nos múltiplos inquéritos policiais e militares. No momento da renovação de meu passaporte (eu estava então nos Estados Unidos), o governo do Brasil quis controlar meus deslocamentos no estrangeiro. Assim, para viajar devo pedir sua autorização. Pedi-a para cumprir a missão das Nações Unidas no Oriente Médio e ela me foi negada. Informado do fato, o Secretariado das Nações Unidas estabeleceu consultas com a delegação brasileira, sem resultado positivo. Então as Nações Unidas me ofereceram um *laissez-passer* da organização para que eu pudesse realizar a missão. No entanto, o governo brasileiro exerceu tamanha pressão junto ao Secretariado que a oferta do *laissez-passer* teve de ser retirada.

Assim, a ditadura brasileira não apenas se contenta em rasgar, no território que ela controla, a Declaração dos Direitos Humanos que um governo legítimo do país assinou, mas também quer que a organização internacional que tornou possível essa Declaração se conduza em flagrante contradição com o espírito desta, obrigando-a a negar a uma pessoa o direito de ser útil à sociedade por seu trabalho e sua competência.

Todos os meus agradecimentos,

Celso Furtado

PARIS, 10 DE OUTUBRO DE 1966

Caro amigo,

Ao receber sua carta tomei uma providência de princípio junto ao Secretariado das Nações Unidas. Ele nos respondeu, como era de esperar, que o Secretariado deve levar em conta a vontade dos países-membros e não pode empregar cidadãos contra a vontade de seus governos.

Aqui mesmo, manifestei ao embaixador Carlos Chagas toda a atenção consternada que *Le Monde* tinha perante a decisão do Rio de Janeiro.

Parece pouco provável que essa decisão seja revertida. Portanto, podemos, seja divulgar a sua própria carta, seja publicar uma informação de nossa lavra, mas antes de tomar uma posição publicamente creio que seria mais sensato ter sua opinião sobre o que lhe parece oportuno fazer ou não fazer.

Muito cordialmente,

Hubert Beuve-Méry

PARIS, 12 DE OUTUBRO DE 1966

Caro amigo,

Agradeço-lhe sua carta de 10 de outubro e suas providências.

Como brasileiro, envergonho-me dessa questão. Era uma longa e louvável tradição latino-americana ser tolerante com pessoas obrigadas a se exilar por questão política. O senhor bem sabe que Raúl Prebisch, privado de suas funções no Banco Central da Argentina e de sua cátedra na Universidade de Buenos Aires pelo governo Perón, pôde ser tão útil para a América Latina. O atual diretor principal da Cepal, José Antonio Mayobre, trabalhou nas Nações Unidas por sete anos como exilado político da Venezuela. Nenhuma ditadura latino-americana criara, até o momento, dificuldades a seus cidadãos convidados a trabalhar nas Nações Unidas. [...]

Com todos os meus sentimentos muito amicais,

Celso Furtado

PARIS, 15 DE OUTUBRO DE 1966

Caro amigo,

Minhas recentes intervenções me valeram... um convite do embaixador perante quem tornei a abrir o processo. Nenhum dos presentes pôs em dúvida nem sua "inteligência" nem sua "honestidade" e ele me prometeu que a pergunta ia ser feita ao Rio e que eu seria avisado da resposta.

Por via das dúvidas, aguardo então um pouco, guardando o dossiê em compasso de espera...

Muito cordialmente,

Hubert Beuve-Méry

PHILIPPE DE SEYNES

Telegrama. Pessoal e confidencial.

GENEBRA, [SETEMBRO] 1966

Estamos explorando possibilidade de mudar a forma de sua contratação para permitir que use um *laissez-passer*.* Também prosseguindo discussões embaixador brasileiro aqui. Por favor telegrafe com consentimento essa providência.

De Seynes. Nações Unidas New York

Telegrama.

GENEBRA, 28.9.1966

Consultas mencionadas em meu telegrama anterior não permitiram resolver dificuldades. Nessas condições parece impossível manter nosso convite e devemos retirar a oferta de emprego que tínhamos feito. Estou pessoalmente constrangido e desconsolado com esse contratempo e lhe expresso meu mais profundo pesar bem como todos os meus agradecimentos por sua cooperação.

De Seynes. Nações Unidas New York

NOVA YORK, 6 DE OUTUBRO DE 1966

Meu caro Celso,

Devo-lhe uma palavra pessoal depois desse imbróglio de que ainda me envergonho. Ao convidá-lo para participar de nossos trabalhos, tínhamos procedido com fé numa longa tradição de tolerância de que se orgulha, com razão, a América Latina. Afinal de contas, a Cepal teria existido sem os exilados políticos?

Mas assim que o governo ouviu falar desse caso, em seguida ao nosso pedido de validação do seu passaporte, fomos objeto de diligências indiretas, mas cujo significado estava claro. A política do secretário-geral, em casos semelhantes, é, naturalmente, se conformar à atitude dos governos. Tivemos de responder a perguntas cada vez mais precisas, e em-

* Cf., acima, carta de CF a Hubert Beuve-Méry de 27 de setembro de 1966.

bora tivéssemos sublinhado o caráter científico, muito mais que político, da missão, não foi possível duvidar que devêssemos renunciar a ela.

Você pode, não sem razão, dizer que nosso senso político foi gravemente abalado, e lhe apresento a esse respeito minhas desculpas mais sinceras. Também tenho muito medo de que esse contratempo imprevisto o tenha desviado de certas atividades que, de outra maneira, você poderia inscrever no seu programa, e estou infinitamente constrangido e consternado com todo esse caso.

Aceite, meu querido Celso, com todas as minhas desculpas, a expressão de meus sentimentos fiéis e amistosos.

Philippe de Seynes

ROBERT SARGENT SHRIVER

PARIS, 1º DE SETEMBRO DE 1968

Prezado sr. embaixador,

Permita-me apresentar-me como um professor de economia na Universidade de Paris. Deixei meu país, o Brasil, depois do golpe militar em 1964 e fui primeiro para os Estados Unidos, onde passei um ano como professor visitante em Yale.

Estou bem avisado de que meus amigos em meu país não são exatamente os amigos dos representantes de seu governo por lá, e tive uma cândida confirmação disso por Schlesinger[*] em seu livro *A Thousand Days*. No entanto, estou consciente de que vivemos na mesma parte do

---

[*] Arthur M. Schlesinger (1917-2007), historiador, autor de *A Thousand Days*, sobre o mandato de John F. Kennedy. No livro ele conta que havia na embaixada dos Estados Unidos no Rio de Janeiro uma ficha de CF como membro do Partido Comunista, reproduzindo informações dos anos 1940-50, geradas pelos serviços de segurança do estado do Rio.

mundo e devemos procurar alguma espécie de vizinhança construtiva, tentando defender os interesses específicos de cada país sem ignorar os interesses do outro.

Como um estudioso de América Latina, sigo com interesse o fluxo crescente de pesquisa sendo feita nas universidades americanas sobre nossas realidades e problemas. Ocasionalmente aceito convite para participar de projetos conjuntos e visito o seu país. Na verdade, eu alimento um projeto de longo prazo de escrever um livro sobre os Estados Unidos para estudantes latino-americanos.

Dou-me conta de que os consulados do seu governo mostram grande relutância em me fornecer vistos, e que tal relutância cresceu depois que eu deixei os Estados Unidos em 1965. Muito apreciaria esclarecer esse ponto, porque gostaria de evitar uma eventual resposta negativa e o impacto que isso poderia ter na comunidade acadêmica de nossos dois países. Talvez essa seja a maneira errada de abordar o problema, e nesse caso me desculpo.

Cordialmente,

Celso Furtado*

P.S. Lembro-me de sua generosa visita ao meu escritório-sede, no Recife, nos bons velhos tempos do presidente Kennedy.

PARIS, 9 DE SETEMBRO DE 1968

Prezado professor Furtado:

Recebi sua carta de 1º de setembro em que afirma que os escritórios consulares dos Estados Unidos mostraram grande relutância em lhe ou-

---

* cf teve uma entrevista no consulado, cuja transcrição lhe foi submetida para checagem e enviada a Washington. O problema da obtenção de vistos para os Estados Unidos foi resolvido.

torgar vistos, especialmente depois que o senhor saiu dos Estados Unidos em 1965.

Sinto muito que isso tenha acontecido, e se o senhor pedir para falar com o cônsul George W. Phillips, chefe dos serviços de visto da embaixada, no 2, rue Saint-Florentin, Paris, ele terá o prazer de conversar sobre o assunto com o senhor e fazer tudo o que for possível para reparar essa situação. Eu sugeriria que telefone ou escreva a ele para marcar um encontro.

Cordialmente,

Robert Sargent Shriver

P.S. Lembro-me do senhor, do seu trabalho, do Recife, de tudo muito bem. Ficaria feliz em vê-lo e saber mais sobre suas atividades atuais.

9. Raúl Prebisch

Celso Furtado já estava na Cepal quando o economista argentino Raúl Prebisch chegou a Santiago e no ano seguinte tornou-se o seu secretário--executivo. Lá, cercado por um grupo de economistas, Prebisch elaborou seu arsenal teórico sobre as relações econômicas internacionais e forjou conceitos como "centro" e "periferia". Por nove anos trabalharam lado a lado. A primeira carta de Prebisch a Celso é de 28 de julho de 1949, enviada do México. Entre 1953 e 1955 intensificaram a correspondência, quando Celso presidiu o Grupo Misto Cepal-BNDE, sediado no Rio de Janeiro. Em 1958 ele se desligou da Cepal, e cinco anos depois foi a vez de Prebisch, que logo seria o primeiro secretário-geral da Unctad. A correspondência entre ambos escasseou, mas continuaram a enviar os próprios trabalhos um ao outro, encontrando-se ocasionalmente em Santiago ou em capitais europeias. As cartas a seguir revelam a sólida amizade que os uniu, por quase quatro décadas. Uma amizade baseada em confiança pessoal, admiração mútua, mas também cerimoniosa: por toda a vida se trataram de "usted". Quando Raúl Prebisch morreu, em 1986, Celso Furtado comparou-o a Goethe, "com quem se parecia inclusive fisicamente: tinha o mesmo senso de universalismo, a mesma fortaleza interior e a mesma ânsia de viver cada momento plenamente".

MÉXICO, DF, 28 DE JULHO DE 1949

Meu estimado dr. Furtado:

Tive o prazer de receber sua amável carta do 19 do corrente em que me dá a boa notícia de que sua tradução de meu trabalho em português já está quase terminada.*

Como sabe, esse trabalho foi escrito em castelhano e foi preciso fazer precipitadamente sua tradução para o inglês, na qual porém pude introduzir algumas correções que não figuram no texto original em castelhano; suponho que o senhor se refere a elas na sua carta. Se bem me lembro são as seguintes: na página 42 linha 11 há que suprimir a palavra "respectivas", na página 43 penúltima linha, em vez de se dizer "se não tivesse existido plena ocupação", há que dizer "como não houve plena ocupação", na página 74 linha 6 em lugar de "mínimo de ocupação" deve dizer "máximo de ocupação".

Agrada-me muito que o sr. Martínez Cabañas o haja autorizado em nome da Cepal a realizar esse trabalho e de minha parte fico-lhe muito agradecido pelo interesse que manifeste em divulgá-lo em seu país.

Espero ter notícias sobre o desenvolvimento de seus trabalhos, e enquanto isso cumprimento-o afetuosamente.

Raúl Prebisch

SANTIAGO, 19 DE MARÇO DE 1953

Meu estimado Celso,

Espero que tenham feito boa viagem e encontrado bem todos os seus.

O objeto destas linhas é o seguinte. Parece que pediram a Rolv Moltu

---

* Cf. "O desenvolvimento da América Latina e seus principais problemas", de Raúl Prebisch, trad. de Celso Furtado, *Revista Brasileira de Economia*, v. 3, n. 3, 1949.

algumas anotações para o discurso do presidente Vargas.* Ramos-Oliveira preparou algumas notas um tanto descritivas. Creio que você está em melhores condições de fazê-lo, desenvolvendo algumas ideias fundamentais que interessam ao Brasil.

Entre essas ideias, não duvido que interessará destacar para o presidente o esforço sistemático que pela primeira vez faz um grupo de economistas latino-americanos para interpretar com critério próprio os fenômenos econômicos desta região, especialmente os fenômenos de desenvolvimento. Poderia, ademais, assinalar-se que sem essa interpretação se corre o perigo de aplicar soluções que podem ser convenientes para os grandes países mas não respondem às peculiaridades dos nossos. Você se lembrará a esse respeito o interesse com que o dr. Vargas recebeu aquela manifestação que lhe fiz acerca dos acordos de Bretton Woods: que se a Cepal existisse, possivelmente a voz latino-americana teria tido mais peso nas decisões tomadas naqueles acordos. Também se lembrará de que o presidente Vargas se interessou pelo que lhe expressamos sobre a relação de preços do intercâmbio, tema que foi um dos primeiros a abordar na América Latina e em torno do qual a Cepal fez algumas contribuições interessantes.** Talvez uma breve referência à técnica de programação possa ser oportuna.

Enfim, deixo a seu critério esse assunto, mas talvez uma conversa com nossos amigos aí possa orientá-lo melhor.

À espera de vê-lo breve, saúda-o afetuosamente seu amigo,

Raúl Prebisch

---

* Getúlio Vargas deveria abrir a Conferência da Cepal realizada no Quitandinha, em Petrópolis, em maio de 1953, mas na última hora recuou. Cf. *Obra autobiográfica de Celso Furtado*, op. cit.

** Em agosto de 1951, Raúl Prebisch teve uma audiência com Getúlio Vargas, a quem agradeceu o apoio à consolidação da Cepal. CF o acompanhou, tomando notas da conversa. Cf. *Celso Furtado. Diários intermitentes: 1937-2002*, op. cit.

RIO DE JANEIRO, 1º DE OUTUBRO DE 1953

Muito estimado dr. Prebisch:

Segue juntamente com a presente o relatório de nossas atividades no mês de setembro.

Recebi sua magnífica resposta aos artigos do Gudin.* Por sugestão de pessoa da redação do *Correio da Manhã* dividi-a em cinco artigos, sem que para tanto necessitasse fazer mais do que pequenas modificações. A publicação deve iniciar-se nesta semana. Pelas primeiras reações já havidas (à leitura do texto mimeografado) estou seguro de que a repercussão vai ser grande.

Chegou hoje o dr. Rodan e espero que sua visita nos seja de real proveito.

Cumprimenta-o com respeito, seu amigo admirador

Celso Furtado

SANTIAGO, 13 DE OUTUBRO DE 1953

Prezado Celso,

Tive muito prazer em receber a sua carta de 1º do corrente, que me trouxe duas boas notícias: a primeira é que gostou de minha resposta aos artigos do dr. Gudin e que a mesma será publicada brevemente. Agradeço-lhe muitíssimo a sua intervenção neste assunto assim como a divisão que fez do texto. Dois dias antes de receber a sua carta, recebi outra do sr. Paulo Bittencourt,** cuja cópia lhe envio em anexo, juntamente com a minha resposta à mesma, para sua informação.

* Ver nota na página 367.
** Diretor do *Correio da Manhã*.

A segunda boa notícia refere-se ao auxílio que o Banco lhe está prestando e à boa marcha dos seus trabalhos. Interessa-me particularmente a sua ideia de fazer uma projeção inicial da capacidade produtiva com três coeficientes de capitalização e três relações de capital produtor.

Creio que para cada uma dessas hipóteses — ou pelo menos para as principais entre elas — v. deverá analisar o problema da balança de pagamentos e, mui particularmente, o da substituição das importações. Muito apreciaria receber seus comentários sobre este aspecto, uma vez que é de importância primordial para a análise que estão elaborando aí. [...]

Receba um abraço cordial do amigo,

Raúl Prebisch

RIO, 14 DE OUTUBRO DE 1953

Meu caro dr. Prebisch:

Em carta anterior já lhe comuniquei a boa acolhida que aqui teve a sua resposta aos artigos de Gudin. Por solicitação do diretor do *Correio da Manhã* a publicação desses artigos deveu ser postergada, em atenção ao dr. Gudin que deve chegar por estes dias ao Rio. A repercussão será maior, evidentemente se contamos com a presença dele aqui.

Deve ser de seu conhecimento a importante reforma cambial que vem de fazer o governo. Trata-se de uma modificação fundamental da política que vinha sendo seguida até aqui, a qual tendia a beneficiar basicamente o setor industrial. O novo sistema é uma volta ao câmbio flutuante — para as importações — dentro de cinco compartimentos estanques. Os elaboradores do plano — [Oswaldo] Aranha assume toda a responsabilidade, mas aparentemente o autor principal é o Marcos de Souza Dantas, homem de experiência bancária e atual presidente do Banco do Brasil — tiveram em vista absorver o sobrelucro que atualmente vai para os importadores e ao mesmo tempo estimular as exportações.

Os meios industriais foram tomados de surpresa e começam a mostrar grande ansiedade. Há uma evidente atitude do grupo Aranha contra o "desenvolvimento demasiado rápido" e contra a "industrialização artificial". A posição da indústria se debilitou com a campanha feita contra [Euvaldo] Lodi, o qual se encontra bastante enfermo e fora da luta.

Ontem veio procurar-me um representante da Confederação das Indústrias que me disse que eles já tomaram consciência da gravidade da situação e que vão iniciar uma campanha de "redoutrinação", com o objetivo de fazer ver que o futuro do país está na industrialização e que o desenvolvimento econômico deve ser preservado acima de tudo. [...]

Seu servidor atento

Celso Furtado

RIO, 20 DE OUTUBRO DE 1953

Muito prezado dr. Prebisch:

Com a presente desejo informar-lhe que o comandante da Escola Superior de Guerra, gen. Juarez Távora, convidou-me para fazer uma conferência sobre a técnica de planejamento econômico. Essa escola reúne oficiais superiores do Exército, da Armada e da Aviação, e um certo número de civis quase todos do Congresso Nacional. Parece-me que a oportunidade é extremamente interessante para expor o que a Cepal já fez nessa matéria. Considerarei o convite como uma deferência à Cepal e chamarei a atenção para o fato de que me limitarei a expor os ensinamentos que estão enfeixados em estudos já publicados pela Comissão.

Quero aproveitar a oportunidade para comunicar-lhe meu desejo de publicar, sob minha responsabilidade, um estudo que é em boa parte uma prolongação de minha tese de doutorado e que pretende ser uma análise da economia brasileira — período colonial, até a grande crise.*

Refundi esse trabalho à luz de minha experiência nos últimos anos e acrescentei-lhe um capítulo que é o aproveitamento de um artigo meu já publicado na *Revista Brasileira de Economia*. A publicação desse trabalho é de grande interesse para mim, pois pretendo candidatar-me, no futuro, a uma cátedra na universidade, o que só poderei fazer se dispuser de um certo número de títulos, em particular de publicações de maior envergadura.

Seu amigo e servidor atento

[Celso Furtado]

SANTIAGO, 3 DE NOVEMBRO DE 1953

Meu caro Celso,

Tive grande prazer em receber as suas duas cartas de 20 e 27 de outubro próximo passado, que passo a responder.

Com relação à primeira, folgo em saber que o gen. Juarez Távora o tenha convidado para proferir uma conferência sobre a "Técnica de programação". Julgo muito oportuno que tenha surgido esta ocasião de explicar a um grupo de militares e civis o sentido de nossos trabalhos e muito apreciaria receber posteriormente o texto de sua palestra.

Na carta de 27,** v. manifesta o seu desejo de publicar um estudo pessoal sobre o desenvolvimento da economia brasileira. Acho excelente a

---

* Trata-se do livro *A economia brasileira* (Rio de Janeiro: Ed. A Noite, 1954). Esta carta e a seguinte desautorizam a hipótese de um desentendimento de CF com Raúl Prebisch, que teria desaprovado a publicação do livro.

** Já na carta de 20 de outubro de 1953 CF menciona esse projeto de livro.

ideia e formulo os meus mais sinceros votos para que este seu novo trabalho seja tão bem recebido como os anteriores. [...]

Receba um cordial abraço do amigo,

Raúl Prebisch

RIO, 21 DE DEZEMBRO DE 1953

Muito prezado dr. Prebisch:

Recebi, por intermédio de Juan [Noyola] que aqui chegou no dia 19, seu honroso convite para ocupar um cargo de chefia de elevada responsabilidade aí em Santiago.

Não me seria fácil negar-me a atender a uma solicitação sua, pois na nossa Cepal essas designações não constituem um ato de cortesia nem aceitá-las um gesto de gratidão. Afortunadamente, no caso presente minha negativa não pode ser interpretada como desinteresse pela Cepal, pois estou seguro de que a minha melhor contribuição não a daria, eu, agora, chefiando a Divisão de Desenvolvimento em Santiago.

Estou convencido de que a Divisão de Desenvolvimento exige em sua chefia se não alguém de mais maturidade, pelo menos algum economista de formação mais ampla e equilibrada que a minha. Minha atitude, esteja o senhor certo, não envolve nem falsa modéstia nem menosprezo por mim mesmo. Reflete sim o meu desejo de estar sempre à altura dos postos que venha a ocupar. Não foi por outra razão que repetidas vezes, em etapas passadas, lhe comuniquei meu desejo de tirar licença nas Nações Unidas por um prazo nunca inferior a um ano, para dedicar-me exclusivamente ao estudo. [...]

Quero aproveitar esta oportunidade para comunicar-lhe meu desejo de, uma vez terminado o trabalho sobre imigração, retirar-me em licença, por um ano, para fazer alguns estudos e estágios, de preferência na Inglaterra. Estou seguro de que, uma vez concluídos esses estudos, poderei oferecer à Cepal uma contribuição do tipo daquela que neste momento o senhor, honrando-me muito, convida-me a dar.

Meus melhores votos de feliz Natal e de um ano novo próspero.

Celso Furtado

SANTIAGO, 26 DE JANEIRO DE 1954

Meu prezado Celso,

[...] Devo confessar-lhe que não me surpreendeu a sua decisão, pois já a havíamos discutido no Rio, mas acontece que comecei a duvidar de seus propósitos depois de conversar com seus amigos aqui. Na verdade, v. jamais se apressa por subir a escada do êxito, preferindo completar antes sua formação teórica. Alegra-me saber que continua pensando assim e acho que sua atitude é muito digna; acontece, porém, que na qualidade de diretor de nossa organização, nada me seria mais agradável do que poder contar com sua colaboração aqui em Santiago. Na sua opinião, v. não se encontra ainda em situação que lhe permita desempenhar as funções de chefe da Divisão de Desenvolvimento Econômico. A minha maneira de pensar é a seguinte: em nossos países as circunstâncias nos obrigam a cortar o fruto da árvore quando este ainda não está completamente maduro. Foi isto que aconteceu comigo e quando, aos 34 anos de idade, me vi à frente do Banco Central, pensei muitas vezes que seria mais conveniente amadurecer na árvore, trabalhando ao lado de gente mais competente e que tivesse mais experiência que eu. Não duvido que v. possua todas as condições necessárias para ocupar o cargo em questão, mas, por outro lado, estou certo de que depois de um ano de meditação teórica e contato com os mais ilustres economistas europeus, a sua preparação será muito mais completa.

Vejo, outrossim, que v. possui uma característica poucas vezes encontrada em nossa gente: a de saber esperar sua oportunidade. Posso assegurar-lhe que sempre o receberemos na Cepal de braços abertos.* [...]

Receba um abraço do amigo,

Raúl Prebisch

SANTIAGO, 7 DE MAIO DE 1956

Meu querido Celso,

Desculpe-me por não ter podido responder pontualmente a sua carta de 10 de abril. Nela, você me expõe a sua decisão de tomar uma licença depois da Conferência de La Paz a fim de realizar seu velho propósito de dedicar-se ao estudo durante o prazo de um ano.

Como lhe expressei na época, a ideia me parece excelente e estou disposto a ajudá-lo com todo o entusiasmo. Peço-lhe que me escreva se deseja fazer diretamente a sua solicitação à Sede Central ou se prefere que eu o faça de Santiago.

Agradeço-lhe muito o que me diz em sua carta sobre minhas tarefas na Argentina. Passei ali uns meses de trabalho intenso e entusiasta embora não isento de muitas preocupações, e como você sabe, depois de terminada minha colaboração a título pessoal constituímos ali um grupo de estudos de que espero resultados muito bons. A dificuldade principal da Argentina é a incompreensão da gravidade do problema econômico e das medidas necessárias não só para a recuperação do país como para assegurar um ritmo satisfatório do crescimento futuro. Há toda uma constelação de anacronismos que é necessário desfazer não só entre os que creem que a volta ao passado é a melhor solução, mas também

---

* CF assumiu a chefia da Divisão de Desenvolvimento da Cepal em 1955, logo que encerrou a missão no Brasil. Pediu licença sem vencimentos em setembro de 1957, para estudos em Cambridge.

entre aqueles homens que em outras épocas tinham uma posição de vanguarda e pretendem agora aplicar as mesmas fórmulas que há um quarto de século. A falta de ideias e de sentido crítico nos jornais é também desconcertante. Como vê, não só é necessário reconstruir o país economicamente mas mental e moralmente e isso levará muito tempo.

Cumprimenta-o com cordial afeto, seu amigo

Raúl Prebisch

CIDADE DO MÉXICO, [MAIO DE 1956]

Muito estimado amigo,

Embora em nenhum momento eu tenha duvidado de que o senhor compreenderia e apoiaria uma vez mais meu desejo de interromper o trabalho corrente para dedicar-me ao estudo, durante um ano, foi para mim motivo de prazer a forma direta e calorosa com que me participou seu propósito de auxiliar-me.

Espero contar com seu conselho na primeira oportunidade que tenha de falarmos pessoalmente, para organizar meu programa de estudos. Os trabalhos publicados recentemente sobre desenvolvimento econômico — e o "Proceedings" deste ano da American Economic Association é um bom exemplo — continuam num nível de grande pobreza, do ponto de vista de seu conteúdo teórico. Velhos problemas tornam a circular com roupagem nova, mas as perspectivas teóricas ainda parecem mais estreitas do que as dos estudos do ciclo há dez ou vinte anos. Tenho a convicção de que é necessário voltar a estudar alguns problemas gerais e abrir o caminho visando o futuro. Infelizmente, ainda nos falta na América Latina ambiente universitário e ainda são muito escassas as inteligências de primeira grandeza que entre nós se dedicam à economia. É grande o trabalho que deverão realizar esta e a próxima geração, e à Cepal, que é o único centro de pensamento original no campo da teoria, entre nós, deverá caber uma parte importante desse esforço. Contudo, temo que as pessoas mais capazes de nossa organização sejam cada vez mais absorvidas por tarefas imediatas e que entremos numa etapa de descapitalização teórica. Não me resta dúvida de que esta é também a sua opinião e se a expresso aqui é somente com o objetivo de sublinhar que meus propósitos a longo prazo não são mais do que aqueles que nos uniram desde os primeiros dias de nosso esforço comum.

O pequeno grupo que aqui* está trabalhando em desenvolvimento o está fazendo com grande entusiasmo. Por ora somos quatro, mas no ano que vem teremos alguns novos postos, segundo me falou Víctor [Urquidi]. Minha principal preocupação é a qualidade. Se conseguirmos formar anualmente, nos próximos três ou quatro anos, dois ou três bons técnicos em programação, disporemos no futuro de uma equipe capaz de dirigir um bom número de estudos simultaneamente, e multiplicar nossos esforços com pessoal local. O que importa é que nossa gente seja de primeira qualidade e que esteja capacitada para contribuir para uma permanente crítica dos fundamentos teóricos de nosso trabalho. [...]

Cumprimenta-o seu servidor afetuosamente,

Celso Furtado

RIO, 11.9.1958

Estimado dr. Prebisch:

Na imprensa inglesa li um comunicado de um correspondente em Buenos Aires informando o conteúdo do estudo sobre a Argentina e a boa acolhida que mereceu. Felicito-o calorosamente pela conclusão desse relatório e lhe agradeceria ter uma cópia do mesmo. [...]

---

* A Cepal acabava de abrir uma subsede na Cidade do México, onde CF dirigia um grupo de trabalho que estudou a situação econômica do México e que se estendeu por todo o ano de 1956.

Em carta anterior expus-lhe as razões que me induzem a não aceitar nos próximos anos missões que me obriguem a residir de forma permanente fora de meu país. Na oportunidade sugeri uma data em começo do próximo ano para renunciar a meu posto. Como o senhor não fez nenhuma sugestão de mudança dessa data, passei a considerá-la definitiva. Por outro lado, estou convencido de que uma viagem minha a Santiago por um período de dois ou três meses não apresentaria nenhuma vantagem prática nem para a Cepal nem para mim. Eu preferiria usar minha licença até dezembro, isto é, até completar os doze meses que me foram concedidos. Se o senhor considera que essa solução é não compatível com os regulamentos, eu preferiria então renunciar a partir de 1º de outubro. Pretendo dedicar-me ao problema dos desequilíbrios regionais que considero que é o problema de maior transcendência na etapa atual do desenvolvimento da economia brasileira. Tenho um convite para ocupar um dos cargos de diretor do BNDE com o privilégio de poder concentrar-me no problema das áreas subdesenvolvidas. [...]

Ao escrever esta carta de encerramento de contas não poderia deixar de expressar ao senhor meus sinceros agradecimentos por tudo o que aprendi de sua inteligência e experiência. Considerarei sempre como decisivos em minha formação aqueles anos em que trabalhei próximo do senhor num esforço excepcionalmente bem-sucedido de penetração na realidade econômica de nossos países.

Cumprimentos à dona Adelita e para o senhor um abraço muito afetuoso de

[Celso Furtado]

SANTIAGO, 25 DE SETEMBRO DE 1958

Meu querido Celso,

Apesar da clara e firme determinação que me anunciava em sua carta anterior, ainda tinha alguma esperança de que pudesse modificá-la. Mas suas amáveis linhas de 11 de setembro me convencem do contrário. Compreendo muito bem sua decisão de voltar a se fixar em seu país onde com tanta razão o estão reclamando insistentemente. E celebro com você que haja aceitado o cargo de diretor do BNDE e que possa ocupar-se especialmente dos problemas das regiões subdesenvolvidas que tanto o preocupavam.

De outro ponto de vista, sua saída previsível da Cepal é uma perda considerável para nós. Se você, como diz na carta, aprendeu algo de minha experiência, devo lhe declarar muito sinceramente que também aprendi muito consigo e espero continuar a fazê-lo enquanto não perca a aptidão receptiva que sempre tentei cultivar em minha vida. Celso, mais que qualquer um você contribuiu para construir a Cepal desde seus primeiros tempos, pondo nessa obra nossa toda a sua grande capacidade e entusiasmo. Como superior seu e como amigo lhe agradeço muito cordialmente e espero que possamos encontrar fórmulas para que essa colaboração sua possa continuar periodicamente. Mais ainda, não perco a esperança de que algum dia possa você voltar à Cepal na posição que merece. [...]

Abraço-o afetuosamente, seu amigo

Raúl Prebisch

SANTIAGO, 10 DE OUTUBRO DE 1962

Meu querido Celso:

Estava escrito. Não tome isso como jactância minha que lhe diga que eu sabia que isso ia acontecer, pois, apesar de você reiteradamente ter manifestado seus desejos de dedicar-se à vida de estudo e exercer sua influência intelectual, os acontecimentos o obrigarão com frequência a mudar seus desígnios e a influir decididamente sobre os fatos e não só sobre a mente e o coração dos homens.

Desejo-lhe que cumpra todos os propósitos que teve ao aceitar estas novas responsabilidades.*

Abraço-o cordialmente,

Raúl Prebisch

SANTIAGO, 18 DE NOVEMBRO DE 1985

Meu querido Celso:

O livro que me fez a gentileza de me enviar com tão generosa dedicatória é um livro admirável.** É a primeira vez, que eu saiba, que você narra os acontecimentos vividos pessoalmente e o faz com um brilho e uma amenidade que mantêm continuamente a atenção do leitor. Comentei isso com Aníbal Pinto pois os acontecimentos que você analisa e relata, assim como suas referências a nossos companheiros dos primeiros tempos dão às suas páginas um testemunho de grande valor. Foram anos de grande entusiasmo criador em que você, meu querido Celso, agrada-me voltar a reconhecer, teve um papel eminente, tanto por seu notável poder de análise como porque contribuiu em grande medida para a grande coesão entre nós naqueles dias iniciais que não voltaram a se repetir.

Olhando os acontecimentos, é indubitável que a oposição sistemática e incompreensiva dos Estados Unidos foi um fator muito importante no apoio que tivemos nos países latino-americanos, apoio que às vezes foi muito frágil, como quando no ano de 1951 tivemos que defender a Cepal. Sem o apoio de Vargas, que você destaca, não teríamos conseguido continuar nossa obra. [...]

---

* CF fora nomeado, dias antes, ministro do Planejamento do governo João Goulart.

** *A fantasia organizada*, Celso Furtado, op. cit., em *Obra autobiográfica de Celso Furtado*, op. cit.

Felicito-o e o abraço com o afeto de um velho amigo.

Raúl Prebisch

BRUXELAS, 30 DE JANEIRO DE 1986

Estimado dr. Prebisch,

Foi grande a satisfação que tive em receber sua carta de 18 de novembro. Considerava um dever meu dar testemunho do trabalho realizado por esse pequeno grupo de latino-americanos que, sob sua direção, levou adiante uma obra singular como foi a da Cepal. Não havia antecedente de uma escola de pensamento surgida na América Latina, menos ainda com influência tão profunda e duradoura. Isso foi possível graças às excepcionais qualidades de entusiasmo, criatividade e competência que reunia a sua pessoa. Bastaria pensar o que teria sido de todos nós, ansiosos de encontrar um caminho construtivo, sem a sua corajosa liderança intelectual.

Desejando poder abraçá-lo em breve, formulo os melhores votos por seu bem-estar pessoal.

Celso Furtado

Posfácio

Luiz Felipe de Alencastro

As cartas e a biografia de boa parte dos personagens que aparecem neste volume desenham os dramas e a resiliência de toda uma geração numa etapa conturbada e decisiva da história contemporânea. Nos textos selecionados por Rosa Freire d'Aguiar a partir da vasta correspondência de Celso Furtado com amigos, intelectuais e atores políticos, desponta o pós-guerra, o ressurgimento da democracia e a criação de uma nova ordem internacional, na qual se destacam as atividades e as expectativas geradas pela Cepal. Porém, duas décadas depois da vitória Aliada contra o fascismo, irrompem novas ditaduras, dramas e exílios encerrados por uma redemocratização que Celso Furtado e vários de seus interlocutores latino-americanos viveram intensamente.

Nesse tempo não tão longínquo, se escrevia muito. Furtado pertence à última geração de intelectuais que cultivou o hábito de redigir cartas manuscritas ou datilografadas, geralmente com uma cópia feita com papel-carbono que servia para dar continuidade a assuntos da correspondência. Carteava-se com quem estava longe e com quem vivia mais perto, quando os telefones eram raros e precários. Tal era ainda o caso em São Paulo em plenos anos 1960, como indica a correspondência de Furtado com dois catedráticos da USP que não tinham telefone em casa. Há ainda no livro os correspondentes vivendo no Brasil ou alhures em situação gregária, de vizinhança com amigos e interlocutores cruzados no trabalho, no bairro, que são levados a escrever mais cartas quando se encontram isolados no exílio. De Santiago, o neoepistoleiro Fernando Henrique Cardoso explica em 1965 a Furtado a inconstância de sua correspondência: "[...] não é por falta de vontade de conversar com você que não lhe tenho escrito. É que manejo tão mal as cartas como instrumento de comunicação que fico sempre peado entre o montão de coisas que tenho para dizer e perguntar e a inibição que a ideia de escrever cartas provoca em mim". Não obstante, a troca de ideias entre FHC e Furtado a respeito da economia e da sociedade dos países latino-americanos entre 1964 e 1967, antes da mudança de Fernando Henrique para Paris, contribuiu para a elaboração de obras importantes dos dois autores e constitui um ponto alto desta coletânea.

O tempo das mensagens escritas no papel, que durou séculos e se esvai sob nossos olhos, tinha dessas coisas. Rosa Freire d'Aguiar observa, na introdução, que cartas ou textos eram às vezes levados por portadores saídos do Brasil que em seguida os postavam para o endereço de Furtado em Paris. Toda uma rede de anônimos brasileiros e estrangeiros, correndo riscos, ajudou a comunicação dos exilados com o Brasil.

Certos trechos apenas afloram relações seguidas e estreitas que Furtado entreteve com alguns personagens. O caso mais óbvio, dado seu destaque, concerne à convivência entre Furtado e Prebisch ao longo dos nove anos em que estiveram juntos na Cepal, em Santiago, e às décadas de amizade entre os dois. Furtado também teve contato regular com Alain Touraine e Fernand Braudel nos vinte anos em que ensinou em Paris. Foi a convite de Braudel que o economista brasileiro passou a integrar a International Economic History Association (IEHA). Já professor no Collège de France e presidente de honra da IEHA, Braudel intervém junto à embaixada do Brasil na França para que Furtado fosse autorizado a participar de um congresso da IEHA em Leningrado, em 1970.[1] A res-

---

1 Sobre as relações pessoais e intelectuais entre Furtado e Braudel, cf. Gérard Destanne de Bernis, "Celso Furtado: uma homenagem", *Estudos Avançados*, v. 11, n. 29, 1997, p. 199, e Renata Bianconi, "L'œuvre de Celso Furtado à Paris: Le parcours d'un intellectuel et homme d'Etat", tese de doutorado em História Moderna e Contemporânea, Sorbonne Université, 2014, p. 435.

posta negativa do cônsul de Paris ilustra a singular perseguição que Furtado sofreu da parte de diplomatas brasileiros que se antecipavam aos ucasses vindos de Brasília para entravar sua liberdade de movimento e suas atividades técnicas e acadêmicas no exterior. Todavia, frente aos questionamentos de personalidades estrangeiras que protestavam contra as restrições visando Furtado, embaixadores e altos funcionários da ditadura não hesitavam às vezes em elogiá-lo privadamente. Assim, em 1966, num almoço em Paris com Beuve-Méry, diretor do *Le Monde*, o então embaixador brasileiro Bilac Pinto, líder civil golpista e presidente da Câmara dos Deputados em 1965, ressalta a seu influente interlocutor francês a "inteligência" e a "honestidade" de Celso Furtado, a quem a ditadura impedia, entretanto, de dirigir uma missão do Secretariado da ONU no Egito.

Da primeira à última das cartas coletadas, há uma constante curiosidade e atividade intelectual. Escrito em julho de 1949, o comentário que Raúl Prebisch envia do México a respeito da tradução de seu ensaio seminal "O desenvolvimento da América Latina e seus principais problemas", é o primeiro marco temporal da correspondência, que se conclui com carta do economista mexicano Víctor L. Urquidi, recebida no Rio de Janeiro, em 2004, meses antes da morte de Celso Furtado. Urquidi, amigo de Furtado havia décadas e, como ele, veterano da Cepal, descrevia suas pesquisas baseadas nos dados compilados pelo economista americano Angus Maddison, que darão lugar ao Maddison Project, banco de dados essencial para a história econômica contemporânea. Nessa mesma perspectiva, Furtado separa nitidamente a militância política da atividade acadêmica na correspondência com o economista de esquerda de grande notoriedade Andre Gunder Frank, que o convidara para assinar um manifesto sobre a reforma do ensino da economia. Afirmando seu acordo com as ideias do texto, ele ressalva: "Se a ciência econômica que se ensina é insuficiente e algumas vezes contraproducente, cabe a nós, economistas latino-americanos, repensá-la pela base e realizar um trabalho crítico sério dos livros de texto que circulam [...]. Os manifestos não podem ter senão um caráter político. Neste caso não são os professores de economia que o assinam, e sim intelectuais ou cidadãos. Se não fazemos essa diferença, corremos o risco de que no mundo universitário em geral nos apresentem como simples doutrinários".

O rigor das ideias que Furtado cultivava, e ensinava, sobre o Brasil, a democracia e o papel dos economistas também aparece no pano de fundo da interrupção de cartas trocadas com importantes economistas nos anos 1950. A correspondência aqui publicada de Eugenio Gudin é limitada a duas cartas e caracterizada pela diferença de geração que separava os dois economistas, embora Furtado faça referência a ele em outras cartas e numa delas, datada de 1958, ele mencione o "nosso querido Gudin". A carta em questão era para Roberto Campos, de quem Furtado era bem mais próximo de idade e amizade, como deixam entrever as dez cartas trocadas entre 1952 e 1958. Exprimindo sua exuberância afetiva a Furtado, Roberto Campos lhe envia um "abracíssimo" e até um abraço "quebra-costelas". O que não o impediu de ocupar imediatamente o seu cargo no governo golpista em 1964, como ministro do Planejamento, e de endossar o texto celerado do Ato Institucional nº 1, que, entre outras arbitrariedades, cassou os direitos políticos de Furtado.

No campo do pensamento econômico, é interessante ler nas cartas o desentendimento entre Furtado e Prebisch a respeito da Cepal: "[...] se Prebisch faz do mercado comum [latino-americano] o seu assunto dileto, creio que aí já não há lugar para mim. Meu desejo de permanecer na Cepal reflete dois propósitos: canalizar parte dos recursos dessa organização para o Brasil, e usar o prestígio e a independência que a caracterizam como uma força construtiva nesse mar revolto que nos ameaça tragar a todos", numa carta a Roberto Campos datada de 1958. Noutra carta de 1982, dirigida ao brazilianist Joseph Love, Furtado sublinha sua filiação à escola estruturalista latino-americana, da qual ele sempre se reivindicou, em oposição à definição generalizante de "escola cepalina". Noutros textos, como nas correspondências de 1970 ao cientista político italiano Riccardo Campa e na missiva a Joseph Love citada acima, ele explica sua discordância com a interpretação dos economistas marxistas. Enfim, numa carta de 1993 a Marcio Moreira Alves, Furtado se situa claramente como um "economista de esquerda".

Ainda em Paris, Celso Furtado conviveu com Fernando Henrique Cardoso, Miguel Arraes e numerosos líderes e intelectuais chilenos e latino-americanos refugiados na França após o golpe de Pinochet em 1973. Algumas cartas, como a do futuro senador José Serra, a de Gonzalo Martner, ministro do Planejamento do governo Allende, ambas escritas em Santiago no meio das incertezas e perigos do golpe de Pinochet, e ainda as mensagens trocadas com o poeta amazonense Thiago de Mello, refugiado em Buenos Aires, expõem a aflição e a solidariedade que envolviam Furtado em momentos críticos da história latino-americana.

Em certas páginas são brevemente mencionados acontecimentos decisivos que merecem ser contextualizados. A carta de Marcio Moreira Alves, escrita de Lisboa em novembro de 1975, se refere ao fim do PREC (Período Revolucionário em Curso) em Portugal, na sequência da Revolução dos Cravos e da descolonização da África lusófona, que Celso Furtado seguiu de perto, em Paris e em Portugal, como demonstra o teor de sua resposta. A frase da carta de 19 de dezembro de 1974 endereçada a Plinio de Arruda Sampaio: "O resultado das eleições me fez mais otimista: o país estava menos adormecido do que se pensava" diz pouco sobre o impacto da esmagadora vitória do MDB nas eleições senatoriais de 1974 na vida de Furtado e dos brasileiros.

Na realidade, o golpe mais violento sofrido por Celso Furtado, e por boa parte dos brasileiros de sua geração, ocorreu em 1964. No plano pessoal, o golpe e a cassação de seus direitos civis e políticos rompem uma carreira de alto funcionário e homem de Estado que levara Celso Furtado a se tornar, em setembro de 1962, depois de conceber e dirigir a Sudene, o primeiro ministro do Planejamento do país (e um dos raros a ocupar tal cargo que viveu de seu salário de professor e de direitos autorais ao longo de sua vida).

A alguns de seus correspondentes faltavam palavras para descrever o pessimismo reinante logo depois do golpe de 1964, no começo da ditadura. "Impossível dar-lhe uma cobertura completa", escreve do Rio o musicólogo paraibano Adhemar Nóbrega, amigo de juventude de Furtado. "Antes de concluir um panorama, por ligeiro e superficial que fosse eu me envenenaria de tristeza." Observador destacado entre os intelectuais estrangeiros que conheciam o Brasil, o grande economista e cientista social Albert O. Hirschman envia de Nova York, poucas semanas após o golpe, o relato de sua surpresa e desalento com a derrubada do governo Goulart. Em escalas e lugares diferentes, Hirschman compartilhara com Furtado o combate às ditaduras europeias e, na sequência, a ação de fortalecimento de regimes democráticos e instituições internacionais garantidoras da paz e do desenvolvimento. As primeiras linhas da carta a Furtado exprimem sua tristeza: "Há algum tempo estou querendo escrever a você, mas a bem da verdade estava numa depressão profunda com a guinada dos acontecimentos no Brasil e demasiado perplexo com a interpretação deles". Como outros correspondentes, Hirschman registra sua repulsa à cassação de direitos políticos de Furtado. Quase três anos depois, Florestan Fernandes, que também seria atingido pelo arbítrio da ditadura em 1968, manifesta ainda sua indignação e sua dor contra a injustiça cometida contra Furtado em 1964: "Até hoje não me recompus do choque que me causou a estúpida punição que lhe foi imposta e, como todo intelectual brasileiro que conhece o alcance de sua obra, lamento e choro o mal que ela causa ao nosso país".

Apesar de tudo, até o AI-5, de dezembro de 1968, havia ainda a ideia, nos meios exilados e, mais ainda, no Brasil, de que a ditadura não iria muito longe e logo ocorreriam eleições que facilitariam a volta do quadro político anterior a 1964, com maior protagonismo do PSD de Juscelino Kubitschek. Em setembro de 1965, Antonio Callado, experiente observador político, informa a Furtado que o marechal Lott seria apoiado pela oposição ao regime nas presidenciais indiretas de 1966. Não se percebia ainda plenamente a radicalização que a doutrina de "fronteiras ideológicas" introduzia no regime e na história política brasileira. O contexto muda com o AI-5, de 13 de dezembro de 1968. Logo depois, o editor Léo Vitor escreve a Furtado, marcando a ruptura perpetrada pela ditadura e formulando um diagnóstico de mau agouro: "Este golpe apresenta aspectos inéditos e sem as referências de costume. Daí não se ter a menor possibilidade de revisão".

De fato, do AI-5 até meados dos anos 1970, o ambiente entre os exilados e emigrados políticos em Paris ficou sombrio como aparece em algumas cartas de Furtado. Contudo, as eleições legislativas de 1974 viraram o jogo político, fazendo o MDB renascer como principal força de oposição ao regime e suscitando intensos debates entre os interlocutores de Furtado. O caminho para o fim da ditadura e para a convocação da Constituinte demorou ainda dez anos. Mas os anos sinistros do início da década de 1970 pareciam ter ficado para trás.

A volta de Furtado ao Brasil e sua participação, a pedido de Ulysses Guimarães, como ministro da Cultura do governo Sarney, em fevereiro de 1986, levaram o historiador Francisco Iglesias a escrever-lhe uma carta pitoresca: "Quero dizer, antes de mais nada, que fiquei muito alegre com sua volta ao Brasil. Como seu amigo, devo dizer que me surpreendeu a sua aceitação da pasta. V. deixa a única mordomia que já teve — embaixada em Bruxelas [junto à União Europeia em 1985-86] — para pegar um estrondoso abacaxi: estou convencido da desnecessidade de tal ministério".

Celso Furtado, como tantos companheiros seus de jornadas intelectuais e políticas, partiu na primeira década do século, sem ver se ensombrecer de novo o destino dos brasileiros. Nos tempos ameaçadores em que vivemos, impactados pela epidemia que flagela a humanidade e pela desumanidade de um governo que beira a inconstitucionalidade, a correspondência de Celso Furtado inspira esperança. Sua resistência às adversidades de sua vida, de seu país, de sua geração, de seu sentimento latino-americano e universalista aparece ao longo de cinquenta anos como o testemunho vibrante da necessidade de pensar o Brasil no contexto das misérias e dos sucessos do século.

Sobre os autores

Adhemar Nóbrega (1917-79), paraibano, musicólogo, foi professor da Escola Nacional de Música e colaborador de Villa-Lobos.

Albert O. Hirschman (1915-2012), economista e cientista social, foi professor nas universidades Columbia, Harvard e Princeton.

Alvaro Vieira Pinto (1901-87), filósofo, foi um dos fundadores do Iseb.

Andre Gunder Frank (1929-2005), economista, foi um dos formuladores da teoria marxista da dependência.

Andrea Maneschi (1936-), economista, foi professor das universidades Yale, Vanderbilt, e da USP.

Aníbal Pinto Santa Cruz (1919-96), jornalista e economista chileno, foi diretor da *Revista de la Cepal*.

Anthony Marreco (1915-2006), advogado inglês, foi um dos fundadores da Anistia Internacional e a dirigiu. Esteve no Brasil investigando torturas durante o regime militar.

Antonio Callado (1917-97), jornalista, romancista, foi membro da Academia Brasileira de Letras.

Antonio Candido (1918-2017), sociólogo e crítico literário, foi professor da USP.

Bertrand Russell (1872-1970), filósofo, matemático, ganhou o prêmio Nobel de Literatura em 1950.

Caio Prado Jr. (1907-90), historiador, editor, tem vasta obra de cunho marxista.

Carlo Ripa di Meana (1929-2018), italiano, foi presidente da Bienal de Veneza, e ministro do Meio Ambiente da Itália.

Carlos Lacerda (1914-77), político e jornalista, foi governador do estado da Guanabara entre 1960 e 1965 e teve seus direitos políticos cassados em 1968.

Carlos M. Rama (1921-82), historiador e sociólogo uruguaio, exilou-se na Espanha, onde fundou o Instituto de Estudios Latinoamericanos.

Charles Wagley (1913-91), antropólogo americano, um dos precursores da antropologia no Brasil, foi professor da Universidade Columbia.

Cleantho de Paiva Leite (1921-92), advogado, membro da Assessoria Econômica do segundo governo Vargas, foi diretor do BNDES e do BID, e criou o Instituto Brasileiro de Relações Internacionais.

Darcy Ribeiro (1922-97), antropólogo, romancista e político, foi ministro da Educação do governo João Goulart e primeiro reitor da Universidade de Brasília.

Ernesto Sábato (1911-2011), físico e romancista argentino, ganhou o prêmio Cervantes de Literatura.

Eugenio Gudin (1886-1986), ministro da Fazenda do governo Café Filho, criou o Instituto Brasileiro de Economia da Fundação Getulio Vargas e era o expoente do pensamento econômico liberal.

Fernando Henrique Cardoso (1931-), sociólogo, foi ministro da Fazenda, das Relações Exteriores e presidente da República de 1995 a 2003.

Fidel Castro (1926-2016), líder da Revolução Cubana de 1959, foi primeiro-ministro do país até 1976, e seu presidente até 2008.

Florestan Fernandes (1920-95), sociólogo, foi professor da USP, e deputado constituinte em 1986 pelo Partido dos Trabalhadores.

Francisco de Oliveira (1933-2019), sociólogo, trabalhou no Banco do Nordeste e na Sudene. Ao voltar do exílio, foi pesquisador do Cebrap e professor da USP.

Francisco Iglesias (1923-99), historiador, professor da Universidade Federal de Minas Gerais, tem vasta obra sobre história econômica e social dos séculos XIX e XX.

Francisco Julião (1915-99), advogado, foi o líder político das Ligas Camponesas em Pernambuco. Em 1964, punido com a perda do mandato de deputado federal, exilou-se no México.

Francisco Weffort (1937-), cientista político, foi professor da USP e ministro da Cultura no governo Fernando Henrique Cardoso.

Gláucio Veiga (1923-2010), advogado paraibano, foi professor de direito da Universidade Federal de Pernambuco.

Gonzalo Martner (1928-2002), economista e político chileno, foi ministro do Planejamento do governo de Salvador Allende.

Helio Jaguaribe (1923-2018), sociólogo e cientista político, criou o Instituto Brasileiro de Economia, Sociologia e Política (Ibesp), que deu origem ao Iseb. Foi ministro da Ciência e Tecnologia, e membro da ABL.

Helio Scarabôtolo (1921-96), diplomata, foi chefe de gabinete do ministro da Justiça em 1967-68, cônsul-geral em Paris nos anos 1960.

Henry A. Kissinger (1923-), professor da Universidade Harvard, conselheiro de Segurança e secretário de Estado dos governos Nixon e Ford, ganhou o prêmio Nobel da Paz.

Hubert Beuve-Méry (1902-89), jornalista francês, fundou em 1944 o jornal *Le Monde*, que sob sua direção se tornou um dos mais influentes do mundo.

Ignacy Sachs (1927-), economista de origem polonesa, foi professor da École de Hautes Études en Sciences Sociales, e pioneiro dos estudos de ecodesenvolvimento.

Jack Lang (1939-) foi ministro da Cultura na França por dez anos, nos dois mandatos do presidente François Mitterrand, e ministro da Educação Nacional. Implantou uma ativa política cultural no país.

Javier Pérez de Cuéllar (1920-2020), diplomata e político peruano, foi secretário-geral da ONU de 1982 a 1992. Em 2000, foi candidato a presidente da República do Peru.

Jean-François Bergier (1931-2009), historiador suíço, medievalista, foi professor da Universidade de Paris e presidente da Associação Internacional de História Econômica.

Jesus Soares Pereira (1910-74), economista, integrou a Assessoria Econômica do segundo governo Vargas, quando cuidou da política do petróleo, da criação da Petrobras e da Eletrobras.

Johan Galtung (1930-), sociólogo e matemático norueguês, ocupou a primeira cátedra mundial de estudos sobre a paz. Fundou o Peace Research Institute Oslo.

John C. Dieffenderfer (1925-?), funcionário do Departamento de Estado, foi diretor da USAID (United States Agency for International Development) e coordenador da Aliança para o Progresso no Nordeste, a partir de meados de 1962.

José Leite Lopes (1918-2006), físico, foi um dos fundadores do Centro Brasileiro de Pesquisas Físicas, professor da Universidade de Estrasburgo.

José Sarney (1930-), político, poeta, fez longa carreira política e foi presidente da República de 1985 a 1989.

José Serra (1942-), economista, foi ministro do Planejamento, da Saúde, e governador de São Paulo.

Joseph L. Love (1938-), economista e historiador norte-americano, é professor emérito da Universidade de Illinois, onde dirigiu o Centro de Estudos Latino-Americanos e do Caribe.

Juan Noyola Vázquez (1922-62), economista mexicano, funcionário da Cepal, foi diretor de planejamento da Junta Central de Planificação do governo de Fidel Castro.

Léo Vitor Oliveira e Silva (1926-74), dono da Lia, Editor, editou vários títulos de ciências sociais e literatura infantil.

Lina Bo Bardi (1914-92), arquiteta, projetou o Museu de Arte de São Paulo, trabalhou com cultura popular e artesanato.

Lincoln Gordon (1913-2009), conselheiro do presidente John Kennedy na época da Aliança para o Progresso, foi de 1961 a 1966 embaixador dos Estados Unidos no Brasil.

Luciano Martins (1934-2014), sociólogo, foi professor da Universidade do Estado do Rio de Janeiro (Uerj) e da Universidade Estadual de Campinas (Unicamp), embaixador do Brasil em Cuba no governo Fernando Henrique Cardoso.

Lucio Costa (1902-98), arquiteto, projetou o Palácio Capanema, no Rio de Janeiro, e o Plano Urbanístico de Brasília.

Luigi Spaventa (1934-2013), economista italiano, foi professor do King's College de Cambridge, ministro do Orçamento e deputado pelo Partido Comunista Italiano.

Luiz Hildebrando Pereira da Silva (1928-2014), médico, parasitologista, foi professor da USP, do Instituto Pasteur, e fez pesquisas sobre doenças tropicais.

Luiz Inácio Lula da Silva (1945-), fundador do Partido dos Trabalhadores, foi presidente da República de 2003 a 2010.

Marcio Moreira Alves (1936-2009), jornalista, deputado federal, teve o mandato parlamentar cassado em 1968.

Maria da Conceição Tavares (1930-), economista, professora da Unicamp e da Universidade Federal do Rio de Janeiro, foi deputada federal pelo Partido dos Trabalhadores.

Maurice Byé (1905-68), economista francês, professor da Faculdade de Filosofia do Rio de Janeiro e da Universidade de Paris. Foi o orientador da tese de doutorado de Celso Furtado na Universidade de Paris, nos anos 1940.

Miguel Arraes de Alencar (1916-2005), político, governador de Pernambuco. Privado dos direitos políticos e do mandato pelo AI-1, exilou-se na Argélia.

Moacyr Félix (1926-2005), poeta e editor, membro do Partido Comunista Brasileiro, foi um dos fundadores do Comando de Trabalhadores Intelectuais, no Rio de Janeiro.

Nicholas Kaldor (1908-86), economista inglês de origem húngara, foi professor da Universidade de Cambridge, membro do círculo de economistas próximos a John Maynard Keynes e conselheiro de diversos governos trabalhistas no Reino Unido.

Octavio Ianni (1926-2005), sociólogo, foi professor da USP e, depois de punido pelo AI-5, da PUC-SP e da Unicamp.

Oskar Lange (1905-65), economista polonês marxista, dirigiu a Escola de Planejamento e Estatística e foi membro do colegiado que presidiu a Polônia depois da guerra.

Osvaldo Sunkel (1929-), economista chileno, foi funcionário da Cepal, professor da Universidade do Chile e primeiro diretor do escritório da Cepal no Brasil.

Otto Maria Carpeaux (1900-78), jornalista e crítico literário de origem austríaca, dirigiu as bibliotecas da Faculdade de Filosofia do Rio de Janeiro e da Fundação Getulio Vargas.

Paul-Marc Henry (1918-98), embaixador francês, foi presidente do Centro de Desenvolvimento da OCDE, e ocupou vários cargos públicos.

Pedro Calil Padis (1939-80), economista, dirigiu a escola de economia da PUC de Campinas antes de se exilar na França, onde foi professor no Institut d'Études du Développement Économique et Social (IEDES).

Philippe de Seynes (1910-2003), diplomata francês, dirigiu o Departamento Econômico e Social das Nações Unidas por vinte anos, e foi subsecretário-geral de 1955 a 1975.

Plinio de Arruda Sampaio (1930-2014), advogado, deputado federal cassado pelo AI-1, deputado constituinte, foi candidato à Presidência da República em 2010.

Raúl Prebisch (1901-86), economista argentino, foi secretário-executivo da Cepal, secretário-geral da Conferência das Nações Unidas sobre Comércio e Desenvolvimento (Unctad), e diretor da *Revista de la Cepal*.

Regino G. Boti (1923-99), economista cubano, funcionário da Cepal, foi ministro da Economia do governo Fidel Castro em seguida à Revolução Cubana.

Riccardo Campa (1934-), cientista político e filósofo italiano, dirigiu o Centro Studi, Documentazione e Biblioteca dell'Istituto Italo-Latino Americano de Roma.

Richard Kahn (1905-89), economista inglês, membro do círculo de economistas próximos de Lord Keynes, foi professor do King's College de Cambridge.

Robert F. Kennedy (1925-68), político americano, foi ministro da Justiça dos Estados Unidos, e senador. Morreu assassinado.

Robert Sargent Shriver (1915-2011), diplomata e político americano, foi o criador do Peace Corps, e candidato a vice-presidente dos Estados Unidos pelo Partido Democrata.

Roberto de Oliveira Campos (1917-2001), economista e diplomata, foi presidente do BNDE no governo Juscelino Kubitschek, e ministro do Planejamento no governo Castelo Branco.

Seán MacBride (1904-88), político irlandês, foi secretário-geral da Comissão Internacional de Juristas, presidente da Anistia Internacional, prêmio Nobel da Paz.

Thiago de Mello (1926-), poeta e ensaísta, exilou-se no Chile depois de 1964, e em seguida na Argentina, Alemanha, França e Portugal.

Tito de Alencar Lima (1945-75), frade dominicano, foi preso em 1968, banido em 1970 por ocasião do sequestro do embaixador Giovanni Enrico Bücher. Suicidou-se em Paris.

Víctor Urquidi (1919-2004), economista mexicano, diretor da subsede da Cepal no México, presidente do Colegio de México.

Violeta Arraes Gervaiseau (1926-2008), socióloga e psicanalista, morou em Paris nos anos 1960-80, e foi reitora da Universidade Regional do Cariri.

Wassily Leontief (1905-99), economista russo naturalizado americano, foi prêmio Nobel de Economia em 1973.

Werner Baer (1931-2016), economista americano, lecionou nas universidades Yale, Vanderbilt, Illinois e na Fundação Getulio Vargas.

Índice onomástico

Abendroth, Wolfgang, 270

Adorno, Theodor, 18

Afonso, Almino, 83, 95, 232

Alba, Carlos, 76

Albuquerque Lima, Afonso, 64, 143

Alencar, Tito de, 77

Allende, Salvador, 211, 248, 275, 277, 407

Almeida, José Américo de, 257

Almeida Prado, Bento de, 89

Almeyda, Clodomiro, 355

Althusser, Louis, 74

Alves, Justino, 98, 124

Alves, Marcio Moreira, 202-10, 407

Amado, Jorge, 372

Anders, Günther, 270

Andrade, Jader de, 84, 94-5, 123

Andrade, Manuel Correia de, 246

Andreazza, Mário, 76, 143

Antonioni, Michelangelo, 28

Aragão, José Maria, 123-4

Aranha, Oswaldo, 368, 391-2

Arns, d. Paulo Evaristo, 231, 276n

Arraes, Miguel, 33, 76, 125, 162, 198, 246, 407

Arraes Gervaiseau, Violeta, 273-4

Assis, Machado de, 249, 251

Ataliba, Geraldo, 231, 234

Athayde, Austregésilo de, 209

Baer, Werner, 315-6

Baldwin, James, 18

Baltar, Antonio, 84

Balzac, Honoré de, 75

Banzer, Hugo, 204n

Barger, Harold, 326

Barre, Raymond, 9

Barros, Ademar de, 235

Basso, Lelio, 270

Bastide, Roger, 102, 119

Beauvoir, Simone de, 216, 270, 273n

Beethoven, Ludwig van, 54

Bergier, Jean-François, 377-8

Bernardes, Artur, 258

Bernardet, Jean-Claude, 35n, 48, 154

Bernis, Gérard Destanne de, 404n

Berto, Juliet, 273n

Beuve-Méry, Hubert, 9, 379, 381-3

Bianconi, Renata, 404n

Bilac Pinto, 405

Bittencourt, Paulo, 390

Black Panthers, 107

Bo Bardi, Lina, 53

Bobrowski, Czesław, 310

Böll, Heinrich, 12

Bonaparte, Luís, 235

Borgese, Elisabeth Mann, 18

Boti, Llillian, 365-6

Boti, Regino G., 362, 367-8

Boulding, Kenneth, 368

Boulez, Pierre, 32

Bourricaud, François, 109

Bragança, dinastia dos, 32

Brandão, Temístocles, 193

Braudel, Fernand, 374, 378, 404

Brecht, Bertolt, 222

Brizola, Leonel, 8, 162, 186, 346

Bücher, Giovanni Enrico, 77

Bulhões, Otavio Gouveia de, 175, 185, 367-8, 372

Burckhardt, Jacob, 318

Byé, Maurice, 102, 301-2, 316

Callado, Ana Arruda, 41

Callado, Antonio, 16, 33-42, 35n, 155, 229, 256, 408

Calmon, Pedro, 193

Campa, Riccardo, 332-4, 406

Campos, Roberto, 26, 123, 169, 171, 173-4, 176, 178, 180, 208, 222, 339-40, 406

Camus, Albert, 320

Candido, Antonio, 43-9, 119, 221, 293

Cárdenas, Lázaro, 66, 270

Cardinale, Claudia, 28

Cardoso, Fernando Henrique, 8, 35, 84, 89, 91-115, 124-5, 140-1, 154-6, 158-9, 189, 192-3, 217, 232, 234, 244, 336-7, 340, 346, 355, 357, 361, 366, 404, 407

Carmichael, Stokely, 270

Carpeaux, Otto Maria, 16, 35n, 38, 40, 154, 224-30

Carvalho, Herbert-Daniel de, 113n

Carvalho, Joaquim Francisco de, 57

Cassin, René, 273n

Castello, José, 40

Castelo Branco, Humberto de Alencar, 34-5, 39, 124, 155, 175, 186, 339

Castro, Fidel, 262, 276-7, 362-3, 366

Cavarozzi, Marcelo, 110

Chacon, Vamireh, 116

Chagas, Carlos, 381

Chonchol, Jacques, 193, 277, 336

Collor de Mello, Fernando, 347

Condorcet, Marquês de, 349

Costa, Lucio, 36, 56-7

Costa e Silva, Artur da, 65, 98, 142-3, 155, 158, 316

Costa Pinto, Luiz de Aguiar, 233-4

Couto e Silva, Golbery do, 101

Crespo, Padre, 198

Cruz Costa, 97

Curi, Jorge, 242

Curie, Irène, 318

D'Estaing, Giscard, 9

Daly, Lawrence, 270

Dantas, Marcos de Souza, 391

Dante Alighieri, 40

Darlan, François, 167

De Gaulle, Charles, 9, 167

De Maistre, Joseph, 130

De Seynes, Philippe, 382-4

Debussy, Claude, 27

Dedijer, Vladimir, 270
Delfim Netto, 76, 201, 210
Dell, Sidney, 308, 312
Delors, Jacques, 273n
Denys, Odílio, 124
Deutsch, André, 264
Deutscher, Isaac, 270
Dieffenderfer, John C., 283-4
Dobraka, Zofia, 310
Dufour, Alain, 19n
Duras, Marguerite, 273n
Dutra, Eurico Gaspar, 81, 185

Engels, Friedrich, 78
Estevam, Carlos, 101, 104, 220

Fadul, Wilson, 233
Faletto, Enzo, 94-5, 110
Fals Borda, Orlando, 193, 336
Faria Lima, José Vicente, 100
Farias, Cordeiro de, 123
Farias, Hugo de, 188
Félix, Moacyr, 58, 60
Fernandes, Florestan, 35, 44, 48-9, 97, 116-21, 158-9, 221-2, 293, 408
Ferreira, Oliveiros, 221
Ferrer, Aldo, 337
Figueiredo, Jackson de, 130
Flores de la Peña, Horacio, 308
Frank, Andre Gunder, 293-4, 297, 329, 405
Frei, Eduardo, 370
Freire, Paulo, 83, 94-5
Freire d'Aguiar, Rosa, 20n, 244, 403-4
Freud, Sigmund, 263
Freyre, Gilberto, 116
Frigerio, Rogelio, 360

Frondizi, Arturo, 262, 294n, 333n
Frondizi, Silvio, 294
Frota-Pessoa, Elisa, 167
Furtado, André, 347
Furtado, Antonieta, 16n
Furtado, Celso, 35n, 59n, 273n, 276n, 385n
Furtado, Jorge, 126, 138
Furtado, Mario, 347, 351

Galbraith, J. K., 308
Gallimard, Michel, 320
Galtung, Johan, 378-9
Galvão, Ney, 188
Gama e Silva, Luís Antônio da, 143, 202, 242n
Ganz, Alex, 349
García, Alan, 10
Gasparian, Fernando, 111, 233, 238
Geisel, Ernesto, 184, 232-4
Geneen, Harold, 200
Genoino Neto, José, 19
Georgescu-Roegen, Nicholas, 317
Germani, Gino, 150
Godard, Jean-Luc, 28
Godinho, Padre, 242
Goethe, Johann Wolfgang von, 387
Goldwater, Barry, 269
Gomes, Eduardo, 235n
González, Norberto, 10n
Gordon, Lincoln, 285-6
Górki, Maksim, 54
Goulart, João (Jango), 7, 8, 62, 98, 162, 185-6, 188, 231-2, 241, 248, 340, 401, 408
Gramsci, Antonio, 54, 206
Graubard, Stephen, 119-20
Gregori, José, 113

Gudin, Eugenio, 169-71, 183, 208, 368, 390-1, 406

Guevara, Che, 65, 86, 205

Guimarães, Augusto, 56

Guimarães, Ulysses, 241, 346, 409

Gurrieri, Adolfo, 95

Haberler, Gottfried, 176, 179

Habermas, Jurgen, 18

Harris, Marvin, 326

Harrod, Roy, 292

Hart, Albert, 326

Haya de la Torre, Víctor, 65

Heck, Sílvio, 124

Henry, Paul-Marc, 331

Herrera, Felipe, 51

Hilferding, Rudolf, 215

Hirschman, Albert O., 8, 255-66, 326, 328, 373, 408

Hitler, Adolf, 269

Holland, Stuart, 308

Hopenhayn, Benjamin, 92

Houaiss, Antônio, 59

Ianni, Octavio, 89, 101, 158, 216-23, 293

Iglesias, Francisco, 129-39, 409

Jaguaribe, Helio, 35n, 39, 148-63, 191, 193, 204, 336-7, 372

James, W., 222

Jatobá, Jorge, 11n

Johnson, Lyndon B., 269n

Jospin, Lionel, 273n

Julião, Francisco, 75-6, 188, 198

Kafka, Franz, 224

Kahn, Richard, 299-300, 312, 355

Kaldor, Nicholas, 175-6, 178-9, 290, 300, 303-6, 308-9, 355

Kalecki, Michał, 215, 298, 310

Kasuri, Mahmud Ali, 270

Kennedy, John F., 275, 288-9, 384n, 385

Kennedy, Robert F., 287-9

Kerstenetzky, Isaac, 291, 316

Keynes, John Maynard, 175, 290, 305

Khan, Aga, 273n

King, Martin Luther, 273n

Kissinger, Henry A., 278-9

Kornai, János, 308

Kruel, Amaury, 98

Kubitschek, Juscelino, 7, 61, 143, 169, 241, 256n, 315n, 333n, 408

Lacerda, Carlos, 28, 34-5, 39, 81, 100, 186, 188, 241, 243, 340

Lamounier, Bolívar, 110

Lang, Fritz, 28

Lang, Jack, 273n, 279-81

Lange, Oskar, 297-8, 310-1

Lanusse, Alejandro, 65

Lara, Cristobal, 98

Lara Resende, André, 41

Lasky, Melvin, 261

Laval, Pierre, 167

Lavelle, John, 199

Le Corbusier, 56

Lênin, Vladímir, 54, 78, 153

Leonardo da Vinci, 318, 322

Leontief, Wassily, 314-5

Lessa, Carlos, 84, 340

Lewis, Arthur, 18, 352-3

Lima, Ewaldo Correia, 51, 176

Lima Sobrinho, Barbosa, 79, 209

Lins do Rego, José, 45, 148

Lleras Restrepo, Carlos, 255
Lodi, Euvaldo, 392
Lopes, José Leite, 39, 106, 158-9, 164-8
Lopes, Lucas, 176, 180-2
Lopes, Sergio, 165-6
Lott, Henrique Teixeira, 34, 99-100, 315, 408
Love, Joseph L., 328, 331, 406
Lukács, Georg, 78
Lula da Silva, Luiz Inácio, 140, 147, 201, 245-6
Luxemburgo, Rosa, 215
Luzzatto, Bruno, 286-7

MacBride, Seán, 272-3
Machlup, Fritz, 316
Maciel Filho, José Soares, 173
Maddison, Angus, 373, 405
Magalhães Pinto, José de, 100, 143, 188
Maheu, René, 273n
Maluf, Paulo, 135
Maneschi, Andrea, 265, 290-1, 316, 343
Maneschi, Helga, 291-2
Mann, Thomas, 18
Mao Tsé-Tung, 86
Marchal, André, 292
Marcuse, Herbert, 18
Marreco, Anthony, 268
Martínez Cabañas, Gustavo, 388
Martins, Luciano, 92, 98, 106, 109-10, 156, 184-201, 337
Martner, Gonzalo, 277-8
Marx, Karl, 18, 78, 215, 325, 333
Mascagni, Pietro, 28
Matus, Carlos, 277

Mauro, Frédéric, 109
Maybury-Lewis, David, 120
Mayobre, José Antonio, 177n, 364-5, 382
McNamara, Robert, 236
Meade, James Edward, 179
Médici, Emílio Garrastazu, 65
Medina Echavarría, José, 92
Mello, Thiago de, 248-52, 359, 407
Mendes, Candido, 101, 372
Mendes Pinto, Fernão, 208
Mesquita, Ruy, 198
Moltu, Rolv, 388
Monbeig, Pierre, 45, 102, 109
Montagu, Edwin S., 258-9
Monteiro de Barros, Paulo Alberto, 84, 95
Montoro, Franco, 231
Morikawa, Kinju, 270
Mozart, Wolfgang Amadeus, 27
Mussorgsky, Modest, 27
Myrdal, Gunnar, 273n, 309

Nasser, Gamal Abdel, 66, 204
Negrão de Lima, Francisco, 34, 315n
Neruda, Pablo, 248
Neves, Tancredo, 133-4, 267, 274
Nixon, Richard, 199n
Nóbrega, Adhemar, 25-32, 408
Nóbrega, Manuel da, padre, 32
Nougaro, Claude, 273n
Noyola Vázquez, Juan, 335, 349-50, 352, 394
Nun, José, 337
Nyerere, Julius, 276n

Oliveira, Adolfo de, 242
Oliveira, Francisco de, 122-8, 133

Oliveira, José Aparecido de, 134
Oliveira e Silva, Léo Vitor, 86, 88
Orfila, Arnaldo, 14n, 356
Oszlak, Oscar, 110
Ovando Candia, Alfredo, 65, 204

Padis, Pedro Calil, 88, 90
Paes de Almeida, Sebastião, 315
Page, Joseph, 198
Paiva Leite, Cleantho de, 50-1
Pajestka, Józef, 310
Palestrina, Giovanni Pierluigi da, 32
Passarinho, Jarbas, 143
Paz, Octavio, 19
Pazos, Felipe, 362-3
Pedro IV (Pedro I do Brasil), d., 32
Pereira, Jesus Soares, 79-80, 82, 95
Pereira, Raimundo, 246
Pérez de Cuéllar, Javier, 281, 283
Pérez Giménez, Marcos, 353n
Perón, Juan, 92n, 247, 382
Pétain, Philippe, 167
Phillips, George W., 386
Pilniak, Boris, 50
Pimenta, Aluisio, 134n
Pinheiro, Israel, 315n
Pinheiro da Silva, Henrique Roberto
    Ramires, 316-7
Pinochet, Augusto, 70, 207, 407
Pinto, Aníbal, 110, 123, 193, 212, 335-
    7, 340, 342-6, 348, 355-6, 401
Pires, Waldir, 62-3, 346
Platão, 40
Prado Jr., Caio, 74-5, 158-9, 294
Prado, Danda, 75n
Prebisch, Raúl, 8, 170-4, 176-9, 328,
    330-1, 345-7, 350, 364n, 365-8, 373,
    382, 387-402, 404-6

Prestes, Luís Carlos, 8
Proust, Marcel, 40, 78
Puccini, Giacomo, 28

Quadros, Jânio, 7, 114, 162, 235, 241,
    256n, 346
Queirós, Eça de, 75, 147

Ramón Jiménez, Juan, 105
Ramos-Oliveira, 389
Ribeiro, Darcy, 34, 61-9, 162, 238
Ribeiro, Flexa, 34
Ricardo, David, 111, 296
Ripa di Meana, Carlo, 272
Robbins, Lionel, 368
Robinson, Joan, 300, 305, 312-3
Rocard, Michel, 273n
Rocha, Glauber, 18, 39-40
Rodas, Ricardo, 365
Romano, Ruggero, 18-9
Rónai, Paulo, 148
Rosenstein-Rodan, Paul, 174, 292, 350-
    1, 390
Rousseau, Jean-Jacques, 40
Russell, Bertrand, 18, 267, 269, 271

Sá, Gazzi de, 25
Sábato, Ernesto, 318-23
Sábato, Jorge Federico, 322
Sábato, Mario, 318
Sábato, Matilde, 318
Sachs, Ignacy, 297-9, 310, 311n
Sadr, Abolhassan Bani, 10
Sakata, Shoichi, 270
Salazar, António de Oliveira, 29
Sales Gomes, Paulo Emílio, 47-8
Saltikov-Shchedrin, Mikhail, 26
Sampaio, Cid, 125

Sampaio, Plinio de Arruda, 16, 84, 95, 231-40, 407
Samuelson, Paul, 295
Sánchez Sarto, Manuel, 368
Santos, Nailton, 123
Saramago, José, 372
Sardinha, d. Pedro Fernandes, 31
Sarlo, Beatriz, 14n
Sarney, José, 59, 135-7, 241, 243-4, 279, 409
Sarney, Marly, 244
Sartre, Jean-Paul, 18, 116, 155, 216, 270
Scarabôtolo, Helio, 375-6
Schenberg, Mario, 97, 158-9
Schlesinger, Arthur M., 384
Schwartz, Laurent, 270
Sen, Amartya, 300
Serra, José, 85, 211, 346, 407
Shaw, Bernard, 18
Shriver, Robert Sargent, 384-6
Silva, Luiz Hildebrando Pereira da, 273-4
Silveira, Ênio, 96n, 251, 356
Simões, Jairo, 294
Simonsen, Mario, 317
Singer, Hans, 350
Singer, Paul, 89
Soberon, Oscar, 291
Sobral Pinto, 209
Souza, João Gonçalves de, 123
Souza, Tomé de, 31
Spaventa, Luigi, 299-300
Steindl, Josef, 215
Stockhausen, Karlheinz, 32
Strauss, Richard, 27, 84, 123
Sunkel, Osvaldo, 95, 99, 193, 335-7, 353-8, 361, 370
Swenson, Louis, 177-8

Tarso, Paulo de, 84, 95, 204
Taulois, Pedro, 227
Tavares, Maria da Conceição, 211-5, 246, 346-7
Távora, Juarez, 392-3
Teixeira, Anísio, 148, 326
Teixeira, Elizabeth, 42
Teixeira, João Pedro, 42n
Tinbergen, Jan, 176, 308
Tiomno, Jaime, 158-9, 167
Torres, Alberto, 130
Torres, Garrido, 181
Torres, Juán José, 204
Tosi, Lucía, 96n, 351
Touraine, Alain, 76, 85, 104, 109, 404
Tupamaros, 64

Urquidi, Sheila, 372
Urquidi, Víctor, 365-6, 373, 398, 405

Vargas, Getúlio, 34, 50, 152, 219, 258, 389, 401
Vargas, José, 138
Veiga, Gláucio, 77-8
Véliz, Claudio, 15n, 63, 65, 145, 193, 336, 356-8, 361
Verlaine, Paul, 43
Vernant, Jacques, 161, 358-9
Vianna, Oliveira, 130
Vidal, Gore, 18
Vieira, Luiz, 260
Vieira Pinto, Alvaro, 71-2, 83
Vigo, Jean, 47
Villa-Lobos, Heitor, 25, 29
Viner, Jacob, 367
Visconti, Luchino, 28
Vuskovic, Pedro, 277

Wagley, Charles, 8, 62, 262, 326
Wagner, Richard, 27
Weber, Max, 191, 222
Weffort, Francisco, 8, 35n, 84, 94-5, 102, 110, 140-7, 154, 189, 217, 337, 340
Wilde, Oscar, 136

Withers, Hartley, 258-9

Young Lords, 107

Ziraldo, 209
Zobar, Orlando, 278

ESTA OBRA FOI COMPOSTA POR ACOMTE EM FS BRABO PRO E IMPRESSA PELA GEOGRÁFICA EM OFSETE SOBRE PAPEL PÓLEN SOFT DA SUZANO S.A. PARA A EDITORA SCHWARCZ EM MARÇO DE 2021

A marca FSC® é a garantia de que a madeira utilizada na fabricação do papel deste livro provém de florestas que foram gerenciadas de maneira ambientalmente correta, socialmente justa e economicamente viável, além de outras fontes de origem controlada.